Traum Deutung

Georg Fink

Traum Deutung

Mit großem Lexikon der Traumsymbole

Wissenschaftliche Beratung:
Dr. med. habil. Ulrich Fink

FALKEN

INHALT

VORWORT

Ein Buch für Träumer, die wach durchs Leben gehen

Träume sind die Bildersprache der Seele oder dessen, was wir dafür halten. Sie kommen aus dem Unbewußten, und wenn wir sie nicht festhalten, gehen sie uns verloren, und wir sind um eine Erinnerung, möglicherweise aber auch um Hinweise ärmer, die uns helfen könnten, die Probleme unseres Lebens besser zu meistern. Deshalb raten Psychologen und Psychoanalytiker, man solle sich Bleistift und Papier aufs Nachtkästchen legen, um das, was uns der Traum zeigte, aufzuschreiben, damit der erfahrene Traumdeuter, zum Beispiel ein Psychotherapeut, aus dem Traumgeschehen unterschwellige Seelenängste erkennen kann, die uns auch physisch belasten.

Bildersprache der Seele …

Die Wissenschaft vom Traum weckt wie jede Wissenschaft Zweifel. Die Naturwissenschaftler glauben, das Traumgeschehen ganz einfach und auch für den Laien verständlich erklären zu können. Sie sprechen von der Schaltzentrale im Großhirn, die elektrische Wellen aussende, die sich im Schlaf dann in jene bizarren Bilder auflösten, welche im Wachzustand Erlebtes verzerrt widerspiegelten. Eine kaum ein Pfund schwere graue Gehirnmasse ist also nach dieser Meinung für alle denkbaren Seelenzustände verantwortlich.

Andere sind der Ansicht, die Seele sei der im Schlaf abgeschwächte Verstandesapparat, der durch eine Art Notaggregat beim schlafenden Menschen unbewußte Denkprozesse fördere. Die Seele, so erläuterte zum Beispiel der in Amerika arbeitende Wiener Arzt Professor Kneucker, sei nichts anderes als ein Feld chemischer Reaktionen in unserem Gehirn. Mit anderen Worten: auch die Seele ist Materie; jede andere Deutung ist persönliche Glaubenssache und damit naturwissenschaftlich nicht erfaßbar.

… oder ein Notaggregat des Gehirns?

Geisteswissenschaftlich gesehen ist das Unbewußte, die Seele, der Materie entkleidet. Sie ist nicht faßbar und doch da. Ihre Spur verflüchtigt sich ins Nebulöse, Traumhafte. Doch setzt sie Zeichen, die erklärbar sind. Angesichts der Fülle von Traumgeschichten ist es einfach nicht glaubhaft, daß der Traum nichts anderes sein soll als ein Produkt des Großhirns.

Es ist das große Verdienst des Wiener Nervenarztes Sigmund Freud, der Traumforschung um die Wende dieses Jahrhunderts eine andere Richtung gegeben zu haben, weg vom Materiellen. Seine analytische Methode führte zu völlig neuen Einsichten in unser Triebleben, mit ihm setzte sich der Begriff des Unbewußten in der Psychologie durch. Freud baute den Traum in die Psychiatrie und die Psychotherapie ein und bewies, daß in ihm seelische Zustände sichtbar werden können, wenn man sie aus den Traumsymbolen richtig deutet. Er rückte die Wissenschaft vom Traum zurecht: Die Großhirnfunktion ist ein physiologischer Sachverhalt, das Traumbild ein psychologischer.

Bilder aus dem Unbewußten

Wir wissen um die Schaltzentrale, um die auslösenden Faktoren in unserem Gehirn, aber nur mit psychologischen Mitteln können wir deuten, was hinter den elektrischen oder chemischen Reaktionen steckt, die unser Gehirn ausführt, um uns in Gedankenschnelle Träume zu vermitteln, deren Deutung nur im geistig-seelischen Bereich zu suchen ist. Einig sind sich die modernen Traumforscher darin, daß der Traum eine aus bizarren, symbolträchtigen Bildern bestehende Sprache ist, die übersetzt werden kann, doch muß für jeden Menschen eine individuelle Übersetzung angefertigt werden. Das heißt: was bei dem einen durchaus positiv ausgelegt werden könnte, ist für den anderen vielleicht ins Gegenteil zu verkehren. Mit anderen Worten: Wir müssen in die Interpretation des Traumgeschehens die ganz persönliche Lage des einzelnen Träumers mit einbeziehen und die Signale, die uns das Unbewußte in Form von Symbolen setzt, individuell erklären.

Die Symbole, die uns der Traum schickt und an die wir uns im Wachzustand erinnern, müssen aus der Praxis heraus erklärt werden, wobei schon eine gewisse Systematik unerläßlich ist, um an das heranzukommen, was aus dem Traum des Individuums überhaupt gedeutet werden kann. Das wurde schon vor Jahrtausenden versucht. Die Praktiker unter den Deutern stellten dabei Erfahrungsreihen auf, mit denen sie zu durchaus ansehnlichen Ergebnissen kamen und therapeutische Erfolge bei psychisch Kranken erzielten.

Traumdeuter auf dem Jahrmarkt

Jahrhunderte hindurch blieb die Traumpsychologie der Griechen richtungweisend. Die arabische Traumforschung baute sie weiter aus. Über diesen Umweg faßte sie schließlich in Europa Fuß, von großen Geistern – wie wir noch sehen werden – beschworen. Vielleicht konzentrierte man sich im Mittelalter zu sehr auf die sogenannten Wahrträume, mit deren Deutung man einen Blick in die Zukunft zu tun hoffte. Das führte dann vor 200 Jahren, im Zeitalter der Aufklärung, dazu, daß Traumdeuter nur noch auf den Jahrmärkten zu finden waren; und deren Geist spukt noch in den „ägyptisch-arabischen“ Traumbüchern unserer Tage!

Die wissenschaftliche Traumforschung wurde schon in der Romantik neu belebt. Aber erst Sigmund Freud baute den Traum in die Psychotherapie ein und gab damit den Anstoß zu einer intensiven wissenschaftlichen Beschäftigung mit den bizarren Bildern, die den Schlaf des Menschen beherrschen. Und wenn auch die exakte Wissenschaft noch immer Zweifel hegt, so zeigen die Erfolge der Psychoanalytiker und Psychotherapeuten in der Traumarbeit an kranken Menschen, daß die Praktiker gegenüber den Theoretikern, die nach wie vor an der Symboldeutung manches auszusetzen haben, weit im Vorteil sind; denn sie verfügen inzwischen über einen Erfahrungsschatz, der zwar auf theoretischem Wissen aufbaut, in der praktischen Traumarbeit aber zu Ergebnissen gelangen läßt, die beweisen, daß das Unbewußte im Traum Signale setzt, die in Sprache übersetzt werden können.

Auch Laien können Träume deuten

Unser Buch will die wissenschaftliche Traumarbeit auch für den Laien verständlich machen. Es gilt, geschichtliche Zusammenhänge zu erklären, die schließlich in die Traumforschung unserer Tage einmünden. Die einzelnen Traumarten werden mit Beispielen untermauert, die aufzeigen, wie unterschiedlich die Deutungen sein können, wenn man die Symbole, die im Schlußkapitel ausführlich beschrieben sind, auf das Einzelindividuum umsetzt. Um Ordnung in das umfangreiche Material zu bringen, lag eine Aufschlüsselung von A bis Z nahe, die sicherlich nach gründlichem Studium dieses Buches vom aufmerksamen Leser durch eigene Beobachtungen ergänzt werden kann.

Nicht jeder geht gleich zum Psychiater, wenn ihn etwas seelisch bedrückt. Viele Menschen schämen sich, ihre Probleme vor Fremden auszubreiten. Keiner läßt sich gern in sein Innerstes schauen. Gerade deshalb haben es ja Psychotherapeuten so schwer mit ihren Patienten, die zwar willig Fragen beantworten, aber möglicherweise ihre Träume verfälscht wiedergeben, um seelisch nicht gar so nackt vor dem fremden Menschen dazustehen, der ihnen als Arzt oder Psychologe helfen will. Diesen scheuen Menschen will unser Buch eine Hilfe sein, sich selbst und ihre Probleme zu erkennen, um dann – wenn es sein muß – zum Arzt zu gehen, der Mittel und Wege zu einer Heilung aufzeigen kann. Unser Buch ist aber vor allem auch für die Gesunden unter uns geschrieben, die den Traumsymbolen entnehmen möchten, ob sie den rechten seelischen Tiefgang haben, um im friedlichen Zusammenleben mit ihren Mitmenschen bestehen zu können. Probleme, die uns unser Unbewußtes im Traum aufzeigt, deuten ja nicht nur auf Krankheitssymptome hin.

Ich wünsche allen Träumern, die wach durchs Leben gehen, daß ihnen dieses Buch hilft, sich selbst besser zu erkennen.

Bedanken möchte ich mich herzlich bei Herrn Dr. med. habil. Ulrich Fink, der mir in den Jahren, in denen das Buch erarbeitet wurde, in wissenschaftlichen Fragen mit gutem Rat zur Seite stand.

Georg Fink

DAS GESCHENK AN DIE MENSCHHEIT

1. Teil

Die menschliche Seele ist doch ein wunderbares Wesen, und „der Zentralpunkt aller ihrer Geheimnisse ist der Traum", schrieb der Dichter Friedrich Hebbel. Der Traum sei der beste Beweis dafür, „daß wir nicht so fest in unsere Haut eingeschlossen sind, als es scheint". Wer seine Träume aufschreibe, mache der Menschheit „ein großes Geschenk". Doch er müsse seine Träume „treu und umständlich" und ohne Rücksichtnahme berichten und gleich einen eigenen Kommentar dazu schreiben. In seinen Tagebüchern hat Hebbel viele seiner eigenen Träume und die von Freunden aufgezeichnet. Dabei verheimlichte er nicht, daß er von den Träumen auf die Gesinnung des einzelnen zu schließen wünschte, weshalb er auch an seinen eigenen Träumen nichts beschönigte, wenn er sie aufschrieb. Er legte sich, noch bevor mit Sigmund Freud ein neues Zeitalter der Traumdeutung begann, eine eigene Symbolik zurecht: „Die schönste Frau wird vielleicht im Traum von dem schmutzigsten Kerl entehrt. Vielleicht träumt sie davon, daß die Blumenwiese sich unter ihr in einen Morast verwandelt."

Geheimnisse der menschlichen Seele

Auch die älteste bekannte Traumdeutung in der Menschheitsgeschichte hat ein Dichter verfaßt, dessen Name allerdings nicht überliefert wurde. In dem babylonischen Keilschrift-Epos „Gilgamesch", das mehr als 4000 Jahre alt ist, läßt der Unbekannte seinen Titelhelden, den sumerischen König von Uruk, Wundersames in Träumen erleben. Gilgamesch begegnet in der Unterwelt dem Gott der Wassertiefe Ea; dieser schenkt dem König fortan Träume, aus denen er die geheimsten Absichten der Götter deuten konnte.

Dem unbekannten Dichter waren viele Arten des Traums schon bekannt. Er ließ seinen Helden mit Hilfe göttlicher Traumeingebung in die Zukunft schauen und vor bösen Zeiten warnen, und er ließ seine Hoffnungen und Wünsche deutlich werden.

Nur Helden durften in die Zukunft schauen

Der mythologische Hintergrund des Epos färbte auf die spätere Traumdeutung ab. Da die Seele, das Unbewußte im Menschen, nicht faßbar war, setzte man an ihre Stelle die Götter, die von nun an für alle Arten von Träumen verantwortlich waren, für die guten wie für die bösen. Traumdeutung also als göttliche Kunst? In die Zeit des 2. Jahrtausends v. Chr. fallen auch die Traumdeutungen Josephs, die im Alten Testament zu finden sind. Die elf Brüder waren auf Joseph nicht gut zu sprechen, denn ihr Vater Jakob zog ihn allen anderen Kindern vor. Als Joseph seinen Brüdern aber erzählte, was er in der Nacht geträumt hatte, wurden sie ihm spinnefeind. Die Träume von Jakobs Lieblingssohn kann man in 1. Moses 37, übersetzt von Martin Luther, nachlesen:

Traumdeutungen im Alten Testament

„Mich deuchte, wir banden Garben auf dem Felde, und meine Garbe richtete sich auf und stand; eure Garben umher neigten sich vor meiner Garbe ... "
Die Brüder deuteten den Traum entsetzt, Joseph wolle ihr König werden und über sie herrschen. Noch erboster waren sie über den zweiten Traum:
„Mich deuchte, die Sonne und der Mond und elf Sterne neigten sich vor mir."
Diesen Traum hinterbrachten sie Vater Jakob, der sich selbst als die Sonne, seine Frau als den Mond und die Brüder als die elf Sterne identifizierte und darob so erzürnte, daß er seinen Lieblingssohn strafte, weil er sich über alle erhob. Die Brüder wollten Joseph töten, verkauften ihn aber schließlich um 20 Silberlinge an ismaelitische Kaufleute, die ihn nach Ägypten brachten. Dort deutete er seine eigenen Träume und die seiner Mitgefangenen, bis er schließlich der Traumdeuter des Pharao und sein oberster Beamter wurde.
Joseph stritt vor Ägyptens Herrscher stets ab, daß er Träume auslegen könne: „Ich nicht! Gott möge antworten, was Pharao frommt" (Genesis 41, 16).

Josephs Traumdeutung

Der Pharao hatte Joseph aus dem Gefängnis holen lassen, damit er ihm zwei Träume auslege. Der Herrscher berichtete (laut 1. Moses 41):

Die sieben fetten und die sieben mageren Kühe

„Mir träumte, ich stand an dem Ufer bei dem Wasser und sah aus dem Wasser steigen sieben schöne, fette Kühe, die gingen auf der Weide im Grase. Und nach ihnen sah ich andere sieben dürre, sehr häßliche und magere Kühe heraussteigen. Ich habe in ganz Ägypterland nicht so häßliche gesehen. Und die sieben mageren und häßlichen Kühe fraßen auf die sieben ersten fetten Kühe. Und da sie die hineingefressen hatten, merkte man's nicht an ihnen, daß sie die gefressen hatten, und waren häßlich gleich wie vorhin. Da wachte ich auf.
Und ich sah abermals in meinem Traum sieben Ähren auf einem Halm wachsen, voll und dick. Danach gingen auf sieben dürre Ähren, dünn und ver-

sengt. Und die sieben dürren Ähren verschlangen die sieben dicken Ähren. Und ich habe es den Wahrsagern gesagt; aber sie können's mir nicht deuten."
Die Antwort, die Joseph dem Pharao gab, wurde zum Muster einer Traumdeutung, die selbst noch jene aus dem Gilgamesch übertraf:
„Beide Träume Pharaos sind einerlei. Gott verkündigt Pharao, was er vorhat. Die sieben schönen Kühe sind sieben Jahre, und die sieben guten Ähren sind auch die sieben Jahre. Es ist einerlei Traum. Die sieben mageren und häßlichen Kühe, die nach jenen aufgestiegen sind, das sind sieben Jahre; und die sieben mageren und versengten Ähren sind sieben Jahre teure Zeit … Siehe, sieben reiche Jahre werden kommen in ganz Ägypterland. Und nach denselben werden sieben Jahre teure Zeit kommen, daß man vergessen wird aller solcher Fülle in Ägypterland; und die teure Zeit wird das Land verzehren, daß man nichts wissen wird von der Fülle im Lande vor der teuren Zeit, die hernach kommt; denn sie wird sehr schwer sein. Daß aber dem Pharao zum andernmal geträumt hat, bedeutet, daß solches Gott gewiß und eilend tun wird."

Der Traum des Pharaos und die teure Zeit

Joseph gab dem Pharao den Rat, sich eines verständigen und weisen Mannes zu versichern, der mit den Beamten des Herrschers in den sieben reichen Jahren den Fünften nehme und Vorrat in den Kornkammern anlege, damit Ägypten in den sieben dürren Jahren nicht vor Hunger verderbe. Der Pharao folgte dem Rat und setzte Joseph als obersten seiner Beamten ein, der dafür sorgte, daß Brot für alle auch in den dürren Jahren vorhanden war.

Ein vergessener Traum

Den beiden ältesten überlieferten Zeugnissen für Traumdeutungen stehen die ersten wissenschaftlichen Versuche gegenüber, Träume nach ihrem verzerrten Inhalt auszulegen. Das Verdienst gebührt den Chaldäern, die im Südwesten Babyloniens im 1. Jahrtausend vor Christi Geburt mehrere kleine Staaten gegründet hatten.
Die Kunst der Chaldäer, Träume zu deuten, war so groß, daß man später alle Traumdeuter aus dem babylonischen Raum als Chaldäer bezeichnete. Wie es auch in der Bibel im Buch Daniel am Anfang des zweiten Kapitels nachzulesen ist: „Im zweiten Jahr des Reiches Nebukadnezars hatte Nebukadnezar einen Traum, davon er erschrak, daß er aufwachte. Und er hieß alle Sternseher und Weisen und Chaldäer zusammenfordern, daß sie dem König seinen Traum sagen sollten."
Nebukadnezar forderte schier Unmögliches von den Chaldäern: Sie sollten einen Traum deuten, den er vergessen hatte. Und als sie ihm

wiederholt klarmachten, das könne kein Mensch, befahl er alle Weisen seines Reiches vor Gericht, wobei der Richterspruch im voraus entschieden war: Tötet sie! Der biblische Prophet Daniel bat den König um eine Frist, die dieser ihm und seinen weisen Kollegen auch einräumte.

Der biblische Prophet als Traumdeuter

Und Daniel betete zu Gott, daß er ihm Nebukadnezars „verborgenes Ding durch ein Gesicht des Nachts offenbart". Anderntags konnte er dem König dessen für verloren gehaltenen Traum von einem glänzenden Bild erzählen, das „schrecklich anzusehen" war und am Ende in Stücke zerbarst. So ähnlich, deutete Daniel den Traum, werde es dem jetzt so mächtig und glänzend dastehenden Reich Nebukadnezars einst unter seinen Nachfolgern ergehen – es werde zerbrechen.

Auch in dieser biblischen Geschichte kommt der Traum von Gott, die Deutung überläßt der König seinen Weisen; unter ihnen nahmen die Chaldäer, wie man sehen konnte, einen besonderen Rang ein, der ihnen aber von dem jüdischen Propheten Daniel streitig gemacht wird. Nachdem er den Traum gedeutet hatte, wird man im Volke wohl auch Daniel – die Bibel berichtet darüber nicht – für einen Chaldäer gehalten haben, die als Traumdeuter den Astrologen, Hellsehern und Wahrsagern gleichgesetzt waren, deren Sachgebiete vor Jahrtausenden noch als Wissenschaft galten.

Schon mehr als 100 Jahre vor Nebukadnezar († 562 v. Chr., babylonischer König seit 605), der Jerusalem eroberte und die Juden in die Gefangenschaft führte, wird in dem Ritenbuch der Tschou-Dynastie, unter der China mit Konfuzius und Laotse eine Blütezeit der Philosophie erlebte, von Traumbildern und den Funktionen der Traumdeuter berichtet. Den chinesischen Weisen waren damals bereits Traumsymbole bekannt, die sie für ihre Deutungen verwandten. So geht aus einem chinesischen Liederbuch des 12. Jahrhunderts v. Chr. hervor, was eine werdende Mutter als Nachwuchs erwarten könne, wenn sie oder eines ihrer Familienmitglieder die Traumbilder richtig deute: „Bären und Affen sind Söhne, Schlangen und Nattern Töchter!"

Das zweite Leben als Schmetterling

Tschuang-tse, ein in der zweiten Hälfte des 4. Jahrhunderts v. Chr. lebender Philosoph und Schüler Laotses, hielt den Traum für „unser zweites Leben". Zum Beweis dafür erzählte er einen eigenen Traum: *„Ich, Tschuang-tse, träumte einst, ich sei ein hin und her flatternder Schmetterling, in allen Zwecken und Zielen ein Schmetterling. Ich wußte nur, daß ich meinen Launen wie ein Schmetterling folgte, und ich war meines Men-*

schenwesens unbewußt. Plötzlich erwachte ich. Und da lag ich: wieder ich selbst. Nun weiß ich nicht: War ich da ein Mensch, der träumt, er sei ein Schmetterling, oder bin ich jetzt ein Schmetterling, der träumt, er sei ein Mensch. Zwischen Mensch und Schmetterling ist eine Schranke. Sie überschreiten ist Wandlung genannt."

Moderne Deutung eines 2500 Jahre alten Traumes

Dazu als Beispiel für heutige Erkenntnisse das, was Ernst Aeppli, ein Schüler C. G. Jungs, über das Wesen des Traumschmetterlings sagt: „Das ... Wunder der Verwandlung von träger Raupe, dumpfer Larve in den zartschönen Schmetterling hat den Menschen tief angerührt, ist ihm zum Gleichnis eigener seelischer Wandlung geworden, hat ihm die Hoffnung geschenkt, einst aus der Erdverhaftetheit ins Licht ewiger Lüfte zu steigen."

So philosophisch deutete Aeppli den Traum Tschuang-tses. Moderne Psychotherapeuten könnten zwar wie Aeppli auf eine seelische Wandlung des Träumers schließen, wenn er sich selbst als Schmetterling sieht, dürften aber auch aus dem Hin-und-her-Flattern des Traumschmetterlings auf jene Ratlosigkeit im Wachleben deuten, die der chinesische Philosoph Tschuang-tse in der Deutung seines Traumes ja ebenfalls angesprochen hat.

Erst im 8. Jahrhundert unserer Zeitrechnung lösten sich die Chinesen von der herkömmlichen Einschätzung, die Träume kämen von den Göttern oder von guten und bösen Geistern. Die Begründung für menschliches Träumen in einem Traumbuch aus dieser Zeit mutet fast modern an: „Die Seele tritt aus und wandelt umher."

Die Geburt Buddhas

Viele Buddhalegenden ranken sich um Träume. So soll die Geburt des ostasiatischen Religionsschöpfers (um 560 v. Chr.) nach einer Legende seiner Mutter, der indischen Fürstin Maja, im Traum angezeigt worden sein. Allerdings war diese Legende erst im 5. Jahrhundert nach Christi Geburt entstanden.

Buddhalegenden um Träume

Die Mutter soll, als sie das Kind unter ihrem Herzen trug, von einem wundersamen weißen Elefanten geträumt haben. Ein Priester habe ihr den Traum etwa so gedeutet: Sie werde einen Sohn gebären, der trotz eines zu erwartenden großen Aufstiegs zum Fürsten und Herrscher über viele Menschen sein Land verlassen werde, um als Mönch in der Einsamkeit die Erleuchtung zu haben, durch die er zum Lehrer der ganzen Menschheit werde und alle Sünde von der Welt nehmen werde. Buddha selbst soll nach einer anderen Legende den Traum gehabt haben, sein Körper habe sich bis hin zu den „Weltbergen" im Norden, Osten, Süden und Westen ausgedehnt und damit die ganze (den Indern und Chinesen damals bekannte) Welt umspannt. Dieser Traum wurde so verstanden: Die Lehre des „Erleuchteten" werde sich über die ganze Erde verbreiten.

In Indien wurden, Traumlegenden ausgenommen, Träume zumeist im Sinn der Vergeltung von guten und bösen Taten gewertet. Indische Traumforscher des Altertums entwickelten ihre Deutungen durchaus wissenschaftlich; einige Traumbücher zeugen vom hohen Stand ihrer psychologischen Erkenntnisse, besonders die Schrift „Jagaddeva", aus der einige kurze Beispiele in unserem Buch unter den Symbolen nachgelesen werden können.

Traumdeutungen auf assyrischen Tontafeln

Doch zurück zur Entwicklung der Traumdeutung in Vorderasien: Die Assyrer scheinen den Babyloniern in der Traumauslegung nicht nachgestanden zu haben, wie aus den Keilschriften des Königs Assurbanipal hervorgeht. Er legte im 7. Jahrhundert v. Chr. in Ninive eine große Bibliothek an, deren Tontafeln, auf denen auch das Gilgameschepos aufgezeichnet ist, zum Teil erhalten sind. Sie werden heute im Britischen Museum in London aufbewahrt.

So berichtet auf einer dieser Keilschrifttafeln Assurbanipal, er habe Ischtar, die babylonische Göttin des Kampfes und der Liebe, in ihrem Tempel zu Arbela angerufen, daß sie ihm im Kampf gegen den Elamiterkönig Te-Umman beistehe. In der darauffolgenden Nacht hatte dann einer seiner Wahrsager den folgenden Traum:

„Ischtar, die Arbela bewohnt, ist vor mein Antlitz getreten. Zur Rechten und Linken war sie mit flammendem Schein umgossen. Sie trug einen Bogen in ihrer Hand und fuhr auf ihrem Wagen, als zöge sie in den Kampf. Du aber standest bei ihr. Sie war freundlich zu dir wie eine Mutter zu ihrem Kinde. Ischtar, die holdeste unter den Göttern, lächelte dir zu und gab dir ihre Ent-

schlüsse kund: ‚Ziehe hin, um Beute zu machen. Der Weg steht dir frei ... Ich will dich beschirmen ... Dein Antlitz soll nicht erblassen, deine Füße sollen nicht wanken, du wirst inmitten der Schlacht deinen Ruhm behaupten'.“ Und der Seher schloß seinen Traumbericht: *„Ischtar ist voll des Zornes gegen alle, die dir nicht untertan sind. Vor ihr breitet sich ein schreckliches Feuer aus, deine Feinde zu besiegen ... Sie wendet sich gegen Te-Umman, den Elamiterkönig, der ihren Augen ein Greuel ist.“*
Eine Deutung des Traumes nach heutigen Erkenntnissen erübrigt sich. Hier war wohl der (politische) Wunsch der Vater des Gedankens. Der Traum des Sehers und die damit verbundene göttliche Vorsehung erfüllten sich: Der Assyrerkönig Assurbanipal eroberte Susa, die Hauptstadt der Elamiter, und ließ Te-Umman enthaupten.

Heilschlaf bei den Göttern

Die Ägypter befaßten sich schon früh mit der Traumdeutung, wie ein Papyrus aus dem 2. Jahrtausend vor unserer Zeitrechnung beweist, der im Britischen Museum, London, aufbewahrt wird. Auf dem Papyrus sind ungefähr 200 Träume und ihre Deutung in Hieroglyphen aufgeschrieben. Da liest man zum Beispiel folgende Erkenntnisse über den Menschen, der sich im Traum sieht:

Holzsägen – gut: seine Feinde sind tot.
Den Mond scheinen sehen – gut: Gott erhört seinen Wunsch.
Sich selbst tot sehen – gut: Er wird noch lange leben.
Leute weit weg sehen – schlecht: Sein Tod steht bevor.
Mit Frau am hellichten Tage koitieren – schlecht: Gott bestraft seine Missetaten.
Warmes Bier trinken – schlecht: Er wird zu leiden haben.

Träume übermitteln die Weisungen der Götter

Später, als die chaldäische Traumdeutung „modern“ wurde, machten die Ägypter einen Kult daraus. Im Traum wurden – das war ein unumstößlicher Glaubenssatz – die Weisungen der Götter an die Menschen weitergegeben, die guten kamen vom wohlgesinnten Sonnengott Horus, die schlechten von Seth, dem Gott der Wüste und der Dürre, der Stürme und des Unwetters. Analog dazu wurden nach göttlichem Ratschluß die Gottlosen besonders oft von bösen Träumen heimgesucht, den Frommen dagegen waren meist nur gute beschieden.
Der Traum galt den Ägyptern auch als Mittler zwischen Diesseits und Jenseits. Sie stellten sich die damalige Welt, das Diesseits, umspannt von einem großen Ozean, dem Jenseits, vor, zu dem auch die Überschwemmungsgebiete des Nils gehörten. Des Nachts segelte Horus in seiner Sonnenbarke über das jenseitige Gewässer, tauchte aber

morgens gestärkt wieder im Diesseits auf und schenkte all den Menschen neue Lebenskraft, die wie er nachts im Schlaf in die Fluten des Jenseits getaucht waren und in ihren Traumgeschichten mehr über diese andere Welt erfahren hatten.

Tempelpriester als Traumdeuter

Wer sich hilflos sah, suchte im 2. Jahrhundert v. Chr. im Sarapistempel zu Memphis den Rat der Götter. Dort hoffte er in einer Art Heilschlaf die Träume zu finden, die ihn mit Hilfe traumkundiger Priester aus seiner mißlichen Lage befreien sollten. Ein ähnlicher Kult wurde – wie wir sehen werden – auch im alten Griechenland in den Tempeln des Äskulap (Asklepios) betrieben.

Viele heute noch als richtig empfundene Traumdeutungen, zu denen auch eine aus dem ältesten Traumbuch Ägyptens, dem eben erwähnten Papyrus, gehört („Sich selbst tot sehen ...“), wurden uns aus dem Land der Pharaonen überliefert; einige von ihnen haben wir unter den von uns ausgewählten Symbolen vermerkt.

Die Traumdeuter scheinen im alten Ägypten eine Menge Geld mit ihren Erkenntnissen verdient zu haben. Manche zogen daraus wohl auch schlitzohrig Nutzen: Sie legten die Träume zahlungskräftiger und mächtiger Leute positiv aus. Und die waren gern bereit, diesen Deutungen zu glauben. Wer aber arm war, mußte bei der Traumauslegung auf das Schlimmste gefaßt sein.

Der Zahntraum des Pharao

Überliefert ist der Traum eines Pharao, in dem diesem alle Zähne ausgefallen waren. Der schockierte Herrscher ließ daraufhin einen seiner Traumdeuter kommen, der ihm nach dem damaligen Stand der Erkenntnisse wahrheitsgemäß sagte, großes Unheil stehe ihm und seiner Familie ins Haus. Er werde zumindest einen nahen Anverwandten durch Tod verlieren. Das paßte dem Herrscher nun gar nicht, weshalb er den Traumdeuter töten ließ.

Wer Unheil verkündete, mußte sterben

Dann rief er einen anderen Weisen zu sich, der ebenfalls dafür bekannt war, daß er das Traumgeschehen deuten könne. Der Herbeizitierte, der von dem grausamen Schicksal seines Kollegen kurz zuvor erfahren hate, wollte noch ein bißchen länger leben und las für den Herrscher und seine Familie ein langes Leben aus dem Traum ab, worauf er fürstlich belohnt wurde. Es ist leider nicht bekannt, was mit dem Falschdeuter geschah, als der Pharao wenig später starb.

Auch die alten Griechen hielten Träume für Botschaften der Götter – nachzulesen bei Homer, der im 8. Jahrhundert v. Chr. seine beiden Epen „Ilias“ und „Odyssee“ schrieb.

Gleich am Anfang der „Ilias" wird Agamemnon, dem Führer der Griechen gegen Troja, geraten, zur Bezwingung der Pest einen Seher oder Traumdeuter zu befragen, mit der homerischen Begründung: „... denn der Traum kommt von Gott". Und im zweiten Gesang schickt Zeus den Traumgott in der Gestalt des Nestor höchstpersönlich zu Agamemnon und fordert ihn zum Sturm auf Troja auf.

Penelopes Traum

Nur in der „Odyssee" kommt eine einzige Traumgeschichte vor, bei der kein Gott die Hand im Spiel hat. Es ist der Traum der Penelope, der von Freiern bedrängten Frau des für tot erklärten Irrfahrers Odysseus. Er handelt vom Adler, der unter die Gänse fährt. Johann Heinrich Voss übersetzte Homer so:

„Aber es kam ein großer krummgeschnabelter Adler von dem Gebirg' und brach den Gänsen die Hälse; getötet lagen sie all' im Haus, und er flog in die heilige Luft auf."

Der Adler, der unter die Gänse fährt

Penelope weint im Schlaf um die getöteten Gänse. Aber der Adler erscheint ihr im Traum noch einmal und deutet mit der Stimme des Odysseus das, was sie gerade geträumt hat: „Jene Gänse sind Freier, und ich war eben der Adler; aber jetzo bin ich, dein Gatte, wiedergekommen, daß ich den Freiern allen ein schreckliches Ende bereite." Tatsächlich weist der Adler als Traumsymbol auch nach heutiger Meinung auf die Erfüllung hochfliegender Gedanken hin. Schnatternde Gänse, die gleichzeitig im Traum erscheinen, lassen – übersetzt – auf lästige Gäste schließen. Penelopes Traumgesicht wurde also durchaus richtig gedeutet, wenngleich man heute – auch wenn das Traumgeschehen Wirklichkeit wurde –, von der zehn Jahre vergeblich auf ihren Mann wartenden Penelope aus gesehen, weniger auf einen prophetischen Traum schließen würde als auf einen Wunschtraum der leidgeprüften Frau.

Gute Träume nach dem Bad

Griechische Priester, die in der Antike vielfach als Heilkundige galten, verordneten ihren „Patienten" Schlaf, damit ihr Körper und ihre Seele genesen könnten. Die endgültige Therapie überließ man den Göttern, die heilende Träume sandten. In einem griechischen Tempel war es der

Gott Asklepios (bei den Römern Äskulap genannt), der den Kranken nach beruhigenden Bädern im Schlaf den Weg zur Heilung durch Träume bahnte, die – wie bei den Ägyptern – von den Priestern gedeutet wurden.
Aber es gab auch „freie“ Traumdeuter, wie der griechische Philosoph und Historiker Plutarch (um 50–125 n. Chr.) in seinem Werk „Parallele Lebensbeschreibungen“ berichtet, das er im 1. Jahrhundert n. Chr. über berühmte Griechen und Römer schrieb.
Nicht nur zu seiner Zeit schätzte man Plutarchs tiefe Einsichten in die menschliche Natur, zu der auch die Träume gehören. Er war überzeugt von ihrer in die Zukunft weisenden Deutbarkeit und stellte unter anderem ernsthaft die Frage, warum die prophetischen Träume im Herbst am wenigsten verläßlich seien. Im Werk des Aristoteles, sagte er, habe er die Antwort gefunden: Der Genuß des im Herbst gereiften Obstes störe so sehr die Verdauung, daß die Seele körperlich von ihrer prophetischen Gabe abgelenkt werde. Bei Demokrit aber habe er den Hinweis gefunden, daß eher das fallende Herbstlaub daran schuld sei. Von ihm werde die Luft so aufgewirbelt, daß es die Seele störe, die ja nachts umherstreife, um einen Schläfer zu finden.

Die Insignien der Macht

Plutarch zeichnete in seinem Werk einen Traum des athenischen Staatsmannes und Feldherrn Themistokles (um 525–460 v. Chr.) auf. Dieser war wegen seiner Selbstgefälligkeit wenig beliebt, weshalb er sich zeitweilig vor seinen Feinden verborgen halten mußte. Als auf seinen Kopf gar 200 Talente ausgesetzt waren, störten eine Schlange und ein Adler seinen Schlaf. Plutarch schreibt:
„Ihm träumte, daß sich eine Schlange um seinen Leib wände, dann nach dem Hals hinaufkröche, und wie sie das Gesicht berührte, sich in einen Adler verwandelte, der ihn mit den Fittichen umfaßte und endlich auf einen goldenen Heroldsstab so sicher hinstellte, daß er auf einmal von seiner Angst befreit wurde.“

Der Adler als positives Symbol

Schon bei den griechischen Traumdeutern zur Zeit des Themistokles galt die Schlange als furchterregendes Tier, der Adler aber wurde positiv gedeutet. Die Angst schnürte jedenfalls dem Themistokles fast die Kehle zu. Da kam dem Bedrohten der Adler zu Hilfe wie auf der Theaterbühne ein „Deus ex machina“ dem Helden des Dramas. Den Themistokles konnte das Traumbild nicht nur von seiner Angst befreien, daß ihm seine Gegner etwas anhaben könnten; mehr noch: Das Auftreten des Königs der Lüfte im Traum verhieß ihm nach Meinung seines

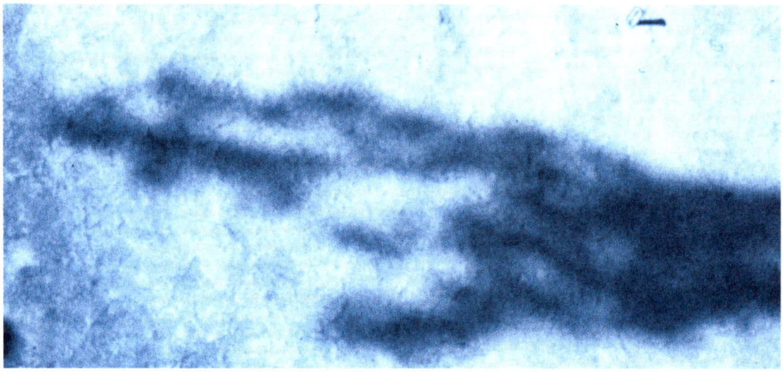

Traumdeuters neuen Höhenflug im politischen Leben, worauf auch der goldene (also erfolgversprechende) Heroldsstab als Machtinsignie hinweise.

Die Geschichte gab dem Traumdeuter recht. Themistokles mischte noch lange Jahre mit viel Erfolg im politischen Leben seiner Vaterstadt Athen mit. Erst kurz vor seinem Tod wurde er geächtet und starb schließlich in der Verbannung bei den Persern, seinen einstigen Feinden.

Tyrannenmord im Traum

Wie ernst das Traumgeschehen im Altertum genommen wurde, verdeutlicht auch ein Traum, den ebenfalls Plutarch überliefert hat. Danach wurde dem aus Schillers „Bürgschaft" bekannten Syrakuser Tyrannen Dionysios I., dem Älteren (430–367 v. Chr.), der Traum des ansonsten unbescholtenen Bürgers Marsyas bekannt, der ihn einem „Freund" weitererzählt hatte. Marsyas sah in diesem Traumbild, wie er den Tyrannen ermordete. Er kam vor ein Schnellgericht und wurde zum Tode verurteilt. Die Urteilsbegründung: Wer im Traum den Tyrannen Dionysios ermorde, der habe auch im Wachleben diesen Gedanken schon in Erwägung gezogen und sei daher des Mordes schuldig, auch wenn er ihn in Wirklichkeit nicht begangen habe.

Seherische Kraft der Seele

Der große griechische Philosoph Plato (427–347 v. Chr.) hätte diesen und ähnliche Träume als göttliche Offenbarung wohl gelten lassen, er sprach aber auch schon von der „seherischen Kraft der Seele", die aus vielen Träumen spreche. In dieser Meinung wurde der griechische Philosoph zweifellos noch dadurch bestärkt, daß sein Lehrer Sokrates im Traum seinen eigenen Tod vorhergesehen hatte.

Aber auch physiologische Begierdeträume kannte Plato bereits. Im Traum könne der im Wachleben fromme und anständige Mensch zum Verbrecher werden und die schändlichsten Delikte verüben, zu denen er im Wachen nicht fähig sei. Plato war der festen Überzeugung, daß schlechte Menschen in Wirklichkeit tun, was gute nur träumen.

Aristoteles über das Seelenleben im Schlaf

Der junge Aristoteles (384–322 v. Chr.) sah in Wahrträumen, so wie sein Lehrer Plato, noch göttliche Offenbarung oder auch die übernatürliche, prophetische Kraft der Seele, weil sie sich im Schlaf gewissermaßen vom Körper löse. Als gereifter Mann aber war er – seine drei uns bekannten Schriften über das Schlafen und Träumen beweisen es – äußerst skeptisch gegenüber allem Übernatürlichen, das zu seiner Zeit immer wieder, vor allem bei Deutungen sogenannter Wahrträume, als auslösender Faktor angeführt wurde. Der Traum, war seine These, sei das Seelenleben im Schlaf. Er bezog schließlich eindeutig Stellung gegen die damals landläufige Meinung, Götter und Dämonen würden im Traum die Zukunft vorhersagen.

Lediglich Krankheiten könnten sich dem Träumer ankündigen, lange bevor er tatsächlich erkranke. Aristoteles begründete das mit den Reizen, die von einem erkrankten Organ ausgingen; im Wachen störten diese Reize das Wohlbefinden zwar noch nicht, im Traum aber, wenn der Körper nicht vom lauten Tagesgeschehen abgelenkt werde, könnten sie dagegen schon volle Wirkung erzielen.

Diese Ansicht vertrat vor Aristoteles schon der griechische Arzt Hippokrates (460–375/370 v. Chr.), der sich aus medizinischem Interesse mit Träumen befaßte. Er behauptete, solange Träume Erlebnisse richtig darstellten, sei der Mensch gesund; gäben die Träume sie verwirrend oder entstellt wieder, lägen gesundheitliche Störungen vor. Je schlimmer die Entstellungen empfunden würden, desto schneller müsse der Arzt den Träumer behandeln.

Die Rezepte des Hippokrates

Hippokrates verordnete dann neben einer strengen Diät Schwitzkuren und viel Bewegung; auch Erbrechen könne helfen. Bemerkenswert ist seine Rezeptur für den Fall, daß ein Patient in einem Traum viel gegessen und getrunken hatte; da half nach seiner Meinung nur eine sofortige Eß- und Trinkkur, damit der Patient auch im Wachleben das bekomme, was ihm der Traum verordnete. Hippokrates – mögen seine Rezepturen und Ratschläge uns heute auch ein wenig seltsam anmuten – war einer der ersten Ärzte, die aus der Traumdiagnose eine Therapie zur Gesundung des Menschen ableiteten.

Der große griechische Arzt brauchte keine Traumdeuter, um seine psychophysiologischen Befunde zu erstellen und eine entsprechende Therapie auszutüfteln. Dafür hielten sich die griechischen Herrscher zu seiner Zeit gleich einige traumkundige Weise, damit diese aus dem Traummaterial ersehen konnten, ob die Zeit für die Pläne des Herrschers günstig oder weniger günstig war.

So träumte, wie Plutarch berichtet, König Philipp II. von Mazedonien (383/382–336 v. Chr.) bald nach seiner Vermählung, daß er *„auf den Leib seiner Gemahlin ein Siegel drückte, worauf, wie ihn wähnte, das Bild eines Löwen gestochen war"*.

Alle Wahrsager am Königshof fanden Philipps Traum bedenklich und rieten dem Herrscher, mit besserer Sorgfalt den Umgang der Königin zu überwachen, denn möglicherweise stamme der Löwe auf dem Traumsiegel von einem Mann, der allzusehr die Aufmerksamkeit von Philipps Gemahlin in Anspruch genommen habe.

Aristandros – Wahrsager Alexanders des Großen

Nur Aristandros von Telmissos widersprach diesen Deutungen. Die Königin gehe keine verborgenen Wege. Ganz im Gegenteil! Er jedenfalls könne die Meinungen seiner Kollegen nicht teilen, dafür aber dem Herrscher über Mazedonien eine frohe Botschaft aus dem Traum vermitteln: Seine Frau sei schwanger, denn leere Gefäße – er meinte damit den Leib der Königin – pflege man bekanntlich nicht zu versiegeln. Sie werde ihrem Gemahl einen Knaben von feurigem, löwenartigem Mut gebären.

Aristandros' Deutung traf zu: Philipps Thronfolger wurde Alexander genannt, der in die Weltgeschichte als „der Große" einging. Er nahm Aristandros von Telmissos auf allen seinen Feldzügen mit; denn ohne einen Mann, der vor schwierigen Entscheidungen seine Träume deutete, wollte auch der mit Löwenmut ein Weltreich erobernde große Alexander nicht auskommen.

Wie die Griechen, so die Römer

Krankheitsdiagnosen aus Träumen abzulesen, bemühte sich nach Hippokrates auch der Leibarzt des römischen Kaisers Marc Aurel, Galenius (129–199 n. Chr.), der die Schriften des Hippokrates durch eigene Erkenntnisse bereicherte. Die Veröffentlichungen der beiden Ärzte blieben bis weit ins Mittelalter hinein maßgebend, zu dem nur schleppend weitere Fortschritte auf diesem Gebiet gemacht wurden. Erst unserem Jahrhundert blieb es vorbehalten, wissenschaftlich fundierte Therapien aus der Traumdiagnose zu entwickeln und psycho-physiologische Mittel anzuwenden.

Die griechische Traumauslegung war für die Römer maßgebend. Sie wurde von verschiedenen Traumdeutern noch vertieft. Daß auch zur Römerzeit Träume gern auf verschiedene Art ausgelegt wurden, belegt ein von Sueton überlieferter Traum Cäsars (100–44 v. Chr.) aus der Zeit, als dieser im von den Römern besetzten Spanien als Proprätor die ersten Proben seiner staatsmännischen und militärischen Begabung ablegte:

Cäsars Inzesttraum

„... in der Nacht hatte Cäsar, wie man sagt, einen greulichen Traum. Es kam ihm vor, als wenn er unnatürlicherweise seine Mutter beschliefe."

Der Inzesttraum hatte, laut Sueton, Cäsar sehr beunruhigt, doch seine Traumdeuter legten ihn günstig aus. Die Mutter, mit der er im Schlaf koitierte, bedeute die Erde, die ja als Mutter aller Menschen gelte, meinte der eine. Und ein anderer erklärte, der Traum sei ein Zeichen dafür, daß Cäsar einmal die ganze (damals bekannte) Erde beherrschen werde. Artemidoros von Daldis, mit dem wir uns anschließend befassen wollen, hat hierzu ebenfalls eine Deutung bereit, die genauso zutreffend erscheint wie die beiden von Cäsars Traumdeutern: „Wenn jemand in der Fremde weilt, so wird er auf Grund dieses Traumes bald heimkehren."

Von großer Bedeutung selbst für die heutige Traumforschung ist das Material, das dieser in Italien geborene griechische Arzt im 2. Jahrhundert nach Christi Geburt gesammelt und in seinem fünfbändigen Werk „Oneirokritika" (Traumdeutungen) niedergelegt hat.

Freuds griechischer Vorfahre

Artemidoros schreibt in der Einleitung, das Traumgesicht sei „eine Bewegung oder ein vielgestaltiges Bilden der Seele, das das bevorstehende Gute oder Böse" anzeige. Und er fährt fort: „Unter dieser Voraussetzung prophezeit die Seele alles, was sich im Lauf der Zeit über kurz oder lang ereignen wird, durch eigene natürliche Bilder." Man müsse „die Charaktereigenschaften der Menschen vorher" (also vor der Deutung) prüfen, „um nicht einen Fehltritt zu tun". Deshalb müsse der Traumdeuter „von Haus aus guten Menschenverstand haben".

Artemidoros über die Traumbilder

Über die verwirrenden Bilder, die uns der Traum zeigt, schreibt er: „Alle Traumgesichte, die etwas Unheilvolles bedeuten, haben für den Träumenden weniger unheilvolle oder vielleicht gar keine Folgen, wenn seine seelische Stimmung dabei gehoben ist. Umgekehrt gehen alle Traumgesichte, welche etwas Gutes bedeuten, nicht in Erfüllung oder jedenfalls in geringerem Maß, wenn seine seelische Stimmung gedrückt ist. Deswegen soll man jeden einzelnen danach befragen, ob er

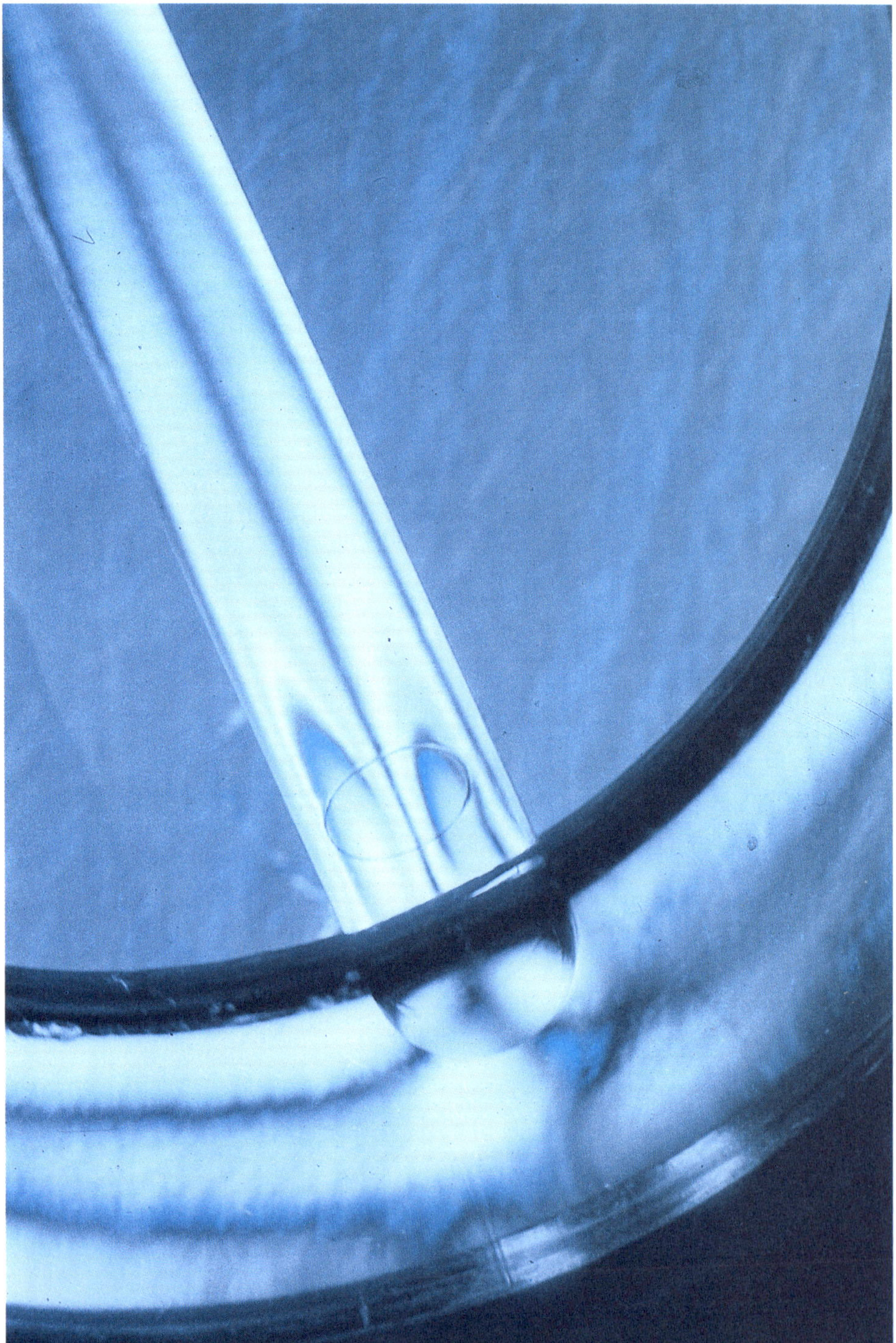

in guter oder schlechter Gemütsverfassung geträumt hat." Diese Aussagen weisen ihn nach heutigem Verständnis als einen geschulten Psychologen aus.

Artemidoros von Daldis – Vorläufer der modernen Traumpsychologie

Artemidoros von Daldis sammelte sein Material auf langen Reisen durch Kleinasien, Griechenland und Italien. Ihm standen wohl auch noch einige der frühen griechischen Traumbücher zur Verfügung, die heute allesamt verschollen sind. Er hat mit vielen seiner treffenden Deutungen selbst die moderne Traumpsychologie befruchtet, weshalb wir nicht zögerten, einiges aus seinem Symbolschatz im letzten Teil dieses Buches zu berücksichtigen. Immerhin finden sich auch bei Sigmund Freud, Wilhelm Stekel und anderen Psychoanalytikern Traumsymbole, die Artemidoros schon 17 Jahrhunderte vor ihnen entdeckt und fast genauso erklärt hatte wie sie.

Die manchmal doch ziemlich kritiklose Zukunftsdeuterei des Griechen mag uns zwar bedenklich stimmen, sie ist aber aus dem Zeitgeist heraus zu verstehen. Trotzdem blieb das Werk des Artemidoros bis zum Ende des 19. Jahrhunderts eine der wenigen ernst zu nehmenden Schriften über die Traumdeutung.

Die Weisen aus dem Morgenland

Artemidoros behauptete übrigens, Apollo selbst habe ihn veranlaßt, Träume zu sammeln. Er glaubte an die göttliche Sendung des Traums ebenso wie das Volk der Bibel, in der einige Träume Teil des göttlichen Heilsplans sind.

Noch zur Zeit Christi gab es nach dem Talmud, der heiligen Schrift des Judentums, in Jerusalem über 20 Traumdeuter, und die Behauptung von Myles M. Bourke, Professor für Bibelkunde am St. Joseph's Seminary in Yonkers im Staate New York, die drei Weisen aus dem Morgenland seien auch in der Traumdeutung erfahrene Gelehrte gewesen, ist durchaus nicht von der Hand zu weisen.

Ciceros Kritik an der Traumdeutung

Zu allen Zeiten gab es kritische Stimmen gegen die Traumdeutung. Vor allem in den beiden Jahrhunderten vor und nach unserer Zeitrechnung, aber auch noch zu Lebzeiten des Artemidoros trieben sie Blüten. So schrieb in jener ersten Aufklärungszeit der Weltgeschichte kein Geringerer als Marcus Tullius Cicero (106–43 v. Chr.), der große römische Staatsmann und berühmte Redner, es ließe sich nichts so Verkehrtes, so Wirres und so Monströses denken, wie es der Mensch träumen könne. Er bestritt in seinem Werk „De divinatione" den damals noch vorherrschenden Glauben an den göttlichen Charakter der Träume und kam zu dem Schluß:

„Jeder Mensch macht sich seine Träume selbst"

„Wenn also weder ein Gott der Schöpfer der Träume ist, noch die Natur irgendwelche Gemeinschaft mit den Träumen hat, noch durch Beobachtung eine Wissenschaft erfunden werden kann, so ist bewiesen, daß man den Träumen durchaus keinen Glauben schenken darf." Allenfalls ließ auch Cicero gelten, daß Träume durch irgendwelche körperlichen Reize oder solche, die von außen an den Schlafenden herangetragen würden, hervorgerufen werden könnten.

Und 100 Jahre später fand der am Hof Kaiser Neros lebende Schriftsteller Petronius Arbiter, der im Jahre 66 n. Chr. zum Selbstmord getrieben wurde, ebenfalls, daß die althergebrachte Meinung von der göttlichen Sendung der Träume nicht gültig sei. Er schrieb:

„Nicht die Götter und göttliches Machtgebot schicken die Träume vom Himmel herab, sondern ein jeder Mensch macht sie sich selber."

Petronius bevorzugte rationalistisches Denken auch in Traumdeutungen. Seelische Prozesse, die das Phänomen „Traum" erklären könnten, ließ er nicht gelten. Für ihn war die verwirrende Sprache der Träume nichts anderes als ein ins Bildliche übertragener körperlicher Reiz, bei dem nur untersucht werden müsse, ob es sich dabei um ein Krankheitssymptom handle.

Die arabischen Traumbücher

Mohammed deutete die Träume seiner Gefährten

Neben Artemidoros ist es den Arabern zu danken, daß das Traumwissen der Antike nicht verlorenging. Selbst der Koran, das Glaubensbuch der Moslems, kommt nicht ohne Traumerzählungen aus. Es heißt, Mohammed habe sich am Morgen von seinen Begleitern ihre nächtlichen Träume erzählen lassen und sie ihnen gedeutet, wobei sich der Schöpfer der islamischen Weltreligion als guter Psychologe erwiesen haben muß.

Gelehrte und gläubige Araber machten sich, dem Vorbild des Propheten folgend, schon um das Jahr 800 unserer Zeitrechnung daran, Traummaterial zu sammeln; dabei ließen sie auch indische, ägyptische und griechische Quellen aus dem Altertum nicht außer acht, die sie teilweise sogar der Vergessenheit entrissen. Diese durchaus wissenschaftlichen Schriften wurden von Kreuzfahrern und Kaufleuten nach Europa gebracht, wo sie auf waches Interesse stießen; und natürlich half auch die arabische Expansion nach Europa, solches Gedankengut weiter zu verbreiten.

Die Araber trennten in ihren Schriften alltägliche von symbolhaften Träumen. Zum Beispiel hielten sie einen Traum, in dem ein Hungernder einen gedeckten Tisch sah, ebensowenig einer Deutung für würdig wie andere Wunschvorstellungen, die sich in den Bildern der Nacht niederschlugen. Wer vor dem Schlafengehen zuviel getrunken hatte oder sonst seiner Sinne nicht mächtig war, konnte noch so symbolhaft träumen – seine Traumgeschichten wurden von den arabischen Gelehrten als Spinnereien abgetan. Und auch die Träume der Dichter warfen sie in den gleichen Topf.

Besonders ernst aber wurden jene verwirrenden Bilder genommen, die den Träumer des Nachts überfielen und ihn noch im Erwachen nicht losließen. Hinter diesen Traumgespinsten vermutete man besonders wichtige Aussagen für das Wachleben des Träumers und für seine Zukunft.

Allah läßt nur Gläubige wirkungsvoll träumen

Die Traumerzählungen im Koran galten für so berühmte Gelehrte wie Ibn Sirîn und Ahmed Serim am Hof des Kalifen Al-Mamun als Anhaltspunkte für die Deutung nach muslimischem Glauben. Dabei wurde den Träumen der Männer mehr symbolische Kraft zugeschrieben als denen der Frauen, die im Islam, vor allem wenn sie noch nicht verheiratet sind, seit jeher eine untergeordnete Rolle spielen. Von den Träumen Ungläubiger hielt man sowieso nichts, weil Allah nur den gläubigen Muslims wirkungsvolle Träume schicke.

Arabische Traumbücher überfluteten jahrhundertelang in vielen Übersetzungen und noch mehr Fälschungen den europäischen Markt und spielen in unseren Tagen in weniger kritischen Traumbüchern eine herausragende Rolle. Nur einige wenige Symbole aus diesen arabischen Überlieferungen haben auch wir erwähnt, weil wir von deren Ernsthaftigkeit überzeugt sind.

Im alten Europa versuchten zunächst die Neuplatoniker das alte Gedankengut über den Traum und seine Deutung weiter zu verfolgen. Der griechische Philosoph Synesios von Kyrene (um 400 n. Chr.), der zum Christentum übertrat und sogar Bischof von Ptolemaïs wurde, ohne seinen Neuplatonismus aufzugeben, hat vor der Übernahme seines kirchlichen Amtes ein Traumbuch geschrieben, das er ein „Denkmal der Dankbarkeit gegen das Vermögen der Phantasie“ nannte und in dem er sich vor allem mit Wahrträumen befaßte.

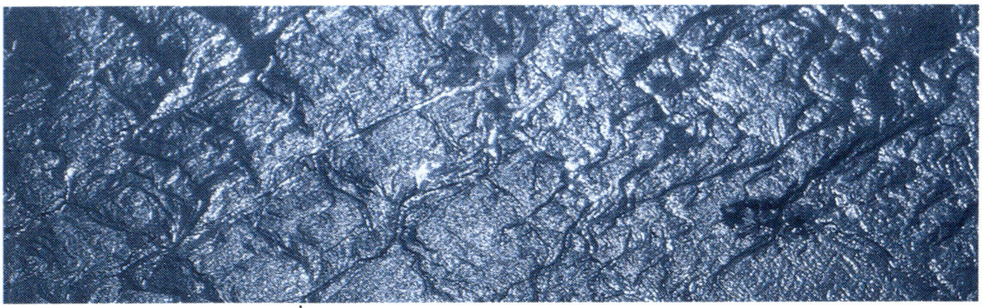

Das Traumbuch des Bischofs

Wahrträume, meinte Synesios, ebneten den Weg zu Gott. Aber er gestand solche Offenbarungsträume nur den Frommen zu. „Es ist meine feste Überzeugung“, schrieb er, „daß die Göttermythen die Freiheit ihrer Erzählung den Träumen zu verdanken haben.“ Er empfahl jedem, seine Träume aufzuschreiben, denn es gebe nichts Flüchtigeres als sie. Und er wußte, in diesem Punkt Freud vorausahnend, wie wichtig ganze Traumserien für die Deutung sind.

Der Kirchenlehrer Aurelius Augustinus (354–430), erst im Alter von 33 Jahren zum Christentum bekehrt, stellte sich die Frage, ob der Mensch für seine Träume überhaupt verantwortlich sei. Wir wollen hier an Friedrich Nietzsches Ausspruch erinnern: „Für alles wollt ihr verantwortlich sein, nur nicht für eure Träume! Welch elende Schwächlichkeit, welcher Mangel an folgerichtigem Mut. Nichts ist mehr euer eigen als eure Träume.“ Genau das bestritt Augustinus, und er kam zu einer Erkenntnis, die sein Gewissen beruhigte: der im Traume, das bin nicht ich.

Augustinus: Der im Traume, das bin nicht ich

Die Kirchenväter vor Augustinus hatten vieles über das Phänomen Traum von den Juden und den Griechen übernommen. Aber sie fanden auch neue Theorien über das Wesen des Unbewußten. So meinte Tertullian um 200 n. Chr., unsere Seele erhole sich im Schlaf und schikke im Traum göttliche Offenbarungen. Der Satan funke leider immer wieder dazwischen und erschrecke uns mit häßlichen Traumbildern. Er glaubte, daß so mancher Traum uns die Zukunft enthülle, ein anderer könne Hinweise darauf geben, wie man wieder in den Besitz dessen komme, was uns ein Dieb stahl.

Dämpfe als traumauslösende Kraft

Die Kirchenlehrer waren davon überzeugt, daß die „übernatürlichen“ Träume, vor allem wenn sie in die Zukunft weisen, von Gott stammten, alle übrigen fänden eine natürliche Begründung. Hier folgte man Aristoteles, dessen Schriften kein geringerer als Albertus Magnus (um 1193–1280) für das Abendland wiederentdeckte.

Der 1931 heiliggesprochene ehemalige Bischof von Regensburg besaß für seine Zeit überragende naturwissenschaftliche Kenntnisse, weshalb er sich auch die Entstehung der nicht übernatürlich begründeten Träume als ganz natürliche Sache vorstellte: Im Schlaf steigen warme Dämpfe zum Gehirn auf, die sich wegen der dort herrschenden Kälte darin als Feuchtigkeit niederschlagen und so den Kontakt der Sinnesorgane zur Außenwelt unterbrechen; die traumbildende Kraft, die – um es modern auszudrücken – computergleiche „Virtus imaginativa", überträgt dann die im Gehirn oder in den Sinnesorganen bereits gespeicherten Bilder in den Schlaf. Der Traum kommt mit anderen Worten von innen, manche seiner Bilder werden vom Intellekt des einzelnen beeinflußt. Da der Träumer weiß, daß er träumt, kann er leicht solche Bilder als optische Täuschung erkennen. Wer also von Obszönem träumt, weiß genau, daß er möglicherweise nur Bilder aus einer ihm fremden Welt gesehen hat.

Albertus Magnus: Körperliche Reize beeinflussen die Träume

Die „Virtus imaginativa" wird aber nach Albertus Magnus auch von der „Anima cogitativa" beeinflußt, die Wünsche, Alltagsgewohnheiten, Leidenschaften und anderes in das Traumgeschehen einbringt. Ebenso wirken körperliche Reize auf die „Virtus imaginativa". Hier nimmt Albertus Magnus die von Aristoteles herrührende Regel der Reizverstärkung im Traum auf. So könne, meint Albertus, eine Entzündung der gelben Galle im Traum die Vorstellung von Feuer entfachen.

Albertus Magnus glaubte an den diagnostischen Wert der Träume, doch wurde diese Idee im Mittelalter und bis in die neuere Zeit herein kaum je ernsthaft weiterverfolgt. Daß Albertus in den sogenannten übernatürlichen Träumen Hinweise fand, die Kommendes erkennen lassen, geht aus einem seiner eigenen Träume hervor. Er sah darin einen Buben ins Wasser fallen und in ein Mühlrad geraten. Während er noch am Morgen seinen Freunden den Traum erzählte, kam weinend eine Mutter, die Albertus nie zuvor gesehen hatte, zu ihnen herein. Sie berichtete atemlos, ihr Kind sei ins Wasser gefallen und von einem Mühlrad erfaßt worden.

Die naturwissenschaftlichen Erkenntnisse des großen Albertus nahmen die Gelehrten des Mittelalters hin, ohne weiter nach ihrer Berechtigung zu forschen. Kaum einer ging den Hinweisen des Albertus über den diagnostischen Wert des Traumes nach. Zwar glaubte man, daß zum Beispiel häufig wiederkehrende Träume, in denen das Meer, Flüsse oder Regen vorkamen, auf einen Säfteüberschuß im Körper hinweisen, während sich in den sogenannten Flugträumen eine „Trockenheit der Körpersäfte" widerspiegele, aber das waren Erkenntnisse, die ebenso im Ansatz steckenblieben wie die Meinung, wer im Traum eine enge Stelle überbrücken müsse, leide sicherlich an einer Erkrankung der Atemwege.

Katharina Luthers Traum vom Tod

Die Traumforschung brachte jahrhundertelang nichts Neues zutage. Das Interesse an Träumen wurde kaum durch eigenes Bemühen intensiviert, sondern wandte sich eher den aus dem Orient überkommenen, vielfach fehlerhaft übersetzten Traumbüchern zu. In Erstaunen versetzten immer wieder die Träume, in denen zukünftiges Geschehen dargestellt war, das hernach auch in etwa eintraf.

So erschrak der bedeutende Humanist Philipp Melanchthon, Wegbegleiter des deutschen Reformators Martin Luther, sehr über den Traum der Ehefrau Luthers, Katharina, deren Tochter Magdalena 1542 krank darniederlag. Sie erzählte ihm, im Traum seien ihr in der vergangenen Nacht „zwei schöne, junge, wohlgeschmückte Gesellen" erschienen, die ihre Tochter „zur Hochzeit führen" wollten.

Hochzeit als Symbol für den nahen Tod

Melanchthon, der die deutsche Ausgabe der Traumbücher des Artemidoros mit einer ausführlichen Einleitung versehen hatte und die Umsetzung der unbewußten Bilder ins Wachleben einigermaßen beherrschte, verschwieg Luthers Frau, wie er den Traum von der Hochzeit deutete, anderen offenbarte er aber:

„Die jungen Gesellen sind die lieben Engel, die werden kommen und diese Jungfrau in das Himmelreich, in die rechte Hochzeit führen."

Magdalena starb noch am selben Tag. Interessant ist wohl in diesem Zusammenhang, daß die indische Traumschrift „Jagaddeva" das Symbol Hochzeit mit „nahem Tod" übersetzt.

Um wieviel ärmer sind da die Deutungen in manchen Traumschriften, die zu Melanchthons Zeit erschienen und aus denen wir hier eine aus Ryffs „Traumbüchlein", das 1554 in Straßburg veröffentlicht wurde, zitieren: „Wenn einer träumt, daß er mit einem Mohren redet, dann wird derjenige am folgenden Tag einen Wagen mit Kohlen bekommen." Man fand wohl die Übersetzung recht logisch, denn Mohr und Kohlen sind ja schwarz!

Und doch zeigt dieses recht einfallslose Traumbüchlein, wie sehr man sich auch an der Schwelle zur Neuzeit und danach mit den Träumen und ihrer Deutung beschäftigte.

Emanuel von Swedenborg, ein bedeutender schwedischer Naturforscher und Mystiker (1688–1772), dem wir ein großartiges Traumtagebuch verdanken, berichtet darin über einen sexuellen Schreckenstraum, der ihn mehrfach des Nachts überfiel. In diesem Zusammenhang sollte erwähnt werden, daß Swedenborg in seinem theosophischen Werk „De Amore Conjugali" unter bestimmten Voraussetzungen außerehelichen Geschlechtsverkehr (fornicatio) zuließ, „denn in der fornicatio kann die eheliche Liebe verborgen sein, wie das Geistige in dem Natürlichen." Er verschwieg nie, daß die „Neigung zu den Weibern" seine Hauptleidenschaft gewesen sei (als 50jähriger soll er zuletzt in Italien eine Mätresse gehabt haben). Aber nach 1743 fand er wohl kein Interesse mehr am anderen Geschlecht, obwohl er am Anfang immer noch sexuelle Träume hatte, die er jedoch als „himmlische Offenbarungen" übersetzte, etwa als „Liebe" zur Weisheit, Wahrheit und Klugheit. Doch manchmal schreckte ihn auch dieses Traumbild:
„Ich hatte das Gefühl, mein Wasser zu lassen. Eine Frau im Bett sah zu, sie war dick und rot. Ich faßte sie dann bei der Brust, sie entzog sich mir kaum, zeigte mir ihr Geheimes und etwas Häßliches. Ich wollte nichts mit ihr zu tun haben."
Swedenborg versuchte, diesen Traum ins Bewußte zu übersetzen: Die Frau, mit der er keine Bettgemeinschaft haben wollte, sei das Symbol für seine weltliche Schriftstellerei, die er vom Unbewußten her zugunsten frommer Schriften aufgeben sollte.

Sexuelle Unzufriedenheit

Psychoanalytiker würden den Traum, der Swedenborg so lange beschäftigte, anders sehen: Bettgeschichten, im Traum erlebt, beweisen zumeist, daß man sexuell nicht zufrieden ist, was wahrscheinlich auf den damals schon aus Potenzgründen abstinenten Theosophen zutrifft. Und wir möchten dazu noch anfügen: Unbekannte Frauen in Männerträumen spiegeln ja vielfach die sexuellen Wünsche des Träumers wider. Bei Swedenborg könnte das aus der rundlichen Frauenbrust abgeleitet werden, die seine sinnliche Begehrlichkeit umschreibt. Seine Traumfrau erscheint ihm als recht leidenschaftlich (darauf weist – siehe unter den Symboldeutungen in diesem Buch – die Farbe „Rot" hin) und willig (sie zeigt ihm ja ihr „Geheimes"). Sein Unbewußtes signalisiert ihm, daß er ja nicht mehr kann, wie er will, woraufhin er nichts mehr mit dem Bettschatz im Traum zu tun haben möchte.
Trotz der hier gegebenen modernen Erklärungen des Traums von Swedenborg finden wir den eigenen Deutungsversuch des Theosophen durchaus diskutabel – jedenfalls besser als jene, die in den auch zu seiner Zeit noch kursierenden, kaum ernst zu nehmenden Traumbüchern aus dem Mittelalter hätten nachgelesen werden können. Die Einfallslosigkeit, mit der man sich, von einigen Ausnahmen abgese-

hen, bis ins 19. Jahrhundert hinein mit dem Traummaterial beschäftigte, läßt es nicht verwunderlich erscheinen, daß im Zeitalter der Aufklärung Träume als Ausdruck eines dunklen und verworrenen Seelenlebens abgewertet wurden.
Voltaire, der französische Dichter, der lange Zeit am Hof des Preußenkönigs Friedrich des Großen lebte, nannte die Annahme, man könnte aus Träumen aufs Wachleben schließen und auch Zukünftiges erfahren, einen abergläubischen Unsinn. Für ihn waren Träume in den meisten Fällen Ausdruck körperlicher Reize oder ausschweifender Leidenschaftlichkeit.

Goethes Flug im Kreise

Der große deutsche Philosoph Immanuel Kant warnte zwar davor, „ein großes Geheimnis der Natur mit Achtlosigkeit" zu übergehen, stellte aber fest, auf keinen Fall dürfe man Träume mit dem bewußt Erlebten verwechseln. In seinen „Reflexionen zur Anthropologie" bringt Kant sogar das Traumgeschehen in unmittelbare Nachbarschaft von Aberglauben, Zauberei und nicht zuletzt auch von „Magendrücken". Daß man im Zeitalter der Aufklärung bei solcher Meinung über die Bedeutung der Träume Traumdeuter bald nur noch auf den Jahrmärkten sah, ist verständlich. Dort verkauften sie gegen gutes Geld mehr oder weniger schlechte Ware.

Flugträume gaben dem Dichter zu denken

Trotzdem beschäftigte man sich in adligen oder intellektuellen Zirkeln weiterhin mit dem Thema, das seit Menschengedenken so viele Rätsel aufgab. Der heute weitgehend unbekannte Schriftsteller Stephan Schütze, der nach 1806 am Weimarer Hof lebte, berichtet zum Beispiel von folgendem Gespräch mit Johann Wolfgang von Goethe über Flugträume:
„... er fragte mich, ob mir auch das Glück zuteil geworden, zuweilen im Traume zu fliegen, und wie das geschehe; er möchte gern in der Art und Weise auf etwas Allgemeineres kommen. Im Traum fliege er im Zimmer oder in einem Saal immer oben im Kreise herum. Ich erwiderte, mein Fliegen sei unstet, bald niedriger, bald höher, wohl bis aufs Dach."
Schütze bemerkt über Goethes Art, im Traum zu fliegen: „Still für mich erkannte ich in seiner Art zu fliegen wieder den Charakter der ruhig epischen Beschaulichkeit, aber laut gegen ihn hätte ich doch diese Bemerkung nicht machen mögen."
Heute sähe man in der Art, wie Schütze im Traum fliegt, daß er noch ziemlich unsicher („bald höher, bald niedriger") war, ob er je großen Erfolg als Schriftsteller haben würde, auch wenn er sich das („bis aufs

Dach") noch so sehr wünscht. An Goethes Flugträumen aber kann man die Selbstsicherheit, ja die Gewißheit erkennen: „Ich bleibe oben!" Die seelische Energie („im Kreise herum") wird zusammengehalten, um hochfliegende Pläne in die Tat umzusetzen, wobei das Zimmer oder der Saal (das Innerste des Hauses, übersetzt: das eigene Ich) darauf hindeuten könnten, daß sich Goethe nicht gern darüber unterhält, was ihn im Innersten bewegt.
Goethe, eher den Naturwissenschaften verhaftet, konnte für seine ihn seltsam anmutenden Flugträume keine vernünftige Erklärung geben. Psychische Gründe dafür zu finden verbot ihm wohl sein nüchterner Verstand, der sich gegen alles Übernatürliche sträubte. Der große Dichter war eben doch sehr der rationalistischen Skepsis der Aufklärung verhaftet.

Die blaue Blume der Romantik

Erst die Romantiker und ihre Nachfolger priesen die Träume wieder als Offenbarung der Wirklichkeit des Unbewußten. Gerade dieser Epoche des 19. Jahrhunderts, die das Gefühl neu entdeckte und vor überspitzter Intellektualität rettete, verdanken wir, daß das Tor zur Bilderwelt des Traumes und seiner Symbole weit aufgestoßen wurde.
Ein Frühromantiker, der Dichter Novalis (1772–1801), der eigentlich Georg Philipp Friedrich Freiherr von Hardenberg hieß, gelangt in seinem Roman „Heinrich von Ofterdingen", dessen Titelheld nach der sagenhaften blauen Blume sucht, zu tiefschürfenden Erkenntnissen über das Wesen des Traumes:

Novalis: „Der Traum … eine freie Erholung der gebundenen Phantasie"

„Ist nicht jeder, auch der verworrenste Traum, eine sonderliche Erscheinung, die – auch ohne noch an göttliche Schickung dabei zu denken – ein bedeutsamer Riß in dem geheimnisvollen Vorhang ist, der mit tausend Fäden in unser Inneres hereinfällt? … Mich dünkt der Traum eine Schutzwehr gegen die Regelmäßigkeit und Gewöhnlichkeit des Lebens, eine freie Erholung der gebundenen Phantasie … Ohne die Träume würden wir gewiß früher alt, und so kann man den Traum, wenn auch nicht unmittelbar von oben gegeben, doch als eine göttliche Mitgabe betrachten."
Die „blaue Blume", die Novalis seinen Romanhelden suchen ließ und die dieser schließlich auch findet, wurde zum Sinnbild der ganzen Romantik. „Unser Leben ist ein Traum", deutete Novalis ein geflügeltes Wort, „heißt soviel wie: unser Leben ist nur ein Gedanke."
Der Romantik und ihren Dichtern blieb es vorbehalten, die Welt des Traumes neu zu entdecken und zu beleben. Sie spürten den überkom-

menen alten Symbolen nach und erkannten, wie mächtig sie wirken konnten. Und damit gaben sie der Wissenschaft den Anstoß zur neuen Entdeckung des Unbewußten, das im Traum seelische Vorgänge enthüllt.
In ihren Romanen, Novellen und Gedichten schlug sich ihr Traumerleben nieder. Der schon am Anfang dieses Buches zitierte Dichter Friedrich Hebbel (1813–1863) hielt alle seine Träume in seinen Tagebüchern fest und kommentierte auch einige von ihnen.

Das eigene hölzerne Ich

In seiner Münchner Zeit – Hebbel war damals 26 Jahre alt – schrieb er einmal verzweifelt: „Das Leben bringt mir nichts mehr ... Arbeiten kann ich nicht mehr, ich bin ein Baum, der vertrocknet ...“ Die Verzweiflung über seine damalige Ideenlosigkeit schlug sich dann in folgendem Angsttraum nieder:
„Ich sah einen toten Menschen, der sein Geisterleben auf Erden in einem hölzernen Körper fortführte. Anfangs hatte ich vor diesem gräßlichen Wesen, das mir in einer Gesellschaft vorgestellt wurde, große Angst; als es mir aber die Hand reichte und ich fühlte, daß diese warm war, schwand mein Grauen.“

Friedrich Hebbels Angsttraum

Der Tote, der sein Geisterleben in einem hölzernen Körper fortführt („ich bin ein Baum“), ist er selbst, der sich ausgebrannt fühlt. Die Angst, nichts mehr schreiben zu können, lähmt ihn. Aber die warme Hand, die ihm im Traum gereicht wird, beweist ihm, daß es weitergehen wird, daß er zur Zeit nur eine Talsohle des Lebens durchschreiten muß.

Anders formuliert, wobei wir bewußt den Traumsymbolen Beachtung schenken: Der hölzerne Körper weist auf die Mühsal des Lebens hin. Das gräßliche Ungeheuer aus Holz bestätigt, daß der Träumer im Wachleben mit seinen Gefühlen im Widerstreit ist – ja, möglicherweise nicht mehr aus noch ein weiß, wobei die Gesellschaft, auf der man das unbekannte Wesen (das eigentlich das zur Zeit so wenig lebendige eigene Ich ist) kennenlernt, noch zur Verwirrung dieser Gefühle beiträgt. Die warme Hand, die im Unbewußten gereicht wird, tröstet über die Angst hinweg und läßt fürs Wachleben ein neues „Hand-in-Hand-Gehen" erhoffen.

Kirschen wachsen auf dem Kopf

Einen weiteren Traum fügt Friedrich Hebbel an, der ihm mit seiner augenblicklichen Lage ebenso eng verbunden schien:

„Ich sah einen Menschen im Traum, der Kirschen aß, die auf seinem eigenen Kopf wuchsen."

Er analysierte, daß es sich bei den Kirschen um die Früchte seiner dichterischen Arbeit handle, die noch nicht honoriert war, deren Bezahlung er aber für die Zukunft erhoffen durfte. Auch heute noch würde man seinem Traum, unter Berücksichtigung der damaligen Lebensumstände Hebbels, eine ähnliche Deutung geben. Der Dichter hatte richtig erkannt, daß der Mensch, den er im Traum sah, sein eigenes Spiegelbild war.

Nur ein Sekret der Gehirnzellen?

Kaum hatten die Dichter und Denker der Romantik und ihre Nachfolger, neben Novalis vor allem auch Jean Paul und Friedrich Wilhelm Joseph Schelling, den Traum als die Bildersprache der Seele wiederentdeckt, wurde ihre Ansicht als dunkelster Aberglaube abgetan. Das vorwiegend materialistisch-mechanistische Denken in der zweiten Hälfte des 19. Jahrhunderts erlaubte keinen Ausflug in die Welt des Unbewußten. Die Naturwissenschaftler des beginnenden Industriezeitalters ließen keine emotionalen oder gar irrationalen Aspekte gelten und hatten auch kein Verständnis für die „Sentimentalitäten", die Dichterhirnen entsprangen. Für sie bildeten sich die Träume aus einem mehr oder weniger notwendigen Sekret der Gehirnzellen, das „ein allmähliches, partielles und zugleich sehr anomalisches Wachen" bewirkte. Einer der fortschrittlichen Wissenschaftler, die das Maschinenzeitalter hervorbrachte und die alles Sein im Stofflichen, in der Materie suchten, war sicherlich C. Binz, der in seinem 1878 erschienenen Werk „Über den Traum" die damals vorherrschende naturwissenschaftliche Meinung über das Phänomen „Traum", das jedem rationalen Denken spottete, so umriß:

Rationales Denken im Maschinenzeitalter

„Immer geringer werden, nämlich gegen den Morgen zu, die in dem Gehirneiweiß aufgehäuften Ermüdungsstoffe, und immer mehr von ihnen wird zerlegt und von dem rastlos treibenden Blutstrom fortgespült. Da und dort leuchten schon einige Zellhaufen, wachgeworden, hervor, während ringsherum noch alles in Erstarrung ruht. Es tritt nun die isolierte Arbeit der Einzelgruppen vor unser umnebeltes Bewußtsein, und zu ihr fehlt die Kontrolle anderer, der Assoziation vorstehender Gehirnteile. Darum fügen die geschaffenen Bilder, welche meist den materiellen Eindrücken naheliegender Vergangenheit entsprechen, sich wild und regellos aneinander. Immer größer wird die Zahl der freiwerdenden Gehirnzellen, immer geringer die Unvernunft des Traumes."

Wie das Gehirn Bilder produziert

Und Binz kommt zu dem Schluß: „Alle Tatsachen ... drängen dahin, den Traum als einen körperlichen, in allen Fällen unnützen, in vielen Fällen sogar krankhaften Vorgang zu kennzeichnen."

Es schien, als sei die Zeit vor fast 2 000 Jahren stehengeblieben; denn anknüpfend an die erste Aufklärungszeit der Weltgeschichte ließ die Wissenschaft wie einstmals Cicero und Petronius allenfalls körperliche oder von außen herangetragene Reize als Traumauslöser gelten. Dazu schrieb 1855 P. Jessen:

„Jedes undeutlich wahrgenommene Geräusch erweckt entsprechende Traumbilder. Das Rollen des Donners versetzt uns mitten in eine Schlacht, das Krähen eines Hahnes kann sich in das Angstgeschrei eines Menschen verwandeln, das Knarren einer Türe Träume von räuberischen Einbrechern hervorrufen. Wenn wir des Nachts die Bettdecke verlieren, so träumen wir vielleicht, daß wir nackt umhergehen oder dann, daß wir ins Wasser gefallen sind. Wenn wir schräg im Bett liegen und die Füße über den Rand desselben hinauskommen, so träumt uns vielleicht, daß wir am Rande eines schrecklichen Abgrundes stehen oder daß wir von einer steilen Höhe herabstürzen."

Außenreize als Traumauslöser

Alle diese Thesen glaubte man durch Experimente beweisen zu können. So meinte der Franzose Maury 20 Jahre nach Jessen, in Selbstversuchen nachweisen zu können, daß meistens Reize von außen die Traumbilder beeinflussen. Er ließ sich während des Schlafes mit einer Feder an den Lippen und an der Nase kitzeln und berichtete nach dem Erwachen, eine Pechlarve sei ihm im Traum aufs Gesicht gelegt worden, und er habe sehr unter dieser Tortur leiden müssen. Und Glockengeläute habe er im Traum gehört, als nahe dem Ohr des Schlafenden eine Schere an einer Pinzette gewetzt wurde.

Vögel und Schmetterlinge, die durch die Traumlandschaft fliegen, waren naturwissenschaftlich ebenso leicht zu erklären: Sie würden durch die im Schlaf nicht ganz vergehenden Erregungen der Netzhaut vorgegaukelt. Selbst Flugträume konnten rational gedeutet werden: Sie wurden auf die auch während des Schlafs anhaltende Auf- und Abwärtsbewegung des Brustkorbes zurückgeführt.

Wo der Verstandesapparat des Menschen eingeschaltet zu sein schien, ließ man auch Erinnerungsträume gelten. So berichtet der schon erwähnte französische Psychiater Maury von einem Traum, der ihn in seine Kindheit zurückversetzte. Maury, in Meaux geboren, sah sich als Knabe im nahen Trilport spielen, in das ihn sein Vater des öfteren mitgenommen hatte, weil er dort den Bau einer Brücke leitete.

Im Traum begegnet er als Kind einem Brückenwächter, den er nach seinem Namen fragt. Er heiße C., sagt der Mann. Als er erwachte, schien es Maury, daß er den Namen noch nie zuvor gehört hatte. Eine alte Dienerin, die ihn als Kind betreut hatte und der er den Traum erzählte, klärte ihn auf: „Aber sicher, C. hieß der Wächter der Brücke, die Ihr Vater damals gebaut hat.“ Leider berichtete Maury nicht, ob er damals, als er von dem Brückenwächter geträumt hatte, in einer schwierigen Lage gewesen war. Dann hätte ihn ein Traumdeuter von heute trösten können; denn das Symbol der Brücke ist von guter Vorbedeutung: Das Unbewußte verspricht in solchem Fall – siehe Symbolteil am Ende dieses Buches – das Überbrücken von Schwierigkeiten oder den Beginn einer neuen, zufriedenstellenden Tätigkeit. Die Brücke ist manchmal auch Zeichen einer innigen Verbindung zweier Menschen. Das Kind im Taum scheint einen bisher verborgenen Weg zum Erfolg anzudeuten. Und der Wächter, der Maury im Traum am hellichten Tag erschien, könnte in diesem Fall darauf hinweisen, daß er bald den eben beschriebenen Weg zum Erfolg finden werde.

Der Traum vom Brückenwächter

Maury hätte über eine solche Deutung wahrscheinlich den Kopf geschüttelt, weil die Aussage für ihn rational nicht zu fassen war. Die meisten Naturwissenschaftler vor der Wende zum 20. Jahrhundert wollten die Empfindungen des Unbewußten beziehungsweise das Traumbild eben nicht als geistige „Sensation“ verstehen, sondern nur als Funktion des Gehirns, sie also anatomisch-physiologisch begreifen.

Die geistige Deutung, sowieso als „unwissenschaftlicher Plunder“ verspottet, wurde den Dichtern und Wahrsagern überlassen. Sie war nach dem rationalistischen Standpunkt der Naturwissenschaft nicht haltbar und wurde als Glaubenssache oder gar als Aberglaube angesehen.

Wissenschaft im Niemandsland

Man kann sich vorstellen, daß der Arzt Sigmund Freud (1856–1939) seinen Ruf als Naturwissenschaftler und Schulmediziner aufs Spiel setzte, als er seine Methode der Traumdeutung veröffentlichte. Er stieß mit seiner Psychoanalyse in ein Niemandsland vor, in das sich vor und mit ihm höchstens Dichter und andere „Querdenker“ wagten. Einem Heer von Wissenschaftlern, die auf seinen Erkenntnissen aufbauten und immer neue Wege fanden, den Traum und den Träumer zu diagnostizieren, hat er Neuland eröffnet.

Sigmund Freud veröffentlicht „Die Traumdeutung“

Sein berühmtes Werk „Die Traumdeutung“, das am 4. November 1899 an den Buchhandel ausgeliefert wurde, erschien zunächst nur in 600 Exemplaren und brachte dem Autor ein Honorar von 522,40 Gulden ein. Danach dauerte es acht Jahre, bis die zweite Auflage dieses Jahrhundertwerks erschien, zu der Freud in seinem Vorwort bitter schrieb: „Daß von diesem schwer lesbaren Buche noch vor Vollendung des ersten Jahrzehntes eine zweite Auflage notwendig geworden ist, verdanke ich nicht dem Interesse der Fachkreise, an die ich mich … gewendet hatte. Meine Kollegen von der Psychiatrie scheinen sich keine Mühe gemacht zu haben, über das anfängliche Befremden hinauszukommen, welches meine neuartige Auffassung des Traumes erwecken konnte, und die Philosophen von Beruf, die nun einmal gewohnt sind, die Probleme des Traumlebens als Anhang zu den Bewußtseinszuständen mit einigen – meist den nämlichen – Sätzen abzuhandeln, haben offenbar nicht bemerkt, daß man gerade an diesem Ende allerlei hervorziehen könne, was zu einer gründlichen Umgestaltung unserer psychologischen Lehren führen muß. Das Verhalten der wissenschaftlichen Buchkritik konnte nur zur Erwartung berechtigen, daß Totgeschwiegenwerden das Schicksal dieses meines Werkes sein müsse …“

Traumforscher wagen den Blick ins Unbewußte

Damals konnte er nicht ahnen, daß auf diesem zunächst so geschmähten Werk das heute bereits einige 1000 Bände umfassende in- und ausländische Schrifttum des 20. Jahrhunderts über den Traum gründen würde, auch wenn dieses Schrifttum zum Teil vielen Aussagen Freuds diametral entgegensteht. Allerdings sind alle Traumforscher nach Freud mit ihm darüber einig, daß der Traum den Blick ins Unbewußte des Menschen freigibt.

Sigmund Freud hatte 1895 mit seinem Wiener Kollegen Josef Breuer ein Buch mit dem Titel „Studien über Hysterie“ herausgegeben. Darin stellten die beiden Ärzte, die ihre hysterischen Patienten mit Hypnose behandelten, folgendes fest: Alle diese Kranken litten an der Nachwirkung schmerzlicher Erinnerungen, die das Verhalten der Patienten noch Jahre nach einem psychischen Schock bestimmten. Das Schockerlebnis wiederum war in vielen Fällen in sexuellen Schwierigkeiten begründet.

Nebenher hatte Freud sein wissenschaftliches Interesse auch den Neurosen zugewandt und machte dabei die erstaunliche Feststellung, daß viele seiner Patienten von sich aus auf Träume zu sprechen kamen, die sie in Angst versetzt hatten.

An einen Freund schrieb er damals, er fühle sich gedrängt, über Träume zu schreiben, wobei er sich zunächst – quasi als erste Testperson für die von ihm begründete Psychoanalyse – seine eigenen vornahm. Später bekannte er, er habe selbst eine neurotische Phase durchgemacht, in der sich „komische Zustände" ergeben hätten, die „dem Bewußten nicht faßbar sind, Dämmergedanken, Schleierzweifel, kaum hie und da ein Lichtstrahl".

Psychoanalyse als Therapiemethode

Der Arzt träumte oft von seiner Kindheit, aus der Gegebenheiten ans Licht kamen, die ihm vorher nie bewußt gewesen waren. Ohne diese Selbsterforschung wäre Freud wohl nie zu seinen tiefgründigen Erkenntnissen über den Traum und seine Bedeutung für kranke Menschen gelangt. Und so konnte er nach jahrelanger Arbeit sein Werk „Die Traumdeutung" stolz mit den Sätzen beginnen:

„Auf den folgenden Blättern werde ich den Nachweis erbringen, daß es eine psychologische Technik gibt, welche gestattet, Träume zu deuten, und daß bei Anwendung dieses Verfahrens jeder Traum sich als ein sinnvolles psychisches Gebilde herausstellt, welches an angebbarer Stelle in das seelische Treiben des Wachens einzureihen ist. Ich werde ferner versuchen, die Vorgänge klarzulegen, von denen die Fremdartigkeit und Unkenntlichkeit des Traumes herrührt, und aus ihnen einen Rückschluß auf die Natur der psychischen Kräfte ziehen, aus deren Zusammen- oder Gegeneinanderwirken der Traum hervorgeht."

Sigmund Freud, der den Traum einmal die „Via regia ins Unbewußte" nannte, sah nach seiner wissenschaftlichen Erkenntnis, die durch seine praktische Tätigkeit als Arzt unterstützt wurde, im Menschen eine Art „Triebwesen", das den Wunsch nach Befriedigung seiner Triebe habe. Die Gesellschaft hemme diese Wünsche, die Seele aber übernehme sie in die Traumwelt, in der sich ungestört Lustgewinne erzielen ließen. Der Traum erfülle also in manchmal verklausulierter Form verdrängte Wünsche aus dem Wachleben.

Der Wunsch nach Triebbefriedigung

Freud versuchte, den manifesten (erlebten) Trauminhalt auf die latente (im Unbewußten verborgene) Gedankenwelt zurückzuführen. Der Trauminhalt sei eine Entstellung der Wunschgedanken, die vom Bewußtsein verdrängt worden seien. Freud: „Der Traum stellt einen gewissen Sachverhalt so dar, wie ich ihn wünschen möchte; sein Inhalt ist eine Wunscherfüllung, sein Motiv – der Wunsch."

Phänomenales Traumgedächtnis

Die moralische Zensur des Bewußtseins

Der Psychoanalytiker habe, so Freud, die Aufgabe, die unbewußten Inhalte eines Traumes aufzudecken, die nur darum „maskiert" oder hinter Symbolen versteckt seien, weil das Bewußtsein des Menschen bis in den Traum hinein eine gewisse moralische Zensur ausübe, die den Sinn eines Traumes verschleiern wolle. Der Mensch müsse sich durch Deutung der Symbole den eigentlichen Trauminhalt bewußt machen, um dann eventuelle seelische Störungen beseitigen zu können. Da könnten besonders die phänomenalen Leistungen des Traumgedächtnisses helfen, da sie jene des wachen Erinnerungsvermögens oft bei weitem übertreffen (als Beweis dafür konnte Freud Maurys Traum vom Brükkenwächter anführen).

Freud erntete im nachhinein viel Kritik, weil er das Sexuelle im Traumgeschehen oft überbetonte. Dem muß widersprochen werden: Er nahm keinesfalls an, daß verdrängte Sexualerlebnisse an allen seelischen Störungen schuld seien. Auch alltägliche Ereignisse könnten diese hervorrufen.

Scheinbare Überbetonung des Sexuellen

Die scheinbare Überbetonung des Sexuellen durch Freud hat manchen seiner Schüler und Anhänger veranlaßt, die meisten Traumsymbole den triebhaften Wünschen der Träumenden zuzuschreiben. Wer im Traum ritt, kletterte, tanzte, flog, stieg oder fuhr, übte ihrer Meinung nach einen Geschlechtsakt aus, dessen Erlebnis im Wachleben aus gesellschaftlich-moralischen Gründen verdrängt werden müsse. Und es ist nicht von der Hand zu weisen, daß die späteren Kritiker Freuds in gewisser Weise recht haben mit ihrer Behauptung, die Psychoanalyse sei eigentlich überflüssig, wenn Wunschvorstellungen, die ja auch aus dem sexuellen Hintergrund eines Traumes sprechen könnten, bereits im Traum erfüllt würden.

Trotz der Weiterentwicklung der Psychologie und damit auch der Traumdeutung bleibt das Verdienst Freuds unbestritten, „der Traumforschung" – wie C. G. Jung einmal schrieb – „auf die Spur geholfen" zu haben. „Er hat vor allem erkannt", formulierte der bedeutendste Traumforscher nach Freud weiter, „daß wir ohne den Träumer keine Deutung vornehmen können."

Unbestritten bei Anhängern wie Kritikern bleibt auch Freuds Ausspruch: „In der Tat rührt das meiste und Beste, was wir von den Vorgängen in den unbewußten Seelenschichten wissen, aus der Deutung der Träume her."

Seinen Gegnern hielt Freud vor, die Traumdeutung sei ähnlich der Arbeit der Historiker zu bewerten, die in mühsamer Kleinarbeit zum Beispiel babylonisch-assyrische Keilschriften ausgelegt hätten und dabei anfangs von manchem Wissenschaftler als „Phantasten" bezeichnet worden wären. Er hielt die Meinung, die Traumarbeit gleiche der Entschlüsselung ägyptischer Hieroglyphen, für durchaus tragfähig und bejahte damit ausdrücklich den Standpunkt des französischen Dichters Charles Baudelaire, daß „die unglaubliche Sonderbarkeit" der Träume, von denen er sich „belagert" fühle, „und die ganze Art, die meinen Beschäftigungen und meinen Herzensangelegenheiten völlig fremd ist, mich immer zu der Annahme treibt, daß alles das nur eine Hieroglyphensprache ist, zu der mir der Schlüssel fehlt."

Den Schlüssel zum Unbewußten, das auch ihm wie schwer lesbare Hieroglyphen vorkam, glaubte Sigmund Freud am 24. Juli 1895 mit einem eigenen Traum gefunden zu haben, den er „Irmas Injektion" nannte und aus dessen verschleierter Form er die Erfüllung eines im Wachleben unausgesprochenen und uneingestandenen Wunsches erkannte.

Der Traum als Wunscherfüllung

Im Sommer 1895 hatte er eine junge Dame psychoanalytisch behandelt, die ihm und seiner Familie nahestand und von ihm Irma genannt wurde. Die Kur endete mit einem, wie Freud zugab, nur teilweisen Erfolg: Die Patientin verlor zwar ihre hysterische Angst, restlos geheilt war sie aber wohl noch nicht, als die Behandlung abgebrochen wurde. Ein Kollege („Otto") berichtete Freud wenig später, er habe Irma getroffen, ganz gesund sei sie immer noch nicht. Freud faßte diese Aussage Ottos als Vorwurf auf und schrieb zu seiner „Rechtfertigung" noch am selben Abend Irmas Krankengeschichte nieder, um sie einem Dr. M. zur Begutachtung zu übergeben. In der Nacht darauf (23./24. Juli 1895) hatte er folgenden Traum, der unmittelbar an die Ereignisse des vergangenen Tages anknüpfte und den er sofort nach dem Erwachen aufschrieb:

Freuds eigener Traum: „Irmas Injektion"

„Eine große Halle – viele Gäste, die wir empfangen. Unter ihnen Irma, die ich sofort beiseite nehme, um gleichsam ihren Brief zu beantworten, ihr Vorwürfe zu machen, daß sie die ‚Lösung' noch nicht akzeptiert. Ich sage ihr: Wenn du noch Schmerzen hast, so ist es wirklich nur deine Schuld. – Sie antwortet: Wenn du wüßtest, was ich für Schmerzen jetzt habe in Hals, Magen und Leib. Es schnürt mich zusammen. – Ich erschrecke und sehe sie an. Sie sieht bleich und gedunsen aus; ich denke, am Ende übersehe ich da doch etwas Organisches. Ich nehme sie zum Fenster und schaue ihr in den Hals. Dabei zeigt sie etwas Sträuben wie die Frauen, die ein künstliches Gebiß tragen. Ich denke mir, sie hat es doch nicht nötig. – Der Mund geht dann auch gut auf, und ich finde rechts einen großen weißen Fleck und anderwärts sehe ich an merkwürdigen krausen Gebilden, die offenbar den Nasenmuscheln nachgebildet sind, ausgedehnte weiß-graue Schorfe. – Ich rufe schnell Dr. M. hinzu,

der die Untersuchung wiederholt und bestätigt ... Dr. M. sieht ganz anders aus als sonst; er ist sehr bleich, hinkt, ist am Kinn bartlos ... Mein Freund Otto steht jetzt auch neben ihr, und Freund Leopold perkutiert sie (klopft sie ab) *über dem Leibchen und sagt: Sie hat eine Dämpfung links unten, weist auch auf eine infiltrierte Hautpartie an der linken Schulter hin (was ich trotz des Kleides wie er spüre) ... M. sagt: Kein Zweifel, es ist eine Infektion, aber es macht nichts; es wird noch Dysenterie* (Ruhr) *hinzukommen und das Gift ausscheiden ... Wir wissen auch unmittelbar, woher die Infektion rührt. Freund Otto hat ihr unlängst, als sie sich unwohl fühlte, eine Injektion gegeben mit einem Propylpräparat, Propylen ... Propionsäure ... Trimethylamin (dessen Formel ich fettgedruckt vor mir sehe) ... Man macht solche Injektionen nicht so leichtfertig ... Wahrscheinlich war auch die Spritze nicht rein.“*

Wie Freud analysierte

Sigmund Freud analysiert seinen Traum so: Da seine Frau zu ihrem Geburtstag Gäste, darunter auch Irma, einladen möchte, wird in der Traumhalle gefeiert. Irmas Vorwürfe und Freuds Antwort („deine Schuld“) lassen erkennen, daß er nicht an den Schmerzen seiner Patientin schuld sein will. Die Symptome, über die sie bei der Behandlung durch den wachen Freud auch klagte, kann er sich nicht erklären.

Die junge Dame, die sonst einen so rosigen Teint hat, sah im Traum bleich und gedunsen aus. Das erschreckt den Arzt. Sollte er etwas Organisches übersehen haben? Er sieht ihr in die Mundhöhle, wobei er erkennt, daß hier ein anderer Fall in den Traum hereinspielt, bei dem sich die Patientin sträubte, den Mund aufzumachen. Irma hat das nicht nötig, macht ihr der Traum-Freud ein Kompliment.

Patientin durch Freundin ersetzt

Bei der Analyse bemerkt der Arzt aber, daß auch hier ein anderer Fall aus seiner Praxis im Traum sichtbar wird – der einer Freundin von Irma, die Freud bei einem Besuch am Fenster stehen sah und deren Arzt, derselbe Dr. M., erklärte, sie habe einen diphtheritischen Belag. „Ich habe also im Traum meine Patientin durch ihre Freundin ersetzt", stellt der Psychoanalytiker fest.

Der weiße Fleck am Hals der Traum-Irma erinnert Freud an Diphtherie, also an die Freundin, aber auch an seine Tochter, die zwei Jahre zuvor daran erkrankt war. Die Schorfe an den Nasenmuscheln gemahnen ihn an eigene lästige Nasenschwellungen, die er mit Kokain bekämpfte, eine Therapie, die ihm aber auch schwere Vorwürfe von Kollegen eintrug. Als er nämlich einer Patientin Kokain verschrieb, zog sie sich dadurch eine Nekrose (schorfartiges Absterben von Hautteilen) der Nasenschleimhaut zu. Außerdem hatte sich ein Freund mit Kokain vergiftet.

Der Traum-Freud ruft also schnell Dr. M. herbei, um sich selbst keine Vorwürfe wegen falscher Behandlung machen zu müssen. Dr. M. hatte ihm einst auch bei der Krankheit seiner Tochter geholfen, die wie die an Nekrose erkrankte Patientin Mathilde hieß. Otto und Leopold, beide Ärzte, werden im Traum hinzugezogen, eine infiltrierte Hautpartie an Irmas linker Schulter wird diagnostiziert, was Freud bei der Analyse an seinen eigenen Schulterrheumatismus erinnert. Freund Otto hatte ihm vorher erzählt, er sei unlängst während eines Besuchs bei Irmas Familie in ein benachbartes Hotel gerufen worden, um einem Gast eine Injektion zu geben. Der Traum ließ ihn nun Irma die Spritze verabreichen.

Das Propylpräparat im Traum analysierte Freud als einen Likör, den ihm Otto geschenkt hatte und der so stark nach Fusel roch, daß seine Frau ihn am Abend vor dem Traum seinen Dienstleuten hatte schenken wollen, was er ihr mit der „menschenfreundlichen Bemerkung" untersagte, auch die Dienstboten sollten sich nicht vergiften. Die chemische Substanz Trimethylamin erinnerte den Analysierenden an ein Präparat, auf das ihn ein ebenfalls befreundeter Arzt vor nicht allzulanger Zeit als eines der Produkte hingewiesen hatte, die den Sexualstoffwechsel beeinflussen könnten. Das warf im Traum die Frage nach der Sexualität der jungen Witwe Irma auf, mit der Freud den Mißerfolg der Kur wohl zu entschuldigen suchte. Und er schrieb weiter dazu:

Das chemische Präparat ist eine Anspielung auf die Sexualität

„Trimethylamin ist nicht nur eine Anspielung auf das übermächtige Moment der Sexualität, sondern auch auf eine Person, an deren Zustimmung ich mich mit Befriedigung erinnere, wenn ich mich mit meinen Ansichten verlassen fühle. Sollte dieser Freund, der in meinem Leben eine so große Rolle spielt, in dem Gedankenzusammenhang des Traumes weiter nicht vorkommen? Doch; er ist ein besonderer Kenner von Erkrankungen, welche von Affektionen der Nase und ihrer Nebenhöhlen ausgehen, und hat der Wissenschaft einige höchst merkwürdige Beziehungen der Nasenmuscheln zu den weiblichen Sexualorganen eröffnet (die drei krausen Gebilde im Hals bei Irma). Ich habe Irma von ihm untersuchen lassen, ob ihre Magenschmerzen etwa nasalen Ursprungs sind ..."

Ottos leichtfertige (Traum-)Injektion erinnert den analysierenden Freud wieder an die Geschichte jener unglücklichen Mathilde und die daraus resultierenden Vorwürfe. Dazu meinte er: „Ich sammle hier offenbar Beispiele für meine Gewissenhaftigkeit, aber auch fürs Gegenteil."

Wir können hier Freuds Fazit nur verkürzt wiedergeben, in dem es heißt: „Der Traum erfüllt einige Wünsche, welche durch die Ereignisse des letzten Abends ... in mir rege gemacht worden sind. Das Ergebnis des Traumes ist nämlich, daß ich nicht schuld bin an dem noch vorhandenen Leiden Irmas ... Von der Verantwortung für Irmas Befinden spricht mich der Traum frei, indem er dasselbe auf andere Momente ... zurückführt. Der Traum stellt einen gewissen Sachverhalt so dar, wie ich ihn wünschen möchte; sein Inhalt ist also eine Wunscherfüllung, sein Motiv der Wunsch."

Der inhaltliche Kern des Traumes sei aus dem Wunsch hervorgegangen, an Irmas Krankheit unschuldig zu sein. Zwar sei die Deutung nicht ganz lückenlos, aber er habe die Erkenntnis gewonnen: „Wenn man die hier angezeigte Methode der Traumdeutung befolgt, findet man, daß der Traum wirklich einen Sinn hat und keineswegs der Ausdruck einer zerbröckelnden Hirntätigkeit ist, wie (manche) Autoren wollen. Nach vollendeter Deutungsarbeit läßt sich der Traum als eine Wunscherfüllung erkennen."

Der Hut als Sexualsymbol

Wie streng Freud mit seinen Patienten umsprang und wie sehr er sie auf seine Symboldeutung einschwor, zeigt der nachstehende Teil des Traumes, von dem ihm eine junge Frau, die unter Platzangst litt, oft recht stockend berichtet:
„Ich gehe im Sommer auf der Straße spazieren, trage einen Strohhut von eigentümlicher Form, dessen Mittelstück nach oben aufgebogen ist, dessen Seitenteile nach abwärts hängen, und zwar so, daß der eine tiefer steht als der andere. Ich bin heiter und in sicherer Stimmung, und wie ich an einem Trupp junger Offiziere vorbeigehe, denke ich mir: Ihr könnt mir alle nichts anhaben."
Da die Patientin zu dem Hut keinen Einfall produzieren kann, sagt Freud: „Der Hut ist wohl ein männliches Genitale mit seinem emporgerichteten Mittelstück und den beiden herabhängenden Seitenteilen." Absichtlich habe er sich der Deutung jenes Details über das ungleiche Herabhängen der beiden Seitenteile enthalten. Wenn sie einen Mann mit so prächtigem Genitale habe, meinte er nur, brauche sie sich doch nicht vor den Offizieren zu fürchten, das heißt, nichts von ihnen zu wünschen.

Freuds beharrliche Symboldeutung

Als die junge Frau die Beschreibung des Hutes zurückzieht, soweit es die beiden ungleich herabhängenden Seitenteile angeht, beharrt Freud auf seiner Deutung. Nach einer Weile des Schweigens findet die Patientin den Mut zu fragen, was es bedeute, daß bei ihrem Mann ein Hoden tiefer stehe als der andere und ob das bei allen Männern so sei. Damit hatte sie die Deutung akzeptiert. Freud sah seine Analyse bestätigt: „Das Hutsymbol war mir längst bekannt, als mir die Patientin diesen Traum mitteilte. Aus anderen, aber minder durchsichtigen Fällen glaubte ich zu entnehmen, daß der Hut auch für ein weibliches Genitale stehen kann."
Die Sexualsymbolik ist von Freuds Anhängern leidenschaftlich vertreten worden. Einer seiner Schüler, Wilhelm Stekel (1868–1939), erwei-

terte sie in umfangreichen Werken, die aber von Sigmund Freud selbst als teilweise nicht wissenschaftlich abgetan wurden. Stekel hat unendlich viele Begriffe als Sexualsymbole gedeutet. Freud warf ihm vor, er verallgemeinere und überspitze zu sehr, was ihn freilich nicht hinderte, einige der Stekel vorgeworfenen Fehler selbst zu begehen.

Traumserien, die Neurosen erklären

Im Gegensatz zu Freud spürte Wilhelm Stekel winzigen Traumdetails nicht nach. Um an den Urgrund von Neurosen heranzukommen, fragte er seine Patienten nach ganzen Traumserien, aus denen er vorherrschende Symbole herauslesen konnte, um dann mit der Therapie zu beginnen. Und er meinte dazu: „Die Träume in ihrer Gesamtheit müssen sich wie ein Roman lesen lassen."

Das soll die Traumserie eines 14jährigen Heimbewohners erläutern, der an Zwangsneurosen litt und immer wieder von Ausflugsfahrten träumte. Wilhelm Stekel zeichnete diese Serie auf:

„Wir sollen einen Ausflug machen. Der Wagen wartet vor der Türe. Plötzlich kann ich die Tür nicht öffnen. Ich höre, wie die anderen wegfahren, und erwache mit Angst."

„Wir sollen alle auf den Schneeberg fahren. Wir kommen auf den Bahnhof und hören, daß die Eisenbahn heute nicht verkehrt. Es ist eine Störung auf der Strecke."

„Wir wollen mit der Elektrischen nach Neuwaldegg fahren. Plötzlich bleibt die Elektrische stehen. Der Kondukteur sagt: ‚Aussteigen, der Wagen geht nicht weiter'."

Auch bei Stekel beinhalten diese Träume einen Wunsch: Der 14jährige, der mit anderen Jungen unter einem Dach wohnt, möchte nächtliche Ausflüge mit ihnen machen, Abenteuer erleben, die bei Stekel auch sexuelle Spielarten einschließen. Aber der Bub ist gehemmt. Tatsächlich bessert sich die Zwangsneurose, nachdem man den Serienträumer aus dem Heim entfernt hat.

Hemmungen vom Unbewußten aufgedeckt

Moderne Psychotherapeuten würden wohl zuerst fragen, wie sich der 14jährige zu seinen Kameraden stellt, ob er ihnen gegenüber Hemmungen hat, die in ihm Zwangsvorstellungen hervorrufen könnten. Möglich wäre auch, daß er des öfteren von ihnen gehänselt oder nicht für voll genommen wird und sich das so zu Herzen nimmt, daß er nicht mehr mit ihnen unter einem Dach wohnen will. Daß er weg möchte, spiegeln seine Träume wider: Er ist auf dem Bahnhof, der sein eigenes Unbewußtes darstellt, das ihm dabei helfen will, sich aus der ihn bedrückenden Lage zu befreien; aber seine Hemmungen, offen auszusprechen, was ihn bedrückt, sind größer. Die Tür, hinter der die Freiheit auf ihn wartet, ist verschlossen; den gewaltsamen Ausstieg wagt er nicht, obwohl ihn das Unbewußte dazu auffordert. So gesehen, scheint Stekels Rat, den Buben aus dem Heim zu entlassen, richtig zu sein.

Von der allzu gründlichen Analyse eines Einzeltraums, wie Freud sie lehrte, hielt Stekel wenig. Der Patient blieb bei ihm eher passiv, er sollte seinem Arzt die Träume erzählen und selbst keinen Deutungsversuch unternehmen. Nicht ganz zu Unrecht war Stekel überzeugt, daß der Patient den Analytiker täuschen wolle, weshalb dieser alleinverantwortlich handeln müsse. Von sich und seiner Deutungsweise überzeugt, schrieb er einmal: „Ich habe die Traumdeutung unabhängiger vom Willen des Analysierten gemacht." Gerade darüber kam es zum Bruch mit Freud, der den Patienten gern zu eigenen Analysierungsversuchen anregte.

Nur verkehrte Welt im Traumgeschehen?

Noch mehr als sein Lehrer war Wilhelm Stekel davon überzeugt, daß eine der wichtigsten Formen der Traumentstellung die Verkehrung eines Motivs in sein Gegenteil sei. Wer also im Traum weint, würde im Wachleben Freude erfahren, wer im Schlaf lacht, müsse mit Trauer und Leid rechnen. Wir werden auf diese These noch zurückkommen und sie weitgehend widerlegen können.

Alfred Adler: Macht und Geltungstrieb sind die Leitlinien der Seele

Auch Alfred Adler (1870–1937), ein Wiener Kollege Freuds, lenkte seine Forschungen in eine andere Richtung, aus der sich später die Individualpsychologie entwickelte. Er stellte statt des Sexualtriebs den Machttrieb in den Mittelpunkt seiner Überlegungen. Jeder Mensch, behauptete er, strebe zur Macht. Dieser fortgesetzte Wille zur Machtentfaltung sei Inhalt des Lebenskampfes.

Macht- und Geltungstrieb seien gewissermaßen die Leitlinien der Seele, die sich durch Minderwertigkeitsgefühle schon in der Kindheit ergäben. Der Mensch versuche, Minderwertigkeiten durch den Willen zur Macht zu kompensieren. Wo dies gelänge, komme es zu einem Ausgleich oder auch zu einer Überkompensation; wem die Kompensation nicht gelänge, der würde am Leben scheitern. Im Zusammenhang mit diesen Bemühungen böten Träume die Möglichkeit, sowohl Minderwertigkeitsgefühle als auch Benachteiligungen im Wachleben abzureagieren.

Adler preßte – wie Freud – die Funktion des Traumes in ein Korsett. Beide huldigten bei der Traumdeutung einer Theorie der Verdrängung, die sich bei Freud im sexuell Triebhaften, bei Adler in einem Streben nach Macht äußert.

Der große Schweizer Psychologe und Psychiater Carl Gustav Jung (1875–1961), wie Adler ein Kollege und Bewunderer Freuds, sah das Traumgeschehen aus einer ganz anderen Sicht: Er kam durch seine Arbeit als Wissenschaftler und Psychotherapeut zu der Erkenntnis, daß das Unbewußte die primäre und schöpferische Kraft der Seele sei.

Die Autonomie des Unbewußten

Das Bild steht nach Jung im Mittelpunkt des Traumes – im Bildlichen sei das Symbolische bereits enthalten. Die Traumdeutung sei der gangbarste Weg, um Aufschluß über seelische Zustände zu erlangen. Dazu sagt Jung selbst:

C. G. Jung: „Der Traum gehorcht nicht unserem Willen“

„Sosehr sich die Träume auf ein bestimmt geartetes Bewußtsein und auf eine bestimmte seelische Situation beziehen, so tief liegen ihre Wurzeln in dem unerkennbar dunklen Hintergrund des Bewußtseinsphänomens. Wir nennen diesen Hintergrund aus Ermangelung eines bezeichnenderen Ausdruckes das Unbewußte. Wir kennen sein Wesen an und für sich nicht, sondern beobachten nur gewisse Auswirkungen, aus deren Beschaffenheit wir gewisse Rückschlüsse auf die Natur der unbewußten Psyche wagen. Weil der Traum eine ungemein häufige und normale Äußerung der unbewußten Psyche ist, liefert er das meiste Erfahrungsmaterial zur Erforschung des Unbewußten.

Da nun der Sinn der meisten Träume nicht mit den Tendenzen des Bewußtseins zusammenfällt, sondern eigentümliche Abweichungen aufweist, müssen wir annehmen, daß das Unbewußte, die Matrix (Keimschicht) der Träume, eine selbständige Funktion hat. Ich bezeichne dies als die Autonomie des Unbewußten. Der Traum gehorcht nicht nur nicht unserem Willen, sondern stellt sich sogar recht häufig in grellen Gegensatz zu den Absichten des Bewußtseins. Der Gegensatz ist aber nicht immer so ausgeprägt; zuweilen kann der Traum auch nur in geringem Maße von der bewußten Einstellung oder Tendenz abweichen und Modifikationen anbringen; ja, er kann sogar gelegentlich mit Inhalt und Tendenz des Bewußtseins koinzidieren (zusammenfallen).“

Was die Gestalt der Träume angehe, argumentiert Jung, finde sich schlechterdings alles, vom blitzartigen Eindruck bis zum unendlich langen Traumgespinst. Eine große Zahl durchschnittlicher Träume weise eine gewisse Struktur auf, die der eines Dramas nicht unähnlich sei. Das Traumgeschehen könne Menschen peinlichst bloßstellen, sie aber auch in anscheinend wohlwollender Weise moralisch stützen.

Das Träumen als Ausdruck des Unbewußten kann nach Jung Wege zur Heilung der menschlichen Psyche aufzeigen; denn das Unbewußte ist eine Kraft, die stärker in unser Schicksal hineinwirkt, als wir für gewöhnlich annehmen. Während die Traumdeutung bei Freud nach einer verursachenden Triebsituation sucht, betont Jung die Bedeutung des Traumes für die Selbstdarstellung des Menschen, bei der die Funktionen des Bewußtseins durch das individuell erworbene „persönliche Unbewußte“ und das (überindividuell ererbte) „kollektive Unbewußte“ bestimmt werden. Die Symbole des kollektiven Unbewußten seien Archetypen (Urbilder), die von vielen Menschen im Traum gesehen würden, sie seien gewissermaßen Erbgut der Menschheit.

Archetypen – Symbole des kollektiven Unbewußten

„Das kollektive Unbewußte“, schreibt Carl Gustav Jung, „ist ein Teil der Psyche, der von einem persönlichen Unbewußten dadurch negativ unterschieden werden kann, daß er seine Existenz nicht persönlicher Erfahrung verdankt und daher keine persönliche Erwerbung ist. Während das persönliche Unbewußte wesentlich aus Inhalten besteht, die zu einer Zeit bewußt waren, aus dem Bewußtsein jedoch entschwunden sind, indem sie entweder vergessen oder verdrängt wurden, waren die Inhalte des kollektiven Unbewußten nie im Bewußtsein und wurden somit nie individuell erworben, sondern verdanken ihr Dasein ausschließlich der Vererbung. Der Begriff des Archetypus, der ein unumgängliches Korrelat (Ergänzung) zur Idee des kollektiven Unbewußten bildet, deutet das Vorhandensein bestimmter Formen in der Psyche an, die allgegenwärtig oder überall verbreitet sind.“

Seine These lautet daher: „Im Unterschied zur persönlichen Natur der bewußten Psyche gibt es ein zweites psychisches System von kollektivem, nicht-persönlichem Charakter neben unserem Bewußtsein, das seinerseits durchaus persönlicher Natur ist und das wir – selbst wenn wir das persönliche Unbewußte als Anhängsel hinzufügen – für die einzig erfahrbare Psyche halten. Das kollektive Unbewußte entwickelt sich nicht individuell, sondern wird ererbt. Er besteht aus präexistenten Formen, Archetypen, die erst sekundär bewußt werden können und den Inhalten des Bewußtseins festumrissene Form verleihen.“ Aus den Archetypen spricht nach Jung die „Urerfahrung“ der Menschheit, an der alle Völker gleichermaßen teilhaben. Archetypen – etwa Mutter und Vater, der Garten (des Paradieses?), der alte weise Mann – erscheinen in „Großträumen“, die den Menschen erschüttern.

Das kollektive Unbewußte wird ererbt

„Der Traum“, sagt Jung über das Wesen der Träume, „ist ein Stück unwillkürlicher psychischer Tätigkeit, das gerade soviel Bewußtsein hat, um im Wachzustand reproduzierbar zu sein. Unter den seelischen Erscheinungen bietet der Traum vielleicht am meisten ‚irrationale‘ Gegebenheiten. Er scheint ein Minimum von jener logischen Verknüpftheit und Hierarchie der Werte mitbekommen zu haben, die die sonstigen Bewußtseinsinhalte aufweisen, und ist darum weniger durchschaubar und faßbar. Logisch, moralisch und ästhetisch befriedigend kombinierte Träume gehören ja zu den Ausnahmen. In der Regel ist der Traum ein sonderbares und fremdartiges Gebilde, das sich durch viele ‚schlechte Eigenschaften‘ wie Mangel an Logik, zweifelhafte Moral, unschöne Gestaltung und offensichtliche Widersinnigkeit oder Sinnlosigkeit auszeichnet. Man tut ihn deshalb gerne als dumm, sinn- und wertlos ab.“

„Der Traum ist ein Stück unwillkürlicher psychischer Tätigkeit“

Jede Deutung eines Traumes sei eine psychologische Aussage über gewisse seelische Inhalte darin. Sie sei daher nicht ungefährlich (wenn man sie anderen gebe), da der Träumende in der Regel eine oft erstaunliche Empfindlichkeit zeige, nicht nur bei unrichtigen, sondern vor allem auch bei richtigen Bemerkungen.

„Da es nur unter ganz besonderen Voraussetzungen möglich ist, einen Traum ohne die Mitbeteiligung des Träumers zu bearbeiten, so bedarf es meist einer ungewöhnlichen Anstrengung, taktvoll zu sein, wenn man nicht unnötig ein fremdes Selbstgefühl verletzen will."

Was solle man zum Beispiel sagen, fährt Jung in seiner Betrachtung fort, wenn ein Patient eine Reihe wenig dezenter Träume erzähle und daran die Frage knüpfe: „Warum soll gerade ich solche ekelhaften Träume haben?"

Der Tisch des Träumers

Die Symbole, die einen Traumbericht zusammensetzen, hätten nicht bloß einen einzigen Sinn, sondern seien vieldeutig. „Träumt zum Beispiel jemand", erklärt Jung, „von einem Tisch, so weiß man noch lange nicht, was der ‚Tisch' des Träumers bedeutet, obwohl das Wort Tisch unzweideutig genug zu sein scheint. Wir wissen nämlich eines nicht, und zwar, daß dieser Tisch gerade jener Tisch ist, an dem sein Vater saß, als er dem Träumer jegliche weitere finanzielle Hilfe versagte und ihn als Taugenichts aus dem Hause warf.

Die blanke Oberfläche dieses Tisches starrte ihm als Symbol seiner katastrophalen Untauglichkeit im Bewußtsein des Tages sowohl wie im Traum der Nacht entgegen. Das ist, was unser Träumer unter ‚Tisch' versteht. Darum brauchen wir die Hilfe des Träumers, um die Vielfalt der Wortbedeutungen auf das Wesentliche und Überzeugende einzuschränken. Daß der Tisch einen peinlichen Hauptpunkt im Leben des Träumers bezeichnet, daran kann jeder zweifeln, der nicht dabei war. Es ist klar, daß die Traumdeutung in allererster Linie ein Erlebnis ist, das zunächst nur für zwei Personen feststeht.

Traumsymbole sind vieldeutig

Wenn wir also zur Feststellung gelangen, daß der Tisch im Traum eben jenen fatalen Tisch mit allem, was daran hängt, bedeutet, dann haben wir zwar nicht den Traum, aber wenigstens dieses einzelne Motiv in der Hauptsache gedeutet, das heißt, wir erkannten, in was für einem subjektiven Kontext das Wort Tisch steht.

Wir kamen zu diesem Ergebnis durch die methodische Befragung der Einfälle des Träumers. Die weiteren Prozeduren, denen Freud die Trauminhalte unterzieht, muß ich allerdings ablehnen, denn sie stehen zu sehr unter der vorgefaßten Meinung, daß die Träume Erfüllungen ‚verdrängter Wünsche' seien."

Jung leugnet nicht, daß es auch solche Träume geben könne, aber das sei noch lange kein Beweis dafür, daß alle Träume und alle Gedanken des bewußten Seelenlebens Wunscherfüllungen seien. Hervorstechende Einzelheiten müßten meist erst anhand der Einfälle des Träumers festgestellt werden. Das sei der Dechiffrierung (Entschlüsselung) eines schwer lesbaren Textes ähnlich.

Ein Beispiel aus Jungs Praxis

Wie scheinbar einfach Carl Gustav Jung die Träume seiner Patienten deutete, wird aus folgendem Beispiel ersichtlich, das er selbst folgendermaßen schildert:
„Ein Mann in führender Stellung konsultiert mich. Er leidet an Ängstlichkeit, Unsicherheit, Schwindel, gelegentlich bis zum Erbrechen, Benommenheit des Kopfes, Atembeklemmung; ein Zustand, welcher der Bergkrankheit zum Verwechseln ähnlich sieht. Der Patient hat eine außerordentlich erfolgreiche Karriere hinter sich. Er begann sein Leben als strebsamer Sohn eines armen Bauern und stieg durch großen Fleiß und gute Begabung von Stufe zu Stufe bis zu einer führenden Stellung, welche für einen noch weiteren sozialen Aufstieg ungemein aussichtsreich war. In der Tat hatte er nunmehr das eigentliche Sprungbrett erreicht, von dem er den Flug ins Weite hätte antreten können, wenn nicht plötzlich seine Neurose dazwischen getreten wäre.

Die Neurose hemmt die berufliche Karriere

Der Patient konnte nicht umhin, an dieser Stelle jene nur allzu bekannte Phrase auszusprechen, welche mit den stereotypen Worten beginnt: ‚Und gerade jetzt, wo …‘ und so weiter. Die Symptomatologie der Bergkrankheit scheint besonders geeignet zu sein, die eigentümliche Situation des Patienten drastisch darzustellen. Der Patient hatte auch gleich zwei Träume der letzten Nacht zur Konsultation mitgebracht. Der erste Traum lautet: *Ich bin wieder in dem kleinen Dorf, wo ich geboren wurde. Auf der Straße stehen einige Bauernjungen zusammen, die mit mir zur Schule gegangen sind. Ich tue so, als ob ich sie nicht kenne, und gehe an ihnen vorüber. Da höre ich, wie einer von ihnen sagt, auf mich deutend: ‚Der kommt auch nicht oft in unser Dorf zurück‘.*
Es bedarf keiner Deutungsakrobatik, um in diesem Traum den Hinweis auf den bescheidenen Ausgangspunkt seiner Karriere zu erkennen und zu verstehen, was diese Andeutung besagen will. Sie meint offenbar: ‚Du vergissest, wie tief unten du begonnen hast.‘
Der zweite Traum lautet: *Ich bin in größter Hast, da ich verreisen will. Ich suche noch mein Gepäck zusammen, finde nichts. Die Zeit eilt, der Zug wird bald abfahren. Endlich gelingt es mir, meine Siebensachen zusammenzu-*

Symbolische Darstellung des beruflichen Scheiterns

kriegen, ich eile auf die Straße, entdecke, daß ich eine Mappe mit wichtigen Schriftstücken vergessen habe, eile atemlos zurück, finde sie endlich, renne dann zum Bahnhof, komme aber kaum vorwärts. Endlich, mit letzter Anstrengung, stürze ich auf den Bahnsteig, um zu sehen, wie der Zug eben aus der Halle hinausfährt. Er fährt in einer merkwürdigen S-förmigen Kurve, ist sehr lang, und ich denke, wenn der Lokomotivführer nun nicht aufpaßt und Volldampf gibt, sobald er die gerade Strecke erreicht, dann sind die hinteren Wagen des Zuges noch in der Kurve und werden durch die Beschleunigung aus dem Geleise geworfen. Tatsächlich gibt der Lokomotivführer Volldampf, ich versuche zu schreien, die hinteren Wagen schwanken entsetzlich und werden nun wirklich aus dem Geleise geworfen. Es ist eine furchtbare Katastrophe. Ich erwache mit Angst.

Auch hier kostet es keine Mühe, die Darstellung zu verstehen. Der Traum schildert die vergebliche nervöse Hast, doch noch weiterzukommen. Da der Lokomotivführer vorn rücksichtslos vorwärtsfährt, entsteht hinten die Neurose, das Schwanken und die Entgleisung.

Der Patient hat offenbar im gegenwärtigen Abschnitt seines Lebens seinen Höhepunkt erreicht, die niedere Herkunft und die Mühe des langen Aufstiegs haben seine Kräfte erschöpft. Er sollte sich mit dem Erreichten begnügen, statt dessen treibt ihn sein Ehrgeiz weiter, höher hinauf in eine für ihn zu dünne Luft, an die er nicht angepaßt ist. Deshalb erreicht ihn die warnende Neurose.

Aus äußeren Gründen konnte ich den Patienten nicht weiterbehandeln, und meine Auffassung behagte ihm auch nicht. Infolgedessen nahm das in diesem Traum skizzierte Schicksal seinen Lauf. Er versuchte ehrgeizig, seine Chancen auszunützen, und entgleiste bei dieser Gelegenheit beruflich so völlig, daß die Katastrophe zur Wirklichkeit wurde.

Was die bewußte Anamnese (Vorgeschichte der Krankheit) nur vermuten ließ, nämlich die Bergkrankheit als symbolische Darstellung des Nicht-mehr-weitersteigen-Könnens, wird durch die Träume als Tatsache erhärtet."

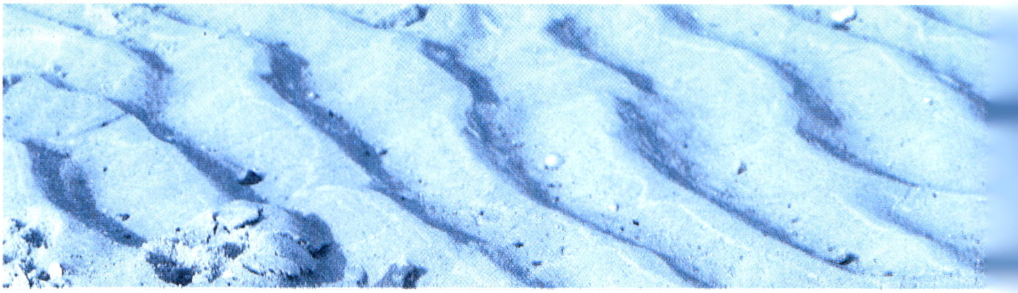

Aus diesen beiden Träumen und ihrer Deutung schließt Carl Gustav Jung, daß der Traum die innere Situation des Träumers schildern könne, deren Wahrheit und Wirklichkeit das Bewußtsein gar nicht oder nur widerwillig anerkenne. Jung habe es sich „darum zur Regel gemacht, Träume zunächst so zu betrachten wie physiologische Äußerungen: Tritt Zucker im Urin auf, so ist Zucker im Urin und nicht Eiweiß oder Urobilin oder sonst etwas, was meiner Erwartung vielleicht besser entspräche. Ich fasse also den Traum als diagnostisch verwertbare Tatsache auf."

Wenn wir anhand der Symbole im letzten Teil unseres Buches die beiden Träume des neurotischen Managers deuteten, kämen wir zu demselben Ergebnis wie Jung, dem in der Traumarbeit so erfahrenen Psychotherapeuten.

Traumdeutung ist letztlich immer subjektiv

Die Traumlehre Jungs hat viele Anhänger gefunden, die sein Werk wissenschaftlich erhärteten und teilweise noch vertieften. Nicht nur Neurosenlehre und Psychotherapie, sondern auch Anthropologie, Ethnologie und Pädagogik wurden beeinflußt.

Jede Traumforschung, darüber sind wir uns im klaren, wird in ihren Deutungsversuchen bis zu einem gewissen Grad subjektiv bleiben. Man kann zwar das Unbewußte heute bereits durch Umsetzung von Traumsymbolen bewußt machen und psychologisch auswerten; letzte Einzelheiten aber behält das, was wir Seele nennen, für sich zurück. Wir können unsere Folgerungen aus dem Traumgeschehen und damit aus dem Unbewußten ziehen, aber der Schlüssel zum innersten Geheimnis der Schöpfung ist noch lange nicht gefunden.

Ist die objektive Methode zur Untersuchung des Schlafs und seiner Traumphasen, über die wir im zweiten Teil dieses Buches berichten werden, vielleicht der erste Schritt, dem Geheimnis des Unbewußten auch im experimentellen Bereich näherzukommen? Wir müssen es bezweifeln.

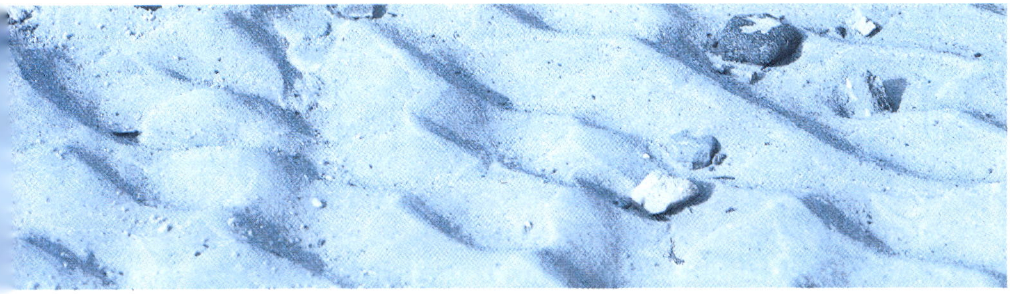

GUTER SCHLAF, GUTE TRÄUME

2. Teil

Zwischen Tag und Traum sind wir Menschen Wanderer zwischen zwei Welten, zwischen der, die wir in vollem Bewußtsein erleben, und jener, die uns ins Unbewußte zurücksinken läßt. Wir nennen es Schlaf, den Ruhezustand nach des Tages Hast und Mühen.

Der Schlaf – ein Dahindämmern in einer anderen Welt

Der Schlaf gibt den Menschen seit Jahrtausenden Rätsel auf. Natürlich können wir seine Funktion klar umreißen: Er ist die Ruhesituation des Körpers, bei der alles nahezu abgeschaltet ist, was wir im Arbeitsleben brauchen – das Denken, das Fühlen, das Handeln. Die fünf Sinne brennen im Schlaf nur auf Sparflamme, damit sich der „Akku des Lebens" aus den nun freigewordenen Energien wieder voll aufladen kann. Ein paar Stunden genügen dafür, und wir sind hellwach, können die alltägliche Leistung erbringen, die wir Leben nennen; der Schlaf ist nur ein Dahindämmern in einer anderen Welt, aus der die Träume kommen. Die Grenzen zwischen Schlafen und Wachen sind von der Wissenschaft auf den Augenblick festgelegt, da sich die Pupillen verengen, der Augapfel nach oben wandert, worauf die Muskulatur das Schließen der Lider bewirkt, so daß über die Augen keine Reize aus der Außenwelt mehr aufgenommen werden können.

Wer schläft, wenn wir schlafen?

Die Frage scheint berechtigt: Wer schläft da eigentlich, wenn wir schlafen? Im Schlaf sehen wir uns ja oft in ganz anderer Gestalt. Wir fühlen uns nicht, wir haben keine bewußten Sinneswahrnehmungen. Ist das nur auf das Zurückschalten des „Hauptstromkreises" in unserem Körper zurückzuführen, bei dem nur noch Teile des Gehirns in voller Funktion bleiben, wie zum Beispiel das Schlafsteuerungssystem am Übergang vom Zwischen- zum Mittelhirn? Wohl kaum. Auch der Schlaf, die „Verpackung" des Traumes, gibt eben Rätsel auf, die von der modernen Wissenschaft noch nicht ganz gelöst werden konnten. Man weiß natürlich, daß wir nicht ohne Schlaf auskommen können, daß wir ein Drittel unseres Daseins in diesem Ruhezustand verbringen, in dem sich unsere Zellen erneuern und die Nerven beruhigen. „Der Schlaf ist für den ganzen Menschen, was das Aufziehen für die Uhr", schrieb der Philosoph Arthur Schopenhauer (1788–1860). Wir können mit anderen Worten unsere Zeit mit Arbeit ausfüllen und abschnurren lassen, aber wir müssen unsere Lebensuhr immer wieder neu aufziehen, ein Vorgang, der sechs bis zehn Stunden dauert, je nach Alter; denn junge Menschen brauchen mehr, ältere weniger Schlaf.

Traumphasen einer Nacht

Nach dem Einschlafen, also in den ersten Stunden der Nacht, erreicht der normale Mensch eine besonders erfrischende Schlaftiefe, die sich etwa gegen zwei und drei Uhr in Träume auflöst, auf die gar nicht so selten ein kurzes Erwachen erfolgt (Gelegenheit für den Träumer, auf einem Zettel das noch frisch im Gedächtnis haftende Traumerlebnis aufzuschreiben). Meist ist die Ermüdung danach so groß, daß er erneut in einen Tiefschlaf versinkt, dem morgens nach einer erneuten Traumphase ein langsames Erwachen folgt. Dieser Vorgang kann – bedingt durch äußere Einwirkung (zum Beispiel das Schrillen der Weckuhr) – äußerst abrupt vor sich gehen.

Unterdrückung des Schlafbedürfnisses kann zu schweren gesundheitlichen Störungen führen. Das hat ein Experiment ergeben, das in einer Spezialabteilung des staatlichen Hospitals von Salt Lake City unter der Aufsicht der Psychiater Eugen Bliss und Lincoln Clarc mit Studenten der amerikanischen Universität Utah durchgeführt wurde. 72 Stunden lang blieben die Studenten wach – das Ergebnis: Die Versuchspersonen bekamen während ihres schlaflosen Zustandes regelrechte Halluzinationen, sie reagierten wie krankhafte Psychopathen, so als stünden sie unter Drogeneinfluß. Das Experiment ergab, daß der Mensch schwer krank wird, wenn der Schlaf mehrere Tage unterdrückt wird, daß er wahrscheinlich sterben muß, wenn er eine Woche oder länger wachgehalten werden sollte.

Unterdrükkung des Schlafbedürfnisses führt zu gesundheitlichen Schäden

Zwar kam in den 30er Jahren ein Dr. Fischer von der Universität Chicago 115 Stunden lang ohne Schlaf aus, und indische und tibetanische Yogies können durch bestimmte Exerzitien wochenlang schlaflos leben, aber das sind nur die Ausnahmen von der Regel, daß man nicht längere Zeit ohne Schlaf existieren kann. Gegen diese Tatsache sprechen auch nicht Berichte über kranke Menschen, die jahrelang kein Auge zumachen konnten, weil bei ihnen das hypothetische Schlafzentrum im Stammhirn gestört ist, das den Schlaf steuert.

Regeln für gesunden Schlaf

Wir sagten es schon: Die Wissenschaft ist in der Erforschung des Schlafs noch nicht allzu weit gekommen, sie hat sich kaum von der Feststellung des griechischen Philosophen Aristoteles entfernt, daß der Schlaf die Bestimmung habe, der Erhaltung der Lebewesen zu dienen. Selbst die moderne Erkenntnis, daß der Schlaf eine Leistung des Organismus darstelle und daher bei Kranken in einem sogenannten Heilschlaf aktiviert werden müsse, ist – wie wir im ersten Teil dieses Buches ausgeführt haben – gar nicht so neu.

Gesunde Menschen sollten sich um einen guten Schlaf bemühen, der sie Kraft für den Alltag tanken läßt und ihnen Träume schenkt, aus denen eigentlich nur Gutes gedeutet werden könnte. Wie das zu erreichen ist, haben wir nachstehend in zwölf Regeln zusammengefaßt, die jeder selbst noch durch weitere ergänzen könnte.

1. Versuchen Sie, sich den Tag über nicht aufzuregen.
2. Halten Sie sich aus allem Ärger heraus, der Ihren Blutdruck in Wallung bringen könnte.
3. Essen Sie drei Stunden vor dem Zubettgehen nur noch wenig oder gar nichts mehr, und gehen Sie nach dem Abendessen noch eine Zeitlang an die frische Luft.
4. Trinken Sie abends keinen Bohnenkaffee, keinen schwarzen Tee und nur mäßig Alkohol.
5. Wenn Sie allein zu Hause sind und sich fürchten, schauen Sie vor dem Schlafengehen ruhig einmal unters Bett, ob sich nicht ein „Räuber“ darunter versteckt hat. Das beruhigt die Nerven, verscheucht die Angst und fördert das Einschlafen.
6. Schauen Sie am Abend nicht zu lange in die Fernsehröhre.
7. Lesen Sie im Bett keine aufregenden Romane, sondern lieber lyrische Gedichte; ihre beruhigende und damit einschläfernde Wirkung ist bekannt.
8. Gehen Sie möglichst vor 24 Uhr schlafen, denn der Schlaf vor Mitternacht ist gesünder.
9. Schlafen Sie grundsätzlich in einem gut durchlüfteten, ungeheizten Raum. Nur wenn die Temperatur unter Null sinkt, sollte man das Schlafzimmer leicht temperieren.
10. Wenn Sie unter kalten Füßen leiden, nehmen Sie am besten vor dem Schlafengehen ein Wechselfußbad.
11. Auch Autosuggestion kann über Schlaflosigkeit hinweghelfen. Sollten Sie darunter leiden, hilft es, wenn Sie sich den ganzen Tag über hie und da zuflüstern: „Ich werde heute abend ganz ruhig und ausgeglichen ins Bett gehen und entspannt schlafen!“
12. Wälzen Sie sich ruhig ein bißchen im Bett herum, bis Sie auf Ihrer „Schokoladenseite“ liegen.

Es gibt noch viele andere Vorschläge und Mittel für den gesunden Schlaf. Wichtig ist es immer, daß Sie sich im Bett nicht verkrampfen. Alles Weitere macht das Schlafsteuerungszentrum in unserem Gehirn, das die Sinne nach und nach zurückschaltet und die Muskeln entspannt.

Es ist völlig gleichgültig, wie Sie im Bett liegen – zusammengerollt oder langgestreckt, auf dem Rücken oder auf dem Bauch, auf der linken oder auf der rechten Seite. Der Mensch ist ein Gewohnheitstier und findet in seinem eigenen Bett schnell die Lage, die ihm das Einschlafen erleichtert. Unbewußt legt er sich selbst im fremden Bett auf die Seite, die ihm gesunden Schlaf verschafft.

Wie tief und wie lange schläft der Mensch? Kinder fallen schon kurz nach dem Einschlafen in einen sehr tiefen Schlaf. Nach zwei Stunden sind sie nur noch mit Gewalt aufzuwecken, später wird ihr Schlaf leichter, um die sechste Stunde nähert er sich fast dem Wachsein und wird dann wieder für drei oder vier Stunden tiefer, worauf ein plötzliches Erwachen folgt.

Die Schlafdauer ist individuell verschieden

Erwachsene brauchen nicht soviel Schlaf wie Kinder. Normalerweise genügen ihnen acht Stunden, um entspannt aufzuwachen. Menschen, die über 50 Jahre alt sind, kommen sogar mit sechs oder sieben Stunden, noch ältere Menschen oft mit noch weniger aus.

Napoleon antwortete einmal, als man ihn fragte, wie viele Stunden Schlaf er brauche: „Vier Stunden der Mann, fünf die Frau, sechs Idioten." Nun, so ganz kann das „Rezept" des französischen Kaisers nicht stimmen; denn Nobelpreisträger Albert Einstein, einer der intelligentesten Menschen der Weltgeschichte, schlief zum Beispiel meistens zwölf Stunden am Tag. US-Präsident John F. Kennedy dagegen hätte die Meinung Napoleons bestätigen können: Er kam mit nur vier Stunden Schlaf täglich aus. Hartmut Schulz vom Münchner Max-Planck-Institut stellte deshalb wohl zu Recht fest: „Die Schlafdauer der Menschen ist so unterschiedlich wie ihre Fingerabdrücke."

Auch die Schlaftiefe hängt mit dem Lebensalter zusammen. Junge Menschen schlafen fester, ältere erwachen oft schon durch den geringsten Störeinfluß von außen. Wie die Schlaflänge läßt sich aber auch die -tiefe nicht auf einen Nenner bringen; individuell weicht sie von den angegebenen Durchschnittswerten manchmal ziemlich ab.

Wir werden nicht krank, wenn wir eine Zeitlang unser Schlafbedürfnis einschränken. Unsere Leistungsfähigkeit und unsere Konzentration auf die tägliche Arbeit nimmt kaum ab. Es entsteht lediglich ein Schlafdefizit, das wir zu gegebener Zeit aufholen müssen. Verstehen Sie jetzt, warum es den Heilschlaf gibt, warum wir im Urlaub und an freien Wochenenden oft über Gebühr lang schlafen? Wir gleichen damit den Kurzschlaf aus, den wir uns im Alltagsleben zumuten.

Mit dem Schlaf, ob er nun kurz oder lang ist, gönnen wir dem Körper ein wenig Erholung vom Streß im Wachleben. Das Gehirn schaltet gewissermaßen von Leistung auf Ruhe um, es läßt unsere Nerven und Muskeln sich entspannen, die meisten stellt es sogar ganz ab. Nur einige arbeiten wie gewohnt weiter, die Herzmuskeln zum Beispiel, die im Schlaf unseren Blutkreislauf in Gang halten müssen, und auch die Schließmuskeln für Harn und Kot. Die Augenlider blenden die Lichtreize ab, die von außen auf unseren Sehapparat einwirken, und die Augen selbst suchen Schutz unter den Knochen der Augenhöhlen. Auch die fünf Sinne versetzt die Schaltzentrale in unserem Gehirn in einen wohltuenden Ruhezustand.

Das Leben im Schlaf ist ein Erlebnis im Unbewußten; denn das Phänomen Schlaf wird intervallweise abgelöst vom Phänomen Traum, das ohne Schlaf nicht denkbar ist.

„Das Bild ist Seele"

Das Erleben der Traumbilder, die unseren Schlaf durchziehen, ist seit Jahrtausenden das gleiche geblieben, nur daß man in alter Zeit nicht von Flugzeugen und Autos träumte, sondern von Ochsenkarren und rasanten Streitwagen, die von Pferden in die Schlacht gezogen wurden. Lediglich die Frage „Was ist der Traum?" wurde, wie wir im ersten Teil unseres Buches gesehen haben, recht unterschiedlich beantwortet.

Der Traum galt als Botschaft der Götter, als Folge von Leibschmerzen, als barer Unsinn, als Übersetzung alltäglicher Wünsche, auf deren Erfüllung man hoffte; die seltsame Bildersprache des Unbewußten wurde in vielerlei Gestalt gedeutet, von Priestern, von Ärzten und von Scharlatanen. Nur langsam nahmen diese Deutungen ernsthafte Formen an: Man sammelte Träume, verglich sie miteinander und versuchte herauszufinden, wie die Bildersprache der Träumenden auf das Wachleben übertragen werden kann.

Der Drang der Forscher, Traumbilder zu entschlüsseln

Wir lasen vom Forscherdrang der alten Babylonier, Chinesen, Inder, Ägypter und Griechen, der uns tiefschürfende Erkenntnisse über den Traum bescherte, die zum Teil – wir werden es im Symbolteil dieses Buches merken – bis auf den heutigen Tag Gültigkeit haben. Die Traumdeuter des Altertums betrieben ihre Forschungen mit solch wissenschaftlicher Akribie, daß selbst moderne Psychologen und Traumwissenschaftler auf diesen frühen Erkenntnissen aufbauen können.

Der Traumforscher F. W. Hildebrandt schrieb im Geburtsjahr Carl Gustav Jungs (1875) über den Traum: „Der Traum läßt uns bisweilen in Tiefen und Falten unseres Wesens blicken, die uns im Zustand des Wachens meist verschlossen bleiben. Er bringt uns so feine Aperçus der

Selbsterkenntnis, daß wir erwachend staunen möchten über den Dämon, der mit wahren Falkenaugen uns in die Augen blickt.“ Und der große schlesische Dichter Gerhart Hauptmann ergänzt diese Aussage in seinem Roman „Der Narr in Christo Emanuel Quint“: „Alle verschiedenen Arten und Grade der Träume erforscht zu haben würde bedeuten, in einem weit tieferen Sinn als irgendeinem anderen Kenner der menschlichen Seele zu sein!“
Der Dichter machte sich damit die Erkenntnis des griechischen Philosophen Aristoteles zu eigen, der den Traum als den Spiegel der Seele bezeichnete. Und der Schweizer Traumforscher Carl Gustav Jung blieb bei dieser Behauptung: „Das (Traum-)Bild ist Seele!“

Liebe als chemische Reaktion

Aber, könnte der Skeptiker zweifelnd fragen, was ist denn das – die Seele? Nach naturwissenschaftlicher Anschauung ist sie etwas, das während unseres Lebens in uns wirkt und auf elektrischen Vorgängen beruht, die ebenso alle Sinne und den Denkapparat steuern. Sitz dieses Steuerungsvorgangs ist die graue Substanz im Gehirn, die auch für alle Empfindungen, Erinnerungen und eben für das Seelenleben zuständig ist. Etwa 350 g graue Gehirnsubstanz hat ein 75 kg schwerer Mensch. Die Seele, können wir folgern, wird von der exakten Naturwissenschaft wohl doch zu leicht genommen.

Ist die Seele dem Körper ausgeliefert?

Schließen wir hier die Meinung des aus Wien stammenden amerikanischen Arztes Professor Kneucker an, der die Seele als Feld chemischer Reaktionen sieht, wird uns bange, wenn wir dabei etwa die Werke unserer Dichter und Denker ins Kalkül ziehen. Aber der Professor begründet seine These, wie er meint, sehr logisch: „Das Gehirn steuert die Seelenmaschine, sein Brennstoff sind die Inkrete (von Drüsen ins Blut abgegebene Stoffe, Hormone; A.d.V.). Die Maschine funktioniert je nach Zusammensetzung der Säfte des Körpers.“
Liebe ist demnach nichts anderes als eine chemische Reaktion, seelische Zustände wie der Traum werden nur von körpereigenen Wirkstoffen erzeugt – basta!
Ganz so einfach, wie es der sicher ernsthafte Wissenschaftler Kneucker sieht, ist es wohl doch nicht. Unsere Seele müßte ja dem Körper völlig ausgeliefert sein, dürfte kein Eigenleben führen, wie es der Geisteswissenschaftler sieht. Er kann seine These freilich ebensowenig beweisen wie der Naturwissenschaftler seine Theorie von der Seelenzentrale in der grauen Gehirnsubstanz oder wie Kneuckers Anhänger ihre Theorie von den chemischen Reaktionen, die unser Seelenleben ausmachen sollen.

Ultrakurze Wellen der Seele

Bedeutende Wissenschaftler haben in den letzten Jahrzehnten den Stoff, aus dem die Träume sind, experimentell untersucht. Einer der ersten, der behauptete, Seelisches trete im Gehirn als elektrische Erregung in Erscheinung, war der russische Physiologe Iwan Petrowitsch Pawlow (1849–1936). Er erarbeitete neue Erkenntnisse zur Nervenversorgung des Herzens und begründete mit dem Psychiater und Neurologen Wladimir Bechterew (1857–1927) die Reflexologie als Richtung der Psychologie, die alles menschliche und tierische Verhalten auf ererbte (unbedingte) oder durch Übung erworbene (bedingte) Reflexe zurückführte.

Der Stoff, aus dem die Träume sind

Pawlow, der für seine Forschungen 1904 den Nobelpreis für Medizin erhielt, hat seine Theorie von den elektrischen Impulsen seelischer Zustände im Gehirn nicht durch eigene Experimente erhärtet. Den Beweis für die Richtigkeit dieser Behauptung trat der deutsche Psychiater Hans Berger (1873–1941) an.

Schon der englische Arzt Caton hatte 1874 an Kaninchen- und Affengehirnen Versuche durchgeführt, durch die elektrische Ströme im Gehirn nachgewiesen wurden. Er hatte am Kopf der Tiere Elektroden angebracht. Dabei stellte er fest, daß ständige Stromschwankungen stattfanden, die sich bei unterschiedlicher Lichteinwirkung auf die Augen veränderten.

Niemand nahm damals die Forschungen des englischen Arztes so ernst, daß sie weitergetrieben wurden. Erst Hans Berger experimentierte gründlicher und wurde damit der Entdecker der Elektroenzephalographie. Er brachte am Kopf von Versuchspersonen Elektroden an, die an Drähten hingen und mit Mull- und Gummibinden befestigt waren. Die Drähte führten zu einem Apparat, der die Gehirnströme auf Papierstreifen aufzeichnete. Hunderte von Versuchen bewiesen, daß die im Elektroenzephalogramm (EEG) festgehaltenen Schwankungen die Aktionsströme der Gehirnzellen darstellten.

Aufzeichnung der Hirnaktionsströme

Mit Hilfe des EEG konnten die Forscher nun darangehen, die Schlaftiefe und die Länge sowie die Intensität der Träume zu messen. Bereits Anfang der 50er Jahre entdeckte Professor Kleitman von der Universität Chicago eine Methode, Träume zu registrieren. Die Versuchspersonen waren Studenten, deren einzige Aufgabe darin bestand, in der Physiologischen Abteilung der Universitätsklinik mit Elektroden am Kopf zu schlafen und zu träumen. Ärzte untersuchten die Ergebnisse, die das EEG aufzeichnete, und stellten erstmals wissenschaftlich fest, wie oft ein Mensch in der Nacht träumt und wie lange diese Träume dauern.

William Dement vom Mount Sinai Hospital in New York entwickelte diese Methode weiter. Er baute auf der Erkenntnis auf, daß die Träume in Verbindung mit Phasen schneller, binokular synchroner (beidäugig gleichgerichteter) Augenbewegungen auftreten (REM = rapid eye movement). Er stellte fest, daß „Häufigkeit und Richtung dieser Augenbewegungen mit dem assoziierten Trauminhalt in einer Weise verknüpft sind, daß die Vermutung, die Augenbewegungen stellten Fixierbewegungen des Träumers beim wahrscheinlichen Beobachten des Traumgeschehens dar, begründet erschien.

Schlafzyklen und Traumphasen

Eine Untersuchung nicht unterbrochenen Schlafs zeigte das regelmäßige Auftreten von Phasen mit schnellen Augenbewegungen im Laufe der Nacht, und zwar in Verbindung mit den leichtesten Phasen der Schlaftiefe, die ebenfalls zyklisch variieren und mit einem Elektroenzephalographen registriert werden können. Die individuelle Zyklenlänge des Schlafs lag im Durchschnitt bei 90 Minuten, und die mittlere Dauer einzelner Augenbewegungsphasen betrug ungefähr zwanzig Minuten." Somit umfasse, stellte Dement abschließend fest, der Schlaf einer typischen Nacht vier bis fünf Traumphasen, die am Ende eines jeden Schlafzyklus auftreten und etwa 20% der Gesamtschlafzeit ausmachen. Die einzelnen Traumperioden dauern von einer bis zu 72 Minuten. Zu Beginn des Schlafens sind sie eher kurz, werden dann aber mit dessen zunehmender Dauer länger.

Im Verlauf seiner Forschungen ließ Dement seine Versuchspersonen beim ersten Auftreten einer Traumphase aufwecken. Er hinderte sie also daran zu träumen. Alle Betroffenen reagierten nach solchem Traumentzug am nächsten Tag mit gesteigerter Reizbarkeit, mit Angst und Konzentrationsschwäche. Ließ man sie in der darauffolgenden Nacht durchschlafen, holten sie ihre verlorenen Träume nach: Die Versuchspersonen träumten dann durchschnittlich siebenmal in einer einzigen Nacht statt bisher fünfmal.

Psychische Schäden durch Traumentzug

Dement schrieb dazu: „Die Ergebnisse lassen sich dahingehend interpretieren, daß es notwendig ist, jede Nacht eine bestimmte Zeit lang zu träumen. In aufeinanderfolgenden Traumentzugsnächten scheint sich mit anwachsendem Traumdefizit ein Drang zu träumen aufzustauen – dieser Drang wird zunächst deutlich in der ansteigenden Zahl von Traumansätzen und dann in der Erholungsphase, in der deutlichen Erhöhung der Gesamttraumzeit und der prozentualen Traumzeit. Aus der Tatsache, daß dieser Anstieg über vier oder mehr aufeinanderfolgende Erholungsnächte aufrechterhalten wird, kann man auf einen mehr oder weniger quantitativen Ausgleich des Defizits schließen. Würde man den Traumentzug lange genug durchführen, müßte man möglicherweise mit einem ernsthaften Zerfall der Persönlichkeit rechnen." Wer also über längere Zeit am Träumen gehindert werde, wäre schon bald psychisch krank, weil der andauernde Traumentzug die Seele in eine Katastrophe stürzen würde. Am Ende stünde dann unweigerlich der körperliche Zusammenbruch.

Um es klarzustellen: Auch wenn im Enzephalogramm die Traumphasen aufgezeichnet werden können, besteht keine Identität zwischen den enzephalographisch nachweisbaren Vorgängen des Gehirns und seelischen Vorgängen, da die EEG-Befunde in erster Linie Ausdruck einer körperlichen Gegebenheit sind.
Nach Dements Forschungen steht aber heute fest, daß die Schlaftiefe wohl mit dem Traum zusammenhängt: Am Ende einer Traumphase ist der Mensch leicht aufzuwecken, der Traum steht mithin zwischen Schlaf und Wachsein, er ist mit anderen Worten tatsächlich das zweite Leben, das wir führen, eine Wachheit im Unbewußten.

Das Rätsel der „Kopfuhr"

Die Traumphasen sind auch dafür verantwortlich, daß es die rätselhafte „Kopfuhr" gibt, die bei vielen Menschen ganz ausgezeichnet funktioniert: Man nimmt sich vor dem Schlafengehen vor, frühmorgens pünktlich aufzustehen, und ist tatsächlich ohne einen Wecker zur festgelegten Uhrzeit wach. Dabei ist nach Professor Wilhelm von Siebenthal die Schlaftiefe – jedenfalls bei Geübten – nicht gestört. Von Siebenthal glaubt, daß die „Kopfuhr" kraft des Willens eher eine physische als eine psychische Funktion hat, da nach seiner Meinung „das Unbewußte, das gar nicht ‚weiß', was Zeit ist, keine Zeitstrecke abschätzen" kann.
In 250 Experimenten hat K. Frobenius das Funktionieren der rätselhaften „Kopfuhr" nachgewiesen. Das Erwachen klappte bei drei Vierteln seiner Versuchspersonen ausgezeichnet, und zwar in einer Fehlerbreite von nur fünf Minuten. Dabei wurde in einigen Fällen den Betreffenden nicht einmal ihre Einschlafzeit verraten, und man störte sie sogar durch zur unrechten Zeit schlagende Uhren.

Hat das Unbewußte ein Zeitgefühl?

Spätere Versuche ergaben, daß es sich hier um einen physiologischen Vorgang handeln müsse, der aber nur bei rund 20% der Menschen funktioniere.
Sicher scheint, daß bei diesen geheimnisvollen Aufwachbefehlen das Unbewußte noch im Spiel ist, daß die Seele den Wunsch des Schlafenden, zu einer bestimmten Stunde aufzuwachen, registriert und ihn rechtzeitig an das Gehirn weiterleitet, das dann auf das Bewußtsein umschaltet.
Immerhin besteht das menschliche Gehirn durchschnittlich aus rund 15 Milliarden Nervenzellen, von denen jede einzelne mit bis zu 50000 anderen des Körpers in Verbindung steht und mit ihnen Signale austauscht – elektrische Impulse, die in chemische Botschaften umgesetzt werden, die aber nichts mit dem Traumgeschehen gemein haben. Das

eine ist eben ein physiologischer Vorgang, den man aus den Körperfunktionen erklären kann, das andere ein psychisches Phänomen, das den Signalen der 15 Milliarden Nervenzellen des Gehirns nur zu oft den Gehorsam zu verweigern scheint.

Ein Brief an sich selbst

Calvin S. Hall, Professor für Psychologie an der Western-Reserve-University in Cleveland, hat herauszufinden versucht, wovon ganz normale Menschen im allgemeinen träumen. Seine Studenten sammelten für ihn 10000 Träume, aus denen hervorging, daß das politische Tagesgeschehen vom Unbewußten kaum abgehandelt wird.

Trauminhalte

Der Professor stellte zum Beispiel nach der ersten Atombombenexplosion in Hiroshima im Jahre 1945 fest, daß dieses die Welt erschütternde Ereignis in keinem einzigen Traum auftauchte. Und er kam zu dem Schluß: „Alle Ereignisse, die in den Zeitungen und anderen Medien erscheinen und zu den beherrschenden Themen im Bewußtsein der Menschen gehören, werden in den Träumen weitgehend vernachlässigt. Geschäftsleute träumen gewöhnlich nicht von ihren Geschäftsangelegenheiten, Fabrikarbeiter nicht von ihrer Arbeitsstelle, bildende Künstler nicht vom Malen oder Modellieren, Studenten nicht vom Studium und Hausfrauen nicht von ihrer Tätigkeit im Haushalt."

Die ganze Welt des Persönlichen, des Intimen, des Emotionalen, des Ideellen und des Konfliktgeladenen sei es, aus der Träume geformt werden. „Der Traum", behauptet Professor Hall, „ist ein persönliches Dokument, ein Brief an sich selbst; er ist kein Zeitungs- oder Zeitschriften-Artikel."

Dazu stellte schon vor Hall die Psychologin Marta Bernstein ergänzend fest, Freuds Theorie der Wunscherfüllung greife in 90% aller Träume nicht. Vielmehr würden sie in erster Linie die Lebensrichtung des Menschen bestimmen, um sein seelisches Gleichgewicht zu erhalten. Bei den Weisungen im Traum handle es sich sehr oft um Widerspiegelungen des eigenen Erlebens, der inneren Erfahrung, wie man sein Gewissen am besten entlasten könne.

Träume leisten Hilfe bei der Gewissensentlastung

Und zu der Freudschen These, am kranken Menschen fände sich im Traum das Beweismaterial für den gesunden Menschen, sagte Marta Bernstein, der Entdecker der Traumanalyse habe dabei übersehen, daß dem Arzt eigentlich der Gesunde zeige, was dem Kranken fehlt. So lasse ihn zum Beispiel eine gute Funktion der Organe erkennen, wo er bei einem Patienten ansetzen müsse, bei dem diese Funktionalität gestört sei. „Nicht am kranken Bein kann das gesunde erkannt werden", konterte die Psychologin 1936 sarkastisch den damals noch lebenden Freud, „doch soll wohl am zerbrochenen Geist der Gesunden konstatiert werden“, wie die Psychoanalyse des Wiener Nervenarztes Sigmund Freud anscheinend dartun wolle.

Wie wir Träume deuten können

Carl Gustav Jung weist darauf hin, daß nach seiner Erfahrung bei der Analyse und Deutung der objektiv-psychischen („unbewußten“) Inhalte auf vorgefaßte Meinungen verzichtet werden müsse. Schon bei den Äußerungen des Subjektiv-Psychischen, des Bewußtseins also, hätten wir mit einer nahezu 100 %igen Willkürlichkeit und „Zufälligkeit“ der komplexen Bewußtseinsaktionen und -reaktionen zu rechnen. Es bestehe daher noch weniger ein theoretischer Grund dafür, daß für die Äußerungen des Unbewußten nicht dasselbe gelte. Er schreibt:

Verzicht auf vorgefaßte Meinungen

„Die Äußerungen des Unbewußten sind so mannigfaltig, so unvoraussehbar und so willkürlich wie die Äußerungen des Subjektiv-Psychischen und müssen deshalb ebenso vielen verschiedenen Betrachtungsweisen unterworfen werden wie jene. Bei bewußten Äußerungen ist man in der vorteilhaften Lage, angesprochen zu sein und einen als erkennbar beabsichtigten Inhalt vorgesetzt zu bekommen; bei ‚unbewußten‘ Manifestationen hingegen besteht keine in unserem Sinne gerichtete und angepaßte Sprache, sondern bloß ein psychisches Phänomen, das anscheinend nur die losesten Beziehungen zu bewußten Inhalten hat. Sollte die Bewußtseinsäußerung unverständlich sein, so kann man immer nach der Meinung fragen.

Das Objektiv-Psychische ist aber auch dem Bewußtsein, in welchem man sich ausdrückt, fremd. Man muß daher notgedrungenerweise jene Methode anwenden, welche die Lesung eines fragmentierten Textes oder eines solchen, der unbekannte Wörter enthält, erfordert: man untersucht den Kontext, den Zusammenhang. Aus der Vergleichung einer Reihe von Textstellen, in denen das unbekannte Wort vorkommt, ergibt sich vielleicht, was es bedeuten könnte.“

Umgebenden Zusammenhang berücksichtigen

Das sollten wir bedenken, wenn wir uns daranmachen, selbst Träume zu deuten. Vielleicht sind dabei folgende elf Punkte hilfreich:

1. Gleich nach dem Erwachen sollte der Traum aufgeschrieben werden, wobei wir uns bemühen müssen, ihn ohne Schönfärberei und Schnörkel so, wie er im Traumgeschehen wirklich abgelaufen ist, zu schildern.
2. Das, was uns am Traum bewußt wird, ist nur ein verhältnismäßig kleiner Ausschnitt dessen, was wir tatsächlich träumen. Wir kön-

nen also nur einem „Bruchstück" entnehmen, was uns das Unbewußte, die Seele, mitzuteilen hat.

3. Träume, die immer wiederkehren oder als Fortsetzung anderer Träume gelten können, sollten nicht für sich allein, sondern in der Serie gedeutet werden.
4. Ein einzelnes Traumsymbol bringt uns bei der Analyse kaum voran, ja es könnte sie sogar verfälschen. Wir sollten daher stets mehrere Symbole zur Deutung heranziehen.
5. Die Symbolbeschreibungen im letzten Teil dieses Buches sind nur Beispiele für eine persönliche Auslegung eines Traumes. Jeder mag sich daraus das aus dem Zusammenhang des Traumgeschehens Erkennbare und für ihn vermeintlich Passende heraussuchen. Symbolbezeichnungen, die aus zwei oder mehreren Wörtern zusammengesetzt sind, können – und sollten – auch unter den Einzelbegriffen nachgeschlagen werden.
6. Falls Symbole im letzten Teil nicht unter der Bezeichnung aufgeführt sein sollten, die uns im Traum vorgegeben wurden, kann man zunächst unter Wörtern suchen, die Ähnliches aussagen. Fällt Ihnen dazu kein passender Begriff ein oder fehlt der Begriff in unserer Aufstellung, können Sie vielleicht mit Hilfe der anderen im Traum erschienenen Symbole und aus deren Zusammenhang den Sinn des fehlenden Begriffes erschließen.

Vieldeutigkeit der Traumsymbole beachten

7. Jedes Traumsymbol ist vieldeutig, und deshalb ist es durchaus möglich, daß die für den einen genau passende Erklärung für einen anderen um Nuancen anders lauten muß, als wir es vorschlagen. Außerdem kann der gleiche Traum, von verschiedenen Menschen geträumt, sogar annähernd konträr ausgelegt werden.
8. Bei der Deutung eines Traumes sind wir auf die subjektiven Aussagen des Träumers angewiesen, der uns, um das Traumgeschehen durchsichtiger zu machen, über Ereignisse und Probleme in seinem Wachleben berichten sollte. Dabei müssen wir uns durch gezielte Fragen an das Objektiv-Psychische herantasten, um so die Symbole zutreffend auf den Einzelfall übertragen zu können.

Die bewußte Lage des Träumers miteinbeziehen

9. Am besten geht man so vor: Zunächst wird nach Anhören der Traumgeschichte die bewußte Lage des Träumers dargestellt, wobei man sich die Ereignisse, die dem Traum vorangingen, ebenso schildern läßt wie Probleme, die der Träumer hatte oder noch hat. Wenn das alles nicht ergiebig erscheint, sollte man gemeinsam nach möglichen Ansatzpunkten in seiner Vergangenheit suchen. Dann läßt man sich den Traum in seinen Einzelheiten noch einmal erzählen. Nach der Erklärung der einzelnen Traumsymbole fügt man diese und das aus dem bewußten Leben Erfahrene mosaiksteinartig zu einer endgültigen Aussage zusammen.
10. Der Träumer sollte nach der Deutung entscheiden, ob sie für ihn und seinen speziellen Fall logisch und annehmbar ist. Falls ihm dazu noch etwas einfällt, sollte er weiteres Material aus seinem bewußten Leben anführen oder auch etwas ergänzen, das er bei seiner Traumerzählung vielleicht ausgelassen hatte. Das ist wichtig, um letzte Einzelheiten aus dem Wach- und Traumerleben in die endgültige Deutung einbringen zu können. Dadurch kann dann ein ganz anderes Bild resultieren, als sich zunächst als mögliche Traumaussage herauskristallisierte.

Zunächst nur eigene Träume deuten

11. Wer als Laie an die Traumarbeit herangeht oder psychologisch noch wenig geschult ist, sollte zunächst eigene Träume zu deuten versuchen. Nicht jeder läßt sich gern in sein Innerstes schauen. Bei der Auslegung eigener Träume sollte man sich selbst gegenüber absolut ehrlich sein; nur so kann man Probleme, die das Unbewußte im Wachleben aufspürte, erkennen und dann auch beseitigen.

Fassen wir diese elf Punkte zur Traumarbeit jetzt mit der Meinung eines weltberühmten Traumwissenschaftlers zusammen. Zur Symbolik der Träume sagt Professor von Siebenthal: Die Schwierigkeit der Übersetzung der Altsymbole – also jener, die schon seit Jahrhunderten und Jahrtausenden bekannt sind – liege nicht darin, daß man eine „richtige“ Übersetzung gebe, sondern in der Vieldeutigkeit und Spannweite der Symbole überhaupt, so daß oft mehrere, zum Teil einander widersprechende Übersetzungen „richtig“ sein könnten.

TRÄUME, TRÄUME, TRÄUME …

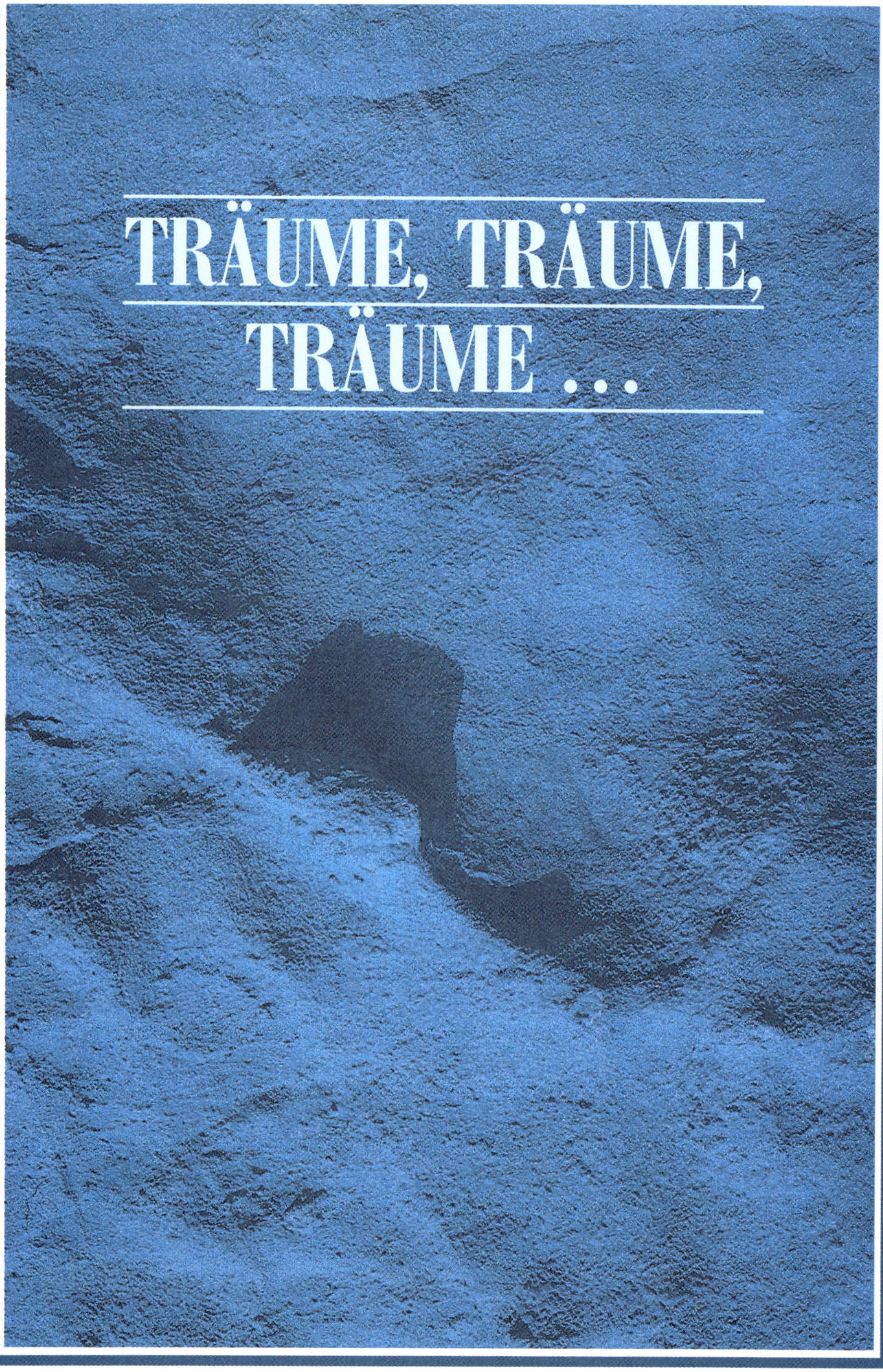

3. Teil

Wir haben gesehen, daß die Wissenschaft gerade in den letzten Jahrzehnten viele Experimente zum Ergründen der körperlichen Vorgänge während des Schlafes und des Traumes unternahm. Bei diesen Experimenten mußte die psychische Seite des Traumes unbeachtet bleiben. Aber Psychologen und Psychotherapeuten konnten auf den Forschungsergebnissen von Berger, Kleitman, Dement und anderen aufbauen. Die mittels Elektroenzephalogramm offenbarten Traumschlußzeiten ermöglichten ihnen eine Sofortbefragung von Versuchspersonen nach dem, was sie soeben geträumt hatten. Wir wissen ja alle aus eigener Erfahrung, wie schnell sich ein Traumbild verflüchtigt, wie kurz unsere Erinnerung an das Traumgeschehen anhält.

Die Aufzeichnung der Träume ist nicht nur für den Psychologen und Psychotherapeuten wichtig, sondern auch für uns selbst, die wir aus dem Unbewußten Rückschlüsse auf unser Leben ziehen möchten. Wir brauchen dazu kein Elektroenzephalogramm und keinen Computer, sondern nur einen kleinen Zettel und einen Stift, die wir griffbereit neben das Bett legen, damit wir kurz nach dem Erwachen aufschreiben können, was wir im Traumbild gesehen haben.

Struktur von Träumen

Die durchschnittliche Struktur eines Traumes gleicht nach Carl Gustav Jung der eines Dramas. Die meisten Traumerzählungen beginnen mit einer Ortsangabe („Ich bin in der Wohnung von XY"). Danach werden die handelnden Personen vorgestellt („Eine mir unbekannte Frau, ein Mann mit Bart und mein Vater reden auf mich ein").

Die Szene wechselt („Ich nehme die Unbekannte bei der Hand und gehe in ein dunkles Zimmer"). Damit beginnt nach Jung die zweite Phase, die der Verwirklichung.

Die dritte Phase ist die der Kulmination oder der Peripetie (Kulmination = Erreichen des Höhepunktes, Peripetie = der entscheidende Wendepunkt), also in unserem Beispiel: „Ich nehme sie in die Arme, und plötzlich geht, ohne daß irgendwer den Raum betritt, das Licht an und taucht die für mich verfängliche Situation in gleißendes Licht."

Die vierte und letzte Phase ist die Lysis, die Lösung oder das durch die Traumarbeit erzielte Resultat, wobei Jung bemerkt, daß es Träume gebe, bei denen die vierte Phase fehlt, dem Beispiel zufolge: „Die bisher Unbekannte lacht mich an. Ich denke, es ist deine Frau.“

Träume haben oft keinen konkreten Zeitbezug

Festzustellen bleibt noch, daß eine genaue Zeitangabe in den meisten Träumen fehlt. Es heißt in der Schilderung oft nur „beim Abendessen“ oder „in der Nacht“. Also selbst diese vagen Angaben fehlen manchmal, man müßte Nacht, Abend oder Mittag als Symbol deuten, wobei zusammengesetzte Begriffe wie Mittagessen als zwei Symbole zählen.

Immer behutsam vorgehen!

Wenn wir anderen Träume deuten wollen, sollten wir äußerst vorsichtig zu Werke gehen. Carl Gustav Jung behauptet, daß zwischen dem Bewußtsein und dem Traum strengste Kausalität (die Wirkursache zwischen Außen- und Innenwelt) und ein sehr fein abgewogenes Beziehungsverhältnis bestehe. Er führt dazu einen Traum an, den ihm ein junger Mann erzählte, weil dieser sich keinen Reim darauf machen konnte:

„Mein Vater fährt in seinem neuen Wagen von zu Hause fort. Er fährt sehr ungeschickt, und ich rege mich über seine anscheinende Dummheit auf. Der Vater fährt nun kreuz und quer rückwärts, wodurch er den Wagen in eine gefährliche Lage bringt, und schließlich rennt er in eine Mauer hinein, wobei der Wagen schwer beschädigt wird. Ich rufe ihm im hellsten Zorn nach, er solle sich doch vernünftig benehmen. Da lacht mein Vater, und ich sehe ein, daß er total betrunken ist.“

Jung stellt dazu fest: Dem Traum liege kein wirkliches Ereignis dieser Art zugrunde. Der Träumer sei sicher, daß sein Vater, auch wenn er betrunken wäre, sich niemals so benehmen würde. Er bewundere ihn, weil er ein ungewöhnlich erfolgreicher Mann sei. Wieso aber entwirft der Traum dann ein für den Vater so ungewöhnliches Bild? Und warum erscheint im Traum eine so unwahrscheinliche Geschichte, um den Vater zu diskreditieren? Jung schreibt dazu:

Vater-Sohn-Konflikt in Jungs Deutung

„Es muß im Unbewußten des Träumers eine Tendenz vorhanden sein, einen solchen Traum zu produzieren … Sein Unbewußtes will ja offenkundig den Vater heruntersetzen. Nehmen wir diese Tendenz als kompensatorische Tatsache, so sind wir zum Schlusse gedrängt, daß sein Verhältnis nicht nur gut, sondern zu gut ist. Er ist nun in der Tat, was die Franzosen *fils à papa* nennen. Der Vater ist noch zuviel Garantie seines Lebens, und der Träumer lebt noch zu sehr das, was ich provisorisches Leben nenne. Das ist sogar seine besondere Gefahr, daß er vor lauter Vater seine eigene Wirklichkeit nicht sieht, weshalb das Unbewußte zu einer künstlichen Blasphemie greift, um den Vater herunter- und damit den Träumer heraufzusetzen. Gewiß, eine unmoralische Prozedur! Ein uneinsichtiger Vater würde sich dagegen verwahren, aber es ist eine überaus zweckmäßige Kompensation; denn sie drängt den Sohn in einen Gegensatz zum Vater, ohne welchen er nie zur Bewußtheit seiner selbst gelangen könnte."

Die Deutung erreichte laut Jung das spontane Einverständnis des Träumers. Die Behutsamkeit, mit der der Psychiater vorging, kränkte weder den Sohn noch den Vater. Das sollten wir uns bei der Traumdeutung als Vorbild nehmen: Für die Angleichung der Trauminhalte an das bewußte Leben sollte man eben keine wirklichen Werte der bewußten Persönlichkeit verletzen oder gar zerstören.

In diesem 3. Teil unseres Buches werden wir Ihnen die wichtigsten Traumarten beschreiben und viele weitere Beispiele geben, wie verschiedenartig Sie eigene oder fremde Träume mit Hilfe der Symbole im 4. Teil deuten können.

Angst- und Alpträume

Wir alle kennen dieses Traumsymptom: Wir werden von Angst geschüttelt, jemand ist hinter uns her, wir möchten uns verkriechen, aber es gibt keinen Schlupfwinkel für unser geängstigtes Ich! Überall stöbert uns das Unheilvolle auf. Noch wenn wir erwachen, sitzt uns die blanke Angst im Nacken, bis wir uns aus der Verkrampfung lösen, die uns das Traumgeschehen noch sekundenlang in die Wirklichkeit übermittelte.

Ausdruck seelischer Bedrängnisse und Konflikte

Wir erleben Alpträume, wenn wir uns im Wachleben in einer Lage befinden, die uns fürchten läßt, etwas zu verlieren, das wir liebgewonnen hatten oder das uns zur lieben Gewohnheit geworden war. Als Krisen empfindet der Mensch auch körperliche Umstellungen wie Pubertät und Klimakterium (Wechseljahre), weil er sie erst verkraften muß, weil er Angst hat vor der neuen Situation, in die er sich gestellt sieht.

Immer wieder werden Alpträume mit Sexuellem in Verbindung gebracht, und das nicht erst seit Freud, dem Schöpfer der Psychoanalyse – die Chaldäer kannten solche Deutungen schon vor Jahrtausenden. Freud glaubte, daß man Alpträume durch die Bewußtmachung der ihnen zugrunde liegenden sexuellen Verdrängung verlöre. Carl Gustav Jung sah in ihnen symbolische Sendboten der primitiven, dunklen Seite unserer seelischen Triebkräfte, deren Wollen man erkennen müsse, um sie zu besiegen.

Um Alpträume ranken sich manche Mythen und Sagen. Und immer wieder spielt darin der Teufel in vielerlei Gestalt die Hauptrolle. Im Mittelalter glaubte man, in diesen Angstträumen den Beweis gefunden zu haben, daß der Träumer vom Wege Gottes abgewichen sei. Der Teu-

fel mischt sich ins Liebesleben ein, er sitzt im Alkohol. Heute hat sich die Schreckgestalt des Satans in den Träumen verloren, sie ist vielfach zum Spottbild geworden und wird daher im Traumgeschehen eher in anderer Gestalt erscheinen: als ein uns feindlich gesinnter Chef, als die verführerische Frau, die sich in unser Sexualleben drängt, als das Räderwerk einer Maschine, das uns zu zermalmen droht.

Das Wiedererleben der Bombennächte

Luftmangel im Schlaf kann Alpträume verursachen

Um zu beweisen, daß das Alpdrücken im Traum auf äußere Einflüsse zurückzuführen sei, rief J. Börner Mitte des vorigen Jahrhunderts diese Angsterlebnisse herbei, indem er seinen Versuchspersonen im Schlaf Mund und Nase zudrückte. Im Schlaf unter Luftmangel zu leiden, das kann – vor allem bei Herzkranken – tatsächlich Alpdrücken verursachen und Angstträume hervorrufen. Das hat aber nichts damit zu tun, daß solche Träume auch ohne äußere Einflüsse entstehen. In der Pubertät und im Klimakterium mag dabei zum Beispiel die Umstellung im Sexualleben eine Rolle spielen. Vor allem aber nimmt das Unbewußte auch geheime Ängste aus dem Wachleben auf und bauscht sie im Traumerleben über die Maßen auf. Da kurven Riesenflugkörper durch das Weltall, werden größer und größer und kommen uns schließlich so nah, daß sie uns erdrücken könnten. Da bedrohen Riesen unsere Existenz und übernehmen im Traum die Herrschaft über uns, die wir allein und gottverlassen dem Grauen ausgesetzt sind.
Wilhelm von Siebenthal meint dazu, in der Interpretation ordne sich jeder Angsttraum ein „unter den Aspekt drohender Selbstverfehlung als Entwicklungsstörung, seien es nun ungelöste akute Konflikte, seien es Störungen zwischenmenschlicher Beziehungen, unverarbeitetes Material aus der Vergangenheit, sexuelle Bedrohungen und so fort."
Hierher paßt der Traum einer jungen Frau, die immer und immer wieder das Grauen des Bombenkrieges in Angstträumen nacherlebte:
„Ich sitze im Keller. Durch das kleine Fenster über mir zuckt es wie von Blitzen, aber ich weiß, daß es das Mündungsfeuer der Flak ist. Dann kracht es ohrenbetäubend. Ich habe Angst, die Decke über mir könnte einstürzen, aber sie hält. Ich bin ganz allein ..."

Existenzangst schlägt sich in Träumen nieder

Die junge Frau erlebte als Kind die Bombennächte des letzten Krieges. Die Angst von damals spiegelte sich noch lange Jahre in ihren Träumen wider. Aber es sind mehr als nur Erinnerungsträume. Es spielt auch Existenzangst mit. Die junge Frau mußte sich wie die meisten Deutschen nach dem Krieg durchhungern, der Vater war in den letzten Kriegstagen gefallen. Sie fühlte sich allein. Das Unbewußte macht ihr im Traumsymbol (der Keller) die Lage klar: Du mußt deine Ängste vor der Zukunft loswerden, hab nur Mut! Selbst als die Frau schon verheiratet war, träumte sie noch „ihren" Bombentraum, der sich erst verlor, als sie Mutter wurde und sich die eigenen Verhältnisse stabilisierten.

Fast den gleichen Traum erzählte mir ein damals 20jähriger kurz nach dem Krieg. Auch er hatte als Heranwachsender die Bombennächte erlebt. Er verdiente sich wie so viele, die nach dem Krieg ohne Beruf und Einkommen dastanden und sich auf leichtem Weg eine Existenz aufbauen wollten, auf dem Schwarzmarkt seinen Lebensunterhalt und hatte viele Freundinnen, die es weniger auf ihn als auf seine „Ware" abgesehen hatten. Auch er sah sich im dunklen Keller, in den kein Lichtschein fiel, allein. Dieses Alleinsein fühlte er trotz seiner vielen Freundinnen ebenfalls im bewußten Leben. Er hatte Angst, bei seinen dunklen Geschäften ertappt zu werden. Hier setzte das Unbewußte ebenfalls Warnzeichen, machte ihm seine trüben Zukunftsaussichten klar. Das Schockerlebnis, vielfach in Träumen widergespiegelt, ist eben nicht nur ein Erinnern an eine unheilvolle Zeit, sondern umschreibt auch das Existenzbedrohende in der Gegenwart, die Furcht vor der unsicheren Zukunft.

Schockerlebnisse eines Schwarzhändlers

Ein Traum – zwei Deutungen, aus denen man ersieht, daß man immer die Lage des Träumers, seinen Charakter und sein Durchsetzungsvermögen gegen sich selbst ins Kalkül ziehen muß. Die junge Frau wurde glücklich. Der 20jährige stand eines Tages als Schwarzhändler vor Gericht, wo er mir, dem jungen Kriminalreporter, seinen „Bombentraum" erzählte, den er wie die junge Frau in vielen Variationen träumte. Er wurde zu kurzer Haft verurteilt, ging zur Fremdenlegion nach Nordafrika, und dort verlor sich für mich seine Spur.

Wilde Jagd im Schlafzimmer

Angstträume sind oft mit Geräusch verbunden. Da mischt sich von außen Hammerschlag oder das Knattern eines Rasenmähers, das Brummen und Brausen von Motoren oder auch nur Kindergeschrei in den Traum und wird häufig in einem ganz anderen Sinn in der Traumerzählung verarbeitet. In manchen Fällen ist der Lärm unmittelbarer Bestandteil eines Alptraums, wie ihn mir zum Beispiel ein 28jähriger Bauingenieur erzählte. Er hatte als Kind einen schweren Autounfall, bei dem er einen doppelten Schädelbruch davontrug. Lange Zeit litt er unter den Unfallfolgen, unter Schmerzen, die sich im Laufe der Zeit verloren. Als Halbwüchsiger träumte er oft von Flugzeugen und anderen Flugkörpern, die lärmend über ihm kreisten und ihn in dieser Vielzahl fürchten ließen, daß sie zusammenstoßen und auf ihn herabstürzen könnten. Als Erwachsener hatte er diesen Traum nicht mehr – bis zu jener Nacht, von deren Traumgeschehen er mir berichtete:

Wie das Unbewußte Lärm verarbeitet

„Erst ist nur ein Brummen da, das sich zum Getöse steigert. Ich weiß, daß ich im Bett liege, aber über mir ist die Zimmerdecke wie weggerissen und gibt den Himmel frei, an dem zwei, drei oder vier Flugzeuge direkt über mir kreisen. Dann mischt sich erneut ein Brummen ein. Ein Zeppelin – ich kann genau die Reklame auf Backbord und Steuerbord erkennen – schwebt herein.

Und ich denke: Jetzt kommt's zum Knall. Das Getöse wird leiser, aber noch immer kreisen die Flugkörper über mir, ich kann sie fast mit den Händen greifen. Schließlich sehe ich noch einen Ballon im Bild, der größer und größer wird, die anderen Flugmaschinen verdeckt; und als er fast das ganze Schlafzimmer ausfüllt, löst er sich plötzlich wie eine Seifenblase in nichts auf ...“

Kindliche Wahnvorstellungen nach 20 Jahren

Natürlich erinnerte sich der 28jährige gleich an ähnliche Träume aus seiner Jugendzeit. Damals konnte man sie mit den Folgen des schweren Unfalls in Verbindung bringen – gewissermaßen als kindliche Wahnvorstellungen, die ihn bis in seine Träume hinein verfolgten. Jetzt, nach über 20 Jahren, ist er ein gesunder Mann, der nur etwas wetterfühlig ist. Wenn das Wetter wechselt, hat er häufig Kopfschmerzen. Hängen diese etwa mit den Ängsten zusammen, die ihm im Traum offenbart werden? Wir fragen nach und erfahren, daß der Träumer in seiner Jugendzeit des öfteren Schmerzen vortäuschte, um die Schule schwänzen zu können, weil er sich für eine wichtige Klassenarbeit nicht genügend vorbereitet hatte. Seine Mutter bedauerte das „arme Bübchen“, das sie nach dem Unfall blutüberströmt zum Arzt getragen hatte, und ließ es daheim bleiben. Der 28jährige gab zu, daß er auch heute noch versucht sei, den kranken Mann zu spielen, wenn eine Krisensituation anstehe; denn die durch die Wetterfühligkeit bedingten Kopfschmerzen vergingen schnell.

Auch am Tag vor seinem Traum hatte er sich wegen angeblicher Schmerzen vor dem Dienst gedrückt, weil er die Reklamation eines Kunden wegen irgendeines nicht allzu schlimmen Fehlers fürchtete, der ihm unterlaufen war. Er hatte ein Detail der Bauzeichnung irrtümlich falsch ausgelegt. So gesehen wurde uns, die wir zunächst seine Wetterfühligkeit als Auslöser der Traumhandlung annahmen, eine ganz andere Deutungsmöglichkeit klar:

Fliegende Ungetüme sind wie bohrende Fragen

In der Geborgenheit seines Traumbettes hört der Träumer ein Brummen, das sich zum Getöse ausweitet. Dieser Lärm weist auf die innere Unruhe hin, die ihn im Wachleben genau dann erfaßt, wenn er mit irgend etwas nicht fertig zu werden glaubt. Das Schlafzimmer, des Menschen intimster Raum, umschreibt in diesem Falle seine Angst, daß sein Fehler ans Tageslicht kommen könnte, was die sich zum Himmel weitende Zimmerdecke zu beweisen scheint. Aber dieser Himmel ist verdunkelt von drei oder vier immer größer werdenden Flugzeugen, die gleichzeitig über ihm kreisen. Das weist auf Depressionen hin, deren er nicht Herr wird. Und die hartnäckig über ihm fliegenden Ungetüme sind wie die bohrenden Fragen, die er sich selbst stellt, wenn er glaubt, etwas falsch gemacht zu haben. Wie sehr ihn, den tüchtigen Ingenieur, kleinste Fehler bedrücken, läßt auch der hereinschwebende Zeppelin vermuten. Der Ballon aber, der das Angstgemälde des Traumes auf einmal völlig überdeckt und sich plötzlich in ein Nichts auflöst, bringt

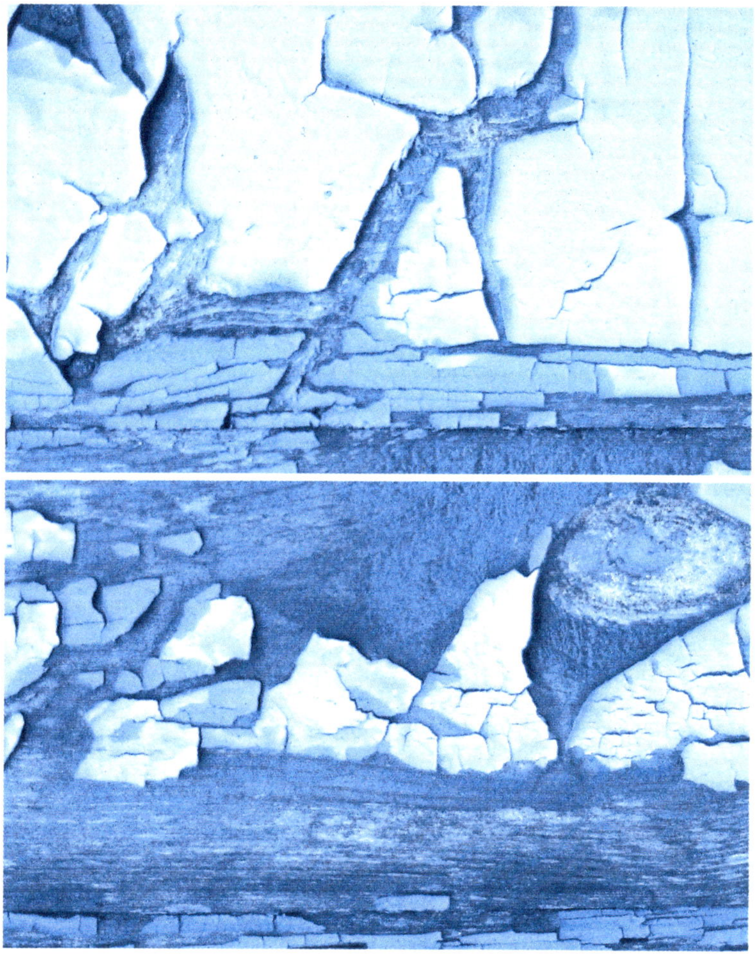

wohl die Lösung: Das Unbewußte will dem Träumer mit dem Erinnerungstraum aus seiner Jugendzeit klarmachen, wie kindisch es ist, wenn er sich bei kleinsten Fehlern, die ihm unterlaufen, vor der Verantwortung drücken will, indem er wie zu seiner Schulzeit den Kranken spielt. Dies geschieht in der Absicht – wie hier in dem aktuell anstehenden Fall –, andere ausbaden zu lassen, was er verschuldet hat, statt zu dem Irrtum zu stehen und den Fehler selbst zu korrigieren.
Als der Bauingenieur immer noch darauf beharrte, daß zwar nicht zu leugnen sei, daß er sich manchmal in eine Krankheit flüchte, um sich vor der Verantwortung zu drücken, daß er sich aber wegen seiner ständigen Kopfschmerzen doch Sorgen mache, rieten wir ihm, zum Arzt zu gehen, der ihm helfen und vielleicht auch den Grund für seine zeitweiligen Depressionen finden könne.

Bismarck am Abgrund

Oft bauen sich vor dem Träumer schier unüberwindbare Hindernisse im Traumgeschehen auf, bringen ihn in Gefahr, niederzustürzen oder nicht mehr weiterzukönnen. Ratlosigkeit und Angst vor dem, was kommen mag, macht sich breit, spiegelt die Krise wider, in der man im Wachleben vielleicht gerade steckt. Otto von Bismarck, der spätere „Eiserne Kanzler", erzählte seiner Frau und anderen Zeugen im Frühjahr 1863, als seine Politik schwerste Konflikte zu überstehen hatte, folgenden Traum, den er später auch in seinen Memoiren „Gedanken und Erinnerungen" veröffentlichte:

Politische Krise im Traumgeschehen

„Ich reite auf einem schmalen Alpenpfad, rechts Abgrund, links Felsen. Der Pfad wird schmäler, so daß sich das Pferd weigert, weiterzutraben. Umkehr oder Absitzen ist wegen Mangels an Platz unmöglich. Da schlage ich mit meiner Gerte in der linken Hand gegen den glatten Felsen und rufe Gott zur Hilfe. Die Gerte wird unendlich lang, die Felswand stürzt wie eine Theaterkulisse und eröffnet einen breiten Weg mit dem Blick auf Hügel und Waldrand wie in Böhmen. Ich sehe preußische Truppen mit Fahnen, und mir kommt noch im Traum der Gedanke, wie ich das dem König schleunig melden kann."

Da tatsächlich drei Jahre später die Preußen in Böhmen einmarschierten und im Bruderkrieg gegen Österreich siegten, möchte man annehmen, daß Bismarck einen prophetischen Traum gehabt hat. Sehen wir jedoch zunächst, welche Deutung der Psychiater Dr. Hanns Sachs 50 Jahre später (1913) diesem Traum gab, eine Interpretation, die Sigmund Freud so bemerkenswert fand, daß er sie in seinem Werk „Die Traumdeutung" abdruckte. Wir entnehmen ihr die nachstehende, verkürzte Fassung:

Deutung des Freud-Schülers Hanns Sachs

„Die Handlung des Traumes zerfällt in zwei Abschnitte: im ersten Teil gerät der Träumer in Bedrängnis, aus der er dann im zweiten auf wunderbare Weise erlöst wird. Die schwierige Lage, in der sich Roß und Reiter befinden, ist eine leicht kenntliche Traumdarstellung der kritischen Situation des Staatsmannes, die er am Abend vor dem Traume, über die Probleme seiner Politik nachdenkend, besonders bitter empfunden haben mochte ... Die Vorgänge im Geiste des Träumers, der bei jeder von seinen Gedanken versuchten Lösung auf unübersteigliche Hindernisse stößt, seinen Geist aber trotzdem nicht von der Beschäftigung mit den Problemen losreißen kann und darf, sind sehr treffend durch den Reiter gegeben, der weder vorwärts noch rückwärts kann. Der Stolz, der ihm verbietet, an ein Nachgeben oder Zurücktreten zu denken, kommt im Traum durch die Worte ‚Umkehr oder Absitzen ... unmöglich' zum Ausdruck ... Bismarck hat sich bei verschiedensten Gelegenheiten mit einem Pferd verglichen (bekannt ist sein Ausspruch: ‚Ein wackeres Pferd stirbt in seinen Sielen'). So ausgelegt, bedeuten die Worte, ‚daß das Pferd sich weigert', nichts anderes, als daß der Übermüdete das Bedürfnis empfinde, sich von den Sorgen der Gegenwart abzuwenden, anders ausgedrückt, daß er im Begriffe stehe, sich von den Fesseln des Realitätsprinzips durch Schlaf und Traum zu befreien. Der Wunscherfüllung, die dann im zweiten Teil so stark zu Worte kommt, wird auch hier schon präludiert durch das Wort ‚Alpenpfad'. Bismarck wußte damals wohl schon, daß er seinen nächsten Urlaub in den Alpen – nämlich in Gastein – zubringen würde; der Traum, der ihn dahin versetzte, befreite ihn also mit einem Schlage von allen lästigen Staatsgeschäften.

Im zweiten Teil werden die Wünsche des Träumenden auf doppelte Weise – unverhüllt und greifbar, daneben noch symbolisch – als erfüllt dargestellt. Symbolisch durch das Verschwinden des hemmenden Felsens, an dessen Stelle ein breiter Weg erscheint – also der gesuchte Ausweg in bequemster Form –, unverhüllt durch den Anblick der vorrückenden preußischen Truppen (als prophetischer Vision) … Individuell bedeutsam ist, daß der Träumer sich mit der Traumerfüllung nicht begnügte, sondern auch die reale zu erzwingen wußte. Ein Zug, der jedem Kenner der psychoanalytischen Deutungstechnik auffallen muß, ist die Reitgerte, die ‚unendlich lang' wird. Gerte, Stock, Lanze und Ähnliches sind uns als phallische Symbole geläufig; wenn aber diese Gerte noch die auffallendste Eigenschaft des Phallus, die Ausdehnungsfähigkeit, besitzt, so kann kaum ein Zweifel bestehen. Die Übertreibung des Phänomens durch die Verlängerung ins ‚Unendliche' scheint auf infantile Überbesetzung zu deuten.

Die Reitgerte als phallisches Symbol

Das In-die-Hand-Nehmen der Gerte ist eine deutliche Anspielung auf die Masturbation, wobei natürlich nicht an die aktuellen Verhältnisse des Träumers, sondern an weit zurückliegende Kinderlust zu denken ist. Sehr wertvoll ist hier die von Dr. Stekel gefundene Deutung, nach der *links* im Traum das Unrecht, das Verbotene, die Sünde bedeutet, was auf die gegen ein Verbot betriebene Kinderonanie sehr gut anwendbar wäre. Zwischen dieser tiefsten, infantilen Schicht und der obersten, die sich mit den Tagesplänen des Staatsmannes beschäftigt, läßt sich noch eine Mittelschicht nachweisen, die mit den beiden anderen in Beziehung steht. Der ganze Vorgang der wunderbaren Befreiung aus einer Not durch das Schlagen auf den Fels mit der Heranziehung Gottes als Helfer erinnert auffällig an eine biblische Szene, nämlich wie Moses für die dürstenden Kinder Israels aus dem Felsen Wasser schlägt, die dem aus einem bibelgläubigen, protestantischen Hause stammenden Bismarck sicher bekannt war. Mit dem Anführer Moses, dem das Volk, das er befreien will, seinen Einsatz mit Auflehnung, Haß und Undank lohnt, konnte sich Bismarck in der Konfliktsituation unschwer vergleichen. Dadurch wäre also die Anlehnung an die aktuellen Wünsche gegeben. Andererseits enthält die Bibelstelle manche Einzelheiten, die für die Masturbationsphantasie sehr gut verwertbar sind.

Gegen das Verbot Gottes greift Moses zum Stock ... Und das Ergreifen des – im Traum unzweideutig phallischen – Stockes, das Erzeugen von Flüssigkeit durch das Schlagen damit ... (sind) die Hauptmomente der infantilen Masturbation ...

Daß das Ergreifen des Stockes eine verbotene, aufrührerische Handlung ist, wird (in Bismarcks Traum) nur durch die ‚linke' Hand, mit der es geschieht, symbolisch angedeutet. Im manifesten Trauminhalt wird aber dabei Gott angerufen, wie um recht ostentativ jeden Gedanken an ein Verbot oder eine Heimlichkeit abzuweisen ... Ein solcher Sieges- und Eroberungstraum ist oft der Deckmantel eines erotischen Eroberungswunsches ... Wir sehen hier ein Musterbeispiel einer durchaus gelungenen Traumentstellung. Das Anstößige wurde überarbeitet, daß es nirgends über das Gewebe hinausragt, das als schützende Decke darüber gebreitet ist. Die Folge davon ist, daß jede Entbindung von Angst hintertrieben werden konnte. Es ist ein Idealfall von gelungener Wunscherfüllung ohne Zensurverletzung ..."

Traum vom Sieg als Deckmantel erotischer Wünsche

Soweit die Traumauslegung des Freudianers Sachs, der wir hier einen Deutungsversuch nach moderner psychologischer Auffassung anschließen möchten:

Bismarcks Traum schildert eine Konfliktsituation, in der sich der Staatsmann damals tatsächlich befand. Die Bilder spiegeln die Angst wider, daß das, was er für sein Land aufgebaut hatte, zunichte gemacht werden könnte. Der Alptraum der Nacht scheint seine Ratlosigkeit im Wachleben zunächst zu bestätigen.

Der schmale Alpenpfad, der wohl kaum die Vorwegnahme einer kommenden Urlaubsreise ist, zeichnet seinen Schicksalsweg, vor dem aber schier unüberwindliche Hindernisse aufgebaut sind. Das Unbewußte läßt ihn in den Abgrund schauen, baut den Felsen zur Linken auf. Was das zu sagen hat, können wir im Symbolteil dieses Buches nachlesen: Der Abgrund, der sich vor ihm auftut, umschreibt die drohende Gefahr, in der er sich befindet. Aber da er in die gähnende Tiefe nur hinunterschaut, bedeutet ihm das Unbewußte, daß noch nicht alles verloren sei, denn er habe die Gefahr erkannt; jetzt heiße es, tapfer auszuharren. Auf den Felsen zur Linken aber könne er bauen, er sei das Fundament für spätere Erfolge, auch wenn er sich zur Zeit in die Enge getrieben fühle (auf dem schmalen Pfad gab es ja scheinbar kein Vorwärts und kein Zurück).

Der Abgrund steht für drohende Gefahr

Möglicherweise gibt das Pferd (das durchaus – hier folgen wir dem Freudianer Sachs – Bismarck in persona darstellen könnte), als es sich weigert weiterzutraben, den Hinweis darauf, daß der Träumer nur die Nerven behalten solle, dann würde ihm der Weg trotz der sich auftürmenden Schwierigkeiten nicht versperrt sein. Es ergäbe sich mit einem Schlag (der sich ins Unendliche dehnenden Gerte, die nach unserer Ansicht phallische Phantasien nicht zuläßt) ein Umschwung zu seinen

Gunsten, und danach könne er befreit aufatmen und aus dem augenblicklichen Dilemma herausfinden. Seine Angst, die immer wieder unterschwellig das Traumbild zeichnet, sei unbegründet.

Die Vision von den preußischen Truppen, die er in Böhmen einmarschieren sieht, hat Bismarck in seinen „Gedanken und Erinnerungen", wo er über den Traum berichtet, möglicherweise hinzugedichtet, wie es bei Träumenden oft der Fall ist, wenn sie sich an ein Traumgeschehen nach Jahren erinnern.

An des Lebens Hemmschwelle

Hindernisträume verweisen oft auf Hemmungen

Das Hindernis, das der Traum für uns aufbaut, so daß uns der kalte Angstschweiß den Rücken hinunterrinnt, braucht kein Abgrund, keine Felswand und keine Hürde wie beim Pferderennen zu sein. Es genügt die vergessene Fahrkarte, die uns daran hindert, eine geplante Reise anzutreten. Hindernisträume schildern meist unsere Hemmungen, einen richtigen Schritt im Leben zu tun, das ängstliche Verlassen in einer für uns recht unglücklichen Situation, unsere Furcht, daß es möglicherweise nur noch schlimmer kommen könne. An Plänen fehlt es sicher nicht, um sich aus einer augenblicklichen Zwangslage zu befreien, aber es fehlt einfach der Mut, sie tapfer auszuführen.

Mit dem Moment der Angst will uns das Unbewußte zu Hilfe kommen, es will uns beweisen, daß wir nur die Hemmschwelle überschreiten müßten, um endlich wieder festen Boden unter die Füße zu bekommen. Und so läßt es uns im Traum auf dem Bahnsteig stehen; der Zug fährt ein, aber wir stehen wie angenagelt da, kramen in unseren Taschen und finden die Fahrkarte nicht. Der Zug fährt ohne uns ab, weil wir uns nicht trauen, ohne Fahrkarte – koste es, was es wolle – einfach auf den (Lebens-)Zug aufzuspringen, die Schwarzfahrt ins Glück zu versuchen. Der Traum läßt solche Lösung straffrei zu, weil das Unbewußte uns mit seinem Bild bedeuten möchte, daß es nur gelte, im Wachleben endlich die Initiative zu ergreifen, damit wir nicht die besten Gelegenheiten für unser Fortkommen verpassen.

Ängste im Bummelzug des Lebens

Als Beispiel führen wir einen Traum an, den E. Kretschmer in seinen „Psychologischen Studien" wiedergegeben hat. Hier ist es dem Träumer gelungen mitzufahren, aber dann beginnt seine Angst, doch nicht mitzukommen.

„Ich fahre in einem Personenzug, einem besonders langsamen Bummelzug, im letzten Wagen. Auf jeder Station wird unser Wagen abgehängt. Ich muß dann jedesmal laut ‚Hallo' rufen, damit man endlich wieder den Wagen anhängt und mich mitnimmt."

Immer wieder wird ausgerechnet der Wagen, in dem der Träumer sitzt, abgehängt. Vielleicht fühlt er sich im Wachleben als lästiges Anhängsel der Gesellschaft. Aber er sieht ein, daß er, wenn er keinen lästigen Stopp auf seiner Reise riskieren will, bei jeder Station rufen muß, damit

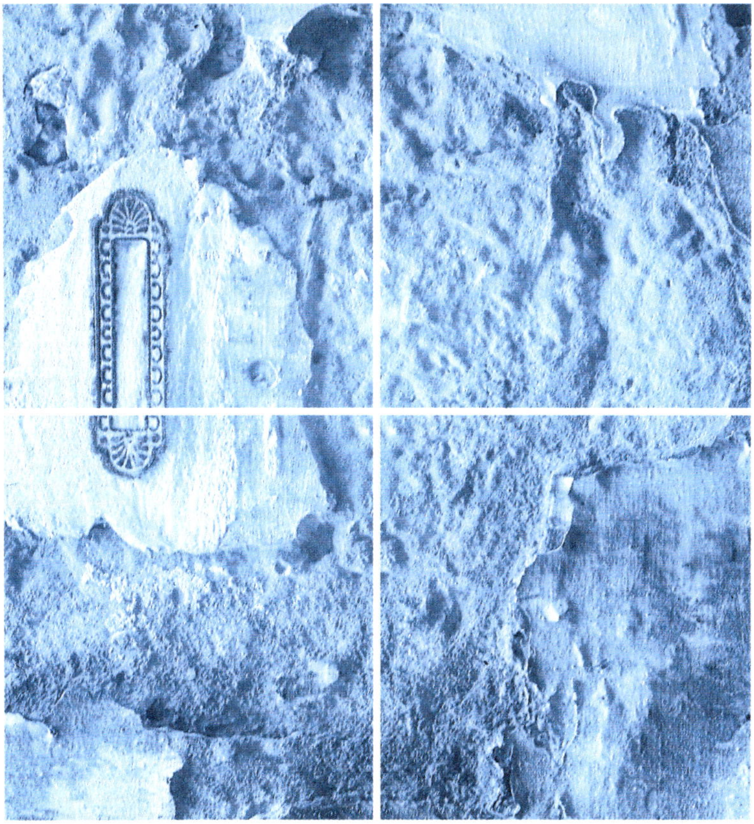

der Wagen, in dem er sitzt, wieder angehängt wird. Es ist ein leidiges Bemühen, den Anschluß zu finden, wobei er anderen das Handeln überläßt. Die einzige Entscheidung, die er trifft, ist ein matter Seufzer („Hallo!").

Versagensängste eines psychisch Labilen

Über den Träumer verrät uns Kretschmer nichts, aber wir liegen wohl richtig mit der Annahme, daß es sich um jenen labilen Typ im Leben handelt, der vor lauter Angst, versagen zu können, zu allem ja und amen sagt. Das Unbewußte verursacht ihm Alpdrücken, weil es ihm klarmachen will, daß er sich auf dem falschen Weg befindet. Er soll sich endlich losreißen von seinem bisherigen Lebensstil (oder dem jetzigen Lebensgefährten?), seine Bedenken, mit den anderen nicht mitzukommen, hintanstellen und sich endlich dazu entschließen, mit der Bummelei aufzuhören. Er soll versuchen, auf einem anderen Gleis weiterzukommen, statt sich – dem Herdentrieb gehorchend – immer wieder an andere anzuhängen, die wie er ratlos dem Glück hinterherrennen und doch nur ein Zipfelchen davon erhaschen, weil sie – auf den Traum bezogen – unseligerweise im letzten Wagen sitzen.

Ein Schatten auf Verfolgungsjagd

Die Angst sitzt uns buchstäblich im Nacken, wenn wir uns im Traum von Dunkelmännern verfolgt sehen. Verfolgungsträume sind in den mannigfaltigsten Variationen sehr häufig, wobei die unbewußten Inhalte als Lehre ins Bewußtsein drängen. Oft weiß der Träumer nichts mit dem Traumgeschehen anzufangen, auch wenn er stundenlang darüber nachdenkt und sich schaudernd an das Verfolgtwerden zurückerinnert.

Als Beispiel möchte ich hier zunächst den Angsttraum einer 22jährigen Studentin anführen, den sie mir – noch immer ein wenig ratlos – am Morgen nach der Traumnacht erzählte, wobei ich bemerken möchte, daß die junge Frau am nächsten Tag heiraten wollte:

„Ich sehe ihn im Wald auf einem Baumstamm sitzen. Er schaut mich grinsend an. Plötzlich steht er auf. Ich gehe weiter, sein Schatten verfolgt mich. Ich beginne zu rennen, komme in eine Straße, öffne die Tür und atme auf: Es ist die Tür zu meiner Wohnung. Schritte auf der Treppe und wieder der Schatten. Ich erschrecke, weil die Klappe, durch die man sehen kann, wer vor der Wohnungstür wartet, nicht verschlossen ist. Ich eile hin, das Guckloch zu schließen. Da greift eine Hand durch die Klappe, wird länger und länger, greift nach mir, dann nach dem Türgriff. Ich erstarre vor Angst. Die Tür öffnet sich, und der Unheimliche aus dem Wald steht vor mir – ein typischer Stadtstreicher, der sich in eine Ecke des Flurs hockt, sein Brot auspackt und es genüßlich verzehrt. Dunkelheit umfängt mich. Bin ich ohnmächtig? Die Angst sitzt immer noch in mir, obwohl ich dann weiß, daß ich mitten in der Nacht in meinem Schlafzimmer erwacht bin, geschüttelt von einem furchtbaren Erlebnis und schweißgebadet …"

Wofür steht der unheimliche Schatten im Wald?

Die 22jährige traf den unheimlichen Traumschatten im Wald. Suchte sie im Wachleben ein Abenteuer? Wohl kaum. Der Schatten, der sie verfolgt, umschreibt nur ihre Angst, sie werde sich im Dickicht des Lebens nicht zurechtfinden, der Schritt, den sie mit dem Aufgebot wagte, könne eine Fehlentscheidung gewesen sein. Deshalb beginnt sie zu rennen. Will sie dem eigenen Schicksal davonlaufen, abweichen von dem vorgezeichneten Lebensweg, der durch die Straße im Traum symbolisiert ist? Sie hetzt weiter. Nur kurz kann sie aufatmen, als sie die offenstehende Tür erreicht. Diese Tür ist gewissermaßen der Hoffnungsschimmer, daß die 22jährige doch noch aus ihrer prekären Lage, von ihren Zweifeln befreit werden kann. Als Symbol ist diese Tür auch der Zugang zu einem Menschen, den man liebt, und die Wohnung verspricht – so können wir es in unserem Symbolteil nachlesen – der jungen Frau eine erfreuliche Veränderung ihrer Lebensverhältnisse.

Aber noch immer steht die Angst im Raum. Die Schritte auf der Treppe übersetzen die innere Unsicherheit, mit der die Träumende dem Kommenden (der Hochzeit) entgegensieht. Und dann ist da noch die immer länger werdende Hand, die nach ihr greift; sie erklärt das intime

Hand-in-Hand-gehen-Wollen (ein Freudianer würde in seiner Deutung stärker auf das Sexuelle abheben). Das gewaltsam geöffnete Türschloß läßt vermuten, daß der zukünftige Mann der 22jährigen alles fest im Griff haben wird; der Flur, in dem die Träumerin wie erstarrt stehenbleibt, scheint für den Rat zu stehen, daß die junge Frau von einer allzu engen Betrachtungsweise des neuen Lebensabschnittes loskommen und beruhigt in die Zukunft schauen sollte. Die Ecke, in die sich der Stadtstreicher setzt, der in Wirklichkeit niemand anderer ist als der eigene Bräutigam, zeigt noch einmal den Zwiespalt auf, in dem sich die zukünftige Ehefrau kurz vor ihrem wichtigen Schritt zum Traualtar befindet. Das Brot aber, das der Stadtstreicher genüßlich verzehrt, macht der Träumenden Hoffnung, daß ihr Leben schon bald einen neuen Sinn bekommen wird, wenn sie der zukünftigen Ehegemeinschaft positiv und innerlich gefestigt gegenübersteht.

Angst vor dem bevorstehenden Eheleben

Die überaus gescheite 22jährige akzeptierte meinen Deutungsversuch und gestand mir, daß sie tatsächlich ein wenig Angst vor dem kommenden Ehestand habe, zumal ihr Bräutigam nicht der erste Mann in ihrem Leben gewesen sei. Nach zwei Enttäuschungen (der Stadtstreicher im Traum zeigt wohl auf, daß sie danach mit den Männern eigentlich nichts mehr zu tun haben wollte) habe sie aber ihm das Jawort gegeben, zumal er nie ein Wort darüber verloren hatte, wer vor ihm da war. Für ihn war sie die Liebe auf den ersten Blick. Und sie hatte nach den „Stromern", von denen sie sich enttäuscht sah, einen Gentleman gesucht und – so schien es – wohl auch gefunden.

*

An ähnliche Träume, die mich selbst als jungen Mann verfolgten, kann auch ich mich erinnern. Mein Vater, eine rheinische Frohnatur, war immer zu lustigen Streichen aufgelegt, über die wir gerne lachten. Er war für meine Schwester und mich sein Leben lang ein guter Kamerad, der uns in allen Fragen gut beriet und dem man nie böse sein konnte, auch wenn ihm einmal ein Scherz danebenging.

Als 7jähriger war ich einmal allein zu Haus, mit der strengen Anordnung meiner Mutter, niemandem außer meinem Vater zu öffnen.

Nach einer Weile klopfte es an der Tür. Ich fragte, wer dort sei, und bekam eine undeutliche Antwort, weshalb ich auf eine Fußbank kletterte und das Kläppchen an der Tür öffnete, um zu schauen, wer draußen sei. Da schob sich ein länger und länger werdender Arm durch das Guckloch und öffnete die Tür. Natürlich war es mein Vater, der sich einen Scherz machen wollte, ohne zu ahnen, welchen Schock er damit bei mir auslösen würde.

Ich erinnerte mich an dieses Schockerlebnis erst als junger Mann wieder, als ich in einer für mich entscheidenden, schwierigen Lebenssitua-

tion mehrmals in Variationen den nachstehenden Traum hatte, in dem ein mir unbekannter Mann durch die Türklappe langte und mit Gewalt die Wohnungstür öffnete:
„Ich stehe ein wenig ratlos hinter der Wohnungstür, als es läutet. Ich öffne die Guckklappe, da fährt ein Arm hindurch, eine Hand ergreift die Klinke und öffnet das Türschloß. Ich fahre entsetzt zurück, sehe vor mir einen wildfremden Mann, der mir lachend die Hand reicht ...“
Auch hier war nur eine positive Deutung möglich: Durch die Erinnerung an mein kindliches Schockerlebnis forderte mich das Unbewußte auf, mir in meiner augenblicklichen Lage Rat bei meinem Vater zu holen. Er erschien mir im Traum als der unbekannte Eindringling in meine Privatsphäre und bot mir lachend die Hand, an der ich mich sicher fühlen konnte; alles würde sich zum Guten wenden, was dann auch die nachfolgenden Tage und Wochen bestätigten.

Der Geistertanz

Selbst kosmische Katastrophen spielen sich in unseren Angstträumen ab. Da verpufft die Welt zu Staub und Asche, und wir sind mittendrin in dem Chaos und wissen uns nicht zu helfen. Dämonen und Geister wirbeln durch den Raum und tanzen um uns herum, zerfallen zu Staub und stehen wieder auf. Und wenn wir erwachen, sind wir wie gerädert und können das Wahngemälde nicht fassen, das uns der Traum ausmalte.

Teufelsfratze und tanzende Spukgestalten

Recht poetisch mutet der Alptraum an, den mir eine 46jährige Dame erzählte, die von ihrem Mann getrennt lebt und ein zurückgezogenes Leben führt. Ich jedenfalls war an den Reigen seliger Geister aus Glucks Oper „Orpheus und Eurydike“ erinnert, zumal ich mir gut vorstellen konnte, daß das vielleicht die Melodie war, die von der 46jährigen im Traum zunächst vernommen wurde:
„Zuerst höre ich von ferne schöne Musik. Etwas Unwirkliches liegt über der Landschaft: Ein Baum ragt mitten aus dem anscheinend sumpfigen Gelände hervor; er trägt ein einziges Blatt. Die Musik wird lauter, fast schrill. Und plötzlich steigen aus dem Moor geisterhafte Gestalten empor, tanzen wild um den Baum herum. Eine Teufelsfratze schaut mich an, ich will sie wegstoßen, aber es gelingt mir nicht. Die Geister tragen Masken. Etwas Starres geht von ihnen aus. Ich fürchte mich. Mit einem Mal ist wieder die Teufelsfratze da, sie hat das Blatt im Mund, das eben noch am Baum hing, der sich plötzlich in einen ganzen Wald verwandelt. Moor und Geister sind verdeckt, aber die Melodie, zu der die Dämonen tanzten, höre ich noch immer. Sie wird schriller und schriller. Die Teufelsfratze ist wieder da, ganz nah an meinem Gesicht. Ich will sie entsetzt wegstoßen, da verwandelt sie sich in irgendwen, der mir bekannt vorkommt. Und wieder die Musik, schrill und schriller ... Ich erwache und weiß, daß es der Wecker war, der als schrille Musik meinem Traumbild ein Ende setzte.“

Die 46jährige lebt allein. Ihr Mann hat sie verlassen und sich eine Jüngere gesucht. Die sehr gefühlvolle Dame leidet darunter, sehnt sich nach Harmonie, worauf auch die von ferne erklingende Traummusik hinzuweisen scheint. Sie hat sich noch nicht an das Alleinsein gewöhnt, fühlt sich wie von jeder Realität abgeschnitten. Das drückt auch der kahle Baum aus, der nur ein einziges Blatt trägt. Die Landschaft deutet auf trübe Gedanken hin, das sumpfige Gelände auf ein seelisches Nicht-mehr-weiter-Wissen. Disharmonien nehmen von ihrem Leben Besitz. Die Träumende weiß, daß sie auf ein unsicheres Schicksal zusteuert, das im Traumbild durch das Moor übersetzt wird.
Plötzlich aber tanzen Geister um den Baum herum, der – im übertragenen Sinne – wohl die Träumerin selbst ist. Sie zeigen ihre verwirrten Gefühle auf; und im wilden Tanz beweisen sie, daß für die Träumerin das Leben noch längst nicht vorbei ist. Hinter der Teufelsfratze verbirgt sich vielleicht das Bild ihres treulosen Gatten, der sich in ihren Augen als charakterlos erwiesen hat, den sie aber trotzdem noch zu lieben scheint; denn im Traumgeschehen gelingt es ihr ja nicht, diese Fratze von sich zu stoßen.

Die Angst vor dem Schritt in ein neues Leben

Auch die anderen Traumgeister tragen Masken, mit denen das Unbewußte wohl bedeuten will, daß die Träumerin sich aus ihrer starren Einsamkeit endlich lösen und mit wachen Augen durchs Leben gehen sollte. Sie hat Angst vor diesem Schritt zurück in die Gesellschaft, in ein neues Leben; denn immer starrt sie die Teufelsfratze an, zeigt ihr, daß sie ihr auch das Letzte („das einzige Blatt") genommen hat. Aus dem alleinstehenden Baum wird ein ganze Wald. Das Unbewußte scheint sie aufzufordern, endlich nach den verlorenen Werten zu suchen und ein neues Abenteuer zu wagen.
Moor und Geister sind aus dem Traumbild verschwunden, aber das musikalische Anfangsthema klingt noch nach, läßt für ihr weiteres Schicksal hoffen. Disharmonien spielen in ihr Leben, weil die Teufelsfratze, das Bild ihres treulosen Mannes, noch den Tanz in ihrem Leben zu bestimmen scheint, obwohl sie sich sehr energisch dagegen wehrt. Und schon drängt sich ein neues Bild auf, doch das Disharmonische wird wohl noch eine Weile andauern. Der Wecker schließt das Traumgeschehen ab, gewissermaßen als wolle er der Frau bedeuten: „Wach endlich auf!"

*

Nehmen wir einmal an, eine 20jährige, die noch auf der Suche nach ihrer großen Liebe ist, hätte denselben Traum gehabt wie die von ihrem Mann verlassene Dame. Sie wäre noch nicht lange im Berufsleben und hätte gerade ihren ersten Stellenwechsel vorgenommen. Dann ergäbe sich wohl eine ganz andere Traumdeutung – etwa diese:

Die Musik im Traum umschreibt vielleicht das gute Gefühl der jungen Dame, das sie bei dem Stellenwechsel hatte. Der alleinstehende Baum (ist das einzige Blatt ihr Zeugnis, das sie vorweisen muß?) läßt möglicherweise den Schluß zu, daß sie sich darüber im klaren ist, daß sie sich erst einmal durchbeißen muß, daß es zunächst weniger harmonisch zugehen wird, als sie erwartet hat.

Das einzige Blatt am Baum – Symbol für ein Zeugnis?

Stets muß sie alles überdenken, bevor sie handelt. Natürlich ist man unsicher, wenn man Neues beginnt, kann leicht (im Moor) steckenbleiben, fühlt sich von vielen beobachtet. Man muß eben zunächst einmal der inneren Unsicherheit Herr werden und sich nicht um das Drumherum (die Geister) kümmern. Da wartet vielleicht schon einer (der Chef in der Maske des Teufels?) darauf, daß man eine Schwäche zeigt. Die Umgebung ist ja noch fremd, es geht etwas Starres von ihr aus, aber es wird schon werden. Die ersten Schwierigkeiten können überwunden werden (der Wald als Weg durch das Dickicht des Lebens verspricht ja Erfolg). Einzelne Disharmonien sollte man nicht überbewerten, auch nicht die Strenge, mit der vielleicht der Chef zunächst reagiert.

Die Träumerin sollte sich nicht bange machen lassen, auch wenn manches auf sie einstürmt, was ihr nicht gefällt (die Teufelsfratze, die sie im Traum entsetzt wegstößt). Wahrscheinlich erinnert sie das letzte Schrillen im Traum, in das der Wecker einstimmt, an ihre Pflicht, immer pünktlich zu sein.

Selbstverständlich ist es schwierig, einen Traum für eine Person zu deuten, die unserer Phantasie entspringt. Wir wollten mit dieser zweiten Auslegung des Geistertraums auch nur zeigen, daß das gleiche Traumbild bei jedem anders interpretiert werden muß. Die 46jährige Dame konnten wir befragen und erfuhren von ihr schließlich mehr, als sie uns zunächst erzählen wollte. Bei ihr war die Gestalt mit der Teufelsfratze augenscheinlich der Mann, der sie verließ und von dem sie sich doch erst nach Jahren endgültig freimachen konnte – ein menschliches Schicksal, dessen Lösung unterschwellig im Traumbild anklingt. Bei der imaginären 20jährigen, die denselben Traum hatte, ließen wir ihr ganz privates Leben außer acht. Für sie schien im Augenblick doch wohl alles auf den Stellenwechsel konzentriert zu sein.

Das Ende der Welt

Die russische Malerin Maria Bashkirtseff, die als Teenager mit ihrer Mutter eine längere Zeit in Nizza gelebt hatte, hat den Traum von einer kosmischen Katastrophe aufgeschrieben, der in leuchtenden Farben vor dem geistigen Auge der damals erst 13jährigen ablief:

Kosmische Katastrophe im Traum einer 13jährigen

„Wir waren in einem Haus, das ich nicht kannte, als auf einmal ich oder ich weiß nicht wer durch das Fenster sieht: Ich erblicke die Sonne, die größer und größer wird und fast die Hälfte des Himmels über mir bedeckt. Aber sie leuchtet nicht und wärmt nicht. Darauf teilt sie sich, ein Viertel verschwindet, der

Rest teilt sich wiederum und verändert seine Farbe; wir sind gleichsam vergoldet. Darauf bedeckt sie sich mit einer Wolke, und alle Welt ruft: ‚Die Sonne steht still!' Wie wenn ihre natürliche Funktion wäre, sich zu drehen. Einige Sekunden ist sie unbeweglich, aber blaß geblieben, dann ist die ganze Erde seltsam geworden; nicht etwa, daß sie gebebt hätte, ich kann's gar nicht ausdrücken, denn etwas Ähnliches existiert gar nicht mehr in unserer alltäglichen Wirklichkeit. Es gibt keine Worte, um das auszudrücken, was wir nicht verstehen. Darauf hat sie sich wiederum gedreht, wie zwei Räder, das eine in dem anderen, das heißt, die helle Sonne war auf Augenblicke von einer Wolke bedeckt, die ebenso rund war wie sie. Der Schrecken war ein allgemeiner. Ich frage mich, ob das das Ende der Welt sei; aber ich will glauben, daß das nur für einen Augenblick wäre …"

Die Sonne steht still – Vision des eigenen Lebens

Der Traum mit den bunten und leuchtenden Farben ist für die 13jährige zukünftige Malerin charakteristisch. Sie sieht das Ende der Welt, aber diese Welt ist sie selbst. Und das Haus, das sie nicht kennt, ist ebenso sie selbst. Sie schaut durchs Fenster, das wie ein Rahmen um ein impressionistisches Gemälde steht, dessen bunte Farben die Sonne und den Himmel in fast kubistischen Formen aufleuchten läßt. Die Farben wechseln, und plötzlich weiß die Träumerin: Die Sonne steht still. Ist es die Vision ihres eigenen Lebens, das plötzlich verlosch? Maria Bashkirtseff starb im Alter von nur 24 Jahren an der Schwindsucht. Die Erde, auf der sie Großes erreichen wollte, erscheint ihr seltsam, unwirklich. Nur mühsam drehen sich die beiden Räder, die noch etwas in Gang halten. Dann ist der Schrecken allgemein: Weltuntergangsstimmung, die die Angst der Träumenden vor dem Leben umschreibt. Ein Ende mit Schrecken, aber nur für den kurzen Augenblick, der jeden Menschen von der Ewigkeit trennt.

Diese Deutung konnten wir natürlich nur geben, weil wir den Lebenslauf der Malerin kennen, die in ihren Träumen oft Visionen hatte, in denen sich ihre künstlerische Phantasie dokumentierte, aber auch ihre Angst vor dem Ende aller Tage. Kurz vor ihrem Tod sah sie sich im Traum schlafen, und neben ihr stand eine große brennende Kerze, die ihr in der Traumübersetzung zu versprechen schien, daß sie bald am Ziel ihres Seins angelangt sei. Und sie notiert in ihr Tagebuch, in dem sie alle ihre Träume festhielt: „Sollte das die Lösung meines Elends sein?"

Was wir aus diesem Beispiel lernen, ist die Tatsache, daß sich auch unsere Lebensängste im Traumbild verfestigen können, daß wir aber nie gleich nach dem Erwachen daraus die Vision des eigenen Dahinschwindens ablesen können. Ein Psychotherapeut hätte vielleicht die im Traum aufgestauten Ängste des Teenagers als pubertäre Entwicklungsstörung erkannt und dementsprechend seine Behandlung angesetzt. Vielleicht wäre Maria dann seelisch und körperlich gesundet, hätte aber möglicherweise nicht ihre aus den Traumvisionen schöpfenden künstlerischen Ideen gehabt. Das ist wohl das Positive, das aus dem Traumbild der 13jährigen Maria Bashkirtseff spricht.

Der Traum vom rosafarbigen Himmel

In diesem Zusammenhang sei an den Traum des Malers Camille Corot erinnert, den uns Vincent van Gogh überlieferte. Dieser schrieb in einem Brief an seinen Bruder Theo, Corot habe einige Tage vor seinem Tod von einem rosafarbigen Himmel geträumt. Van Gogh erschien das als Vision, daß die Maler ihre Bilder künftig in ganz anderen, nämlich impressionistischen Farben malen würden. Vielleicht aber, scheint uns, war der rosafarbene Himmel nur die Vorahnung seliger Freuden in einer anderen Welt.

Todesträume

Wir sterben im Traum und leben fröhlich weiter. Wir sehen Verwandte und Freunde tot im Bett liegen, am nächsten Tag begegnen sie uns als gesunde Menschen. Ist das nicht ein Widersinn? Kaum, denn die meisten Träume von Sterben und Tod berichten von dem sich wandelnden Leben, von dem Neuen, das sich anbahnt und auf das wir uns einstellen müssen. So kann Ernst Aeppli aus der Erfahrung von Tausenden und Abertausenden kleiner und großer Träume zu der Feststellung kommen, daß Todesträume „nie leiblichen Tod verkünden, daß sie also nicht dunkle Voraussage sind“. Und er fährt fort: „Träume, in denen vom Tode gesprochen wird, in welchen sich in oft seltsamen Bildern ein Sterben vollzieht, in denen wir selbst sterben müssen oder gar am eigenen Begräbnis teilnehmen, besagen nichts anderes, als daß seelisch etwas tot ist, daß die Beziehung zu den Menschen, die wir gestorben träumen, zur Zeit des Lebens entbehrt.“

Tatsächlich bedeutet ja jede Wandlung ein Sterben und ein Neuentstehen. Aus diesem Grunde lassen sich gerade Todesträume vielschichtig deuten. Nicht umsonst weist Wilhelm Stekel immer wieder auf die sich gerade in Träumen bekundende, unaufhebbare Beziehung zwischen Leben und Tod hin. „In der Regel“, schreibt Wilhelm von Siebenthal, „fällt es dem Menschen schwer, sich mit diesem ‚Sterben‘ vertraut zu machen; er wehrt sich dagegen, will das keimende Neue nicht in sein Bewußtsein aufnehmen; denn es bedeutet oft eine Änderung oder gar Umkehr einer bisherigen Lebenseinstellung.“

Todesträume beinhalten manchmal auch ein Sich-loslösen-Wollen von einem Partner, das Ende einer menschlichen Beziehung.

Träume vom Tod deuten auf eine Wandlung im bewußten Leben

Irgendwie wehrt sich jeder Mensch gegen das Sterben, er wehrt sich aber auch gegen das Neue, Unbekannte, das ihn in eine ganz andere Lebenslage bringt. So benutzt das Unbewußte das an sich schaurige Bild vom Sterben, von Leichen, Särgen und Gräbern, um uns eine Wandlung in unserem bewußten Leben vor Augen zu führen.

Schon Kinder haben solche Träume, die in der Pubertät sogar besonders häufig vorkommen. In jedem Lebensalter nimmt man Abschied von Gefühlen, von einer Neigung, von einer Angewohnheit, von einer Schuld, die man schon immer überwinden wollte. Erst das Traumbild des Todes will da den Schlußpunkt setzen, uns helfen, den Übergang zu finden in einen neuen Lebensabschnitt.

Gerade in der Pubertät oder in der zweiten Lebenshälfte sträubt man sich mit Händen und Füßen gegen eine solche Wandlung in einen anderen Menschen, gegen das „neue Leben“, das man von nun an führen soll. Gerade dieses Festhaltenwollen an Vergangenem aber löst oft Neurosen aus, die nach dem kundigen Arzt verlangen, der zurechtzurücken versucht, was man selbst nicht wahrhaben will. Das Unbewußte möchte uns mit dem Todestraum suggerieren, wir sollten uns aus der Enge des Vergangenen, Überholten befreien, damit wir im Wachleben ohne Angst nach vorn blicken können, um als gereifte Menschen den neuen Lebensabschnitt zu meistern.

Der Tod in den Trümmern

Autounfall spiegelt Schuldgefühle eines Vaters wider

Der Psychiater Paul Bjerre glaubt, bei einem Todestraum könnte der unbewußte Wunsch zum Ausdruck kommen, der Mensch, den man sterben sieht, möge endlich aus unserem Gesichtsfeld oder unseren Gedanken verschwinden. Er gibt dazu ein kurzes Traumbeispiel:
„... fuhr mit dem Auto meiner Tochter. In einer Kurve schleuderte das Auto, stürzte um und fing Feuer. Meine Tochter wurde tot aus den Trümmern herausgezogen."
Bjerre berichtet, daß bei dem Träumer eine starke sexuelle Bindung an die Tochter vorlag. Er beobachte sie sogar heimlich beim Auskleiden durchs Schlüsselloch. Seine Küsse seien alles andere als „väterlich" gewesen. Bjerres Diagnose: Der Traum zeige, daß der Vater diese Neigung in sich abtöten, quasi gewaltsam eine Lösung herbeiführen wolle. Das Feuer im Traum, meint Bjerre, versinnbildliche Leidenschaft und Läuterung zugleich. Das Unbewußte, das wohl das intensive Schuldgefühl des Vaters widerspiegelt, suggeriere dem Träumer die Entscheidung, das Verhältnis zu seiner Tochter auf eine normale Ebene zu stellen.
Der Psychoanalytiker und Freud-Schüler Wilhelm Stekel hätte diesen Traum anders interpretiert, das Sexuelle mehr in den Vordergrund gerückt. Nach seiner Meinung bedeutet der Tod einen Koitus, das „Fahren" setzt er oft mit Koitieren gleich, das Feuer umschreibt bei ihm die sexuelle Leidenschaft. Der Vater, so würde Stekel wohl gedeutet haben, hätte im Traum ausgeführt, woran ihn im Wachleben moralische Hemmungen hinderten.

Freisetzung von Aggressionen im Traum

Für andere Psychoanalytiker wird der Traum möglicherweise den Widerwillen verdeutlichen, den der Vater wegen seiner Handlungsweise im bewußten Leben hat. Das Schuldgefühl setzt eben im Traum Aggressionen frei, das Objekt einfach beiseite zu schaffen.
Wir möchten uns in diesem Fall der Deutung Bjerres anschließen, nämlich daß das Unbewußte mit dem Traumbild aufzeigen wollte, der Träumer solle das Verhältnis zu seiner Tochter endlich normalisieren.

Dem eigenen Begräbnis zugeschaut

Die Pianistin Clara Schumann, Frau des damals bereits in der Heilanstalt Endenich bei Bonn verstorbenen Komponisten Robert Schumann, hatte, als sie sich vor einem Konzert zu einem Mittagsschlaf niederlegte, folgenden Traum, den sie ihrem Tagebuch anvertraute:
„... dann träumte mir nach Tisch, ich würde zu Grabe getragen mit Musik, sah aber selbst zu."

Clara Schumann hatte Tage zuvor heftige Kopf- und Nervenschmerzen gehabt und fürchtete, nicht auftreten zu können. *„Dann wieder dachte ich, ich könnte während des Spiels vom Stuhle fallen, wie neulich eine Sängerin in Marseille"*, schrieb sie in ihr Tagebuch. Außerdem beschäftigte sie die kurz zuvor erhaltene Nachricht vom Tode Richard Wagners. Im Traum sah sie dann ihr eigenes Begräbnis; das Unbewußte signalisierte ihr damit gewissermaßen, sie solle ihre trüben Gedanken doch „zu Grabe tragen" und nur an sich selbst und ihre Musik denken – eine Deutung, die für sich spricht: Clara Schumann hatte bei ihrem Konzert am Abend einen großen Erfolg.

Clara Schumann träumt vom eigenen Begräbnis

Der schwimmende Sarg

Vor ein paar Jahren erzählte mir ein Bekannter, damals 47 Jahre alt, daß es in seiner Ehe seit einiger Zeit Probleme gebe. Jenny, seine Frau, kritisiere ihn in Gegenwart anderer und verweigere sich ihm sexuell. Auch habe sie schon von Scheidung gesprochen. Der gut betuchte Rechtsanwalt meinte, das Verhalten Jennys mache ihn noch verrückt. Jenny selbst, vier Jahre älter als ihr Mann Jürgen, hatte mir kurz zuvor erzählt, sie habe das Gefühl, ihr Mann sei nicht mehr so anhänglich wie früher, wünsche sich nun, nach 20 Ehejahren, eine jüngere Frau, die ihm mehr bieten könne als sie selbst. Immer später komme er von der Arbeit nach Hause, und wenn sie ihn im Büro anrufe, sei er ungehalten. Es gebe keinen freien Abend mehr für sie, immer wolle er ausgehen, andere Leute um sich haben.

Soweit die Vorgeschichte. Ich machte mir Sorgen um die beiden, zumal sie bisher als Musterehepaar gegolten hatten. Eines Tages erzählte mir Jürgen, kurz nachdem er mit mir über seine Ehekrise gesprochen hatte, folgenden Traum:

Zerrbild einer Musterehe

„Ein dunkler Raum, nur durch ein kleines Licht erhellt. Ich liege in einem Sarg und denke: ‚Wenn deine Frau erfährt, daß du gestorben bist, wird sie sicher bereuen, daß sie dich nicht gerade fein vor allen Leuten behandelt.' Irgendwie fühle ich mich beengt. ‚Am liebsten', denke ich, ‚möchte ich mich mal so richtig strecken.' Aber ich liege auf dem Rücken und kann mich nicht bewegen. Ich sehe nach oben und entdecke über mir ein Rohr, das plötzlich platzt. Wasser rinnt von oben herab, aber ich werde nicht naß. Bald gießt es in Strömen, der Sarg beginnt zu schwimmen. Das Licht im Raum wird größer und größer und endlich zur Sonne. Rings um mich her Wasser. Schwimme ich im Meer? Ich fürchte mich nicht, denke: ‚Was kann mir in dem Sarg schon passieren?' Dieser verformt sich. ‚Das ist die Sonne', sage ich und setze mich im Sarg auf. ‚Toll, wie so ein Ding schwimmen kann. Das müßte Jenny sehen.' Und plötzlich sitzt meine Frau neben mir. Ich will sie küssen, sie wehrt sich. Aber sie lacht dabei. Und ich sitze da und versuche mir einzubilden, daß alles nur halb so schlimm ist …"

Die Deutung: Die Dunkelheit in dem Raum (oder Zimmer) stellt die kleinen Schatten im Seelenleben des Träumers dar, das Ungeklärte, das ihn in seiner persönlichen Beziehung belastet. Aber selbst das kleinste Licht schenkt Hoffnung, die bei dem Träumer gewissermaßen auf Sparflamme flackert, so daß er sich – der Sarg sagt das aus – auf einen Abschied von dem Menschen, den er liebt, gefaßt macht. Seine Gedanken kreisen im Traum um das Verhalten seiner Frau in letzter Zeit; der Stachel sitzt tief, daß sie ihn „vor allen Leuten" demütigte. Er will sie gewissermaßen mit seinem Tod bestrafen, damit sie bereut: Wer Reue verspürt, ist noch nicht verloren. Mit dem Sterben sagt ihm aber das Unbewußte auch, daß er es sein müsse, der alles, was war, vergessen sollte – auch seine unterschwellig keimende Eifersucht.

Dunkelheit weist auf Ungewißheit hin

Und danach fühlt sich der Träumer beengt oder – besser! – in die Enge getrieben: Hat er selbst immer alles richtig gemacht? Er möchte sich strecken, was wohl hier mit dem Begriff aus der Umgangssprache, dem "Nach-der-Decke-Strecken" übersetzt wird, mit anderen Worten: Er will seinen Teil dazu beitragen, daß sich die Verhältnisse wieder stabilisieren. Aber da kommt nichts in Bewegung, er wagt einfach nicht das erste Wort. Er liegt auf dem Rücken, der verwundbarsten Stelle des menschlichen Körpers, weil man die Gefahr, die von hinten lauert, nicht sieht. Vielleicht umschreibt das auch sein eigenes sexuelles Unvermögen: Wer liebt schon gern, wenn er abgearbeitet ist?

Muß er nun in die Röhre schauen? Das Rohr scheint es zu bestätigen, aber dann platzt es plötzlich, und Wasser rinnt hervor und wird zum Schwall. Hier reinigt es, schwemmt die Probleme hinweg wie den Sarg, der wie ein Boot zu schwimmen beginnt, und verspricht eine glückliche Wendung. Der Sarg schwimmt hinaus aus dem dunklen Raum in die Helligkeit, wobei das Unbewußte dem Träumer bedeutet, daß er nun endlich die Lehren aus dem Vergangenen ziehen möge. Und es setzt noch ein weiteres Bild hinzu: Das kleine Licht wird zur Sonne, was man getrost damit übersetzen kann, daß man nicht kleinlich sein, sondern versuchen sollte, einen neuen Anfang zu wagen, bewußter miteinander zu leben, was die gegenseitige Rücksichtnahme einschließt.

Das Meer im Traum kündet den Aufbruch zu neuen Ufern an

Der Träumer fragt selbst: „Schwimme ich im Meer?" Ja, er schwimmt auf diesem Traummeer, es ist ein Aufbruch zu neuen Ufern, der von ihm ausgehen muß. Er allein sollte sein Leben verändern, einen neuen Anfang setzen. Der Sarg oder das, was hinter ihm liegt, verformt sich unter der neuen, von der Sonne gespendeten Energie. Und er weiß, daß es nur Jenny sein wird, mit der er eine neue Basis des Zusammenlebens finden kann. Mag sie sich noch so wehren, er wird ihr beweisen, daß er zu ihr steht. Und am Ende war alles tatsächlich nur halb so schlimm...

Bliebe noch zu sagen, daß Jenny und Jürgen längst die Silberhochzeit gefeiert haben. Ihre Probleme sind kleiner geworden, oder sind sie selbst innerlich gewachsen und gereift?

Das Loch im Kopf

Auch wer vom eigenen Selbstmord träumt, lebt länger. Mit diesem doch etwas schaurigen Bild will uns das Unbewußte mahnen, keinen Raubbau mit unseren bewußten Kräften zu treiben und endlich zu einer vernünftigen Lebensweise zurückzufinden. Selbstmordgedanken hegen im Traum vor allem labile Menschen, die mit ihren Ängsten nicht fertigwerden und etwas haltlos in den Tag hineinleben.

Selbstmordträume der Gräfin zu Reventlow

Die Schriftstellerin Franziska Gräfin zu Reventlow, die die freie Liebe propagierte und unter anderem die Freundin des Dramatikers Frank Wedekind war, hegte schon als 18jährige Selbstmordgedanken, weil sie Angst hatte, eines Tages wahnsinnig zu werden. Als 19jährige schrieb sie in ihr Tagebuch, in das sie ihre Träume meist gleich nach dem Aufwachen eintrug:

„… geträumt, daß ich mich selbst umbringen wollte und mir mit einer Axt ein Loch in den Kopf schlug. Dann zum Doktor, und er sagte, ich würde vielleicht am Leben bleiben, aber wahnsinnig werden. Ich fühlte selbst, daß ich nicht mehr klar denken konnte, und hielt mir das Loch mit beiden Händen zu.“

Zu jener Zeit litt Franziska unter Schlaflosigkeit. Vielleicht wollte sie der Traum auffordern, wegen ihrer Beschwerden besser einmal zum Arzt zu gehen, darauf weist der Kopf als Symbol hin. Die Axt zeigt auf, daß die Gräfin ihre Kraft vergeudet, und das Loch, das sie sich im Traum selbst in den Schädel schlug, beweist, daß sie mit ihren Problemen zur Zeit nicht fertig wird. Mit dem Arzt drängt die heilende Funktion der Seele ins Bewußtsein und rät, Konfliktstoffe zu beseitigen. Aber der Traum zeigt auch auf, daß die Träumerin sich sträubt, ihren bisherigen Lebenswandel zu verändern; und so hält sie sich das von der Axt geschlagene Loch mit beiden Händen zu, die dadurch gebunden sind, was auf die damals eingeschränkte Handlungsfähigkeit der späteren Schriftstellerin hinweist.

Das unstete Leben im Bild der Nacht

In ihrem unsteten Leben hat die Gräfin noch manchen Selbstmordtraum in ihrem Tagebuch aufgezeichnet. Die Emanzipierte, die mit ihrem Elternhaus gebrochen hatte, träumte vor allem oft von ihrem Vater, dessen Rat ihr wohl doch fehlte. Elf Jahre nach dem natürlichen Tod des Vaters sah sie in einem Traumbild, daß man ihn tot in einem Teich gefunden habe; die Träumerin wußte, daß es Selbstmord war, denn als man den Vater aus dem Wasser zog, hielt er mit steifem Arm ein Plakat hoch, auf dem die Todesursache stand.

Der Teich wies in diesem Traumbild wohl darauf hin, daß sie sich trotz ihrer emanzipierten Lebenseinstellung in Gedanken nach dem väterlichen Rat sehnte, nach einem starken Arm, der sie beschützen konnte. Aber durch das Plakat erinnerte sie das Unbewußte daran, daß keine hilfreiche Nachricht mehr zu erwarten sei, sie müsse den Weg, den sie ohne den väterlichen Segen beschritten habe, allein weitergehen.

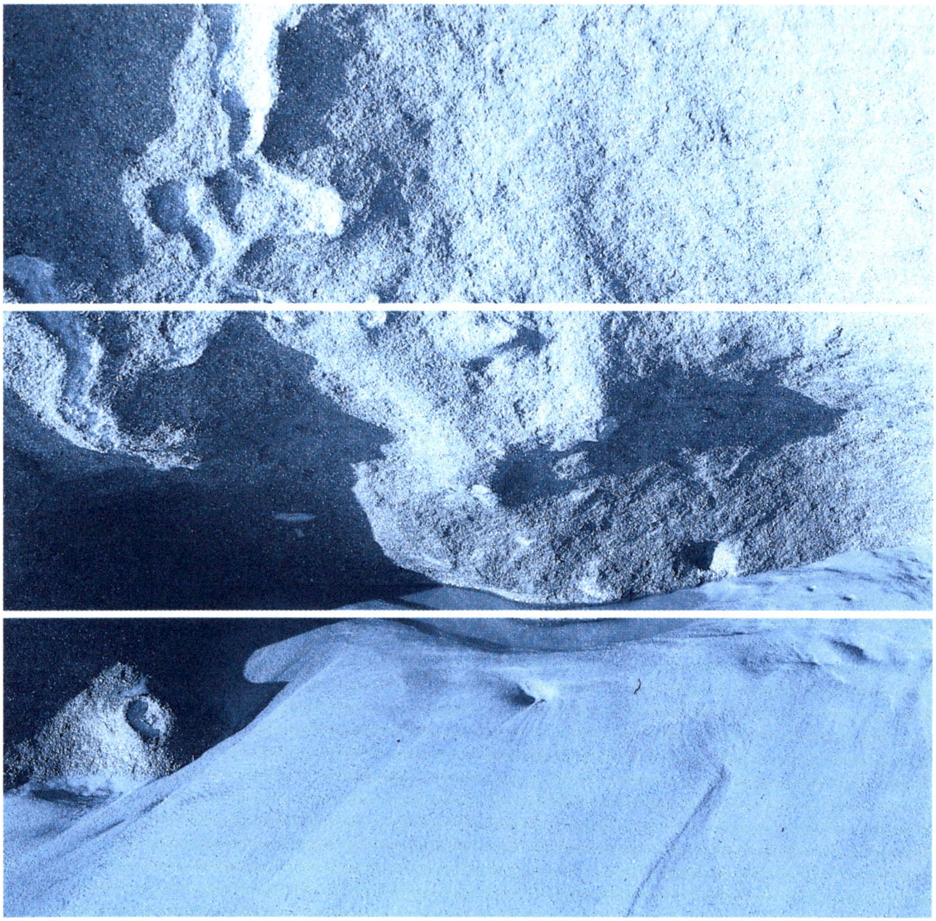

Geburts- und Schwangerschaftsträume

Neubeginn im Leben

Wer von Geburt oder Schwangerschaft träumt, wird wie beim Todestraum ein neues Kapitel in seinem Leben aufschlagen. Hier wird von der Verwandlung in einen neuen Menschen gesprochen. Vergangenes scheint vergessen. Der Geburtstraum kann selbstverständlich auch das Ende einer Krisensituation andeuten, wobei sich der Träumer – häufiger freilich wird es eine Träumerin sein – eigentlich vor dem Kommenden fürchtet. Das Unbewußte suggeriert damit, daß das bisherige Leben abgehakt, unwiederbringbar verloren sei, daß man aus der Enge der Gedanken und Gefühle herauskommen und zu neuen Erkenntnissen gelangen solle, die das Leben lebenswerter machen könnten.

Das Bild von der eigenen Geburt

Viele Menschen träumen sogar von ihrer eigenen Geburt. Dabei müssen sie meist einen dunklen und engen Gang durchschreiten, der sich mitunter immer mehr verengen kann, was wohl die Schwierigkeiten aufzeigen soll, die man beim Eintritt in einen neuen Lebensabschnitt erwarten muß. Darüber berichtete der norwegische Professor John Mourly Vold in seinem Buch „Über den Traum", in dem er dieses eigene Traumbild beschrieb:

„Ich habe das seltsame Gefühl, selbst relativ groß, aber in der Tat recht klein zu sein, und daß ich mit Gewalt durch eine enge Öffnung passieren muß. Es kommt mir zugleich vor, daß ich mich in vollständiger Dunkelheit befinde, ohne irgendwelche Vorstellungen aus der Außenwelt – was besonders beachtet zu werden verdient."

Wie weit zurück reicht die Erinnerung im Traum?

Der norwegische Traumfoscher machte sich zu diesem Traumbild, das er für die Erinnerung an die eigene Geburt hielt, seine eigenen Gedanken, die er in seinem wissenschaftlichen Werk beschrieb:

„Schon der Umstand, daß die Erinnerung an diesen Traum weiter zurückgreift als jede andere Erinnerung, scheint darauf zu deuten, daß der Traum schon damals auf mich einen Eindruck gemacht hat und mir seltsam vorgekommen ist, und daß er eigenartiger Natur sein muß; dazu kommt noch, daß er sich wiederholt hat, bis ich erwachsen war. Ich bin nicht krank gewesen, wenn ich den Traum gehabt habe, noch hat – soviel ich weiß – irgendeine andere äußere Ursache ihn hervorgerufen. Wie leicht verständlich, habe ich oft darüber nachgedacht, was die Ursache dieses Traums sein könne; insbesondere ist mir das oben genannte Gefühl von Doppeltheit – daß ich mich relativ groß, aber realiter klein fühle – sonderbar vorgekommen.

Indessen bin ich ... auf einen Gedanken gekommen, der mir eine ebenso wahrscheinliche als interessante Lösung zu bieten scheint. Ich glaube nämlich, daß der Traum eine geradezu unbewußte Reminiszenz von meiner Geburt ist, die – während alle äußeren Sinneseindrücke und Sinnesvorstellungen fern sind – im Schlafbewußtsein auftaucht und in der Form eines Traumes Oberhand gewinnt. Der Umstand, daß ich mich relativ groß und nichtsdestoweniger klein kenne, muß dann dadurch erklärt werden, daß ich im Verhältnis zur Öffnung, die ich passieren soll, groß erschien, obschon ich in Wirklichkeit klein war.

Die Passage in der Öffnung ist immer in horizontaler Richtung, den Kopf nach vorne, geschehen. Ferner kann, wie oben gesagt, hervorgehoben werden, daß ich während des ganzen Prozesses keine anderen Vorstellungen von der Außenwelt, weder von Menschen noch von Tieren, noch von Dingen, gehabt habe – die Dunkelheit herrscht, was ja meine Erklärung stützt, daß ich zur Zeit des ersten Auftretens des Traums noch keine Sinneseindrücke von der Außenwelt erhalten hatte."

Was sagt der Traum von der eigenen Geburt?

Soweit die sicherlich gescheite Abhandlung über den Traum von der eigenen Geburt, die zwar den Vorgang als solchen verständlich erklärt, für uns aber doch einige Fragen offen läßt. So schreibt der norwegische Professor zwar, daß er nie krank war, wenn er den Traum gehabt hat, und schließt auch ausdrücklich aus, daß ihn eine äußere Ursache ausgelöst haben könnte, aber in welcher Stimmungslage er sich vor jedem einzelnen Traumbild befunden hat, ob er vor einem schwierigen Lebensabschnitt, vor einer Prüfung oder ähnlichem gestanden ist, darüber schweigt er sich aus. Für ihn war die Sensation des Traumgeschehens die eigene Geburt, nicht die Frage danach, was das Traumbild für ihn persönlich aussagen könne.

Eine Deutung fällt also im nachhinein schwer, weshalb wir nur Mutmaßungen anstellen können: John Mourly Vold fand sich im Traumbild groß und doch klein. Vielleicht übersetzt das sein Gefühl, trotz großer Pläne und Ideen sich gegenüber den bald zu bewältigenden Aufgaben recht klein vorzukommen. Aber er will mit Gewalt den Einstieg schaffen, um sich anschließend wie neu geboren zu fühlen und das Gefühl zu haben, der Sache gewachsen zu sein. Vielleicht bezeichnet die enge Öffnung, durch die er sich hindurchzwängen muß, auch den Ausweg, den er im bewußten Leben aus einer schwierigen Lage sucht. Die Dunkelheit, die ihn umfängt, umschreibt die noch ungeklärte Sachlage im Wachleben, die aber nach einigen Schwierigkeiten erhellt werden kann; denn der Träumende muß ja aus der Dunkelheit heraus, wobei er seinen Kopf, seinen „Denkapparat" benutzt. Das Licht draußen legt wieder geistige Energie frei – jene Energie, die den Professor befähigte, seine wissenschaftlichen Erkenntnisse für die Nachwelt festzuhalten.

Die schwangere Großmutter

In der Welt des Traumes ist nichts unmöglich, nicht nur Frauen, sondern auch Männer können im Traumgeschehen schwanger werden. Die Schwangerschaft gilt als ein Symbol der Selbstfindung, der seelischen Neu- und Wiedergeburt. Männer, die im Traum schwanger sind, durchlaufen vielleicht im Wachleben einen Reifungsprozeß. Ältere Frauen blühen nach positivem Traumgeschehen wieder auf, haben gewissermaßen ihren zweiten Frühling. Bei Mädchen und jüngeren Frauen kann die Schwangerschaft im Traum auch einen heilsamen Schreck hervorrufen oder symbolisch die Sehnsucht nach einem Kind umschreiben.

Neuorientierung der Persönlichkeit

Das eigentliche Sinnbild der Zeugung und der Geburt ist das Wasser. Das Märchen vom Storch, der die kleinen Kinder aus dem großen Teich bringt, wird also manchmal im Traumgeschehen zur unbewußten Wahrheit. Aber damit werden wir uns im Abschnitt über „Wasserträume" befassen.

Eine meiner Mitarbeiterinnen, damals 50 Jahre alt, Mutter und Großmutter und nun schon über das Alter des Kinderkriegens hinaus, erzählte mir eines Tages, sie habe in der vergangenen Nacht geträumt, sie sei schwanger geworden, habe an sich alle Symptome der Schwangerschaft festgestellt und sei ausgesprochen glücklich darüber gewesen: *„Ich liege im frisch überzogenen Bett und denke: ‚Nun mußt du bald Babykleider kaufen.' Als ich aufstehe, betrachte ich meinen Bauch, aber es ist nicht zu sehen, daß ich schon im fünften Monat bin. Ich kleide mich an und gehe hinunter in die Küche, um mir ein Brot zu machen. Ich sage mir, jetzt darfst du nicht mehr zuviel essen, damit man noch lange nichts merkt. Natürlich freue ich mich, daß ich schwanger bin. Was meine Freundin wohl sagen wird, wenn sie von meinem Zustand erfährt? Ich gehe in den Garten, und plötzlich steht jemand hinter mir und schenkt mir eine rote Rose ..."*
Die dreifache Mutter und Großmutter ist geschieden und lebt allein in einem Reihenhaus vom Unterhalt ihres Exmannes und von einer Halbtagsbeschäftigung. Nach eigener Aussage hat sie lange gezögert, wieder eine lockere Bindung einzugehen, bis sie vor fünf Monaten auf einer Bergtour einen etwas jüngeren Mann kennenlernte, mit dem sie vieles gemeinsam unternimmt. Sie sieht seitdem, wie mir scheint, noch jünger aus als vorher. So gesehen, konnte ihr Traum von der Schwangerschaft nur positiv ausgelegt werden:

Ein untergeschobenes Baby deutet auf ein neues Glück hin

Das frisch überzogene Bett zeigt die innere Unruhe der Träumerin auf, daß ihre neue intime Beziehung von anderen eher als Techtelmechtel aufgefaßt werden könnte; sie aber möchte die neue Freundschaft als ein in sich gefestigtes Verhältnis betrachten. Und so schiebt ihr das Unbewußte quasi das Baby unter, weil ein Kind am ehesten für eine enge Bindung sorgen kann. Jedenfalls fühlt sie sich – das Bett und der Gedanke an ein Baby bestätigen es symbolisch – in den Armen des neuen Freundes geborgen.
Sie wird auch alles tun, um nicht erneut Schiffbruch zu erleiden. Sie will sich verausgaben („Nun mußt du bald Babykleider kaufen"), sich anziehender machen, um den Freund noch fester an sich zu binden. Als sie ihren Bauch betrachtet, kann man zweierlei feststellen: Sie muß das Neue erst noch richtig verdauen und hat Angst, daß ihre noch junge Zuneigung, die ja vor fünf Monaten begann, anderen offenbar wird. Die Fünf läßt außerdem erkennen, daß die 50jährige und ihr Freund völlig natürlich nebeneinander leben und kein Verständnis dafür hätten, wenn andere schlecht darüber dächten.
Sie macht sich schön (sie zieht ja nicht irgend etwas über, sondern „kleidet sich an") und geht in die Küche, den Raum, der im Traumbild über die seelische „Verdauung" auch einer intimen Verbindung etwas aussagt. Aber da fehlt es an nichts: das Brot, das sie sich macht, bestätigt ihr Gefühl, daß das Leben einen neuen Sinn bekommen hat, als sie ihren Freund kennenlernte. Aber sie darf ihren Heißhunger nach Liebe

nur in aller Heimlichkeit stillen („nicht zuviel essen, damit man noch lange nichts merkt"). Insgeheim freut sie sich, daß ihr der Freund ein neues, eigentlich ja ganz alltägliches Glück verschafft hat.
Aber mit dem Gedanken an die Freundin drängen sich auch Schatten auf, daß gerade im falschen Augenblick etwas geschehen würde, das ihre neue Intimität in ein schlechtes Licht rücken könnte. Mit anderen Worten: Für sie ist das alles eben nur ein Traum. Aber als sie hinausgeht in den Garten, wird klar, daß sie für ihre Liebe kämpfen und jedem die Tür weisen wird, der Schlechtes daran findet. Und daß es auch ihr Freund ernst meint, wird zur beglückenden Gewißheit, als ihr jemand eine rote Rose schenkt, die Blume der Liebe, die verspricht, daß ihre tiefen Gefühle leidenschaftlich erwidert werden.

Zwei Varianten zum Schwangersein

Wenn der Mann ein Kind kriegt …

Stellen wir uns nun vor, diesen Traum, den mir meine Mitarbeiterin erzählte, hätten zwei fiktive Personen geträumt, ein Mann und eine junge Frau. Wie würden die Deutungen aussehen, wenn beide den gleichen Traum von der Schwangerschaft gehabt hätten? Nehmen wir zuerst den Mann und unterstellen wir ihm folgende Eigenschaften:
Der unserer Phantasie entsprungene, gutaussehende Mann ist Mitte Dreißig, verheiratet, ohne Kinder. Er arbeitet als Geschäftsführer in einem Supermarkt. Er gilt als vollendeter Kavalier, der seinen Charme aber nicht nur seiner acht Jahre jüngeren Frau beweist; er ist auch umschwärmt von einigen hübschen Verkäuferinnen, bei deren Anblick er ab und zu schon einmal auf „schlechte" Gedanken kommt. Nehmen wir jedoch an, daß er bis zum Zeitpunkt seines Traumes ein absolut treuer Ehemann war, der eben nur in seiner Phantasie hin und wieder abschweifte. Was sagt dann der ihm unterlegte Traum aus?
Das frisch überzogene Bett macht noch einmal die Sauberkeit seiner ehelichen Beziehung klar. Aber dann wünscht er sich doch neue Kleider, eine neue Haut, in die er schlüpfen möchte, um sich in vielen Abenteuern zu beweisen. Die ihm vorschwebende Bekleidung ist ihm jedoch entschieden zu klein, um in ihr aus der ehelichen Geborgenheit ins große Lebensabenteuer zu stürzen. Übrigens bedeutet das Kaufen bei ihm wohl noch, standfest zu bleiben, damit sein Laden, der Supermarkt läuft.
Auch er schaut auf seinen Bauch, ob sich da nichts tut. Das kann sexuell gedeutet werden. Aber ebenso wie die 50jährige fragt er sich, was wohl die Leute sagen würden, wenn er plötzlich nicht mehr den Starken spielt. Er wirft sich in Schale (Geschäftsführer müssen immer gut gekleidet sein); und dann geht er in die Küche, um ein Brot zu essen. Die Küche – das ist der Arbeitsplatz seiner Frau, in der sie für ihn kocht, ihn mit feinen Speisen verwöhnt, damit er den langen Arbeitstag gut übersteht. Und diese Traumküche übersetzt auch ein wenig die seelische

Übereinstimmung, die zwischen dem Ehepaar immer noch besteht. Das Brot bedeutet in diesem Fall das Zusammengehörigkeitsgefühl, das diese zwei Menschen bisher verband.

Die Lust auf heimliche Abenteuer

Da schränkt der Träumer ein: Er darf nicht zuviel essen, möchte sich eine Möglichkeit offen lassen, um doch noch das heimliche Abenteuer zu bestehen. Er freut sich, daß er schwanger ist, daß er etwas gebären wird mit Hilfe jener, die ihn umschwärmen, aber auch für ihn arbeiten, damit das Geld in der Kasse klingelt.

Er ist unsicher, ob er des Abenteuers wegen über den eigenen Schatten („die Freundin") hinwegspringen kann. Und da alles in eine Fragestellung gesetzt ist, stellt er zugleich wohl alles in Frage. Er braucht Zeit zum Nachdenken, geht in den Garten. Das ist sein eigenes Revier, in das er bisher nur einen einzigen Menschen hereingelassen hat. Am Ende weiß er sicher, wer ihm die rote Rose schenkt, die von Liebe spricht …

Natürlich hätten wir auch die Verkäuferinnen, die um die Gunst ihres Chefs buhlen, weglassen und den Schwangerschaftstraum des 35jährigen auf das rein Berufliche beschränken können; denn wenn Männer träumen, sie bekämen ein Kind, umschreibt das ja oft einen finanziellen Zugewinn oder eine nützliche Erfahrung, die man machen kann. Aber auch so wird – hoffen wir – die unterschiedliche Bewertung gleicher Träume anhand dieses Beispiels klar, dem wir nun noch das einer jungen Frau folgen lassen wollen.

Unterschiedliche Bewertung gleicher Träume

Stellen wir uns also vor: Die junge Dame ist Sekretärin, 21 Jahre alt. Sie lebt noch bei den Eltern und kann sich eigentlich nur schwer von ihnen, besonders von der Mutter lösen. So macht sie, außer im Beruf, keine Männerbekanntschaften. Überdies sagen ihr die Kollegen im Büro kaum zu. Trotzdem ist sie mit ihrem augenblicklichen Leben nicht ganz einverstanden, weil sie einsieht, daß sie nicht immer im Elternhaus bleiben kann. Das sei die Ausgangslage für unsere Deutung, der wir wieder den Traum unserer 50jährigen zugrunde legen.

Die 21jährige liegt „bei Muttern" in ihrem frisch überzogenen Bett. Sie fühlt sich im Hause der Eltern geborgen. Unterschwellig denkt sie jedoch schon daran, sich aus der mütterlichen Obhut zu lösen: Sie

wünscht sich eine Veränderung in ihrem Leben, wobei ihr der Traum den Gedanken an neue Kleider zuspielt. Auch bei ihr ist es die neue Haut, in die sie schlüpfen möchte; denn sie fühlt sich als Erwachsene beengt. Die Eltern, glaubt sie, behandeln sie immer noch wie ein Baby. Sie betrachtet ihren Bauch, der hier wohl als Symbol ein Warnzeichen setzt, daß sie (sie sieht ja nichts) mit offenen Augen durch die Welt gehen soll, daß die Zeit schon sehr weit fortgeschritten ist, endlich am pulsierenden Leben außerhalb des Elternhauses teilzunehmen und nicht immer wieder dem Willen der sicherlich lieben Eltern nachzugeben (letzteres sagt die Fünf aus).

Sie macht sich fertig fürs Büro, in dem man ja auch adrett gekleidet erscheinen muß, geht in die Küche, in den Raum, der bei ihr für die sorgende Mutter steht. Aber diesmal macht sie sich ihr Brot selbst. Hier übersetzt der Traum ihren Willen, sich endlich von der Fürsorge der Eltern abzunabeln, weil sie innerlich längst in eine andere Gemeinschaft entwachsen ist, in einem Beruf, der sie tagsüber völlig ausfüllt. Natürlich liebt sie ihre Eltern, weshalb die Träumerin gleich den Gedanken an mehr Selbständigkeit einschränkt: Sie darf nicht zuviel auf einmal wollen, damit die Eltern ihren Willen, endlich auf eigenen Füßen zu stehen, nicht so bald bemerken.

Das Unbewußte weist den Weg zur Selbständigkeit

Das Unbewußte hakt ein, zeigt ihr den Weg auf, auf eigenen Füßen zu stehen. Und die Träumerin freut sich, um dann gleich indirekt die Frage zu stellen, was wohl die Eltern zu ihrer Absicht sagen werden. Ob sie nicht über ihre undankbare Tochter (die Freundin als der Träumerin anderes Ich) vergrämt sein werden?

Und sie schaut in ihr Inneres (den Traumgarten, zu dem nur wenige Zutritt haben) und ist voller Zweifel; denn sie weiß noch immer nicht, wie sie ihre geheimsten Wünsche den Eltern mitteilen soll, die ihr soviel Liebe geschenkt haben. Hier setzt das Unbewußte wahrscheinlich mehr als auf die roten Blüten, die von liebevoller Zuneigung sprechen, auf die Dornen der Rose, die zwar verletzen können, aber nur einen kurzen Schmerz hervorrufen, der schnell vergeht, wenn das Gefühl nicht auf Egoismus aufgebaut ist.

Prüfungsträume

Wer noch keinen Prüfungstraum gehabt hat, gehört entweder zu jener Minderheit, die behauptet, noch nie geträumt zu haben, oder er ist in seinem Leben bisher vielleicht um ernsthafte Examen herumgekommen. Jedenfalls stehen Träume, in denen man noch einmal die Tortur der Lehrlingsprüfung, des Abiturs, des Hochschulexamens und so weiter durchmacht, in der Statistik mit an der Spitze. Oft sind sie Alpträume vor schwierigen Entscheidungen im Lebenskampf, manchmal auch nur ein Triumphieren, es zu etwas gebracht zu haben.

Durchgefallen mit Pauken und Trompeten

Immer wieder schweißgebadet ins Abitur

An die hundert Mal, erzählte mir einmal ein Freund, habe er wieder in einem Klassenzimmer gesessen und schweißgebadet den Abiturprüfern Rede und Antwort gestanden. Der promovierte, überaus erfolgreiche Rechtsanwalt berichtete:

„In den meisten Fächern war ich so schwach, daß ich die einfachsten Begriffe nicht wußte und an den hochmütigen Gesichtern der Mitglieder der Prüfungskommission ablesen konnte, daß man mich mit Pauken und Trompeten durchfallen lassen würde. Irgendwie hatte ich aber immer das Gefühl: Was die können, kannst du schon lange! Und: denen wirst du es später aber einmal zeigen! Bemerken möchte ich noch, daß ich einen solchen Traum meist vor schweren Gerichtsterminen hatte, bei denen ich nicht wußte, ob sie für meinen jeweiligen Mandanten gut ausgehen würden.“

Die Ansicht von Freud und Stekel, daß der Examenstraum als eine sexuelle Prüfung aufgefaßt werden müsse oder wie Alfred Adler meint, „eine unauslöschliche Erinnerung an die Strafen für Kinderstreiche“ sei, scheidet bei den Träumen meines Freundes sicher aus, obwohl die Deutungen der drei Altvorderen der Psychoanalyse in anderen Fällen durchaus im Bereich des Möglichen liegen. Doch der Träumer betont ja ausdrücklich, daß er solche Prüfungsträume in der Regel vor schweren Gerichtsterminen habe; sexuelle Schwierigkeiten bestanden wohl nicht.

Freuds Trost für alle, die von Prüfungen träumen

Trotzdem könnte die Serie von Prüfungsträumen, von denen der Anwalt berichtete, nach Freud gedeutet werden. Der große Psychoanalytiker und Traumforscher spricht nämlich davon, daß die meisten Prüfungsträume, bei denen man ein längst bestandenes Examen im Traum noch einmal absolvieren muß, den Trost beinhalten, daß der Träumer ein augenblickliches Problem gut in den Griff bekommen wird. Dies gilt auch dann, wenn bei diesem Problem von Sexuellem nicht die Rede ist. Dem kann man sich hier anschließen.

Anders wäre es, wenn es sich bei dem Träumer um einen gehemmten, nicht sehr erfolgreichen Menschen handelte, der seine Prüfung damals nur mit Ach und Krach bestanden hatte oder gar durchgefallen war.

Dann könnte das Unbewußte im Traum signalisieren, daß er die Vergangenheit endlich ruhen lassen und lieber ohne Hemmungen in die Zukunft blicken sollte.
Häufig deuten Prüfungsträume tatsächlich auf mehr oder minder große Schwierigkeiten im Sexualleben hin (über rein sexuelle Träume lesen Sie im folgenden Abschnitt mehr). Sie stören erwiesenermaßen besonders den Schlaf sexuell Impotenter oder Frigider. Vielfach geben sie aber ebenso den seelischen Anstoß, das Leben auf eine andere, bessere Basis zu stellen. Und aus alledem erhellt wieder einmal, wie vielschichtig Träume gedeutet werden können, wobei es stets wichtig ist, die persönliche Lage des Träumers in die Interpretation mit einzubeziehen.

Die verschluckte Sicherheitsnadel

Der Angsttraum eines jungen Lehrers

Marta Bernstein, die bekannte holländische Traumforscherin, die lange Zeit von Freud begeistert war, dann aber zu einer eigenen Methode der Traumanalyse fand, wurde einmal mit dem Angsttraum eines jungen Lehrers konfrontiert, der zu einem Studienaufenthalt in den Niederlanden war.
Seine Rückreise in die Heimat wurde früher angesetzt als erwartet, weshalb er innerhalb eines Jahres ein sehr schwieriges Examen ablegen mußte, für das üblicherweise zwei Jahre als Vorbereitungszeit veranschlagt wurden. Trotzdem bestand er die Prüfung mit Auszeichnung. Kurz danach hatte er einen bemerkenswerten Traum, den Marta Bernstein wie folgt berichtet:
„Der junge Lehrer träumt sehr konkret, er habe eine Sicherheitsnadel verschluckt, an der er beinahe erstickt sei. Er träumt so heftig, daß er noch nach dem Erwachen das sehr beklemmende Gefühl hat, daß die verschluckte Nadel ihn würge."
Wie wir von der Traumforscherin erfahren, hatte der Lehrer selbst schon psychoanalytische Studien betrieben, den beklemmenden Traum aber konnte er nicht deuten, worauf ihm Marta Bernstein eine plausible Erklärung gab:

Die Sicherheit, die ein Examen gibt

„Ich finde, die Deutung ist einfach: Voran steht der Begriff Sicherheit. In diesem Falle ist wohl die Sicherheit gemeint, die er durch das bestandene Examen erreicht hat, jene Sicherheit eben, die eine feste Position verspricht. Die Nadel verursacht Stiche, übersetzt: die bohrenden Fragen der Examinatoren, die ihn fast überforderten. Der Träumer muß sie, um an das ersehnte Ziel zu gelangen, nun einmal schlucken; und beinahe wäre er, wie man sehen konnte, daran erstickt.
Die Aufgaben, die ihm die Prüfungskommission stellte, waren so schwer, daß er mit Grausen daran zurückdenkt. Er hat ein regelrechtes Alpdrücken und würgt noch nach dem Aufwachen an der Sicherheitsnadel, die ihm das Unbewußte zu schlucken gab."

In dem Traum war von keinem Examen die Rede, und doch können wir ihn unter die Prüfungsträume einreihen. In diesem Fall erinnerte das Unbewußte im nachhinein an die Fülle des Stoffes, der zu bewältigen gewesen war, an das große Aufatmen, nachdem die Prüfung bestanden war.

Ist ein solcher Traum vielleicht die Aufforderung, im Leben auch weiterhin niemals klein beizugeben, selbst wenn es noch so schwer werden mag?

Sexuelle Träume

Ohne Scham greift die Bilderwelt des Traumes Sexuelles auf, übersteigert es manchmal sogar in regelrechte Orgien. Das Triebhafte, im Wachleben durch Zivilisation und Erziehung gebändigt, kommt hier zum Ausbruch. Aber nicht immer sind erotische Träume als Lusterfüllung, als sexuelle Begierde zu deuten. Vielfach machen sie nur Geistig-Seelisches durchsichtig. Mit solchen Bildern will uns das Unbewußte über den Umweg ins Triebhaft-Derbe unsere Partnerschaftsprobleme aufzeigen, Hemmungen abbauen, die menschliche Kontakte verhindern oder doch zumindest erschweren.

Die Häufigkeit sexueller Träume ist oft von der Triebstärke des Menschen abhängig, manchmal treten sie auf, wenn eine bisher herzliche Partnerschaft gestört ist. Hier ist der Wunsch der Vater des Gedankens: Man möchte schier Unwiederbringliches zurückholen, den innigen Kontakt im zwischenmenschlich-seelischen Bereich wiederherstellen. Häufig schildert der Sexualtraum auch nur die Angst, etwas zu verlieren, dessen man sich im Wachleben völlig sicher zu sein glaubt.

Hier und da umschreibt er aber auch unseren Willen, uns von etwas zu trennen, das nicht mehr zusammenzuhalten ist. Inzestträume können da als Beispiel herangezogen werden: Wenn die Tochter mit dem Vater, der Sohn mit der Mutter schläft, will die Seele junge Menschen darauf vorbereiten, daß es jetzt Zeit sei, aus dem elterlichen Haus zu gehen, sich als Individuum zu bewähren, auf eigenen Füßen zu stehen.

Derbe Träume haben oft geistige Bedeutung

Man sieht an diesem Beispiel, daß ein grober Trauminhalt eher eine geistige Bedeutung haben kann, daß die Unzucht als verstärktes Symbol gelten kann, um den Träumer auf einen nötigen Wandel in seinem Leben aufmerksam zu machen und damit darauf vorzubereiten.

Bei Sexualträumen gilt vor allem auch der Ausspruch des deutschen Philosophen Arthur Schopenhauer, daß sich Affekte und Leidenschaften in der Willkür des Traumlebens offenbaren, daß sich die moralischen Eigentümlichkeiten der Personen in ihren Träumen spiegeln.

Zur Enthaltsamkeit gezwungen

Sexuelle Vereinigung bedeutet nicht immer Wunscherfüllung

In der Regel weist eine sexuelle Vereinigung im Traum nicht automatisch auch auf eine sexuelle Wunscherfüllung hin, obwohl auch das durchaus der Fall sein kann, wie sich am Traum eines 25jährigen Matrosen zeigt, der auf hoher See wochenlang nur unter Männern lebte: *„Ich liege ganz allein in einer Hängematte. Aber plötzlich herrscht in meiner Koje ein Riesenbetrieb. Nackte Weiber wälzen sich mit irgendwelchen Männern am Boden herum. Ich bin erstaunt, daß in die enge Koje soviel Menschen hineingehen. Dann schreie ich einer etwas fülligen Maid zu: ‚He, komm doch rauf zu mir!' Und obwohl völlig nackt, ziert sie sich. Ich muß alle meine Kraft zusammennehmen, um sie in die Hängematte zu stemmen. Aber dann liegt sie unter mir und zeigt, was sie kann. Ich bin begeistert von soviel Temperament; als es jedoch gerade am schönsten ist, wache ich auf, liege allein in meiner Koje und träume mit offenen Augen, obwohl ich sonst eigentlich gern was Schlankes um mich habe, von der fülligen Maid, die mich in der Hängematte befriedigte ..."*

Dieser Traum spricht für sich: Ein Matrose träumt nach wochenlanger Enthaltsamkeit von dem Erlebnis mit einer jungen Frau, die er im Traum zu sich in die enge Hängematte heraufzog, die für sexuelle Handlungen denkbar ungeeignet ist. Das Traumbild gaukelt ihm vor, daß alles geht, wenn man ein temperamentvoller Mann ist. Zugleich ist es ein Zeichen dafür, daß der Körper die ungewohnte Enthaltsamkeit als völlig unbefriedigend signalisiert. So kommt es im Schlaf zum Samenerguß.

Mangelnde Harmonie im Gefühlsleben

Trotzdem entspringen die meisten sexuellen Träume nicht einem unbefriedigten Geschlechtsleben, sondern können durchaus eine vielleicht falsche Einstellung des Träumers zur Sexualität umschreiben, die im allgemeinen auch auf die falsche Einstellung zum jeweiligen Partner verweisen kann. Möglicherweise ist sie auf die mangelnde seelische Übereinstimmung zurückzuführen, auf die das Unbewußte mit einem sexuellen Traumgeschehen aufmerksam machen will. Oft läßt nämlich die geschlechtliche Vereinigung im Traum den Beischlaf nicht erkennen, sondern den psychischen Kontakt, der im Wachleben verlorenging.

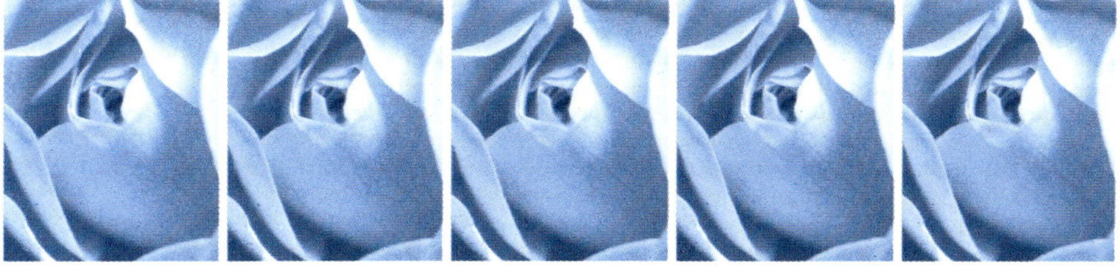

Orgasmus im Traum

Kinsey-Studie über Sexualträume

In diesem Zusammenhang sind die Studien von Dr. Alfred Kinsey interessant, der mit seinem Mitarbeiterstab rund 5 000 Amerikaner und fast 6 000 Amerikanerinnen über ihre Sexualträume befragte. Bei den Männern gab es danach sehr viele solche Träume, die nicht im Orgasmus endeten. Einige der Befragten gaben zu, daß bei ihnen zwar regelmäßig in der Nacht Samenerguß erfolgte, sie sich jedoch nicht an begleitende Träume erinnern könnten. Da aber auch Kinsey der Ansicht ist, daß kein Orgasmus im Schlaf ohne ein Traumerlebnis erfolgt, darf man wohl annehmen, daß die scheinbar Traumlosen ihre Träume einfach vergessen hatten.

Übrigens bestätigen 83 % der Männer, daß sie irgendwann einmal in ihrem Leben sexuelle Träume hatten. Einige von ihnen berichteten, sie hätten zwei- oder dreimal im nächtlichen Traumbild einen Orgasmus gehabt, wären aber jedes Mal danach wach geworden.

Auch Frauen haben nach Kinsey solche Träume, die jedoch nur schwer erfaßt werden können, weil zum einen die weibliche Physis derartige Träume nicht so deutlich wie bei der männlichen erkennbar mache, zum anderen aber auch viele Frauen ihre sexuellen Traumerlebnisse nicht eingestehen wollten. Tatsächlich aber hatten sie, wie Kinsey und seine Mitarbeiter herausfanden, Sexualträume, die muskuläre und sekretorische Zeichen des Orgasmus zeigten. Doch war der Prozentsatz bei Männern weit höher.

Männer und Frauen, die Orgasmuserlebnisse im Traum hatten, konnten in der Mehrzahl ihre Traumpartner nicht identifizieren. Es waren Schatten oder unbekannte Personen, mit denen sie sich im Traumbild körperlich eingelassen hatten.

Der symbolische Wert des Sexuellen

Sexualsymbole nicht immer wörtlich nehmen

Nur zu leicht verfallen manche Psychoanalytiker dem Irrtum, sogenannte Sexualsymbole allzu wörtlich zu nehmen. Doch warum sollte man ausgerechnet sie konkret übersetzen, wenn man alles andere aus dem Traumgeschehen nur symbolisch verstehen möchte? Man kann natürlich, wenn man Freud übertreiben will, in allen Traumgesichten Sexuelles suchen oder in sie hineininterpretieren. Man sollte aber, wenn man Traumdeutung ernsthaft betreibt, den symbolischen Wert einer Traumübersetzung auch im Sexuellen beachten, ohne dabei das Erinnerungsvermögen an die eigene Kindheit, also den infantilen Charakter des Traumgeschehens, zu übersehen. Dazu gibt Wilhelm von Siebenthal ein sinnvolles Beispiel:

„Die zunächst nicht organhafte (nichtsexuelle) Libido (im Sinne Jungs) treibt das Kind zur Beschäftigung mit seinem ganzen Körper (bei Freud Autoerotismus, später Narzißmus) und wird phasisch an bestimmte Körpergegenden fixiert (Mund- und Analgegend und so weiter). Im Reifealter treten … diese Fixierungen je nach seelischer Situation wieder ins (Traum-)Bewußtsein, die jetzt sexuellen Charakter haben können (Finger, Augen, Zähne und so weiter). Es ist aber zu bemerken, daß die Bedeutung dieser sexuellen Ersatzorgane nicht nur sexuell ist (wie sie im Säuglings- und Kleinkindalter überhaupt nicht gewesen ist), sondern sie haben eine zugleich umfassendere Bedeutung. Die Darstellung des Phallus als Kultgegenstand versinnbildlicht auch nicht nur den Wunsch nach Koitus, sondern beschwört ebenso die Fruchtbarkeit in jeder Form herauf."

Das schmutzige Bettlaken

Lebensumstände des Träumers stets berücksichtigen

Bei augenscheinlichen Sexualträumen sind die allgemeinen Lebensumstände des Träumers besonders zu berücksichtigen. Dieser These wollen wir einen Traum des Lyrikers Max Dauthendey zugrunde legen, der Mitte 1914 eine Ostasienreise antrat. Er wollte Java und Neuguinea besuchen und am 23. September wieder in Bremen sein. Doch der Ausbruch des Krieges überraschte ihn, und er mußte bis zu seinem Tode im Jahre 1918 – von den Engländern auf Java interniert – von seiner Frau Annie getrennt leben, einer Schwedin, der er stets auch körperlich die Treue gehalten hatte.

Fern der Heimat schrieb er alle seine Träume auf, die oft von seiner Frau handelten. Im Traumbild ließ er sich von ihr scheiden oder sah, wie sie ihn betrog. Daß er sich auch sexuell stark zu ihr hingezogen fühlte, offenbart ein Traum, den er am 9. November 1916 niederschrieb: *„Heute nacht träumte ich, daß ich mit Annie in ein Bett hineinstieg. Das Bett stand auf der Mainbrücke in Würzburg (dem Geburtsort Dauthendeys). Und alle Leute konnten uns sehen. Aber die Bettlaken waren schmutzig. Und ich sagte zu ihr: ‚Zu meinem Empfang hättest du andere Laken nehmen sollen.' Da stieg sie wieder hinaus. Und Kissen und Laken rutschten aus meinem Bett. Und ich suchte nach Annie und war unruhig, daß sie nicht bei mir im Bett geblieben war."*

Ein Traum von Liebe und Sehnsucht

Nach Ignaz Jezower bemerkte Dauthendey zu diesem Traum: „Im Bett liegen bedeutet Krankheit und Tod, sagt man in den Traumbüchern." Natürlich spricht der Traum des Lyrikers von Liebe und Sehnsucht nach Vereinigung mit seiner geliebten Frau. Diese Liebe, die seelisch wie körperlich begründet ist, will er vor aller Welt zeigen. Der Traum überwindet die lange Trennung: Er steigt auf der Mainbrücke von Würzburg mit Annie ins Bett und möchte mit ihr verkehren, auch wenn noch so viele Leute bei dem Akt zuschauen. Aber dann erinnerte das Unbewußte mit dem schmutzigen Bettlaken daran, daß er, der in einem Lager interniert ist, einfach keine Möglichkeit hat, seinen sexuellen Gelüsten zu frönen. Und er machte seiner Frau Vorwürfe. Da stieg sie aus dem Bett und nahm Kissen und Laken gleich mit. Die Unruhe, die ihn danach erfaßte, läßt darauf schließen, daß er auch ohne Annie das

Traumziel erreichte, wenngleich in seiner Seele die bange Frage blieb, ob Annie ihm auch wirklich treu bleiben würde, obwohl sie ihm in jedem Brief schrieb, daß sie in Treue zu ihm stehe.
Max Dauthendey litt unter solchen Träumen. Wie um vor sich selbst die Traumgespinste hinwegzuwischen, schrieb er kurz vor seinem Tode in sein Tagebuch: „Ich muß mir immer wieder den ganzen Tag vorsagen: Träume bedeuten das Gegenteil von dem, was sie uns zeigen. Also, wenn ich Annie im Traum verführt und mir fortgenommen sehe, so ist sie mir wahrscheinlich in Wirklichkeit treu. Aber welch schwacher Trost..."

Der Inzest

Max Dauthendey wußte natürlich, daß ein Traumbild nicht alles aus dem bewußten Leben ins Gegenteil verkehrt, es zeigt es nur anders. So ist der Inzest zum Beispiel nicht vom moralischen Standpunkt zu beurteilen, sondern ganz einfach zu deuten. Die sexuelle Beziehung zwischen Mutter und Sohn im Traum, von Sigmund Freud zum Ödipuskomplex stilisiert (siehe im Symbolteil unter dem Stichwort „Mutterkomplex"), ist in den meisten Fällen als die Aufforderung des Unbewußten zu verstehen, sich endlich vom Elternhaus abzunabeln.

Der Traum vom Inzest – Symbol für die Loslösung vom Elternhaus

Vor einiger Zeit erzählte mir ein 22jähriger Student erschreckt, er habe des öfteren geträumt, mit seiner Mutter geschlafen zu haben. In den ersten Traumbildern habe er erst nur schüchterne Versuche gemacht, seine Mutter durch eindeutige Werbungen darauf aufmerksam zu machen, daß er selbst ein sehr viel besserer Bettgenosse sei als der eigene Vater, also ihr Mann. Sie habe schließlich keine Gegenwehr gezeigt. Der 22jährige, der mir gestand, bis dahin noch mit keiner Frau verkehrt zu haben, erzählte:
„Sie sagte, als der Vater schlief: ‚Komm zu mir ins Bett, aber er darf nichts merken.' Und ich kroch unter ihre Bettdecke und vergnügte mich mit ihr. Sie war wie ein junges Mädchen, das noch die Unschuld besitzt. Sie lag nackt neben mir, und ich streichelte ihren Körper. Aber plötzlich sagte sie: ‚Jetzt mußt du in dein Bett gehen, sonst merkt er was.' Und ich wußte, daß sie damit meinen Vater meinte. Als ich aufwachte, war die Schlafanzughose feucht ..."
Der Student, der sich besonders eifrig seinem Studium widmete, hatte keine Freundin. Ich hatte den Eindruck, daß er bei jedem Mädchen, das ihm gefiel, noch puterrot wurde. Er sagte mir, daß er sehr viel erotische Literatur in seinem Zimmer daheim versteckt hielte, die ihn „auf Touren" bringen könne. Er war zu schüchtern, sich einem Mädchen zu nähern, um mit ihr einschlägige Erfahrungen zu sammeln. So mußte – im Traum – die Mutter für sexuelle Spiele herhalten, die eigentlich einer anderen zugedacht waren.
Im Traum war er der feurige Liebhaber, wie er ihn aus seiner erotischen Literatur kannte. Und er sagte ausdrücklich, daß seine Mutter sehr ver-

gnügt gewesen sei. Hatte die Unmoral ihn im Traum erfaßt? Sehen wir uns daraufhin an, wie der Inzesttraum des 22jährigen gedeutet werden muß:

Zunächst einmal weist das Unbewußte im Traumbild den Träumer darauf hin, daß er besser Stillschweigen über das bewahren sollte, was in diesem Traum geschehe („Der Vater darf nichts merken"). Mit der Mutter steckt er unter einer Decke. Dort fühlt er sich geborgen. Aber es ist nicht die Mutter, die er in den Armen hält, sondern eine junge Unschuld, die er streichelt, als sie nackt neben ihm liegt. Und dann ist es doch wieder die Mutter, die ins Traumgeschehen eingreift und ihm bedeutet, aus dem Bett zu steigen, aber der Vater solle davon nur ja nichts merken. Als der junge Mann aufwacht, merkt er, daß der Verkehr im Traum physische Folgen gehabt hat.

Deutung des Inzesttraumes eines 22jährigen

Die Moral dieser Traumgeschichte ist einfach: Der Student weiß, daß er endlich selbständiger werden muß, wenn er sich im Leben behaupten will. Die Eltern liebt er, aber ihre gängelnde Fürsorge stört ihn. Er will selbst für sich sorgen (Vaters Scheck nimmt er gern), will eine Studentenbude beziehen, sich vom Elternhaus lösen und endlich blutvolles Leben kennenlernen. Das Unbewußte scheut sich nicht, ihm das Bild der Blutschande zu suggerieren, um ihn freizumachen. Im Wachleben hatte er nie den Wunsch, mit der Mutter zu schlafen, aber der Traum macht's möglich; das Horrorbild wollte ihm aufzeigen, daß er als 22jähriger immer noch die Füße unter den Tisch der Eltern streckt, statt sich anderwärts zu orientieren.

Im Traum sucht er das Verständnis der Mutter für seinen Wunsch nach Abnabelung vom Elternhaus, vor dem Vater hat er eher Angst, daß er nicht verstünde, wenn er plötzlich von daheim wegginge, wo er es hier doch „so gut" habe. Aber er weiß nicht, wie er es sagen soll, und so wird er noch manchesmal im Traum mit seiner Mutter schlafen...

Kinderträume

Schon der Säugling träumt, bevor er überhaupt sprechen kann – ein Beweis mehr dafür, daß die optischen Empfindungen im Traum überwiegen. Das bestätigt Professor Hans Winterstein, der dazu schreibt: „Die optischen Erlebnisse überwiegen an Häufigkeit und Umfang weitaus alle anderen. Das durch Gehörreize ausgelöste Traumerlebnis ist meist wieder optischer Natur, und nur relativ selten treten sie selbst als akustische Phänomene in den Trauminhalt ein. Hörträume sind anscheinend schwierig zu bewerkstelligen. Selten geht die geträumte Pistole los, am häufigsten ist noch Musik zu hören oder – in matter und nur unbestimmt als Gehörseindruck imponierender Form – die Sprache. Alle anderen Empfindungen, Geruch, Geschmack, Wärme, Kälte, Druck, Schmerz sind höchst selten im Traum." Aber die seelischen Empfindungen, ins Traumbild optisch übersetzt, sind schon im frühesten Babyalter vorhanden.

Märchenhafte Reise ins Traumland

Kinder träumen intensiver als Erwachsene, ihre Reise ins Traumland ist sehr oft märchenhaft verbrämt. Da werden Wünsche wach nach Dingen, die man in den Auslagen der Spielwarengeschäfte kurz zuvor sah oder in der eigenen Phantasie regelrecht erträumte. Äußere Reize der Umwelt, des Fernsehens und des Straßenverkehrs, aber auch Märchen, Sagen und spannende Kinderbücher bleiben nicht ohne Einfluß auf das Traumgeschehen. Sie schlagen sich teilweise in wahren Angstträumen nieder, die das Kind in Schweiß gebadet erwachen lassen. Nicht umsonst stehen zum Beispiel Verfolgungsträume an der Spitze kindlicher Traumbilder, gefolgt von Fallträumen, auf die wir im nächsten Abschnitt dieses Buches noch kommen werden.

Kinder träumen durchsichtiger, einfacher als Erwachsene. Ihre Seele ist kaum so belastet, die Lebenserfahrung hat sie noch nicht mitgenommen. Trotzdem glaubt Alfons Maeder, ein Schüler Jungs, daß in einigen Kindheitserinnerungen eine symbolische Voraussicht wichtiger Lebenserfahrungen zu sehen ist. Denn schon in der Kindheit werden manche Erlebnisse verdrängt – Beweis für jene Träume von Erwachsenen, in denen sich solches Geschehen im Traumbild plötzlich wieder verdichtet.

Martin und der Marder

Das schwere Schicksal eines kleinen Jungen

Ein typisches Beispiel dafür, wie Kinder im Traum ein einschneidendes Erlebnis verdrängen können, geht aus dem Traum des kleinen Martin hervor, dessen Mutter starb, als er gerade drei Jahre alt war. Der Vater war mit ihm und der Mutter, die an einer schweren Krankheit litt, ins Krankenhaus gefahren, hatte dort auf dem Parkplatz sein Auto stehen gelassen und war in dem Wagen seiner Schwester mit Martin nach Hause gefahren. Noch in der Nacht wurde Martins Vater ins Krankenhaus gerufen, wo eine Notoperation seiner Frau auch nicht mehr helfen konnte; sie starb einen Tag später.

Martin, dem der Vater erzählt hatte, daß die Mutter nun im Himmel sei, war sehr tapfer. Er weinte zwar über den Verlust der Mutter, doch ein anderes Ereignis, das er mit ihrem Tod verband, spielte von nun an lange Zeit in seinen Träumen eine Hauptrolle: Ein Marder hatte auf dem Klinikparkplatz die Gummischläuche des Wagens seines Vaters angeknabbert, so daß dieser Hilfe herbeirufen mußte, um sein Auto wieder flott zu bekommen.

Der Marder geisterte von diesem Zeitpunkt an in vielerlei Gestalt durch die Angstträume des kleinen Martin. Vielleicht wollte ihn das Unbewußte von dem frühen Tod der Mutter ablenken und nahm deshalb das Tier zu Hilfe, das mit seinen scharfen Zähnen sogar Autos lahmlegen konnte. Noch fast zwei Jahre lang träumte Martin immer wieder von diesem wilden Tier. Inzwischen hatte sein Vater wieder geheiratet, eine junge Frau, die dem kleinen Burschen zur lieben Mama wurde. Und er erzählte ihr eines Morgens nach dem Aufwachen folgenden Traum:

Den Marder in den Keller gelockt

„Ich habe wieder den Marder gesehen. Er zeigte mir seine Zähne, mit denen er Papas Auto angefressen hat. Da bin ich in den Keller runtergegangen, und der Marder kam hinter mir her. Als er unten war, habe ich im Keller einfach das Licht ausgemacht und bin wieder hinaufgegangen. Und ich habe gar keine Angst gehabt. Der Marder ist jetzt im Keller, der tut mir bestimmt nichts mehr ...“

Tatsächlich hat der Bub nicht mehr vom Marder geträumt. Es scheint, daß er das Angstbild, das mit dem Tod seiner Mutter zusammenhing, verdrängt hat. Vielleicht wird es, wenn er einmal erwachsen ist, in einer Krisensituation wieder im Traum auftauchen. Obwohl das Bild eindeutig für die Verdrängungstheorie spricht, wollen wir doch noch eine Deutung versuchen:

Der von Martin so gefürchtete Marder kam ins Haus und zeigte ihm seine Zähne, vor denen der Bub aber sichtlich keine Angst hatte. Durch seine traumhaften Begegnungen mit dem fuchsartigen, schlauen Tier wohl gewitzt, lockt er es in den Keller hinunter, in den er sich im bewußten Leben sonst nur in der Begleitung eines Erwachsenen wagt. Das Unbewußte suggeriert dem nun Fünfjährigen, daß er keine Angst mehr zu haben brauche, denn er habe ja dem Marder das (Lebens-)Licht abgedreht, so daß das Tier im Dunkeln umkommen müsse.

Die Schaukel des lieben Gottes

Überbordende Phantasie in Kinderträumen

Die Phantasie spielt in Kinderträumen eine sehr viel größere Rolle als in den Träumen von Erwachsenen. So schrieb der Dichter Friedrich Hebbel, den wir schon mehrfach zitierten, einen Traum nieder, den er als Kind gehabt hat:

„Ich habe übrigens wirklich in meiner Kindheit einmal geträumt, den lieben Gott zu sehen. Es war ein schwankes Seil hoch am Himmel aufgeknüpft, auf das setzte er mich und schaukelte mich. Ich hatte große Angst, wenn ich so in die Wolken hinaufflog, und wollte mich immer, wenn das Seil wieder die Erde berührte, herausstürzen, aber ich hatte den Mut nicht. Ich erinnere mich aller dieser Erfindungen noch aufs deutlichste; ich meine die roten Steinchen, die ich an der Erde bemerkte, wenn mein Blick sie streifte, noch zu sehen.“

Hebbel versuchte als Erwachsener eine Analyse seines Kindertraums, wobei wir bemerken möchten, daß er von den Forschungen Freuds nichts wußte:

„Bei Nacht gipfelte diese Tätigkeit meiner gärenden Phantasie in einem Traum, der so ungeheuerlich war und einen solchen Eindruck in mir

zurückließ, daß er siebenmal hintereinander wiederkehrte. Mir war, als hätte der liebe Gott, von dem ich schon so manches gehört hatte, zwischen Himmel und Erde ein Seil ausgespannt, mich hineingesetzt und sich daneben gestellt, um mich zu schaukeln. Nun flog ich denn ohne Rast und Aufenthalt in schwindelerregender Eile hinauf und hinunter; jetzt war ich hoch in den Wolken, die Haare flatterten mir im Winde, ich hielt mich krampfhaft fest und schloß die Augen. Jetzt war ich dem Boden wieder so nah, daß ich den gelben Sand sowie die roten und weißen Steine deutlich erblicken, ja, mit den Fußspitzen erreichen konnte. Dann wollte ich mich herauswerfen, aber das kostete doch einen Entschluß. Bevor es mir gelang, ging's wieder in die Höhe, und mir blieb nichts übrig, als abermals ins Seil zu greifen, um nur nicht zu stürzen und zerschmettert zu werden.
Die Woche, in welche dieser Traum fällt, war vielleicht die entsetzlichste meiner Kindheit; denn die Erinnerung an ihn verließ mich den ganzen Tag nicht. Und da ich, sowie ich trotz meines Träumens zu Bett gebracht wurde, die Angst vor einer Wiederkehr hinein-, ja, unmittelbar in den Schlaf hinübernahm, so war es kein Wunder, daß er sich auch immer wieder einstellte."

Der unverkennbare Flugtraum eines Kindes

Wir haben es hier mit dem typischen Flugtraum eines Kindes zu tun, das den lieben Gott gar nicht so lieb sah, wie er ihm von den Erwachsenen geschildert wurde. Dieses Seil hoch am Himmel deutet auf das kindliche Empfinden hin, als es zum erstenmal das Märchen vom „lieben" Gott erfährt. Der träumende Kleine läßt sich daraufhin schaukeln; denn die Erzählungen der Erwachsenen von dem gütigen Himmelsvater lassen ihn glauben, daß ihm nichts geschehen kann. Aber als er in die Wolken hinauffliegt, wird ihm doch angst und bange; schließlich ist den Wolken nicht zu trauen, weil sie Sturm und Regen, Donner und Blitz bewirken. Und als er dem mütterlichen Schoß der Erde näherkommt, traut er sich nicht, sich hinauszustürzen, könnte er doch auf die roten Steinchen fallen, an denen er sich vielleicht zuvor bei einem Sturz die Knie blutig geschlagen hatte.
Übrigens: Hebbel schreibt die Traumgeschichte wohl genauso auf, wie er sie als Kind erlebt hatte – als Zuschauer seiner selbst; denn er sah sich im Traum, als ihn der Mut verließ, hinauszustürzen, was doch klar umschreibt, daß der Bub, der vom Herrgott an einem Seil geschaukelt wurde, sein zweites Ich war; er fürchtete stets, daß die Traumgestalt auf ihn selbst fallen und ihn erdrücken könnte.

Der Sturz vom Pferd

Die achtjährige Sonja ist ein Mädchen, das Tiere sehr liebt und seit den Ferien auf einem Ponyhof nur den einen Wunsch hat, einmal selbst solch ein Tier zu besitzen. Und sie träumt oft von dem eigenen Pferd, mit dem sie durch die Traumlandschaft reitet. Eines Morgens allerdings erzählte sie ihrer Mutter von einem schrecklichen Traum, der von ihr und von ihrem Lieblingstier handelte:

„Ich steige auf das Pferd und reite über Menschen und Tiere hinweg, dann über eine Wiese in den Wald hinein. Als ich gerade wieder auf freiem Feld bin, schlägt mir ein Ast ins Gesicht, und ich falle vom Pferd. Das Komische ist, daß das Pferd gleich hinter mir herfällt. Da habe ich gedacht: Wenn wir unten angekommen sind, liegt das viel schwerere Tier auf mir und zerquetscht mich. Aber wir fallen immer tiefer, ohne den Boden zu berühren. Ich war froh, als ich aufwachte und im Bett lag."

Der endlose Fall ins Nichts

Der freie Fall mit dem Pferd ins Nichts ist der typische Angsttraum eines phantasiebegabten Kindes. Sonja möchte gerne ein Pferd, aber sie weiß, daß die Eltern nicht genug Geld besitzen, um ihr diesen Wunsch je erfüllen zu können. Darauf weist wohl der freie Fall ins Nichts hin, von dem die Achtjährige angstvoll berichtete. Übrigens bestätigte mir ihre Mutter, daß Sonja seit geraumer Zeit nicht mehr von ihrem Wunschpferd träume.

Kindliche Angstträume kann man nicht verhindern, zumal die Phantasie der Kleinen buchstäblich aus der Maus einen Elefanten zaubern kann. Das heißt: Die Erlebnisse aus der Alltagswelt des Kindes spiegeln sich oft im Traumbild wider. Da wird der Sturz über ein Hindernis, bei dem es sich zerschundene Knie holte, zum freien Fall in den Weltraum, da wird die Hetzjagd beim Indianerspiel zur Verfolgungsjagd, wie wir es in diesem Buch unter den Alpträumen („Ein Schatten auf Verfolgungsjagd") an einem ähnlichen Beispiel nachlesen können. Jeder kann sich aus seiner Kinderzeit an ähnliche Träume erinnern, die viele Jahre später möglicherweise noch einmal „erlebt" werden, weil das Unbewußte sie als mahnendes Beispiel benutzt.

Die Lilien im Brunnengraben

Was ein Nobelpreisträger als Kind träumte

Daß Kinder sehr oft Tageserlebnisse zu Traumgeschichten verarbeitet sehen, beweist der Traum des fünfjährigen Frédéric Mistral, der als provençalischer Dichter und Lexikograph 1904 mit dem Nobelpreis ausgezeichnet wurde. An jenen Traum aus seiner Kindheit erinnerte er sich als Erwachsener:

„In einem wunderhübschen Bach, der klar, durchsichtig und blau wie das Gewässer von Vaucluse um den ‚Mas' herumfloß, erblicke ich prächtige Büschel von großen grünen Iris, die eine feenhafte Menge von goldenen Blüten im Sonnenschein leuchten lassen. Wasserlibellen kommen geflogen und ruhen sich mit ihren blauseidenen Flügeln auf den Blüten aus; und ich? Ich schwimme ganz nackt in dem herrlichen, lieblichen Wasser und pflücke mit beiden Händen ganze Bündel – ja, ganze Armevoll von blonden Lilien. Und je mehr ich pflücke, desto mehr schossen empor. Mit einemmal höre ich eine Stimme, die mir laut zuruft: ‚Frédéric!' Ich wache auf, und was sehe ich! Eine große Handvoll gold-gelber Teichlilien leuchten an meinem Bettchen."

Die Verwandlung des Wassers im Brunnengraben

Zuvor war der kleine Frédéric dreimal hintereinander in einen Brunnengraben gefallen, als er Schwertlilien pflücken wollte, die in dem trüben Tümpel wuchsen. Jedesmal wurde er aus der schmutzigen Brühe des Grabens gezogen und von dem übelriechenden Schlamm befreit. Als er zum drittenmal aus dem Brunnengraben gezogen wurde und die Mutter ihn aus Angst, er könne sich erkälten, ins Bett legte, hatte er den idyllisch-märchenhaften Traum, den er als Erwachsener nacherzählte.

Aus dem übelriechenden Grabenschlamm wurde ein klares Wasser, in dem er nackt herumschwamm und ganze Bündel von Schwertlilien pflückte. Und als er erwachte, stand ein Strauß der schönen Blumen an seinem Bett.

Hier spielte das Traumbild in die Wirklichkeit hinüber: Um seinem Sohn zu bedeuten, daß der kleine Mann sich nicht selbst bemühen solle, die Lilien im Schlamm zu pflücken, hatte sie Frédérics Vater in der Zwischenzeit selber gebrochen, und die Mutter hatte sie ans Bett des Fünfjährigen gestellt.

Bei diesem Traum ergibt sich die Deutung von selbst.

Flug- und Fallträume

Nach Professor Wilhelm von Siebenthal ist der Flugtraum vor allem ein Zeichen des gehemmten, verhinderten Emporkommens, des immer wieder scheiternden, kontaktarmen, isolierten Menschen. Ehrgeiz und der Wunsch nach Potenz stellen sich darin dar. Dieser Traum ist für den im Wachleben weniger Erfolgreichen die Übersetzung des Erfolgserlebnisses, das Gefühl, andere zu überflügeln, was im Alltagsleben nicht gelingt.

Der Wunsch, andere zu überflügeln

Oft aber bedeuten Träume vom (freien) Fliegen auch das Herausfinden aus einer verzwickten Lage. Sie geben ebenso Warnzeichen wie jene vom Fallen ins Bodenlose. Hier deuten sie häufig Schwierigkeiten in intimen Bereichen, Hemmungen und mangelnden Kontaktsinn. Gerade Erfolgreiche träumen vom tiefen Fall; der Traum setzt dabei ihren Wunsch nach Sicherung des Erreichten um in eine durchaus entstehende Kontaktarmut, in ein Blindsein gegenüber dem Wünschen und Fühlen der Umwelt, wobei hier durchaus das Sprichwort vom Hochmut, der vor dem Fall kommt, angebracht erscheint.

Ausweg aus einer schwierigen Lage

Vom Fliegen und Fallen kann in einem einzigen Traum gleichzeitig die Rede sein; er schildert dann das Hin- und Hergerissensein des Träumers oder seine Neigung, bestimmte Menschen oder Situationen falsch einzuschätzen.

Traumerreger in einem Ohrmuskel?

Freuds Deutung von Flugträumen

Sigmund Freud meinte, Träume vom Fliegen trügen infantile Charakterzüge. Sie seien Erinnerungen an das Vergnügen, das Kinder hätten, wenn sie vom Vater aus Spaß in die Luft geworfen würden. Aber sie seien nur das „Material der Träume von Erwachsenen, bei denen das Flugvergnügen in sexuelle Lust umgewandelt" werde. Naturwissenschaftler und auch Mediziner, die wie Freud um die Häufigkeit gerade der Flugträume wissen, suchten eher nach den körperlichen Ursachen solcher Traumbilder: Wenn der Mensch einen besonders gut funktionierenden Blutkreislauf habe, sich also pudelwohl fühle, könnten solche Träume entstehen. Auch eine ungehinderte Atmung würde sie begünstigen. Leute mit empfindlicher Haut fühlten sich im Schlaf gewissermaßen in einem Schwebezustand, der dann dieses Traumbild zur Folge haben könne. Man suchte den „Traumerreger" auch in einem bestimmten Ohrmuskel.

Der bereits erwähnte norwegische Professor John Mourly Vold verspürte beim Erwachen oft „eine erotische Vibration im Körper" – auch nach dem „Schwebetraum", den er in einem seiner Werke festhielt:

„Ich schwebe längs der Erde oder dem Boden und sage mir selbst etwa folgendes: ‚Es ist doch interessant, daß ich jetzt, während ich wach bin, dieses Schweben beobachten kann; es ist seltsam, aber es muß doch sicher sein', worauf ich erwache."

In der modernen Traumdeutung wäre mit seinem Über-der-Erde-Fliegen und -Schweben trotz der „erotischen Vibration", die er beim Erwachen verspürte, auf eine besondere Charaktereigenschaft des Professors geschlossen worden, nämlich auf eine Übersteigerung seines Selbstbewußtseins, die nur seinen Standpunkt gelten läßt. Das wird deutlich in der direkten Rede im Traum, die sich durchaus auf das Wachleben übertragen läßt.

Bei den Psychoanalytikern, die in den Fußstapfen Freuds wandeln, ist man sich über die rein sexuelle Bedeutung des Flugtraums einig, der auch John Mourly Vold erlag. Man wolle mit der Fähigkeit, fliegen zu können, seine starke Potenz beweisen, heißt es; das Auf und Ab im Flug könne mit dem Steigen und Fallen des Penis verglichen werden. Und Wilhelm Stekel, der den vulgären Ausdruck „vögeln“ für koitieren auf die Vögel zurückführt, die ja „auch fliegen“, schildert dazu einen eigenen Traum, der seine Meinung und die der Freud-Jünger zu bestätigen scheint:

Sexuelle Deutung von Flugträumen

„Ich fliege über die Köpfe anderer Menschen hinweg. Ich bin riesig stolz auf diese Eigenschaft. Eine Schar schöner Frauen, halb nackt, teilweise sitzend oder liegend, sieht mir bewundernd zu und applaudiert lebhaft. Eine sagt: ‚Der kann's aber!‘“

Moderne Psychotherapeuten lassen die rein sexuelle Deutung eines solchen Flugtraums gelten, verweisen aber darauf, daß die meisten Träume vom Fliegen Zeichen davon geben, daß der Träumer im Wachleben hoch hinaus wolle und auf andere hinuntersehen möchte, wobei jedes Fliegen auch ein Fallen beinhalten könne. Auch in Stekels Traum kann – wie bei John Mourly Vold – auf ein überspitztes Selbstwertgefühl geschlossen werden, genauso auf Hemmungen im Wachleben gegenüber den Frauen. Erst im Traum streift er moralische Bedenken und Hemmungen ab.

Hochmut vor dem Fall

Vor allem bei Träumerinnen deuten Freud und seine Anhänger den Falltraum rein sexuell; Frauen sähen sich im Traumbild als „Gefallene“. Psychotherapeuten von heute kommen aber zu dem Schluß, daß in solchen Träumen sehr viel von Hemmungen die Rede ist, analog dazu von einem gehemmten Fortkommen. In Verbindung mit dem Fliegen im Traum könne, wie schon gesagt, das Sprichwort Deutung finden, daß Hochmut vor dem Fall komme.

Flug- und Falltraum eines Neunjährigen

Flug- und Fallträume von Kindern umschreiben meist die Angst, die in ihnen steckt. So träumte einem Neunjährigen, der im Alter von knapp vier Jahren einen schweren Unfall hatte (ein Auto hatte ihn erfaßt und war über ihn hinweggerollt), immer wieder:

„Ich fliege durch die Luft und sehe schon deutlich vor mir einen Stern, auf dem ich landen will. Da packt mich ein Wirbelwind, der mich ins Endlose fallen läßt. Die Angst schnürt mir die Kehle zu. Ich erwache zehn Schritt von meinem Bett entfernt auf dem Fußboden.“

Der Bub hatte von seinem Unfall zwei große Narben am Kopf zurückbehalten, die ihn bei jedem Wetterwechsel schmerzten. Außerdem litt er lange Jahre an Gleichgewichtsstörungen. In der ersten Zeit nach dem Unfall mußte er wegen der Narben ziemlich kurz geschorene Haare tragen, weshalb ihn auf der Straße wildfremde Leute ansprachen

und ihn fragten, wie er denn „das“ gemacht habe. Und jedesmal schämte er sich dann und wünschte sich, daß er endlich die Haare so lang tragen dürfte wie seine Schwester. Von seinen Eltern wurde er seit dem Unfall wie in Watte gepackt. Aber er kämpfte dagegen an und wollte nicht krank sein, sondern wie die anderen Buben herumtollen.

Hinweise auf das Lebensziel

Übersetzt man die Traumserie des Neunjährigen, will er ein hohes Ziel erreichen, fällt aber immer wieder zurück in die sich endlos hinziehende Krankheit. Das Unbewußte weist den Neunjährigen darauf hin, daß er mit seiner tapferen Haltung im bewußten Leben auf dem richtigen Weg ist. Er wird sein Lebensziel (der Stern!) erreichen und den Fall ins endlos Scheinende überwinden, der ja eigentlich auch ein Fliegen beinhaltet. Daß er bei einem dieser Träume aus dem Bett fiel, spielt bei der Traumdeutung nur eine unwesentliche Rolle.

Übrigens wurde der Träumer, nachdem er seine Gleichgewichtsstörungen mit der ihm eigenen Energie überwunden hatte, Flieger – vielbewundert von den Eltern, die durch die kämpferische Haltung ihres Sohnes einsahen, daß sie mit ihrer Verhätschelung falschgelegen waren.

Im Flug über die Stadt

Mit dem Fliegen und Schweben vermittelt der Traum ein Rauscherlebnis, unter das sicherlich auch der Liebesrausch einzuordnen ist, was schon in der Antike bekannt war. Man kann sogar von einer möglicherweise gefährlich werdenden Übersteigerung des Bewußtseins reden, wenn sich im Traum vom Fliegen die Angst vor dem Absturz breitmacht.

Die Flugträume Jean Pauls

Die Dichter der Romantik schöpften aus den Träumen ihre Gefühle. Hier stiegen sie „bis zu einer nie gekannten Höhe“ empor. Die Träume vom Fliegen oder Schweben vermittelten ihnen jene kosmische Verbundenheit, die ihnen viel stärker erschien als alles, was sie im Wachleben sahen und empfanden. Und der Dichter Jean Paul, dessen Erzählwerke aus dem Widerstreit zwischen der Idealität der Seele und der Lebenswirklichkeit kommen, jubelte nach einem Flugtraum:

„Jetzt kann ich im Traum überall hinfliegen, ohne aus dem Bette herauszugehen, und komme doch an; ich flog nachts durch eine Stadt, finde einen Hut, draußen war's noch Tag. Ich fliege zurück und sage in der Stube, jetzt will ich erwachen. Es geschieht, und ich setze hinzu: ‚Seht, wenn ich mich jetzt heben will, ist alles wie Blei!' Endlich erwache ich.“

Jean Paul war damals, als er vom Fliegen träumte, 44 Jahre alt. Zuvor war ihm in einem anderen Flugtraum schon einmal sein Vater begegnet, der zu jener Zeit bereits 28 Jahre tot war. Für den Dichter ist dieses Fliegen nur ein wonniges Schweben am Himmel, bei dem er sich sicher fühlte, weil er sogar, „ohne aus dem Bette zu gehen“, die Welt von oben betrachten konnte. Als Dichter schaute er mehr als die Menschen in den engen Gassen der Stadt, in der sie Schutz suchen vor der Unbill des Lebens, ohne jemals wie er in die Freiheit entweichen zu können; denn die Gefühle dort oben werfen im Traum, wie Jean Paul einmal schrieb, „höhere Wellen, und das ganze Herz ist flüssig“. Er findet beim Dahinschweben einen Hut, der neben dem „Sich-in-guter-Hut-Befinden“ auch seine Arbeit als Schriftsteller umschreibt: die gebündelten Ideen, die ihm durch den Kopf schießen und die er in seine Werke einbringt. Dieser Flug ins Ideenland hat an seinen Kräften gezehrt, und er fühlt sich innerlich (die Stube) ein wenig ausgelaugt. So erwacht er im Traum aus dem Traum, und seine Glieder sind schwer wie Blei. Erst danach erwacht er zu vollem Bewußtsein.

Die Welt von oben betrachten

Jean Paul kannte keine Flugzeuge und erst recht keine Raumfahrzeuge, in denen Menschen schwerelos durch das All gleiten können. Aber in seinem Flugtraum fühlte er, wie er (doch besser: seine Seele) Flügel bekam und losgelöst von aller Erdenschwere durch den Raum schwebte. Wie aber ist es, wenn heute jemand träumt, er flöge frei im Raum? Nehmen wir dazu ein Beispiel aus meinem Bekanntenkreis. Anita, 37 Jahre alt, Hausfrau und Mutter von zwei Kindern, erzählte mir folgenden Traum:

„Ich sehe mich ganz oben am Himmel fliegen und habe ein erhebendes Glücksgefühl. Ich bin so übermütig, daß ich durch eine weiße Wolke hindurchschwebe, von der ich genau weiß, daß sie Regen führt. Als ich aus der Wolke wieder hervorstoße, sitze ich in einem Flugzeug und bin ratlos. Aber gleich danach werde ich aus der Tür hinauskatapultiert und stürze ohne Fallschirm zur Erde nieder. Irgend etwas fängt mich auf und läßt mich ganz sanft auf den Boden gleiten. Ich verspürte zu keinem Augenblick Angst."

Ohne Fallschirm sanft gelandet

Anita fliegt jedes Jahr mit einem Düsenjet in den Urlaub. Angst vor dem Fliegen hatte sie noch nie. Sie freut sich schon am Ende der Ferien auf das nächste Mal, wenn sie ihrer Hausarbeit mit dem Mann und den beiden Kindern „entfliegen" kann. Sie ist eine ausgezeichnete Hausfrau und doch unzufrieden mit dieser Arbeit, auch wenn sie einsieht, daß der Haushalt und die Kindererziehung ihre ganze Arbeitskraft verlangen. Vor einem Jahr begann die ehemalige Lehrerin, kleine Geschichten aus ihrem Leben als Hausfrau und Mutter zu schreiben, zunächst für die Schublade, dann aber schickte sie die wirklich lustigen Erzählungen an einen ihr bekannten Verleger. Kurz vor ihrem Traum bestätigte dieser ihr, daß er „daraus etwas machen" wolle.

Das Glücksgefühl schlägt sich in ihrem Traumbild nieder: Sie schwebt am Himmel ganz oben und ist sogar so übermütig, daß sie durch eine Regenwolke hindurchstößt. Das Sich-Wohlfühlen im Traum hat seinen Grund im bewußten Leben: Ihre schöpferischen Einfälle wurden angenommen, und sie kann sich – die Regenwolke beweist das wohl – auf einen Geldregen freuen, nicht allzu viel, aber immerhin ... Als sie jedoch aus der Wolke herauskommt, sitzt sie in einem Flugzeug, was in bezug auf das Wachleben beweist, daß sie der Belastung durch die tägliche Hausarbeit entfliehen möchte. Aber sie weiß aus ihrer Lebenserfahrung, daß daraus kaum etwas werden wird, weil Mann und Kinder sie brauchen. Diesen Sturz zurück ins Alltagsleben umschreibt der erneute freie Fall, der durch keinen Fallschirm gebremst wird.

Flucht aus dem Familienalltag

Irgend etwas fängt sie dann auf und läßt sie ganz sanft auf den Boden gleiten. Ist es ihr Mann, der ihr immer wieder geraten hatte, sich eine Hilfe zu nehmen und ihren schriftstellerischen Ambitionen freien Lauf zu lassen? Sie weiß es am Morgen nach dem Erwachen nicht, aber sie ist sich sicher, daß sie während des ganzen Höhenflugs im Traum keine Angst verspürt hat. Das bedeutet auch, daß diese Frau trotz ihres Erfolges nie hochmütig werden, sondern der bescheidene Mensch bleiben wird, der sie immer war.

Kleider- und Nackttträume

Das Kleid als Traumsymbol bedeutet die innere und die äußere „Verpackung" des Menschen. Deshalb sollte bei der Deutung immer darauf geachtet werden, wie die Gestalten im Traum gekleidet sind; denn auch hier machen Kleider Leute. Wer also schlampig durch das Traumbild zieht, von dem ist – nach Carl Gustav Jung – anzunehmen, daß er sich im Wachleben eine Blöße gibt oder geben wird. Nach Meinung von Psychoanalytikern der alten Schule bedeutet zum Beispiel ein „frei herabhängender Rock" den Penis. Träume, in denen die mangelnde Bekleidung als mehr oder weniger peinlich empfunden wird, stellen – nach Wilhelm von Siebenthal – eine Bedrohung des Selbstwertgefühls des Träumers dar.

Peinlichkeit im Traum

Kleiderträume sind eng mit dem Schamgefühl verbunden, das man im bewußten Leben mehr oder minder stark herausstellt. Denn trägt der Träumer Kleider, die nicht zu ihm oder zur Traumsituation passen, so daß er sich vor anderen lächerlich gemacht fühlt, möchte er auch im Traum in den Boden versinken. Manchmal aber dringt die Scham gar nicht durch, weil der Träumer im Wachleben ein Einzelgänger ist. Eben das möchte ihm das Unbewußte durch die absonderliche Kleidung zeigen und ihm bedeuten, es sei für ihn besser, wenn er sich wieder in die Gesellschaft integriere. Vielleicht steht er dann sogar nackt inmitten einer Menge schick gekleideter Menschen und schämt sich nicht, weil er mit den anderen ohnehin nichts zu tun haben möchte. Aus dem Widerstreit zwischen der äußeren Gelassenheit, der Negierung der Gesellschaft und der inneren Unsicherheit kann durchaus eine Neurose entstehen, besonders wenn sich solche Träume in einigen Nächten wiederholen.

Nach Freud sind Nackttträume ein Zurückgleiten des Unbewußten in infantile Schichten, nichts anderes als die Spiegelung des kindlich-harmlosen Hochhebens des Röckchens, der Lust am Nacktsein (das Kind hat ja noch nichts zu verbergen). Vor allem bei Heranwachsenden aber kann man bei solchen Träumen schon auf eine Störung des Selbstwertgefühls schließen.

Nacktheit im Traum hat nur selten sexuelle Bedeutung

Die meisten Nackttträume haben nichts mit der sexuellen Triebhaftigkeit des Träumers zu tun, wie man eigentlich annehmen könnte. Sie treten am ehesten in Erscheinung wenn sich dieser zuvor im Wachleben nicht richtig benommen, sich also irgendwie eine Blöße gegeben hat.

Im Nachthemd unter feinen Leuten

Hier erinnere ich mich an den Traum eines 19jährigen Gymnasiasten, der in der Tanzschule als schüchterner junger Mann immer mit dem zurückhaltendsten und nicht gerade hübschesten Mädchen „verkuppelt"

wurde. Er berichtete mir, er habe schon gar nicht mehr zum Tanzkurs gehen wollen, zumal er in einigen Nächten hintereinander in Variationen diesen Traum gehabt habe:
„Ich stehe auf der Tanzfläche, um mich herum lauter feine Leute in schicken Abendkleidern. Das stört mich weiter nicht. Als ich dann jedoch an mir hinuntersehe, möchte ich am liebsten in den Boden versinken: Ich sehe meine nackten Beine und darüber das Nachthemd meiner Mutter. Ich bin sichtlich froh, daß die feinen Leute ihre Augen ganz woanders haben, sie beachten mich nicht, so daß ich mich ungesehen wegschleichen kann."

Das Musterkind und sein Mauerblümchen

Der 19jährige, von seinen Eltern zum Musterkind erzogen und daher in den Augen seiner Schulkameraden ein Streber und Einzelgänger, ging auf Wunsch seiner Eltern in den Tanzkurs. Viel lieber wäre er zu Hause geblieben und hätte in seinen Büchern geschmökert. Als die Wahl der Tanzstundenpartnerin anstand, traute er sich nicht, das Mädel zu wählen, das ihm gefiel, sondern wartete so lange, bis es ihm ein anderer weggeschnappt hatte. Dieser andere schubste den jungen Mann dann zur Schüchternsten von allen.

Im Traumbild sieht er diese Partnerin nicht; denn selbst an ihrer Seite fühlt er sich einsam. Er sieht nur die Leute, die mehr aus sich machen können als er. Es stört ihn nicht weiter (so wie ihn eigentlich auch nicht störte, daß man ihn in der Tanzschule mit dem Mauerblümchen „verkuppelte"). Aber dann sieht er an sich hinunter (oder schaut er nur in sich hinein?) und möchte in den Boden, in die Erde versinken, die eigentlich der Schoß der Mutter ist, die ihn verzärtelte. Und da schämt er sich (die nackten Beine), sieht sich bloßgestellt (das Hemd), womit ihm das Unbewußte wohl bedeuten wollte, er solle sich endlich von seiner Verklemmung freimachen (die Nacht im zusammengesetzten Wort Nachthemd). Er steht nicht im Rampenlicht (die wegsehenden Augen), so daß es ihm ein leichtes ist, sich wegzuschleichen. Mit diesem Bild führt das Unbewußte dem 19jährigen vor Augen, daß er, das Muttersöhnchen, ein Feigling ist, wenn es gilt, in der Menge seinen Mann zu stehen.

Dazu ein Nachtrag: Wenige Jahre später hörte ich, daß der Träumer sein „Mauerblümchen" geheiratet hatte; sie hatte sich als reizende junge Frau entpuppt, mit der er sich prächtig verstand.

Das Geheimnis unterm Mantel

Männer an der Nase herumgeführt

Eine 30jährige Sekretärin, die mal mit diesem, mal mit jenem Mann ausging, führte ihre Kavaliere augenscheinlich nur an der Nase herum; denn wenn der eine glaubte, er habe die Dame bereits am Bändel, bandelte sie mit dem nächsten an. Für sie war es ein Spiel mit dem Feuer. Aber sie verbrannte sich nicht. Bis eines Tages anscheinend der Richtige kam, mit dem sie freilich noch einige Zeit ihr altes Spielchen spielte. Da hatte sie folgenden Traum:

„Ich ziehe mich im Schlafzimmer aus, da sehe ich, daß ich nicht allein bin. Ein Mann schaut mir zu und kommt mir näher. Ich kenne ihn nicht, aber er tut so, als ob er schon ewig mit mir bekannt ist. Als er zudringlich werden will, ziehe ich seinen Mantel über, den er achtlos auf mein Bett geworfen hat. Und trotzdem spüre ich seine Hand auf meinem Körper ...“

Ein fremder Mann im Schlafzimmer

Im Traum rückt der Raum, in dem sich unser Intimleben abspielt, ins Bild. Die Träumerin zieht sich aus, wirft, übersetzt, alles von sich, so daß man in ihr Inneres schauen kann. Ein Unbekannter tritt auf, schaut ihr zu, wie sie (oder ihre Seele) nackt dasteht. Hier tritt ihr Animus auf, der Schatten ihrer inneren Wünsche, der sich seit einiger Zeit mit dem Bild eines jungen Mannes zu vermengen scheint. Aber sie wehrt sich gegen das neue Gefühl, das in ihr keimt, so wie sie sich zuvor gegen die Kavaliere gewehrt hat, die sie ausführten. Aber diesmal kommt sie nicht so leicht davon:

Sie zieht seinen Mantel an, den er achtlos auf ihr Bett geworfen hat, was wohl das Anziehende umschreibt, das ihr neuer Freund für sie hat. Im geheimen hat sie längst akzeptiert, daß sie nichts dagegen hätte, wenn er mit ihr intim würde. Im Traum tat sie nur verschämt, als sie den Mantel überwarf, aber in Wirklichkeit – seine Hand schob sich ja zwischen Mantel und Körper – ist sie dafür, daß er handelt und in aller Heimlichkeit mit ihr nicht nur seelisch übereinkommt.

Träume vom Wasser und vom Feuer

Das Wasser ist Symbol der Zeugung und der Geburt (in alten Ammenmärchen bringt der Storch nicht umsonst die Kinder aus dem großen Teich). Venus ist die Schaumgeborene, und auch Moses wurde aus dem Wasser gefischt. Die Helden des Altertums begaben sich auf nächtliche Meerfahrt, um wieder zu sich selbst, in die wahre Heimat der Seele zu finden. Als schützendes Fruchtwasser ist es der Aufenthaltsort der Ungeborenen. Bjerre sieht im Wasser, in dem ein Kind schwimmt, ein Schwangerschaftssymbol. Auch Freud hielt Wasserträume für Schwangerschaftsträume. Der Regen ist als Befruchtungssymbol fast allen Völkern bekannt.

Auf Seefahrt in die Heimat der Seele

Nach von Siebenthal kennzeichnet das Wasser im Traum eine noch infantile Haltung, die zurückmöchte in die Verantwortungsfreiheit unbewußten Lebens, oder aber der Träumer möchte aus seiner augenblicklichen Situation heraus zu neuen Gestaden aufbrechen, um selbst neu geboren, neu befruchtet zu werden. Eine solche Deutung sieht im Wassersymbol eine andere Form der Schwangerschaft, eben nicht nur, daß Träumerinnen selbst befruchtet werden und ein Kind bekommen oder

es sich zumindest wünschen. In ihnen steckt auch wie in den Schwangerschaftsträumen (siehe dort) die Wiedergeburt, eine Wandlung zu Neuem. Seelisches wie Geistiges können sich in solchen Traumbildern ausdrücken.
Wasser ist ebenso ein Energiesymbol, der Ausdruck seelischer Kraft und einer Rasanz, die zugleich bergen und vernichten kann. Es reinigt, was uns zu beschmutzen schien. Junge Frauen träumen oft vom Wasser, aber auch in der Pubertät oder beim Beginn des Älterwerdens.

Die Hand aus dem Nebel

Die Träumerin am „Storchenteich"

Eine junge Mutter bestätigte mir mit einem Traum, den sie im Anfang ihrer Schwangerschaft hatte, wie sehr die These stimmt, daß in den Träumen werdender Mütter oft vom Wasser die Rede ist:
„Ich stehe an einem großen Wasser, aber ich kann nicht sagen, ob es das Meer oder nur ein kleiner See ist. Da sehe ich aus dem Nebel, der über dem Wasser liegt, eine Hand, die sich mir entgegenstreckt. Ich bin unschlüssig, was ich tun soll. Als der Nebel sich langsam verzieht, ist plötzlich das Wasser weg, und ich freue mich auf die Sonne, die durch den Dunst aufsteigt …"
Die Träumerin steht an einem großen Wasser, ihrem „Storchenteich". Noch kann sie nicht erkennen, was hinter dem Nebel sichtbar werden wird. Dieser Nebel scheint den Akt der Zeugung zu umschreiben: Sie muß sich auf die Kraft eines anderen verlassen, weil ihre eigene nicht ausreicht, um zu einem Ergebnis zu kommen. Die Hand, die sich ihr aus dem Wasser entgegenstreckt, ist wohl das ungeborene neue Leben. Noch ist sie unschlüssig, was daraus werden wird. Und es dauert noch eine Weile, bis sich der Nebel verzieht und das (Frucht-)Wasser weg ist. Dann erst kann sie sich so richtig freuen.

Bubi trieb im reißenden Bach

Erinnerung an die Mutterpflichten

Das Wasser im Traum gehört oft in den Bereich der inneren Wandlung (in der Kirche wird diese Wandlung ja durch die Taufe vollzogen). Dazu paßt folgender Traum der Schriftstellerin Franziska Gräfin zu Reventlow:
„Geträumt, daß ich auf Bubi nicht achtgegeben habe, und er in einen reißenden Bach fiel, während ich mich von irgend jemand umarmen ließ. Ich sah ihn immer weiter forttreiben und wußte, daß ich ihn nicht erreichen konnte."
Dieser Verfechterin der freien Liebe hatte gerade ein reicher Mann den Vorschlag gemacht, sie solle zu ihm ziehen und ihren damals kaum zwei Jahre alten Sohn („Bubi") einer Pflegemutter geben.
Der reißende Bach im Traum fördert gewissermaßen den Zwiespalt zutage, ob sie der Liebesleidenschaft nachgeben oder ihre Mutterpflichten erfüllen soll. Schon Tage vorher hatte sie zu dem Ansinnen, ihren kleinen Buben in Pension zu geben und zu dem reichen Freund zu ziehen, in ihr Tagebuch geschrieben: „Wahrscheinlich darf ich dann nur

auf dem Sofa liegen, Nägel polieren und mit Herzklopfen auf sein Kommen hoffen.“ Sie kannte also das Problem und entschied sich in einem Prozeß der inneren Wandlung, die ihr das Unbewußte suggerierte, dafür, die Warnung des Traumes ernst zu nehmen.

Feuer, das in der Seele glüht

Archetypisches Bild des Geistes und der Liebe

Nicht umsonst sprechen wir vom Feuer, das in unserer Seele glüht. Dieses Seelenfeuer spiegelt sich in den Träumen vom Feuer wider. Wir werden geradezu magisch von ihm angezogen und müssen hindurch. Wir müssen es in uns brennen lassen, auch wenn wir daran verbrennen sollten.

Das Feuer im Traum ist das archetypische Bild des Geistes und der Liebe, das große Symbol der Libido, der wärmenden Sinnenlust und so verzehrend wie diese. Nach Carl Gustav Jung ist es auch das Element der Läuterung, das Altes und Abgestandenes verbrennt. Wenn das Feuer uns zur Freude im Traum gen Himmel lodert, können brennende Probleme im Wachleben gelöst werden.

Dagegen können Träume von einem Brand, von einem Großfeuer also, Panik erzeugen, auf etwas Verbotenes hinweisen, das unser Gewissen belastet. Das kann ein Übermaß an verzehrender Leidenschaft beinhalten, die uns in ihren vernichtenden Sog zieht. In solchen Träumen hat meist das innere Gleichgewicht eine Unwucht, die es zu beseitigen gilt. Manchmal aber kann ein Brand auch Vorbote einer Krankheit sein, die unseren Geist verwirrt. Auf jeden Fall sollte die Entdeckung eines Brandherdes im Traum, wenn er nicht Erinnerung an ein wirkliches Geschehen ist, eine Umstellung unseres bisherigen Lebens bewirken.

Das Sonnwendfeuer

Feuerträume berichten oft von verzehrenden Leidenschaften, aber auch von der Läuterung, die zum Beispiel ältere Menschen erfahren, die schon glaubten, am Ende zu sein.

62jährige Witwe tanzt um das Feuer

Eine kinderlose 62jährige Geschäftsfrau, deren Mann vor zwei Jahren gestorben war, hatte sich mit ihrem Alleinsein schon abgefunden, als ein Freund aus längst vergangenen Tagen sich bei ihr einfand und sie an gemeinsame Erlebnisse erinnerte. Man schrieb einander zunächst und fuhr dann gemeinsam in die Ferien. Als sie wieder in die Firma zurückkam, die sie seit dem Tode ihres Mannes leitete, erzählte sie mir diesen Traum, den sie nach ihrer Rückkehr aus dem Urlaub hatte:

„Ich bin wieder jung. Wir tanzen um ein Feuer herum. Komisch, denke ich, ich weiß doch ganz genau, daß das eine Sonnwendfeier ist – und das mitten im Herbst? Ich springe mit einem jungen Mann – er sieht wie Vater aus – über das nun höher und höher züngelnde Feuer, und andere tun es uns nach. Plötzlich sind alle verschwunden, die mit uns feierten. Ich bin allein. Aber die Flammen steigen bis zum Himmel empor. Ich schaue mich um und sehe den Mond helleuchtend auf mich zukommen. Da weiß ich, daß ich doch nicht so ganz allein bin …

Die 62jährige lebte nur für die Firma ihres Mannes. Privat war Einsamkeit um sie. Da tauchte der Freund auf, den sie fast vergessen hatte. Und nach gemeinsamen Ferien hatte die Witwe ihren Feuertraum.

Der Urlaub war anscheinend wie ein Jungbrunnen für sie, und so spielt das Erlebnis in den Traum hinein: Die Frau fühlt sich jung, sie ist ausgelassen und tanzt um das Feuer herum: Blutvolles Leben ist in ihr und ungezügelte Leidenschaft. Die Sonne, deren Wende man in diesem

Traum feiert, läßt Hoffnung schöpfen fürs bewußte Leben, sie macht für neue und gute Taten bereit. Die Träumerin weiß aber ganz genau, daß sie im Herbst des Lebens steht. Doch ist sie für die tiefen Gefühle, die eine neue Verbindung versprechen, wirklich schon zu alt?

Der Blick in die Vergangenheit

Das Unbewußte geht zurück in die Vergangenheit, kramt gewissermaßen in ihren Fotoalben, in denen man das Bild eines lebenslustigen Mannes, ihres Vaters, finden kann, der sich – die 62jährige erzählte es mir einmal – im Alter von fast 70 Jahren eine zweite, sehr viel jüngere Frau nahm, mit der sich die gleichaltrige Träumerin noch heute gut versteht. Mit ihm springt sie über das höher und höher züngelnde Feuer. Bei dem Vater, der jetzt schon 20 Jahre tot ist, soll sie sich Rat holen, ob sie nicht doch schon zu alt ist für eine neue Leidenschaft an der Seite ihres ein Jahr älteren, noch recht lebenslustigen Freundes, wobei die Antwort festzustehen scheint.

Der Herbst umschreibt ihre Schaffenskraft, aber auch ihren Gedanken, sich bald zur Ruhe setzen zu müssen. Die Sonnenwende, deren Fest sie im Traum feiert, übersetzt das Gefühl, daß ihr Leben weitergeht, daß es für einen neuen Anfang noch längst nicht zu spät ist, auch wenn die Sonnenstrahlen nicht mehr so wärmen. Das Traumbild zeigt die Frau auf einmal ganz allein, die Flammen jedoch schlagen bis zum Himmel empor, versprechen die Lösung ihres Problems, der Einsamkeit. Und glutrot erstrahlt alles um sie herum. Ist das der Hinweis auf eine neue Leidenschaft, die Liebe verspricht?

Die Träumerin schaut sich um, als könne sie in der Vergangenheit die Lehre für die Zukunft finden. Der Mond setzt ihr das Zeichen: für das Glück, das helleuchtend auf uns zukommt, ist es nie zu spät. Wir müssen es nur beim Schopfe fassen.

Das Feuer, das plötzlich erlosch

Die Braut des Königs träumt von einem Blitz

Aus der Geschichte kennen wir den Feuertraum Olympias', die als junges Mädchen den mazedonischen König Philipp II. heiratete. Nach Plutarch war Philipps Braut in der Nacht vor ihrer Hochzeit in die Brautkammer eingeschlossen worden. Die Götter sollten ihr ein Zeichen senden, ob ihre Ehe mit dem König glücklich werden würde. Und sie träumte folgendes:

„Draußen tobte ein heftiges Gewitter, und es schien mir, als ob ein Blitz in meinen Leib einschlüge und ein Feuer entfachte, das nach allen Seiten hin in helle Flammen ausbrach und dann auf einmal erlosch."

Plutarch versuchte, den Traum zu deuten. Für ihn war der Blitz, der in den Leib Olympias' einschlug, der Penis des künftigen Gemahls, der den Sohn Alexander zeugte, später „der Große" genannt. Das Feuer, das Olympias danach im Traumbild gesehen hatte, war für ihn nichts anderes als der Brand des Tempels der Diana in Ephesus, der in der Nacht eingeäschert wurde, in der Alexander auf die Welt kam.

Würde man den Traum aus heutiger Sicht deuten, könnte man nach Freud ebenfalls auf die phallische Bedeutung des Blitzes hinweisen, der jedoch auch zukunftweisend auf das Kind bezogen werden könnte, das einmal Großes erreichen sollte. Er schlug in den Leib, den Bauch ein – sicher ein Warnzeichen, das aber nicht auf den eingeäscherten Tempel der Diana hinweist, sondern auf das Leben des Sohnes. Dieser würde, übersetzt, ein Feuer entfachen und die ganze damals bekannte Erde beherrschen, die Flammen des Krieges, das helle Entsetzen in alle Welt tragen. Und dieser Weltenbrand würde vielen Völkern den Untergang bringen. Im Traum Olympias' erlischt das Feuer auf einmal – vielleicht eine Vorahnung des frühen Todes Alexanders des Großen, der ja im Alter von nur 33 Jahren in Babylon einem tückischen Fieber erlag. Wir hätten diesen Feuertraum also auch unter die sogenannten prophetischen oder Wahrträume einreihen können. Weil er aber erst mit unserem geschichtlichen Wissen aufgeklärt werden konnte, ordneten wir ihn hier ein. Als Wahrträume – wir werden sie in einem gesonderten Abschnitt später behandeln – sollten wir besser nur die Träume bezeichnen, die innerhalb kurzer Zeit auch als solche erkannt werden können.

Die Welt in Brand gesetzt

Der Brand in der Küche

Streß spielt ins Traumgeschehen hinein

Den Unterschied zwischen Feuer und Brand im Traumerleben haben wir schon erklärt. Hier soll nun der Traum eines 56jährigen Bauunternehmers erläutern, wie sich ein Brand im Traumgeschehen deuten läßt. Der 56jährige baute für sich und seine Familie einen Bungalow, dessen endgültige Fertigstellung immer und immer wieder verzögert wurde, weil dem Unternehmer andere, vertraglich an Termine gebundene Bauvorhaben wichtiger erschienen. Seine Familie machte ihm deswegen Vorwürfe und setzte ihn damit noch mehr unter Streß. Nach einem recht hektischen Tagesgeschehen hatte der 56jährige in der Nacht folgenden Traum:

„Irgendwer sagt mir, er hätte alle von mir gebauten Häuser wie Fragezeichen in der Landschaft stehen sehen – krumm und schief. In solchen Häusern könnte man nicht wohnen. Ich verspreche, mir das mal näher anzusehen. Als mich der Mann verläßt, will ich in die Küche gehen. Unter der Tür quillt schwarzer Rauch hervor. ‚Das gibt es doch nicht', denke ich, ‚daß es in einem neuen Haus brennt.' Ich reiße die Tür auf, und Flammen schlagen mir entgegen. Irgendwie bin ich hilflos. Der Brand weitet sich aus, und ich höre die Feuerwehr. Als ich aufwache, liege ich in einem weiß überzogenen Bett, und meine Frau sitzt traurig neben mir. ‚Du darfst nicht mehr soviel arbeiten', sagt sie …"

In dieser Nacht hatte der Bauunternehmer seinen ersten Herzinfarkt. Das Traumgeschehen deutete an, daß in seinem Inneren (die brennende Küche) nichts mehr stimmte; er müßte alles in Frage stellen, was er bisher geschaffen habe (die schiefen Häuser). Er sollte zukünftig mehr an sich selbst denken, sonst könnte es zur Katastrophe kommen. Jetzt sei er noch einmal gerettet worden (die Feuerwehr), das nächste Mal könnte die Hilfe für ihn zu spät kommen.

Was bedeuten hier die Fragezeichen?

Um dieses Traumgeschehen zu verdeutlichen, wollen wir es noch einmal Symbol für Symbol durchgehen: Die wie Fragezeichen krumm und schief stehenden Häuser weisen auf den Zeitdruck, den Streß hin, der den 56jährigen immer hektischer werden läßt und ein Fragezeichen hinter seine innere und äußere Verfassung setzt. Die Landschaft, die ja schon vor den Häusern da war, steht für seine bis vor kurzem noch blühende Gesundheit, die ihn leider sorglos machte. „Solche Häuser", in denen man nicht wohnen kann, sind Hinweis auf seine körperlichen Schwierigkeiten, die auch seelische Ursachen haben (wegen des Drängens seiner Familie, endlich mit dem Bungalow fertig zu werden). Der Träumer tut diese Warnung aber mit dem Versprechen ab, er werde sich das einmal ansehen. Er vertröstet sich selbst auf einen anderen Zeitpunkt, weil er es sich vor lauter Arbeit einfach nicht erlauben kann, krank zu werden.

Trotzdem gibt er im Inneren dem Mann (seinem Arzt?) recht, was sich mit dem Gang in die Küche ausdrückt, die ja als Symbol der Lebenskraft gilt. Und dann sieht er plötzlich den schwarzen Rauch unter der Tür hervorquellen. Die verschlossene Tür umschreibt seine gesundheitlichen Probleme, aus denen er nicht so leicht herauskommen wird, der schwarze Rauch steht für die prekäre Lage, in der er sich jetzt befindet, weil er zuvor alle Warnungen in den Wind geschlagen hat. Aber er, der sich wie ein junger Dachs fühlt („das neue Haus"), wollte alles nicht wahrhaben. Es gelingt ihm, die Tür aufzureißen, so daß für dieses eine Mal trotz der Schwere seines körperlichen Leidens der bittere Kelch an ihm vorübergehen könnte.

Flammen raten zur Abkehr vom bisherigen Leben

Und er wird erneut gewarnt, nicht länger mit seiner Gesundheit Schindluder zu treiben: Die Flammen schlagen ihm entgegen, und der Brand weitet sich aus; die Flammen raten ihm zur Abkehr vom bisherigen Lebensweg, will er nicht hilflos dem Krankheitskeim in seinem Inneren das Feld überlassen. Der Brand weist darauf hin, daß es vielleicht zu spät für ihn ist, wenn er nicht sofort handelt. Aber er fühlt Hilfe nahen, denn in den Traum hinein vernimmt er das Alarmsignal der Feuerwehr, mit der ja wohl der Arzt gemeint ist, der ihn noch einmal rettet.

Der Traum spielt ins bewußte Leben hinüber: Als der Bauunternehmer erwacht, sitzt seine Frau neben ihm und gibt ihm denselben Rat, den der Brandtraum suggeriert hat: „Du darfst nicht mehr soviel arbeiten." Aber in der Sorge um den Mann schwingt noch ungesagt auch das psychische Traumergebnis mit: Von mir aus bleiben wir in unserem alten Haus wohnen, wenn du nur wieder gesund wirst.

Brandträume sind immer ein Zeichen der Gefahr, die meistens uns selbst, manchmal auch unsere Lieben bedroht. Wer den Brandherd ortet, kann möglicherweise im Wachleben noch rechtzeitig Gegenmaßnahmen ergreifen, die das im Traum Angekündigte auslöschen. Man sollte also die Warnung beherzigen, die das Unbewußte ins Traumbild setzt.

Zahnträume

Man sieht im Traum seine Zähne ausfallen, abbrechen oder auch wachsen, bis sie übermäßig lang sind; sie werden gezogen, obwohl der Träumer im Wachleben vielleicht noch kaum etwas mit dem Zahnarzt zu tun hatte.

Zahnträume sind gar nicht so selten. Die Ägypter schlossen aus ihnen, daß nahe Anverwandte sterben könnten. Sigmund Freud und seine Jünger sahen im Zahn symbolisch einen Penisersatz; der Verlust der Zähne im Traum deutete bei ihnen auf einen Kastrationskomplex hin (da wurde im Traum ja der „Zahn“ gezogen!). Bei Frauen, die im Traum einen Zahn verlieren, wurde auf Liebeshemmungen geschlossen, bei jungen Mädchen auf die Angst, die Jungfernschaft zu verlieren.

Vorwiegend erotische Bedeutung

Die vornehmlich erotische Bedeutung von Zahnträumen wird auch von Carl Gustav Jung und seinen Schülern nicht bestritten. So weist Ernst Aeppli zum Beweis auf die Beißgelüste in der sexuellen Liebe hin (man möchte sich ja manchmal vor Liebe „auffressen“). Zahnweh im Traum hänge oft mit dem Problem der Potenz und der Impotenz zusammen. In mancher Beziehung, behaupten einige Psychoanalytiker, zeige auch der Zahntraum infantile Momente. Es äußere sich darin der Wunsch, in die Kindheit zurückzukehren oder – beim Kind – nicht erwachsen zu werden und weiter am Daumen zu lutschen; letzteres sei beim erwachsenen Träumer gleichzusetzen mit Onanie.

Zahnverlust signalisiert Energieverlust

Auf jeden Fall liegt einem Zahntraum etwas Aggressives zugrunde; Zähne zermalmen unsere Speise, die wir als Energiespender zu uns nehmen, Zahnverlust deutet damit auf einen Verlust an Energie hin. Wer im Wachleben mit zahnlosem Mund umherläuft, hat Hemmungen, die im Traumbild in solch einem Fall ebenfalls angesprochen werden. Lockere Zähne können auf Schuldgefühle im Wachleben hinweisen, aber schließlich auch Ausdruck ganz realer Zahnprobleme sein.

Nach neuesten amerikanischen Forschungen spielen die im Traum ausfallenden Zähne auch in den kritischen Wechseljahren bei Frauen und Männern eine Rolle, vor allem wenn die Träume eine Serie bilden, wobei der Zahnverlust die manchmal üblen Launen, aber auch die Hemmungen gegenüber der Umwelt umschreibt. Selbst diese neuen Forschungen lassen die sexuelle Bedeutung solcher Träume nicht außer acht, denn die Wechseljahre gehen ja mit Fruchtbarkeitsverlust und Potenzminderung einher.

Strindbergs Gitarre

Im ersten Teil dieses Buches war vom Zahntraum eines Pharaos die Rede, der einen Traumforscher töten ließ, weil dieser nach dem damaligen Stand der Wissenschaft den Traum richtig dahingehend deutete, es stehe dem Pharao großes Unheil ins Haus.

Ein anderer Zahntraum wurde uns vom schwedischen Dichter August Strindberg überliefert, der dreimal verheiratet und bei jeder Trennung seelisch zerrissen war. Strindberg war 47 Jahre alt und lebte von seiner zweiten Frau getrennt, als er folgendes träumte:

Der zahnlose Mund der zweiten Frau

„Ich habe meine Frau gesehen; sie hatte einen zahnlosen Mund. Sie gab mir eine Gitarre, die wie ein Donauboot aussah. Derselbe Traum bedrohte mich selbst einmal im Gefängnis …"

Strindbergs Frau verbrachte „ihre zwei Trennungsjahre" auf einem Besitztum ihrer Eltern an der Donau. Er glaubte, daß sie Unrecht täte, ihn zu verlassen. Und so half ihm der Traum über die seelische Pein der Trennung hinweg: Er sah seine Frau mit zahnlosem Mund, was wir wohl so übersetzen können, daß er ihr wünschte, sie solle mit keinem Mann mehr intim werden können, da sie doch ihn, den Träumer, abgewiesen hatte. Nach seiner Meinung hatte sie die Strafe verdient, von nun an zahnlos, das heißt ohne geschlechtliche Liebe durchs Leben gehen zu müssen.

Doch das Unbewußte reagiert ganz anders als er; es läßt die Frau ihm eine Gitarre geben, die aussieht wie ein Donauboot. Hier deuten wir wohl richtig, wenn wir die Symbole so auslegen: Die Gitarre, die dem Träumer (zurück-)gegeben wird, umschreibt seine Lustgefühle, die er immer empfand, wenn er mit seiner Frau zusammen war, die nun aber nicht mehr erfüllt werden. Und das Boot verweist wohl darauf, daß sich die Frau bereits an die Trennung von ihrem egoistischen Mann gewöhnt hat und längst auf dem Weg „zu neuen Ufern" ist. Die Ehe wurde dann auch bald geschieden.

Die Diagnose des Zahnarztes

Sie ist 31 Jahre alt, Krankenschwester aus Passion. Wir sprachen miteinander über dieses und jenes, und als sie erfuhr, daß ich gerade an einem Buch über Träume schrieb, erzählte sie mir den „blöden" Traum, den sie vor einigen Tagen gehabt hatte:

„Ich bin beim Zahnarzt. Er betrachtet in einem mir riesengroß erscheinenden Spiegel mein Gebiß, nimmt eine Zange und zieht mir einen Zahn. Dann sagt er: ‚Dieser mußte raus, sonst hätte er noch alle anderen angesteckt.' Ich

schaue mir das Ding an. Es ist größer, als ich vermutete. Aber ich bin glücklich, daß er mir den Zahn gezogen hat und daß es nichts Schlimmeres war. Sonst hätte er mir nacheinander noch alle anderen Zähne ziehen müssen."
So „blöd" war ihr Traum gar nicht; denn als ich sie fragte, ob sie sich von ihrem Mann getrennt oder mit ihrem Freund Schluß gemacht habe, wurde sie verlegen, gestand aber dann, daß ihr Freund am Wochenende eine andere heiraten werde. Ihr war also buchstäblich „der Zahn gezogen" worden. Als mir ihre private Situation bekannt war, konnte ich ihr den Traum so deuten:

Den Freund in die Zange genommen

Der Zahnarzt umschreibt hier die heilende Funktion der Seele, er stellt die Diagnose: Der Zahn muß raus! Der übergroße Spiegel bedeutet ihr, daß sie danach zu sich selbst zurückfinden werde. Mit der Traumzange wird niemand anderer in die Zange genommen als ihr treuloser Freund, nach dem ein anderer kommen wird; sie hat ja noch genügend andere Zähne im Mund, die noch nicht „angesteckt" sind. Danach betrachtet sie sich „das Ding" und findet es größer, als sie vermutet hatte. Hier wird wohl auf das intime Beisammensein hingewiesen, auf zärtliche Stunden, die nun vorüber sind. Der Zahn war ihr mit anderen Worten eine Nummer zu groß. Und deshalb ist sie glücklich, daß ihr dieser gezogen wurde, der eine unglückliche Liebe symbolisiert. Ein bißchen spielt auch die Angst in den Traum hinein, daß sie keinen neuen Freund finden werde, sollte sie über den Verlust dieses einen nicht hinwegkommen. Das Unbewußte signalisiert ihr: Es gibt Schlimmeres im Leben.

Zahlenträume

Der Traum, sagt Wilhelm von Siebenthal, behandelt Zahlen wie Bilder; er verdichtet sie oder reiht sie aneinander. Diese Traumzahlen sind allerdings sehr schwierig zu analysieren. Carl Gustav Jung versuchte, sie geistesgeschichtlich zu erklären, eine Auslegung, der wir im Symbolteil dieses Buches in groben Zügen folgen. Den Zahlen 1 bis 4 gab Jung sogar archetypische Bedeutung, sie seien verquickt mit den Begriffen Einheit, Zweiheit, Trinität und Quaternität, die auch auf dem Wege zur Selbstwerdung eine wichtige Rolle spielen.

Zahlen als Sexualsymbole

Wilhelm Stekel dagegen versuchte, sogar die Zahlen als Sexualsymbole zu übersetzen; und das sah dann etwa so aus: 1 = Penis, Vater, Gottvater, Tod; 0 = Vagina; 10 = 1 + 0 = Koitus; 11 = elfter Finger (Penis); 15 und 51 = Onanie (fünf über einen). Wir wollen solche Zahlenspielerei des an sich verdienten Psychoanalytikers als Kuriosum betrachten, das uns bei der Traumdeutung jedoch nicht weiterhelfen kann.

Denn auch Stekel wußte genau, daß sich die Bedeutung der Traumzahlen nicht auf den ersten Blick entschlüsseln läßt. Da muß sich der Deuter manchmal mit einer Gleichung mit mehreren Unbekannten auseinandersetzen. Bei den geträumten Zahlen kann es sich nämlich um grundverschiedene Werte handeln, etwa um Mengenangaben, Rechnungen, Ziffern, um eine Hausnummer, eine Jahreszahl, ein Datum, eine Telefon- oder Bankkontonummer. Gewiß aber handelt es sich kaum um die Lottozahlen, die am nächsten Wochenende gezogen werden. In diesem Fall stellt sich das Unbewußte auf den Standpunkt, daß jedermann seines eigenen Glückes Schmied sein sollte.

Die ominöse Zahl 22735

Das Unbewußte ruft uns mit einer Zahl manchmal längst Vergessenes in Erinnerung, läßt aber auch auf Gegenwart und Zukunft schließen. Das bewies Ernst Aeppli in einer Abhandlung über Zahlenträume. Er schrieb:

Ernst Aeppli über die Bedeutung von Zahlenträumen

„In einem längeren Traum tauchte die Zahl 22735 auf. Es war nun die Frage, was bedeutete die ganze Zahl, was bedeuten die einzelnen Ziffern der Zahl, welchen besonderen Sinn stellen sie zusammen dar? Im Kontext ergab sich, daß die Braut des Träumers 22, er selbst 35 Jahre alt war. Die 7 könnte, meinte der Träumer den heiligen, verbindenden Ernst unserer Liebe bezeichnen. Doch hatte er vor dieser Verbindung in einem Hause Nr. 7 gewohnt. Etwas von seinem Gefühl war dort geblieben und stand als 7 jetzt zwischen 22 und 35. 73 müsse auch etwas bedeuten; diese Zahl könnte mit einem älteren Verwandten zusammenhängen, ebenso die 27 der inneren Zahl. Die Quersumme ergibt 19, auch sie kann alles mögliche bedeuten. Der Träumer gibt an, mit 19 Jahren sein Elternhaus verlassen zu haben, sozusagen selbständig geworden zu sein. Steht er jetzt im Begriffe, erst richtig selbständig zu werden, oder am Anfang eines eigenen Elternhauses?"

Aeppli stellt hier eine rein rhetorische Frage, die gar keiner Antwort bedarf, weil sie aus dem Gesagten längst mit Ja beantwortet wurde. Wir aber können aus diesem kompliziert anmutenden Traum und dem Deutungsversuch erkennen, um wieviel Ecken ein guter Psychologe und Traumdeuter denken muß, um eine Lösung zu finden, die der Wahrheit am nächsten kommt.

Zu spät für die Liebe

Rätsel um das Jahr 1928

Ein anderes Beispiel für einen Traum, in dem nur Zahlen symbolisch gedeutet werden mußten, gab der Psychoanalytiker Viktor Tausk; danach träumte im Jahre 1911 einer 19jährigen jungen Dame:

„Ich höre, oder jemand sagt zu mir: ‚Ich werde im Jahre 1928 heiraten.' Ich bin entsetzt und sage: ‚Es ist zu spät!' Ich glaube aber dann, ich habe mich verhört, es wird 1908 gewesen sein. Danach habe ich die Überzeugung, es ist

dennoch 1928 gesagt worden. Es scheint mir wieder zu spät; ich wehre mich erneut und denke, es wird 1918 gewesen sein. Dann aber höre ich, es ist doch 1928. Ich bin sehr traurig und erwache.“
Die Lösung dieses reinen Zahlentraums: Der Mann, welcher der 19jährigen gefällt, ist 28 Jahre alt (19 + 28). Nach Freud könnte es jetzt zur Wunscherfüllung kommen, wenn nicht dieser eine Satz wäre: „Es ist zu spät!“ Plausible Erklärung: Für die 19jährige war es tatsächlich zu spät, denn der Mann, der ihr so gut gefiel, war schon verheiratet.
Nun kommen einzelne Zahlen auch symbolhaft in anderen Träumen vor, sie sind dann als Einzelsymbole zu behandeln und zu erklären. Auch hierzu wollen wir ein kurzes Beispiel anführen.

Die Eins bringt es an den Tag

Der Träumer sieht sich als Hund an der Leine

Wer als 45jähriger noch nicht verheiratet ist, den kann man entweder als unverbesserlichen Junggesellen einschätzen oder als Einzelgänger, der seine eigenen Wege gehen möchte. Wir reihten Günter, einen etwas versponnen wirkenden Radiologen, in die Kategorie der unverbesserlichen Junggesellen ein, bis uns einer seiner Träume näheren Aufschluß gab:
„Ich sehe ein Mädchen, das einen Hund spazierenführt. ‚Von der ließe ich mich nicht an die Leine nehmen‘, denke ich. Mir tut der Hund leid. Als mich das Mädchen anlacht, sehe ich weg. ‚Sie stehen wie eine Eins‘, sagt das Mädchen, und sein Hund macht an meinem Hosenbein ein Geschäftchen …“
Im Traum wird dem 45jährigen ein Mädchen vorgeführt. Soll es seine sexuellen Wünsche wecken? Der Spaziergang mit dem Hund weist kaum auf das Mädchen hin, eher auf den Träumer selbst. Er möchte gemächlich durchs Leben gehen, ohne Angst haben zu müssen, daß plötzlich jemand bei ihm steht, der mit ihm anbandeln möchte. Der Hund, der er selbst sein könnte, tut ihm leid, weil er ein Halsband trägt, quasi gefesselt ist an jemanden, der ihm sagt, was er zu tun und zu lassen hat. Das Mädchen lacht den Träumer an, aber er schaut weg, um nicht ausgelacht zu werden.
Das Unbewußte läßt das Mädchen sagen, er stehe wie eine Eins da, und er steht wie erstarrt und läßt sich von dem Hund seelenruhig ans Hosenbein machen. Mit anderen Worten: Seine Kontaktarmut geht so weit, daß er nichts und niemanden um sich herum beachtet. Er steht „wie eine Eins“ und ist aus dem Zahlensymbol heraus als Einzelgänger erkannt.

Zwei Beispiele für Prophetie aus dem Unbewußten

Von vielen Naturwissenschaftlern werden Wahrträume ins Reich der Fabel verwiesen und als okkult, medial, übersinnlich oder parapsychologisch abgetan. Doch aus der Geschichte sind uns prophetische Träume überliefert, die mit dem später eintreffenden Geschehen in entscheidenden Punkten wortwörtlich übereinstimmen. Natürlich sind solche Wahrträume selten, aber sie sind nicht wegzuleugnen, auch wenn sie außerhalb der normalen Erfahrungen zu liegen scheinen. Wir wollen hier zunächst nicht von den prophetischen Träumen sprechen, die erst durch die Geschichte aufgelöst werden, sondern von solchen, die sich schon am nächsten Tag als wahr erwiesen. Hiervon zwei Beispiele:

Des Königs Giftbecher

Prinz Kraft zu Hohenlohe-Ingelfingen, der den späteren deutschen Kaiser Wilhelm I. im Sommer 1863 zur Kur nach Karlsbad begleitete, berichtete über den nachfolgenden seltsamen Traum des Herrschers, der damals noch König von Preußen war:

„Wenn er früh zum Sprudel ging, um dort seinen Becher zu holen, überreichte ihm denselben immer ein hübsches junges Mädchen und fügte einen Strauß Blumen hinzu, die der König immer freundlich annahm.

An einem Morgen fehlte das Mädchen, und ein alter Mann gab dem König den Becher. Seine Majestät stutzte und fragte, wo das Mädchen sei. Es fehlte nur für heute, weil ihm unwohl sei. Der König trank ruhig seine vorgeschriebene Zahl Becher aus und sagte dann zu seinem Flügeladjutanten bei der großen Promenade: *‚Es ist doch gar zu dumm, daß man sich durch Träume berühren läßt. Heute nacht träumte ich, das Mädchen fehle am Sprudel und an ihrer Stelle gäbe mir ein alter Mann den Becher. Dieser aber sei vergiftet gewesen.‘*

Und zu mir gewandt sagte der König: ‚Ich habe mich ordentlich vor mir selber geschämt, daß ich einen Augenblick vorhin stutzte, als das Mädchen wirklich durch einen alten Mann vertreten war.‘ Kein anderer an des Königs Stelle hätte nach solchem Traume, von dem die erste Hälfte eintraf, den Sprudel ruhig getrunken.“

Soweit der Bericht des Prinzen Kraft zu Hohenlohe-Ingelfingen. Wilhelm I. war zwei Jahre zuvor, als er in Baden-Baden zur Kur weilte, bei einem Attentat verwundet worden. Vielleicht spielte diese Tatsache in den Karlsbader Traum hinein und verwandelte das Gefäß, das ihm der alte Mann reichte, in einen Giftbecher.

Nach heutigen Erkenntnissen ist aber das Gift, das man im Traum bekommt, kaum ein Mittel, um jemanden umzubringen. Mit ihm soll lediglich – wir können es im Symbolteil dieses Buches nachlesen – etwas

ausgeräumt werden, das von einem Träumer als besonders lästig empfunden wird. Wahrscheinlich war der König der allmorgendlichen Prozedur, mehrere Becher Karlsbader Sprudel zu trinken, überdrüssig. Der einzige Lichtblick war für ihn vielleicht das hübsche junge Mädchen, das ihm durch die Blume tiefe Zuneigung signalisierte. Mit dem alten Mann, der das Mädchen vertrat, wollte das Unbewußte dem König wohl bedeuten, daß er dank der reinigenden Kraft des Karlsbader Wassers ganz gesund werden würde und bald frisch gestärkt die Regierungsgeschäfte wiederaufnehmen könne.
Die moderne Deutung des königlichen Traumes widerspricht nicht dem prophetischen Inhalt, der schon am Morgen danach zum Teil wahr wurde. Wir wollten damit nur zeigen, daß manche Wahrträume ganz normal erklärt werden können.

Die kleine Oma

Abschied von einem geliebten Menschen

Lassen Sie mich als zweiten einen Traum aus meiner Jugendzeit beisteuern, der mir bis auf den heutigen Tag in Erinnerung geblieben ist. Ich hing als Bub sehr an meiner Großmutter, die wir wegen ihrer Körpergröße „die kleine Oma" nannten. Sie war eine sehr lebenslustige, rundliche Person, die uns Kinder verwöhnte, wo sie nur konnte, obwohl sie mit einer kargen Rente auskommen mußte.
Eines Tages wurde unsere kleine Oma krank, magerte ab, und man lieferte sie schließlich ins Krankenhaus ein. Meine Mutter besuchte sie täglich, uns Kinder aber ließ sie nicht in die Klinik; wir sollten die kleine Oma so in Erinnerung behalten, wie wir sie unser ganzes Leben lang gekannt hatten. Ich wußte, daß sie bald sterben würde, und hatte den Wunsch, sie noch einmal zu sehen. Eines Nachts träumte ich von ihr:
„Ich stehe in der Küche meiner Großmutter. Auf dem Herd brutzeln Reibepfannkuchen, die das Lieblingsgericht meiner kleinen Oma sind. Als sie einen der goldgelben Pfannkuchen essen will, schreie ich sie an: ‚Die darfst du nicht essen, Oma, du hast's doch mit dem Magen!' Aber sie lächelt mich nur schelmisch von unten her an, als ob sie etwas in ihrer fröhlichen Art aushekken wolle; denn ich war inzwischen einen Kopf größer als sie. Dann beißt sie herzhaft in den Pfannkuchen und sagt zu mir: ‚Du wirst sehen, ich kann jetzt wieder alles essen. Ich bin von meinem Leiden erlöst.' Und sie winkt mir zu, und dort, wo sie gestanden hatte, war nur noch der Schein des Herdfeuers, in dem die Holzscheite knistern."
Ich erwachte lächelnd und winkte noch sekundenlang mit der Hand in eine bestimmte Richtung. Ich schaute auf die Uhr: Es war 8 Uhr am Morgen – wie ich später erfuhr, die Sterbestunde der kleinen Oma, die sich von mir im Traum verabschiedet hatte.
Wir wollen dieses Traumerleben nicht symbolisch deuten. Aber vielleicht kramen Sie jetzt einmal in Ihrer Erinnerung nach solch einem traumhaften Erlebnis, das so einfach ins Wachleben übersetzt werden

kann wie dieser Traum von der kleinen Oma. Nach Arthur Schopenhauer hat ja jeder Mensch ein „Traumorgan", das auch Visionen und ein „Zweites Gesicht" widerspiegeln kann, und „dadurch ungewöhnliche Fähigkeiten, deren er sich jedoch nur selten bewußt ist".

Der Sprung von der Brücke

Ein Traum wird Wirklichkeit nach 17 Jahren

Untersuchen wir nun noch einen Traum, der sich erst sehr viel später als Wahrtraum herausstellte. Im Leben des großen Komponisten Robert Schumann (1810–1856) spielten Träume eine wichtige Rolle. Oft hörte er darin Musik erklingen, die er nach dem Erwachen niederzuschreiben versuchte. Er wußte nicht, daß einer seiner Träume einmal grausam Wahrheit werden sollte, von dem er am 28. November 1837 seiner Braut, der Pianistin Clara Wieck, in einem Brief schrieb:
„Mir träumte, ich ging an einem tiefen Wasser vorbei. Da fuhr mir's durch den Sinn, und ich warf den Ring hinein. Da hatte ich unendliche Sehnsucht, daß ich mich nachstürzte."
Sicherlich hätten Psychotherapeuten, hätte es sie damals schon gegeben, kaum auf einen Traum getippt, der später in Erfüllung gehen könnte. Sie hätten aus dem tiefen Wasser auf die tiefen Gefühle Robert Schumanns verwiesen, die ihn mit Clara Wieck verbanden. Der Ring, der im Wasser versank, hätte die Schwierigkeiten umschreiben können, die trotz inniger Zuneigung der Hochzeit der Brautleute entgegenstanden (Schumann mußte sich die Heiratserlaubnis vor Gericht erkämpfen!). Die unendliche Sehnsucht könnte auf die Braut bezogen sein und das Nachstürzenwollen auf seine Verzweiflung, daß er sie noch immer nicht als seine rechtmäßig angetraute Frau in die Arme schließen konnte.
Ungefähr 17 Jahre später, am 26. Februar 1854, stürzte sich Schumann im Fieberwahn in Düsseldorf von der Rheinbrücke. Bevor er selbst in den Rhein sprang, warf er tatsächlich seinen Trauring ins Wasser. Schumann wurde gerettet; zwei Jahre später starb er, geistig umnachtet, in der Heilanstalt Endenich bei Bonn.
Die Deutung gleich nach Erleben des Traumes wäre sicher so unrichtig nicht gewesen, zumal sie auf vorhergegangenen Ereignissen fußen konnte. Kein Mensch kann wissen, was 17 Jahre später geschehen wird. Woraus man erkennen mag, welche Unwägbarkeiten sich der Traumdeutung oft entgegenstellen können.

Wilhelm Stekel stellte bei seinen traumanalytischen Untersuchungen über Neurosen fest, daß man den „geheimen Verbrecher im Menschen" berücksichtigen müsse, wenn man an die Heilung des Leidens gehen wolle. Neurosen sind seelische Störungen, die sich in funktionellen, körperlichen Krankheitserscheinungen wie Migräne, Übelkeit, Erbrechen, Magen- und Darmbeschwerden, Herz- und Kreislaufstörungen und anderen allgemeinen körperlichen Mißempfindungen ausdrücken können.

Der „geheime Verbrecher im Menschen"

Seit Sigmund Freud wurden darüber viele Theorien entwickelt. Wir können heute davon ausgehen, daß Neurosen vor allem bei Menschen auftreten, die als kleine Kinder entweder vernachlässigt oder übermäßig verwöhnt wurden oder die Störungen in den Elternbeziehungen erleben mußten, zum Beispiel durch eine Scheidung, Verlust eines oder beider Elternteile sowie Mißhandlungen. Ferner kommen Neurosen bei Menschen vor, deren Ehe- oder Berufsleben gestört ist. Diese Neurotiker werden nach Stekel im Traum „zum Verbrecher ohne den Mut zum Verbrechen".

Die Tragödie einer Ehe

Der Traumanalytiker kann auch gleich ein Beispiel aus seiner Praxis anführen. Ein Mann kam zu Stekel und sagte:

„Ich träume, daß Gas ausgeströmt ist. Meine Frau und mein Sohn liegen bewußtlos, blaß und blau, in ihren Betten. Ich erwache mit Schrecken und sehe nach, ob sie noch leben. Zu meiner Beruhigung atmen beide ruhig. Ich kann lange nicht einschlafen."

Frau und Sohn im Traum vergiftet

Wilhelm Stekel erklärt den Traum so: „Die Tragödie einer unglücklichen Ehe. Seine kriminellen Gedanken gehen dahin, Frau und Kind mit Leuchtgas zu vergiften. Kein Mensch soll das Verbrechen erfahren. Es soll nur ein unglücklicher Zufall sein. Er will frei sein, um sich sexuell auszuleben. Noch ein zweites Motiv: Seine Schwester ist Witwe geworden und hat eine schöne Pension. Er möchte den Haushalt mit ihr gemeinsam führen."

Stekels arbeitsunfähiger Patient litt unter Schlaflosigkeit, er kämpfte mit Selbstmordgedanken. Die Diagnose der Nervenärzte lautete: Neurasthenie. „Immer wird man hinter den Symptomen Schlaflosigkeit, Unfähigkeit zu arbeiten, Dyspepsie (Verdauungsstörung), Verstopfung und so weiter einen schweren ‚psychischen Konflikt' finden", erklärt Stekel das Krankheitsbild. „Mit der Aufdeckung der dem Patienten unbewußten Phantasien trat eine solche Veränderung im Wesen des Genesenden ein, daß aus ihm wirklich ein ‚anderer Mensch' wurde."

Die Traumgeschichte in ihrer lapidaren Kürze reicht nicht aus, um sie heute noch einmal einer Deutung zu unterziehen. Wir wollen es daher bei der Auslegung Stekels belassen, der damit augenscheinlich Erfolg hatte. Fest steht jedoch, daß die sogenannten kriminellen Träume oft eine im Wachleben gehemmte oder zurückgehaltene Aggression widerspiegeln.

Nichtige Anlässe für kriminelle Träume

Nun ist keinesfalls jeder, der von solchen Träumen geschüttelt wird, ein Neurotiker. Und umgekehrt träumen auch nicht alle Neurotiker von Verbrechen, die ja nur die Übersetzung trüber Gedanken aus dem Wachbewußtsein sind. Kriminelle Träume können aus den nichtigsten Anlässen auftreten: bei aufgestautem Ärger über den Vorgesetzten zum Beispiel, den man am liebsten vierteilen würde, bei Examensängsten, die zugleich auch die Furcht vor dem prüfenden Lehrer beinhalten können, den man mundtot machen möchte. Wir alle sind im Traum eben nicht immer tugendhafte Menschen, sondern oft rechte Missetäter.

Mit der Peitsche totgeschlagen

Dieter war ein eher schmächtiger junger Mann, 24 Jahre alt. Er konnte, wie mir schien, keiner Fliege etwas zuleide tun. Ich traf ihn mit Hilde, ebenso alt wie er, einem reizenden Mädchen. Er stellte sie mir als seine Braut vor. Eines Tages erzählte er mir diesen Traum:

„Erst ist ein wildfremder Mann da, der Hilde küßt. Aber dann weiß ich, es ist Hans. Hilde lacht, wie sie immer lacht, wenn sie auf Hochtouren kommt. Plötzlich ist sie weg, und nur Hans ist noch da. Ich habe eine Peitsche in der Hand, schlage wie wild um mich. Hans schreit auf. Ich glaube, ich muß einen Kranz für ihn kaufen …"

Grundlose Eifersucht spielt ins Unbewußte hinein

Hans war Dieters bester Freund. Hilde und er nahmen ihn überallhin mit. Und wenn Dieter mit seiner Braut schimpfte, ergriff Hans Partei für sie. Sexuelles Interesse hatte er wohl nicht, da er selbst mit einem anderen Mädchen befreundet war, das allerdings in einer anderen Stadt studierte. Dieter ärgerte aber die ständige Parteinahme des Freundes für Hilde, und möglicherweise setzten sich allmählich Eifersuchtsgefühle fest, die sich nun in dem kriminellen Traum niederschlugen.

Das Unbewußte machte ihm darin freilich klar, wie grundlos seine Eifersucht eigentlich ist. Aber die Lehre wird durch eine recht eindeutige Szene erteilt: Der zunächst wildfremde Mann, der Hilde küßt, ist (natürlich!) niemand anderer als Hans. Und Hilde scheint sich mit ihm zu vergnügen, denn sie lacht, wie sie immer lacht, wenn Dieter selbst mit ihr intim wird. Da greift er zur Peitsche und schlägt mit ihr wie wild um sich – mit einer Brutalität, die ihm niemand im Wachleben zutrauen würde, als wolle er den Freund auslöschen. Und Hans schreit auf. Ist er tot? Der Kranz scheint darauf hinzudeuten.

Variante: Der wildfremde Mann, den Dieter als Hans sieht, ist niemand anders als er selbst. Er meint, als Bräutigam das Recht zu haben, Hilde zu küssen. Die Peitsche symbolisiert seine wilde Begierde, das attrak-

tive Mädchen körperlich allein zu besitzen. Vor Wollust schreit er auf. Es wird Zeit für ihn, die Trauringe zu kaufen, die im Kranz versinnbildlicht werden.

Zwei Deutungen zu einem Traumkomplex. Beide können stimmen. Das, was sich als krimineller Traum darstellt, ist tatsächlich manchmal die Lehre des Unbewußten, wie sinnlos eine Eifersucht unter Freunden wäre. Die Variante macht Dieter deutlich, daß er sich im Beisammensein mit seiner Braut oftmals vergißt und grundlos mit ihr schimpft, weshalb Hans zu Recht Partei für sie ergreift. Dieter sollte besser an die baldige Hochzeit denken, als eifersüchtig zu reagieren.

Zwei Deutungen – beide sind denkbar

Die Träume der Giftmörderin

Interessant ist in diesem Zusammenhang, was bei einer Untersuchung Krimineller herauskam: Verbrecher schlafen oft besser als Normalbürger, Alpträume bedrücken sie nicht, und von zum Tode verurteilten Kriminellen wird sogar behauptet, sie träumten kaum mehr, vielleicht weil ihre Seele schon zu abgestumpft ist, um Warnsignale auszusenden. Der Schriftsteller Alfred Döblin („Berlin Alexanderplatz"), der in Berlin als Nervenarzt praktizierte, zeichnete die Träume der Giftmörderin Elli Link in der Untersuchungshaft auf. Sie hatte ihren Mann mit Arsen vergiftet, wurde vom Landgericht in Berlin der vorsätzlichen Tötung für schuldig befunden, aber unter Zubilligung mildernder Umstände zu nur vier Jahren Gefängnis verurteilt. Elli Link gestand die Tat, entschuldigte sich jedoch damit, daß die ständigen Mißhandlungen ihres Mannes der auslösende Faktor gewesen seien. „Er hat mich so dämlich geschlagen, daß ich nicht wußte, was ich machte", beteuerte sie vor Gericht. Die grenzenlose Roheit ihres Mannes hätten in ihr nicht nur Haßgefühle, sondern auch Mordgedanken geweckt.

Traumaufzeichnungen Alfred Döblins

In mehreren Träumen spiegelten sich die Mißhandlungen ihres Mannes wider; als Beispiel diene einer der von Alfred Döblin aufgezeichneten Träume:

„Link kaufte einen kleinen Hund. Er wollte den Hund zum Wachen erziehen. Nahm den Stock und haute das Tier ganz fürchterlich. Der Hund schrie schon, wenn er Link seine Stimme hörte. Ich konnte dieses nicht mit ansehen und schalt darüber, daß er das Tier so schlug: ‚Du erreichst im Guten und Lieben viel mehr.' Da Link nicht hörte, nahm ich ihm den Stock fort und schlug ihn damit über den Kopf, daß er tot umfiel."

Die Träumerin sah sich als der geschlagene Hund

Der kleine Hund im Traum war wohl niemand anderes als Elli Link selbst. Er mußte die Prügel nachempfinden, die sie selbst in ihrer Ehe erlitten hatte. Wenn Link nur an der Haustür rief, sie solle ihm öffnen, zitterte sie wie der Hund im Traum vor Angst. Elli Link hatte den gewalttätigen Mann häufig angefleht: „Hau mir doch nicht immer auf den Kopf! Du weißt doch, daß ich am Kopf nichts vertragen kann." Das ergänzt sie im Traum bezogen auf den geprügelten Hund, der ihr zweites Ich ist: „Du erreichst im Guten und Lieben viel mehr."

Nur im Traum ergreift Elli Link die Initiative, muckt auf, als sie den geprügelten Hund winseln hört, nimmt dem Mann den Stock ab und schlägt ihm damit über den Kopf, daß er tot umfällt. Bis hierher sicherlich das Beispiel für einen echten kriminellen Traum.

Im Wachleben hatte Elli Link nicht den Mut, ihrem Mann entgegenzutreten. So plante sie, nun echte Verbrecherin, den Meuchelmord. In ihren Träumen kommt das Gift, das sie dem Quälgeist verabreichte, nicht vor. In dem hier wiedergegebenen Traum war der Stock die Tatwaffe, in einem anderen versetzte sie dem Mann einen Stoß, so daß er in einen Abgrund fiel, wo er von Löwen zerrissen wurde.

In einigen Träumen suggerierte das Unbewußte der Untersuchungsgefangenen, sie habe für ihre Tat Strafe verdient. Einmal beging sie im Traum Selbstmord mit einem Messer, ein andermal wurde sie von einer giftigen Schlange in den Hals gebissen. Dann wieder sah sie sich von einem Kriegsgericht zu lebenslangem Zuchthaus verurteilt, woraufhin sie sich erhängte.

Mord und Selbstmord in einer Traumserie

Aber immer und immer wieder ließ die Giftmörderin in ihren kriminellen Träumen den grausamen Link sterben: Er fiel unglücklich ins Wasser und kam nicht mehr an die Oberfläche; sie stieß ihn beim Aussteigen vor die Straßenbahn, von der er überfahren wurde, „so daß er ganz zerstückelt im Blute lag".

Farbenträume

Schon Johann Wolfgang von Goethe hat in seiner Farbenlehre die Wirkung verschiedener Farben auf das Gemüt erklärt. Obwohl Farbsehen im Traum seltener ist als Formsehen, haben mit Sicherheit bestimmte Farben eine wichtige Bedeutung. Mancher Träumer hat noch nie einen farbigen Traum gehabt, auch wenn er am Abend stundenlang die bunten Bilder im Fernsehen an sich vorüberrollen sah. Ein anderer sieht das Traumgeschehen farbiger als das Erleben im Wachzustand. Y. Tatibana unterscheidet nur einen „roten" und einen „blauen" Typ farbiger Träume; der rote ist mit Erregung verbunden, der blaue mit Ruhe.

Farbsehen ist seltener als Formsehen

Bei Carl Gustav Jung haben die Grundfarben psychische Grundfunktionen. So ist Rot die Farbe des Empfindens, das den Verstand anregt. Blut und Feuer sind rot, es ist die Farbe der Leidenschaft und des Affekts – zumindest in unserem Kulturkreis –, zugleich aber auch der Gefahr.

Blau als Farbe des Denkens drückt nach Jung Geistiges, auch Spirituelles aus; Blau ist kühl, überlegen und zart. Bringt man die Ansichten Tatibanas und Jungs miteinander in Verbindung, so scheint der Verstandesmensch im Traum ein Reizsucher zu sein.

Grün ordnet Jung dem Empfinden zu, es bedeutet Wachstum, vegetatives Leben. Gelb ist die Farbe der Intuition, Violett die der Buße, Braun bezeichnet das Erdhafte, Schwarz die Unbewußtheit. Es gilt ebenso als negativ wie Weiß, das die Farbe der Unschuld, aber auch der Leere ist.

Je jünger ein Träumer ist, desto farbenfreudiger träumt er. Später verwischen sich dann die Farben, treten hinter dem plastischen Traumbild zurück. Farben erklären oft psychische Erlebnisse, die wesentliche Aussagen über den Seelenzustand des Träumers, ebenso über seine Gesundheit machen können. So berichtet der Schweizer Farbenpsy-

Junge Leute träumen öfter bunt

chologe Max Lüscher über Untersuchungen von an Lungentuberkulose Erkrankten, es hätte sich bei ihnen eine übereinstimmende gleichartige Abweichung gegenüber den durchschnittlichen Farbvorlieben gesunder Menschen ergeben.
Ania Taillard hat in einem gescheiten Buch über die Traumsymbolik gleichfalls auf den Wert der Farben im Traum hingewiesen: „Ebenso wie Form, Zahl und Ton hat die Farbe psychische Entsprechungen, die trotz mancher Entstellungen im Laufe der Zeit dieselben geblieben sind. Jede Farbe scheint eine archetypische Einheit darzustellen. Man denke an die unendlich fein entwickelte Farbensymbolik der Chakras im indischen und chinesischen Yoga. Die Wandlung des Menschen drückt sich in Farben aus."

Farben haben psychische Entsprechungen

Letzteres kann auch aus den Berichten klinisch Toter abgelesen werden, die man wieder ins Leben zurückrief und die nahezu übereinstimmend sagten, sie hätten das Empfinden gehabt, in eine orangerote Ferne zu sehen, auf Strahlen in denselben Farben zu wandeln. Das Leben sei für sie nicht aus und vorbei gewesen, sondern habe sich in lichte Farben aufgelöst. War es der von außen kommende Lichtschein, der auch für klinisch Tote noch durch die Lider hindurch sichtbar sein könnte? Oder träumten sie noch, während sie klinisch schon nicht mehr lebten? Oder ist Orangerot die Farbe unserer Seele, die uns in eine neue, eine andere Welt entschweben läßt?
Seltsamerweise können viele Träumer nicht sagen, ob sie nun wirklich farbig geträumt haben. Ihre Angaben sind kaum ausführlich genug, um sie hier an einem Beispiel zu erklären. Außer dem eben erwähnten „Traumbild" klinisch Toter, die wieder zum bewußten Leben erweckt wurden, gibt es keinen roten oder blauen oder grünen Traum. Die Farbe erscheint nur in Nuancen. Trotzdem sollte man sie beachten.

Die Träume der Blinden

„Der Blinde sieht im Traum nur, wenn ihn die Blindheit sekundär, nachdem er bereits ein Unterscheidungsvermögen für Dinge entwikkelt hatte, befallen hat, weil sich die Formen der äußerlich sichtbaren Dinge in all ihren verschiedenen Gattungen und Arten dann schon in seine Vorstellungskraft eingezeichnet haben... Ist der Blinde aber blind geboren und hat er nie das Dasein und die im Dasein befindlichen sichtbaren Dinge gesehen, so kann er nur träumen, was er berührt und fühlt, zum Beispiel, daß er ißt oder trinkt oder auf einem Pferd oder Esel sitzt oder einem anderen feindlich gesinnt ist und dergleichen Erlebniszustände."

Diese erstaunlichen Feststellungen über den Traum blinder Menschen, die noch heute ihre Gültigkeit haben, traf in der ersten Hälfte des 14. Jahrhunderts der arabische Traumforscher Safadi. Wir können sie durch moderne Forschungshinweise ergänzen: Wer von Geburt an blind ist, nimmt höchstens schattenhafte Umrisse der Traumgestalten wahr. Für ihn werden die optischen Eindrücke durch eine meist akustische Lautmalerei ersetzt. Blinde, die erst später das Augenlicht verloren, haben in den ersten Jahren ihrer Blindheit durchaus noch visuelle Wahrnehmungen im Traum, doch lassen diese mit zunehmender Dauer ihres Zustandes allmählich nach, gleiten ins Schemenhafte, bis sie schließlich mehr und mehr von akustischen Eindrücken abgelöst werden, die bei sehenden Menschen im Traum ja nur schwach, oft anscheinend überhaupt nicht auftreten.

In Träumen von Blinden überwiegen akustische Eindrücke

In ihren Träumen können sich Blinde meist auch viel freier entfalten als im Wachleben. Zwar erklärten blinde Versuchspersonen, auch im Traum hätten sie eine Begleitperson bei sich gehabt, die ihnen wie eine Souffleuse den Trauminhalt vorgesagt habe; aber sie hätten sich ohne Stock und Blindenhund frei in der Traumlandschaft bewegen können. Blinde träumen zukunftsorientierter als Menschen, die ihr Augenlicht noch besitzen. Hier sei nur an die blinden Seher des Altertums erinnert, die das Unbewußte aus ihrem Gefühl, aus ihrer Phantasie heraus ins Bewußte umsetzten und daraus Schlüsse auf die Zukunft zogen. Blinde erfassen auch viel leichter als normalsehende Menschen das Symbolische eines Traumes. Für sie ist er eine Brücke zur Welt, die sie wahrnehmen, aber nicht sehen können. Sie beschäftigen sich meist intensiver mit den Traumgesichten und behalten sie länger in der Erinnerung, was zum Beispiel Traumforschern die experimentelle Arbeit sehr erleichtert.

Das Schiff auf dem Trockenen

Ein Traum nach der Erblindung

Der böhmische Schriftsteller Oskar Baum war seit seinem zwölften Lebensjahr blind. Aus den Träumen in den ersten Nächten nach seiner Erblindung blieb ihm nachstehender Traum besonders klar in der Erinnerung:

„Ein Schiff mit sonderbar zerfetzten Segeln, veränderlicher wie buntfarbiger Nebel, auf dem Hintergrund von üblichem, blassem oder weißlich-grauem Nebel. Das Schiff schwamm im Festland, in einer Art flüssigem oder vielleicht nur durch dieses eine Schiff mühelos zerteilbarem Festland. Die Uniform der Menschen auf dem Schiff und um das Schiff herum trug die Farben der Franzosen, Engländer und Indianer, deren Kämpfe in Nordamerika die Lektüre meiner letzten sehenden Tage gewesen waren. Nie werde ich den Schmerz vergessen, den ich empfand, wenn die phantastisch übergewaltigen Tropenbäume mit allerhand gold- und silberleuchtenden Früchten rechts und links vom Schiff aus mit Kanonen oder eigentlich nur mit Pulverdampf

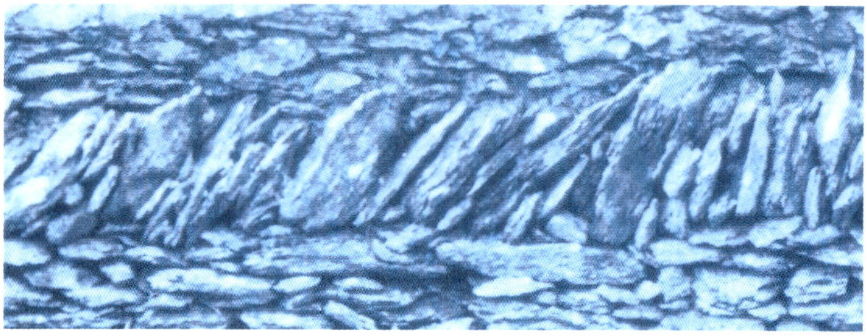

vernichtet wurden. Und die Spannung, wenn wieder ein neuer dieser Märchenbäume in Sehweite um das langsam dahergleitende Schiff hinter den bald wie Wolken, bald wie Tierschemen wechselnden Segeln auftauchte."
Oskar Baum bemerkte zu diesem Traum: „Nur durch diese im Traum wiederkehrenden Eindrücke kann ich mir erklären, daß ich mir die Farben, selbst die feinen Nuancen, bis heute noch, viele Jahre nach meiner Erblindung, vorstellen kann. Wenn mir aber im Traum Schriftzeichen erscheinen, wie kürzlich die Aufschrift einer Bahnstation, sind es immer die Buchstaben der Brailleschen Blindenschrift, obgleich ich die übliche Schwarzschrift am wachen Tag noch weiß und auch schreiben kann."

Wie der Traum eines Blinden gedeutet werden kann

Versuchen wir die Deutung dieses Traumes eines blinden Menschen, wobei wir als Übersetzungshilfe heranziehen wollen, was sich im Symbolteil dieses Buches findet: Natürlich ist das Schiff sein Lebensschiff, das aber mit zerfetzten Segeln fährt, also nicht seetauglich ist. Ein ganz entscheidender Teil des Lebens, das Sichtbare, ist für den Träumer Vergangenheit, was ihm blieb, ist durch vielfarbigen Nebel verhüllt, der die klare Sicht im Wachleben nimmt und den Träumer beim Fortschreiten hemmt. Die Vorstellungen vom bewußten Leben sind beschränkt, der Träumer kann sich nur bewegen, wenn er festen Boden unter den Füßen hat. Aber da er weiß, daß ein Schiff nur auf dem Wasser vorwärtskommen kann, gibt das Unbewußte ihm ein, daß es sich eben um eine besondere Art flüssigen Festlands handle, das der Bug mühelos zerteilen kann wie das Wasser. Erinnerung an die letzten Tage, wo er noch sehen konnte, wird wach, die sich in den bunten Uniformen der Menschen, die im Traum keine handelnden Personen sind, niederschlägt.

Und er verspürt Schmerz, daß sich sein Dasein, dargestellt durch die phantastisch übergewaltigen Tropenbäume, mit Gewalt (die Kanonen!) völlig verändert hat, so daß er plötzlich die wundersamen wie Gold und Silber glänzenden Früchte (seines Lernens in der Schule etwa) nicht mehr ernten kann, weil er nun umlernen, sich mit seinem Nicht-mehr-sehen-Können abfinden muß. Er ist gespannt, wie das nun

werden wird, aber Pulverdampf, die furchtbare Blendung seiner Augen, verwehrt ihm den Ausblick auf sein zukünftiges Leben. Und doch vermittelt ihm das Unbewußte die Hoffnung, daß es weitergehen wird, auch wenn Wolken den Erfolgshimmel vorerst noch verhängen mögen und nur noch Schemen, Schatten seinen Weg kreuzen: Wie im Märchen wird er das Leben mit offenen Augen erleben, auch wenn kein Lichtstrahl in sie zu dringen vermag.

Geographie, Geschichte und – Kopfweh

Erfahrungsbericht über das Traumerleben eines Blinden

Friedrich Hitschmann, der im dritten Lebensjahr erblindete, schrieb als Erwachsener einen Erfahrungsbericht über das Traumerleben der Blinden. Er bemerkte dazu unter anderem: „Soweit meine Erfahrung reicht, verflicht der Blinde die Empfindungen körperlichen Mißbehagens irgendwelcher Art in seine Träume fast immer nur unmittelbar als das, was sie sind: Kopfschmerz als Kopfschmerz, Zahnweh als Zahnweh und so fort. Dies ist selbst dann der Fall, wenn die Ideenverbindung zwischen dem betreffenden Wehegefühl und den gerade vorherrschenden Traumbildern sich nur sehr schwer herstellen läßt." Und er gab dazu auch gleich einen Traum als Beispiel:

„Ich fand mich, wie mir das oft begegnet, im Traume in meine Schulzeit zurückversetzt, und ein Lehrer fragte mich, was für Unterrichtsgegenstände heute vorgenommen worden wären, wobei er sich der in Schulen gebräuchlichen Redewendung bediente: ‚Was habt ihr heute gehabt?' An diese Form seiner Frage anknüpfend, brachte ich auf dem Umwege eines Wortspiels zugleich die Empfindung zum Ausdruck, daß der Kopf mich heftig schmerzte, indem ich antwortete: ‚Wir hatten Geographie, Geschichte – und Kopfweh, letzteres allerdings nur ich allein.' Worauf der Lehrer bemerkte: ‚Dieser Zusatz ist auch höchst nötig gewesen.'"

Hier signalisierte das Unbewußte wohl dem Träumer, daß es wichtig sei, auf sich zu achten, sich nicht zu scheuen, den anderen zu sagen, was einen bedrückt, damit sie einen Weg suchen, auf dem er sich als Blinder zurechtfinden könne. Der Lehrer ist der väterliche Freund, der hilft, wenn dem Blinden die Kraft fehlt, selbst die Initiative zu ergreifen.

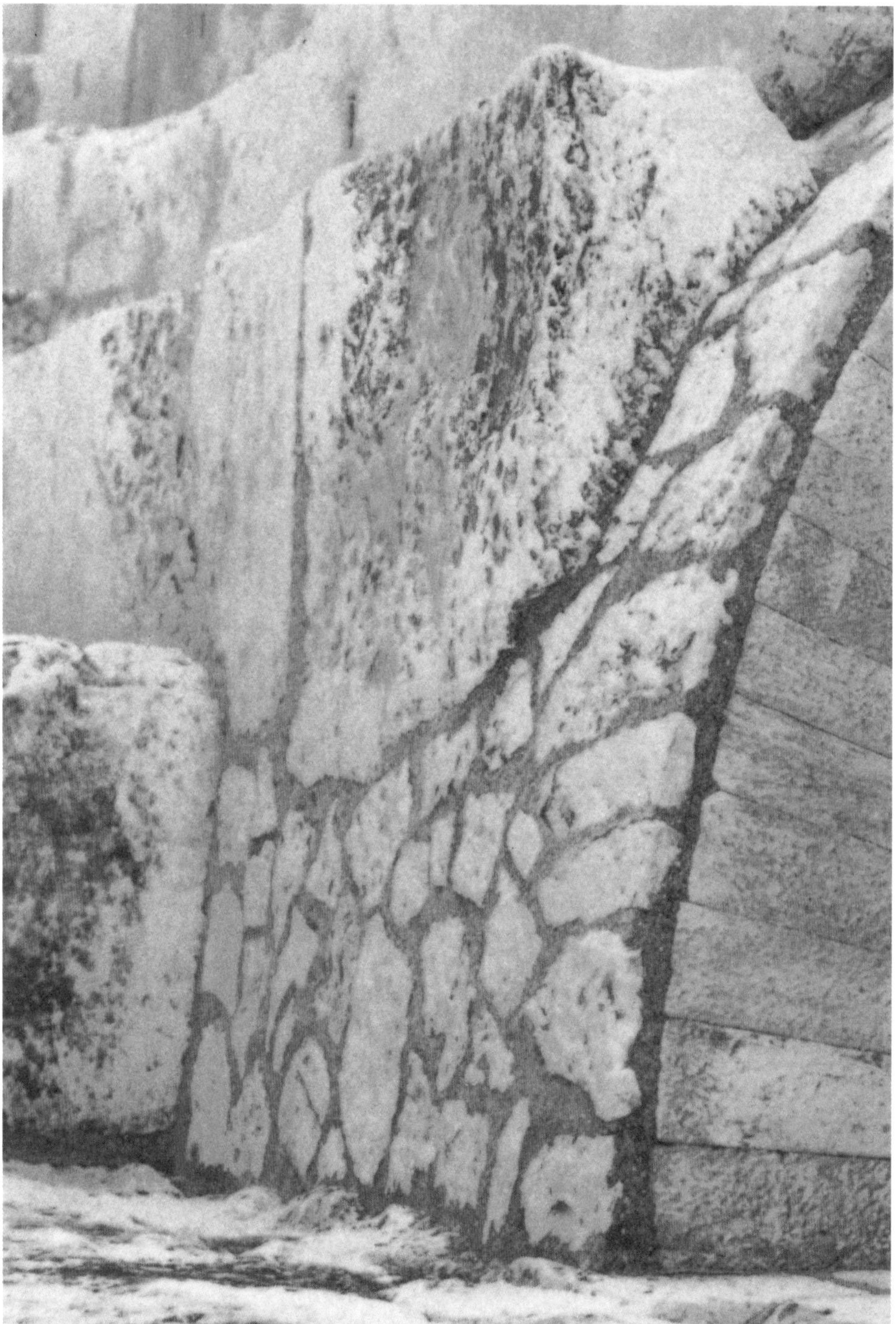

Obwohl wir durchaus von den Traumdeutungen der Priester und Forscher des Altertums lernen können, in einem Punkt hatten sie bestimmt unrecht: Sie sahen Tränen im Wachleben voraus, wenn jemand im Traum lachte, und dem Träumer, der sich weinen sah, kündeten sie eine frohe Zeit an. Mag sein, daß solch eine Deutung in dem einen oder anderen Fall zutraf, weil es sich bei dem Lachen im Traum um Schadenfreude oder beim Weinen um Freudentränen gehandelt hatte.

Positive Deutung des Lachens im Traum

Die meisten modernen Traumanalytiker aber sind der Ansicht, daß ein befreiendes Lachen im Traum keine negative Deutung erfahren kann, ebenso wie Tränen der Trauer oder jene, die man grundlos weint, durchaus auch auf ein trauriges Ereignis im Wachleben hinweisen können.

In manchem Traum kommt der Humor nicht zu kurz, läßt ein befreiendes Lachen noch ins Erwachen hinein zu. Ich kann mich an viele eigene Träume erinnern, die in einem herzhaften Lachen endeten, das recht lautstark ins Wachleben hinüberspielte, so daß meine Frau aufwachte und mich fragte, was ich denn wieder Lustiges geträumt hätte. Zumeist aber war mir das Traumgeschehen schon entfallen, über das ich so herzhaft gelacht hatte.

Die Abenteuer des Odysseus S.

Homer läßt grüßen

Einige Träume jedoch konnte ich gleich zum besten geben und danach aufschreiben. So wirkten einmal die Erlebnisse einer Urlaubsreise nach Italien in mir so nach, daß ich bald nach meiner Rückkehr folgendes träumte:

„Großer Empfang zur Premiere eines neuen Sachbuches, das ich in Versform (freilich nur im Traum!) unter dem Titel ‚Die Abenteuer des Odysseus S.' über einen griechischen Gastarbeiter geschrieben hatte, der Ähnliches erlebte wie der Odysseus Homers. Viele der handelnden Personen des Buches kamen zur Premiere. Da ist Circe, eine italienische Gräfin, die meinen Helden in ihrer tempelähnlichen Villa am Monte Circeo ein Jahr lang als ihren Geliebten gefangenhielt, und auch die Sirenen sind da, hübsche Mädchen eines Bordells, in dem der Grieche wohl den Zuhälter spielen mußte, um sich nicht von ihnen verführen zu lassen. Ich werde wenig beachtet, der Held dieser Premiere ist der kleine schwarzhaarige Odysseus S., dessen Erlebnisse ich niedergeschrieben hatte und um den sich jetzt die hübschen Mädchen scharen. Plötzlich aber dreht sich eine der Dirnen zu mir um und sagt in breitem Berliner Dialekt: ‚Also det is jroßartich, wat Sie da über den Odysseus jeschrieben haben – und det alles in Jamben!' Und ich lache – und lache noch immer, als ich längst erwacht bin."

Dazu muß ich nun ergänzen, weshalb ich noch bis ins Wachsein hinein so lachen mußte: Ich hatte, das ergab sich aus dem Traumgeschehen, mein Buch über meinen Odysseus angeblich in Versform geschrieben und mich dabei wohl im Versmaß genau an den alten Homer gehalten, der sein Epos bekanntlich in Hexametern der Nachwelt überlieferte und nicht in Jamben, die aber zugegebenermaßen zum Berliner Dialekt lautmalerisch besser passen als Hexameter.

Übrigens wohnte ich in den damals jüngst vergangenen Ferien 100 Kilometer unterhalb Roms nahe dem Monte Circeo, der seinen Namen von der Circe herleitet, die den Irrfahrer Odysseus an eben diesem Berg gefangengehalten und ihm Quartier und Liebe geschenkt haben soll. Ich erinnere mich noch heute genau, daß ich eine wenig beachtete Randfigur des Traums war, der stille Beobachter einer Laudatio, die einem anderen galt.

Das Unbewußte will die schöpferische Pause beenden

Vielleicht wollte mich das Unbewußte – eine weitere Deutung erübrigt sich wohl – mit der lustigen Geschichte zu neuen Taten ermuntern. Ich hatte nämlich in der Zeit, als ich den Odysseustraum hatte, längere Zeit kein Buch mehr geschrieben, weil ich einmal eine schöpferische Pause einlegen wollte. Ein paar Tage vor dem Traum war mir aber ein Thema vorgeschlagen worden, das mich sehr interessierte, nur war ich mir noch nicht sicher, ob ich es überhaupt in Angriff nehmen sollte.

Nach Träumen, die mich lachen ließen, war ich den ganzen Tag über frohgelaunt. Nie habe ich danach eine traurige Nachricht bekommen oder wurde ich mit einem schlimmen Ereignis konfrontiert. Und geweint habe ich danach wohl auch nicht, wenigstens kann ich mich nicht daran erinnern.

Ihre Vermehlung zeigen an ...

Gottfried Kellers amüsanter Kindertraum

Natürlich gibt es auch Träume, die erst hinterher die Lachmuskeln reizen. So erzählte der Dichter Gottfried Keller („Kleider machen Leute"), der übrigens fast zwei Jahre lang ein Traumtagebuch führte, einen lustigen Traum aus seiner Kindheit:

„Ich war ein Kind von kaum fünf Jahren, als ich von einer Nachbarin sagen hörte, man werde ihre Vermählung feiern. Ich verstand ‚Vermehlung' wie Mehl und träumte gleich darauf von ihr, das heißt von der Person, wie sie entkleidet in einen Backtrog gelegt und mit Mehl eingerieben und zugedeckt wurde. Und dieser Traum hinterließ mir einen sehnsüchtig-traurigen Eindruck, der mich lange Jahre trotz allen Gelächters nie verließ."

Gottfried Keller wehrte sich einmal heftig gegen die Ansicht eines Freundes, er erfinde seine Träume, um daraus Geschichten zu machen. Die Phantasie, meinte Keller, schaffe und wirtschafte wohl auch im Schlafe. Der Freund habe diese Phantasie im Unbewußten nicht und halte darum „einen wohlorganisierten Traum, der einen ordentlichen Verlauf und schöne künstlerische Anschauungen hat, für unmöglich". Gottfried Keller hat also seine poetischen Träume wirklich geträumt – auch diesen von der „Vermehlung", der viel Gelächter bei seinen Angehörigen hervorrief, als er, der kaum Fünfjährige, ihnen die Traumgeschichte erzählte.

Untersuchen wir aber einmal, warum dieser Traum bei Keller einen so „sehnsüchtig-traurigen Eindruck" hervorrief. Er muß sich mit der Nachbarin, die heiraten wollte, gut verstanden haben. Auf jeden Fall war er des öfteren bei der hübschen Frau und hörte ihr zu, wenn sie ihm dies und das erzählte. Das Wort von der Vermählung verstand er falsch – für ihn kam die „Vermehlung" einer Verurteilung gleich.

Das Kind – von einem „Druckfehler" verfolgt

Der „Druckfehler" verfolgte ihn bis in den Traum hinein. Er sah die Nachbarin nackt in einem Backtrog, was wohl auf seine kindlichen Hemmungen verweist, wenn er mit der vollbusigen jungen Frau im Wachleben beisammen war. Der Trog, den man ja nicht nur in der Bäkkerei, sondern auch im Viehstall verwendet, zeigt seine noch kindliche Triebhaftigkeit auf, die hier das Hingezogensein zu der jungen Frau und gleichzeitig die Scheu umschreibt, mit der ihr der Fünfjährige bisher begegnete. Die Person im Backtrog wird mit Mehl eingerieben und zugedeckt wie ein Brot, das man in den Ofen schiebt, wenn der Teig gegangen ist.

Natürlich haben seine Angehörigen ihm erklärt, daß eine Vermählung keine Vermehlung sei. Und vielleicht entstand erst dann trotz allen Gelächters der sehnsüchtig-traurige Eindruck, daß er nach der Heirat nicht mehr zu der Nachbarin gehen und sich ihre Geschichten anhören könne. Vielleicht war der Kleine damals regelrecht verliebt in die Nachbarin, wobei wir nicht von jener infantilen Sexualität sprechen wollen, die Freud vielleicht aus solchem Traum herausgelesen hätte.

Wir wissen, daß der Schließmuskel der Augen im Schlaf fast jeden Lichtreiz abblendet, daß sich die Pupillen verengen und der Augapfel nach oben wandert. Schaltet nun jemand in dem Zimmer, in dem wir schlafen, ein Licht an, kann es durchaus auch einmal durch die geschlossenen Lider an unseren Sehapparat weitergeleitet werden. Dieser Lichtreiz kann dann das Träumen beeinflussen; er wird vielleicht als Blitz erlebt, der unsere Traumlandschaft erhellt, als Scheinwerfer eines Autos oder als Jupiterlampen in einem Atelier. Auf das Traumgeschehen selbst haben äußere Reize jedoch nur wenig Einfluß, weil es – wie Traumforscher feststellten – gewissermaßen vorprogrammiert ist. Dagegen können organische Leibreize auf die Traumhandlung nachhaltig einwirken. Schon im Altertum wurde festgestellt, daß ein opulentes Mahl vor dem Schlafengehen Alpträume nach sich ziehen kann. Diese Meinung hat sich bis in unsere Tage erhalten. Wir glauben allerdings, daß diese Alpträume trotzdem als Signal der Seele zu verstehen sind, die sich ja – wir können es aus manchem Traumgeschehen und seinen Symbolen herauslesen – auch um unser körperliches Wohl sorgt, das durch Völlerei aus dem Gleichgewicht gebracht werden kann.

Lichtreize können das Träumen beeinflussen

Die Experimente des Physiologen Plötzl

Gewisse Reize aus dem realen Leben können in Traumbildern nachwirken. So unternahm der Physiologe Plötzl im Ersten Weltkrieg Experimente, die zunächst nicht allzusehr beachtet wurden, heute aber in der modernen Werbung eine Rolle spielen. Plötzl führte gesunden Versuchspersonen figuren- und farbenreiche Bilder in einer Zeitdauer von einer Hundertstelsekunde vor. In der darauffolgenden Nacht sahen viele dieser Personen die Bilder im Traum, die sie gar nicht bewußt wahrgenommen hatten, und vielfach auch Details daraus.

Werbemanager in den USA haben zahlreiche Versuche in dieser Richtung gemacht: So lassen sie zum Beispiel in Fernsehfilmen für Sekundenbruchteile den Namen eines bestimmten Produkts einblenden. Der vom Wachbewußtsein wegen seiner Kürze kaum wahrgenommene Reiz wird – wie wissenschaftlich nachgewiesen wurde – vom Unbewußten aufgenommen und ins Traumgeschehen übersetzt. Daran zeigt sich, daß ein äußerer Reiz unsere Seele dazu „überreden“ kann, ihn in die Rahmenhandlung eines Traumes aufzunehmen.

Die Glocken des Weltuntergangs

Äußere Reize wirken also in den Traum hinein, beeinflussen aber seine dramaturgische Gestaltung nur unwesentlich. Das geht auch aus einer Untersuchung hervor, die der amerikanische Psychologe James Sully veröffentlichte und in der er als Beispiel den Traum eines kleinen Mädchens anführte. Das Kind schlief an seinem fünften Geburtstag bei Verwandten, die in der Nähe einer Kirche wohnten, deren Glocke die Stunden ziemlich laut schlug. Nach dem Erwachen am anderen Morgen erzählte es seinem Vater den Traum so:

„Die dicksten Glocken der Welt läuteten. Als dies vorüber war, fielen Häuser und Erde in Stücke. Alle Seen, Flüsse und Teiche flossen zusammen und bedeckten das ganze Land mit schwarzem Wasser so tief wie die See, auf der die Schiffe fahren. Ich selbst flog über das Wasser, hoch und niedrig, voller Angst, hineinzufallen. Dann sah ich, wie Mama ertrank. Ich flog schließlich nach Hause, um dir alles zu erzählen."

Kirchturmglocken wirken in einen Traum hinein

Mit Hilfe von EEG-Messungen kann die Länge von Träumen festgestellt werden. Oft sind es nur Sekunden, in denen ein Traumbild gezeichnet wird. Und so steht wohl fest: Die Glocke vom nahen Kirchturm löste den Reiztraum vom Weltuntergang aus, zumindest aber spielte sie mit ihrem lauten Klang eine gewisse Rolle im unbewußten Geschehen. Der Reiz aus der Außenwelt wurde von der Seele sofort verarbeitet und in eine Story verpackt, die von der Angst des kleinen Mädchens im Wachleben spricht.

Die Glocken deuten auf ein nahes Familienereignis hin, das der Kleinen augenscheinlich nicht in den Kram paßt. Ihre Mutter (die Erde als mütterlicher Schoß) sprach kurz zuvor davon, daß das Mädchen ein Geschwisterchen bekommen werde. Da brach in ihm innerlich alles zusammen, und es litt im geheimen wohl auch körperlich (die Häuser) darunter, die Liebe der Mutter bald mit jemand anderem teilen zu müssen.

Nahes Familienereignis eingeläutet

Ein neuer Lebensabschnitt würde mit dem für die Fünfjährige gar nicht so freudigen Ereignis beginnen. Sie sieht in ihrer Eifersucht auf das noch ungeborene Baby nicht mehr klar: Das Wasser von Seen, Flüssen und Teichen ist im Traum schwarz. Die ganze Landschaft wird damit bedeckt, was auf die trüben, ja wirren Gedanken und Vorahnungen der Kleinen im Wachleben hinweist, nachdem ihr von der Mutter das kommende Ereignis angekündigt worden war.

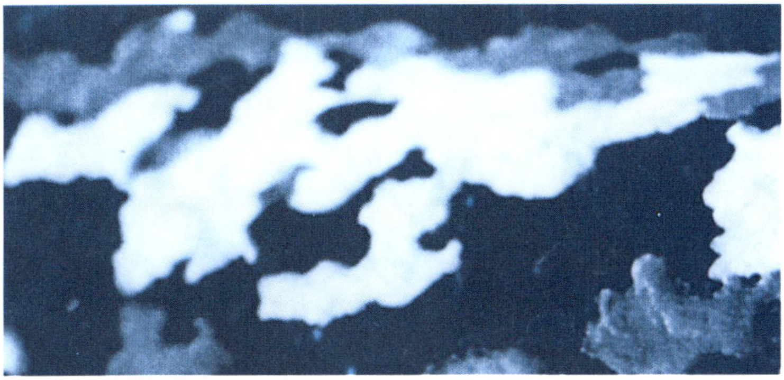

Eine Welt brach für sie zusammen (der Traum signalisierte „Land unter“). Ihr aber bedeutet das Unbewußte, den Kopf hochzuhalten, damit sie nicht im Strudel der düsteren Gedanken ertrinke. So fliegt sie, mal hoch und mal niedrig, in Angst über dem Chaos, was das Hin- und Hergerissensein zwischen Liebe und kindlicher Eifersucht umschreibt. Dieses Fliegen über dem Wasser bringt zweierlei zum Ausdruck: die große Flughöhe die Einsicht, daß es ja eigentlich gar nicht so schlimm sei, mit dem Geschwisterchen bald einen Spielkameraden zu haben, und der niedrige Flug, der ein Fallen andeutet, die Angst, daß die Liebe der Mutter zukünftig zumindest halbiert werden würde. Und auch Haßgefühle nehmen im Traum Gestalt an: Die Kleine sieht, wie ihre Mutter ertrinkt, was wohl umschreiben soll, daß sie deren Zustand ungeschehen machen möchte. Und schließlich fällt sie nicht, sondern sie fliegt nach Hause, um dem Papa alles zu erzählen. Das Bild von der ertrinkenden Mutter bringt sie gewissermaßen zur Räson; denn das Nach-Hause-Fliegen beweist ihr, daß sie sich da in etwas hineinsteigert, was ihr selbst schadet. So sagt ihr das Unbewußte: Sprich mal mit dem Vater darüber, der wird schon Rat wissen.

Zwischen Liebe und kindlicher Eifersucht

Kinder würden solch eine Traumdeutung kaum begreifen; für sie zieht die Angst im Traum, daß für sie eine Welt untergehen und sie die Liebe der Mutter verlieren könnten, vielleicht den Schlußstrich unter ein Verhalten, das auch im Wachleben als recht kindlich und nicht gerechtfertigt betrachtet werden dürfte, angesichts der bisherigen Zuneigung der Eltern. Die Angst könnte in einem solchen Fall eine heilende Wirkung ausüben. Für die Eltern aber ist dieser Reiztraum ihres Kindes ein Zeichen, die Eifersucht auf das Geschwisterchen mit dem Hinweis abzubauen, daß man doch eine Familie sei, eine Gemeinschaft, in der jeder jeden liebt.

Um auf den Reiz der Glocke zurückzukommen, die zu laut die Stunden schlägt: Das Unbewußte nahm ihn zum Anlaß, etwas an die große Glokke zu hängen, um mit einem drastischen Bild die Ängste des Kindes zu überzeichnen, daß die Mutter nun nicht mehr so wie zuvor für es dasein werde. Der Reiz von außen gelangte in Sekundenschnelle in den Traum des Kindes, und zwar als Auslöser für dessen eigentlich grundlose Eifersucht.

Zwei Varianten zum Glockentraum

Ein 65jähriger hat denselben Glockentraum

Was wäre nun, wenn von denselben Glocken, die einen „Weltuntergang“ einläuteten, ein 65jähriger Mann oder eine 29jährige Frau geträumt hätte? Zwei Varianten zu ein und demselben Traum sollen aufzeigen, wie verschiedenartig eine Deutung bei drei Personen sein kann, die anderen Altersklassen und Lebensbereichen entstammen.

Erste Variante: Nehmen wir an, der 65jährige hat vor kurzem seine Frau verloren und steht nun allein da. Er bezieht eine Beamtenpension, besitzt ein Einfamilienhaus, in dem er jetzt ganz allein wohnt, und hat zwei Kinder, die nur selten zu ihm kommen können, da sie selbst Familien haben und außerdem in weit entfernten Städten leben.

Deutungsversuch: Auch bei dem Witwer spielt die nahe Glocke vom Kirchturm in das Traumgeschehen hinein, wobei der äußere Reiz um ein Vielfaches verstärkt wird. Für den 65jährigen sind es die Totenglokken, die er hörte, als man seine Frau zu Grabe trug. Damit brach für ihn eine Welt zusammen. Nun herrscht das Chaos in seinem Haus, das von seiner Frau immer so in Ordnung gehalten worden war. Aber sie ist jetzt gestorben, und er blieb zurück, innerlich zerbrochen, auch wenn er sich nach außen tapfer hält.

Erinnerung an die Totenglocken

Es gelingt ihm nicht, seinen Kummer so einfach fortzuspülen, zu tief sitzt der Schmerz. Er sieht kein Ende der Trauer; noch weiß er nicht, wohin seine Lebensreise nun ohne die geliebte Frau gehen wird. Alle diese Symbole, die Seen und Flüsse, die Teiche und das schwarze Wasser sowie das Meer, auf dem die Schiffe (zu anderen Ufern) fahren, sind in diesem Absatz als Deutung zusammengefaßt.

Der Träumer sieht sich unsicher über dem Wasser fliegen, voller Angst, was jetzt werden soll: Er hat seine Frau sterben gesehen, und über diesen Tod muß er hinwegkommen. Aber er weiß, daß er irgendwann wieder nach Hause kommen kann, zu seiner Frau, die ihm alles war. Und sie werden wieder vereint sein. Wenn der Witwer ein Christ wäre, würde wohl der Papa der Vater im Himmel sein, an den er glaubt, sonst vielleicht auch der eigene Vater, der eventuell weiß, wie er, der Sohn, aus dem Chaos herausfinden wird.

Zweite Vatiante: Die 29jährige hat sich Hals über Kopf in einen 30jährigen verliebt, der ihr sogar, als sie sich erst eine Woche kannten, einen Heiratsantrag gemacht hat. Sie weiß, daß es bei ihr diesmal so richtig gefunkt hat – nur: wie soll sie das ihrem Verlobten sagen, der bereits das Aufgebot bestellt hat. In dieser Zwickmühle soll sich die 29jährige befinden, als sie von den Glocken träumt.

Deutungsversuch: Die in den Traum hineinläutende Glocke erinnert die Träumerin an das Ereignis der geplanten Hochzeit. Sie aber weiß, daß sie innerlich längst umgefallen, daß ihr Ich gespalten ist (hier ist ja von „Häusern“ die Rede!) und sie zwischen zwei Menschen steht. Und sie möchte in den Boden versinken; denn auf der einen Seite wartet der Mann, der ein Recht auf sie zu haben scheint, auf der anderen jener, den sie wirklich zu lieben glaubt.

Das gespaltene Ich einer 29jährigen

Da fließt alles zusammen, und sie steht mittendrin und muß die Lösung finden. Noch vor kurzem hatte sie sich nach der ruhigen, glücklichen Zeit (die Seen und Teiche) der ersten Ehetage gesehnt, aber jetzt scheint solch ein sorgenfreies Leben (das Land oder die Landschaft) in weite Ferne gerückt. Sie geht trüben Tagen (das schwarze Wasser) entgegen. Das Meer („die See, auf der die Schiffe fahren“) signalisiert als Symbol, auf sie allein komme es nun an, ihre ganze Persönlichkeit sei verlangt, um das Problem zu klären. Über den Dingen zu schweben (zeitweise fliegt sie ja hoch) gelingt ihr nicht, immer wieder hat sie Angst, auf den Boden der Tatsachen geholt zu werden (sie fliegt auch niedrig), um dann doch vielleicht auf die eine oder andere Weise hereinzufallen. In diesem Dilemma sieht sie sich gefangen (die ertrinkende Mutter). Am Schluß jedoch schenkt auch ihr das Unbewußte Hoffnung: Ihr Ich soll die Stimme des Herzens entscheiden lassen („nach Hause“), dann würde sie auch bei dem Verständnis (der Vater) finden, der den kürzeren ziehen müsse.

Wir haben bei der Traumauslegung der beiden Varianten zum Glokkentraum bewußt von Deutungsversuchen geschrieben, weil es – wir erwähnten es schon bei einem anderen Beispiel – nicht ganz so einfach ist, einen in der Kindersprache erzählten Traum auf Erwachsene umzumünzen. Man ersieht aber auch aus diesen drei Analyseverfahren eines einzigen Traumes, wie sehr man die persönliche Lage jedes Träumers mit einbeziehen muß. Schließlich gelangt man im einzelnen dann zu drei völlig unterschiedlichen Ergebnissen: Der Reiz von außen war derselbe, die Traumgeschichte dieselbe – die Auslegung aber mußte in jedem der drei angesprochenen Fälle ganz anders ausfallen.

Wachträume

Vielleicht haben Sie auch einmal den seltsamen Vorgang erlebt, daß Sie einen Traum im vorübergehend wachen Zustand weiterträumten, wobei Sie nach kurzer Zeit wieder einschliefen und denselben Traum quasi in Fortsetzung weitererlebten. Möglicherweise haben Sie während des kurzen Wachseins das Traumgeschehen „korrigiert“, praktisch Regie geführt wie auf einer Bühne. In dem „Zwischenakt“ war Ihnen bewußt, daß Sie aufgewacht waren und dennoch weiterträumten, und Sie merkten, daß das Traumtheater Ihre Weisungen genau übernommen und im Schlaf das Traumbild in Ihrem Sinne verändert hat.

Sind „Korrekturen“ am Traumgeschehen möglich?

Das ist der Punkt, in dem sich Schlafträume von Wachträumen unterscheiden: Die Wachtraumbilder werden im Gegensatz zu den Schlaftraumbildern als traumhaftes Geschehen erkannt. Die größere Helle des Bewußtseins vermag die Traumhandlung wenigstens teilweise zu steuern und willentlich zu unterbrechen. Aber ist das dann noch ein Traum?

Der Wachtraum liegt, wie Professor Wilhelm von Siebenthal vermerkt, dem Wachen näher als dem Schlaf. „Wachtraumfördernd wirken Einflüsse, die geeignet sind, die klare Helligkeit des Bewußtseins herabzumindern und in Richtung auf den Schlaf hin einzuwirken: Dämmerung, Dunkelheit, Mondlicht, einförmige, monotone, besonders rhythmische Geräusche (Wellen, Eisenbahnfahren, sanfte Musik, langweilige Vorträge) und vor allem Müdigkeit."

Wachträume sind oft Wunschträume

Wachträume sind meistens reine Wunschträume, die in die Zukunft gerichtet sind, sich aber trotzdem – weil wohl das Bewußtsein zugeschaltet ist – an das real Mögliche halten. Nach Professor Schultz-Hencke neigt gerade das Verdrängte dazu, in Wachträumen durchzubrechen, weshalb sie auch als Ersatz für die reale Triebbefriedigung auftreten können. Der Ausgangspunkt dieser Träume liegt mehr im Bewußtsein, das in diesem Zustand nur nicht völlig unter Kontrolle gebracht werden kann.

In Fortsetzungen geträumt

Recht lustig ist ein Traum, den mir einmal ein Schulfreund erzählte, der als junger Bursch unter der Knute seiner Schwester stand. Wenn er einmal etwas aus eigenem Willen tat, konnte er ihrer herabsetzenden Kritik sicher sein. Selbst als er schon längst verheiratet war, versuchte sie noch, ihn zu dirigieren, was er sich um des lieben Friedens willen scheinbar gefallen ließ. Und seine Frau lachte dazu, weil sie wußte, daß er nichts tun würde, was ihrem ehelichen Einverständnis zuwiderliefe.

Ein Traum in drei Teilen

Sein Traum zwischen Schlafen und Wachen bestand aus drei Teilen und zwei Zwischenakten:

„Ich kaufe mir eine Fahrkarte und muß mich ziemlich beeilen, um in den Wagen erster Klasse zu kommen; denn gleich darauf fährt die Lokomotive an. Mir gegenüber sitzt ein Unbekannter, der mich gleich anspricht, ich säße im falschen Zug, denn ich wolle doch nach Düsseldorf und nicht nach München fahren. Mein Schreck ist groß …

Ich erwache und überlege, wieso der Mann wissen konnte, wohin ich fahre. Natürlich hatte ich München als Ziel gewählt. Und dann weiß ich: Der Unbekannte ist meine Schwester, die schon als Kind immer alles besser wußte als ich. Ich mache die Augen zu und träume weiter:

Ich nehme meine Schwester gehörig ins Gebet und mache ihr Vorwürfe, sie wolle mich schon wieder verunsichern. ‚Ich fahre nach München und damit basta', sage ich. Sie aber antwortet schnippisch wie in jenen Tagen, als wir noch klein waren und sie das letzte Wort behalten wollte: ‚Aber auf der Fahrkarte steht Düsseldorf als Reiseziel.' Ich krame in meinen Taschen und kann die Karte nicht finden …

Wieder werde ich wach, habe mich total freigestrampelt und korrigiere schnell, daß ich nicht zu suchen brauche: Die Fahrkarte steckt in der Hosentasche, und überhaupt ist dein Nachbar im Abteil nicht deine Schwester, sondern irgend so ein unbekannter Typ, von dem brauchst du dir nichts sagen zu lassen … Danach im Traum:

Ich finde die Karte, natürlich steht München drauf. Den Unbekannten trifft ein strafender Blick. ‚Wenn Sie sich noch mal als meine Schwester aufspielen, schlage ich Sie auf den Kopf.' Ich hole aus und sehe mich um: Das Abteil ist leer. ‚Auch gut', denke ich, ‚dann fahre ich eben ganz allein nach ... wohin wollte ich denn eigentlich?' Ich bin verwirrt.

Verwirrspiel zwischen Schlafen und Wachsein

Als mein Schulfreund aufwachte, wußte er nicht weiter. Der Traum hatte ein Verwirrspiel in Fortsetzungen mit ihm getrieben, wobei sich die Grenzen zwischen Wachen und Schlafen nicht genau ziehen ließen. Die beiden Fortsetzungen seines Traumes erlebte er wohl in jenem Zustand, den man im Volksmund als „Vor-sich-Hindösen" umschreibt.
Aus den drei Teilen des Traumes trat sichtlich die lange Jahre gehegte Opposition gegen die Besserwisserei der Schwester zutage. Bewußt ersetzte er ja den Unbekannten durch sie, was ihm nach der ersten Fortsetzung dann doch wieder leid tat, weil er im Wachleben spürte, daß der Rat der Schwester ihm oft gar nicht so ungelegen kam. Am Ende aber war er so verwirrt über das von ihm selbst durcheinandergebrachte Traumgeschehen, daß er nicht mehr genau wußte, wo die Grenze zwischen Schlafen und Wachen lag. Ich riet ihm scherzhaft, er solle seine Schwester fragen, die wisse sicher Rat ...

Träume von Tieren und Pflanzen

Daß häufig Tiere und Pflanzen in unseren Träumen vorkommen, ist verständlich: Sie sind unübersehbarer Bestandteil unserer Lebenswelt. Wir beschäftigen uns mit ihnen mehr oder weniger intensiv. Das Triebhafte und Ungebändigte eines Tieres können im Unbewußten unsere eigene Lebenskraft darstellen, mit andern Worten: Symbolkraft erlangen. Dabei ist das Verhalten der Tiere im Traum keinesfalls nur aufs Sexuelle beschränkt. Ihre Natürlichkeit, Vitalität, Lebhaftigkeit, Treue oder Untreue spiegeln sich oft im Traumbild wider.

Tiere als Symbol für unsere Lebenskraft

Kinder träumen häufig von Tieren. Sie wachen vor lauter Angst schweißgebadet auf, wenn sie sich etwa von einer wilden Bestie verfolgt sahen, oder sie werden wie im Märchen in ein Tier verwandelt und sind, wenn sie die Augen öffnen, heilfroh, daß sie nicht wie im Traum als Hund oder Katze oder als irgendein anderes Tier ihr Leben fristen müssen. Oft ist das Tier, das uns im Traum bange macht, nur die Umschreibung unseres schlechten Gewissens.
Während einige Traumwissenschaftler Tiere im Traum für Symbole halten, die das Triebhafte darstellen, sehen sie in den Pflanzen eher eine Verkörperung des Spirituellen. Sie begründen das damit, daß sich der Mensch eher ins tierisch Triebhafte einfühlen kann als in das mehr

Ästhetische der Pflanze, die als Symbole jedoch sehr aussagekräftig sein können, wenn man zum Beispiel nur an das erdhafte Verwurzelte der verschiedenen Gewächse denkt.
Wenn einige Psychoanalytiker auch der Pflanze im Traum sexuelle Deutungen unterlegen, so hat das allerdings durchaus seine Berechtigung, falls man die Farbe oder die Form – etwa eines sich öffnenden Blütenkelchs – zu erklären hat.

Zwei Füchse am Kreuzweg

Einer meiner Kollegen, 45 Jahre alt, wandert in seiner Freizeit gern und berichtet mir oft von seinen Streifzügen durch die Natur. Vor einiger Zeit erzählte er mir, daß ein bestimmtes Waldgebiet wegen Tollwutgefahr unsicher geworden sei; ihm sei dort ein Fuchs mit langer roter Rute begegnet, und er habe ein recht mulmiges Gefühl in der Magengegend gehabt. Kurz darauf träumte er gleich von zwei Füchsen:
„Ich stehe in einer einsamen Straße, da kommt aus dem nahen Wald ein Fuchs geradewegs auf mich zu. Ich denke: der hat die Tollwut. Etwas weiter entfernt geht eine Frau. Ich will sie warnen. Da rennt ein zweiter Fuchs – inzwischen stehe ich auf einer Kreuzung – die Querstraße herauf auf mich zu und berührt mit seinem spitzen Zahn meine Hand. Ich erschrecke … Der Fuchs aber trottet an mir vorbei, wobei er sich nochmals mit – wie mir scheint – hämischem Blick nach mir umschaut. Der andere Fuchs aber trabt neben der Frau her, die ich vor ihm warnen wollte."

Nicht viel Glück mit den Frauen

Mein Kollege ist ein herzensguter Mensch, hat aber in seinem Leben nicht viel Glück mit Frauen. Eine Freundin lief ihm kurz vor der Hochzeit davon, und als er eine andere heiratete, war seine Ehe schon nach zwei Jahren kaputt. Sein heiteres Wesen spricht die Frauen an, weshalb er nie ganz ohne Begleiterin ist. Im Wissen um diese Vorgeschichte konnte der geschilderte Traum folgendermaßen gedeutet werden:
Die beiden Füchse deuten an, daß der Träumende kein Vertrauen mehr zu den Frauen hat, weil sie ihn mit listiger Schläue umgarnen. Der Wald zeigt ihm auf, daß er sich, nachdem ihn die eine verlassen hatte, von einem Abenteuer ins andere stürzte. Die Tollwut setzt ein deutliches Zeichen, endlich zu sich selbst zurückzufinden. Schließlich weiß er um die eigene Schuld am Scheitern seiner Ehe. Das Unbewußte will ihn auch warnen, die schlechten Erfahrungen, die er mit der einen Frau machte, nicht andere vergelten zu lassen.
So steht er am Scheideweg (die Kreuzung) und ist ratlos. Er weiß genau, daß er auf Frauen nicht verzichten will, die ihn sexuell reizen (der spitze Zahn) und ihn in Wallung bringen, aber sie wecken doch sein Mißtrauen, weil sie es nicht ehrlich mit ihm meinen könnten (die zwei Füchse). So wechseln seine Bekanntschaften, aber keine seiner Freundinnen spricht wirklich sein Herz an. Im Grunde genommen sieht er in jeder nur die eine, die ihn verlassen hat.

Hühner im Keller

In bestimmten schwierigen Lebensabschnitten können Tiere einen Träumer in heilsame Panik versetzen, was der Traum einer 50jährigen Hausfrau beweist, den sie gleich in einigen aufeinanderfolgenden Nächten hatte:

„Im Keller sind Hühner. Ich höre ihr Gackern und erschrecke, weil ich vergaß, sie zu füttern ...“

Der Keller weist auf die große seelische Belastung der 50jährigen hin, mit ihrer Arbeit und der Fürsorge für die Familie nicht mehr fertig zu werden. Sie ist abends erschöpft und nimmt die Anspannung des Tages mit in den Traum. Die Hühner versetzten sie mit ihrem Gackern in Panik: Habe ich auch alles richtig gemacht? Nein, antwortet ihr das Unbewußte, du hast vergessen, das Federvieh zu füttern!

Heilsame Panik in einer Traumserie

Die 50jährige erlebte diesen Traum in Variationen mehrere Male hintereinander. Immer wieder kam im Traumbild die Panik auf, etwas vergessen zu haben. Wir meinen: Mit dem Bild des unterlassenen Fütterns wurde die Träumerin zum Widerstand gegen ihre Ängste aufgefordert; sie solle zwar in ihren Anstrengungen nicht nachlassen, auch wenn sie sich manchmal müde und matt fühle und glaube, es einfach nicht mehr schaffen zu können. Hier setzen sich die alltäglichen Sorgen also im Traum fest, lassen Panik aufkommen, doch am Morgen danach könnte sie bei vollem Bewußtsein erkennen, wie sinnlos es war, sich aufzuregen oder – wie in diesem Falle – an sich selbst zu zweifeln.

Interessant ist in diesem Zusammenhang die Feststellung von Schlafexperten, daß ganz besonders Frauen den tagsüber aufgestauten Ärger, aber auch ihre Sorgen gewissermaßen mit ins Bett nehmen und lange nicht einschlafen können. Sie lassen das für sie ärgerliche Tagesgeschehen noch einmal Revue passieren, vergessen im Schlaf dann aber den Verdruß oder ihre Sorgen, wobei ihnen unter Umständen Träume helfen, die Unannehmlichkeiten schneller zu überwinden.

Männer reagieren sich meistens noch am Tage ab, leiden danach kaum unter Einschlafstörungen und schlechtem Schlaf und werden auch weniger oft von Träumen geschüttelt, die sie in Panik versetzen.

51 Küken im Paket

Traum hilft über Angst hinweg

Manchmal hilft das Unbewußte über eine Angst im Wachleben hinweg, indem es Tiere ins Traumbild bringt, die den Träumer zwar in Verwirrung stürzen, letztlich aber doch dazu dienen, sein Problem zu lösen. Zwei Kinder im Alter von vier und zwei Jahren sollten mit den Großeltern in die Ferien fahren, da ihre Eltern aus beruflichen Gründen lange Zeit keinen Urlaub machen konnten. Geplant war eine Autoreise in den sonnigen Süden an einen Ort, an dem die Großeltern schon des öfteren ihren Urlaub verbracht hatten, der aber weit über 1000 km von ihrem Wohnort entfernt lag.

Zwei Tage vor der Abreise hatten die Großeltern abends darüber gesprochen, daß es ja eigentlich ein Wagnis sei, in ihrem Alter mit zwei kleinen Kindern eine so lange Reise zu unternehmen, bei der die ganze Verantwortung allein auf ihnen, den Großeltern, lasten würde. In der Nacht darauf träumte dem 64jährigen Großvater:
„Der Postbote bringt ein Paket. Ich öffne es und sehe, sorgfältig verpackt, viele Eier darin. Ich wundere mich sehr, daß nicht eines kaputt ist. Da geht auf einmal die Schale eines Eies auf, und ein Küken macht sich frei. Und plötzlich kommen auch aus den anderen Eiern Küken heraus – 51 an der Zahl, wie ich feststelle. Aber seltsamerweise bleiben die Küken ganz ruhig. Und ich denke: Das ist mal ein sinniges Geschenk …"
Der Postbote, lesen wir im Symbolteil dieses Buches, bringt gute oder schlechte Nachrichten. Das Paket stellt gleichsam die Frage, als was sich die beiden Kleinen auf der langen Reise entpuppen werden. Die Eier im Paket lassen die Bewältigung einer neuen Aufgabe erhoffen, und die Küken versprechen die schnelle Lösung eines Problems. Blieben noch die beiden Zahlen zu klären: Die Fünf steht für das frische Leben, die Eins für den Beginn eines glückhaften Unternehmens.
Die Großeltern konnten beruhigt in die Ferien fahren: Es wurde eine glückliche Reise. Die Angst, daß die zwei „Küken", ihre Enkel, auf der langen Fahrt unleidlich werden und im Hotel sich danebenbenehmen könnten, war völlig unbegründet. Für die Großeltern war der Urlaub mit den beiden Kindern in der Rückschau – wie es das Traumbild aufgezeigt hat – „ein sinniges Geschenk".

Gute Nachrichten weisen auf die Lösung eines Problems hin

Der Blumenkranz in Oberbayern
Sind Tierträume eher etwas Animalisches, Triebhaftes, das der menschlichen Sphäre näher zu stehen scheint, weisen Pflanzen und Blumen zumeist auf einen geistigen Inhalt hin. Denken wir nur an den Baum, der als Lebensbaum oder Baum der Erkenntnis gewertet werden

kann, an den Weinstock, der wegen seiner Früchte fest im Lebensherbst verwurzelt scheint, oder an die Rose, die trotz ihrer Dornen Liebe und Zuneigung spiegelt. Blumen bilden den Rahmen festlicher, aber auch trauriger Ereignisse des Wachlebens, sie übersetzen als Traumbild unsere tiefen Gefühle. Gerade diese symbolische Bedeutung hat zum Beispiel den Psychoanalytiker Wilhelm Stekel bewogen, Träume von Blumen mit dem Geschlechtsakt in Verbindung zu bringen. Nach dem Studium eines sehr umfangreichen Traummaterials, das uns heute vorliegt, muß diese Ansicht im großen und ganzen verworfen werden; der überwiegend spirituelle Symbolgehalt der Pflanzen scheint eher erwiesen zu sein.

Ein Traum, der fröhlich machte

Nehmen wir als Beispiel die Traumgeschichte, die mir eine 41jährige Lehrerin erzählte, wobei sie anmerkte, daß sie den ganzen Tag danach fröhlich gewesen sei – ein Umstand, den sie allein auf diesen Traum zurückführte:

„Ich komme in ein Dorf. Man hängt mir einen Blumenkranz um, als ob ich in der Südsee wäre. Aber ich bin bei Bauern in Oberbayern, in deren Gärten dieselben Blumen blühen wie daheim. Irgendwer nimmt mich in den Arm und tanzt mit mir über die Blumen hinweg. Wenn wir welche zertreten, wachsen sie gleich wieder schöner als zuvor nach. Wir setzen uns unter einen schattigen Baum auf eine Bank und bewundern das Grünen und Blühen ringsherum. Ich möchte singen, aber ich kann nicht, weil mein Begleiter mich küßt. Wie schön, denke ich mir, noch in meinem Alter geliebt zu werden."

Die 41jährige geht ganz in ihrem Beruf auf. Selbst ihre Freizeit opfert sie manchmal für Schüler oder Schülerinnen, um ihnen zu helfen, die Versetzung zu schaffen. Sie wohnt allein, lädt aber gern Gäste zu sich ein, die ihre Fürsorge (noch mehr ihre gute Küche) schätzen. Trotz ihrer Kontaktfreudigkeit ist sie unverheiratet geblieben, ist aber überall beliebt, weil sie zu der seltenen Spezies Mensch gehört, die das eigene Ich hinter das Wir der Gemeinschaft zurückstellt. Das tritt auch bei der Deutung des Traumgeschehens zutage:

Die Lehrerin schätzt das einfache, naturverbundene Leben (das Dorf). Der Blumenkranz, der ihr umgehängt wird und der sie an die Südsee erinnert, umschreibt ihre guten Gedanken und Gefühle, die sie an ihre Umgebung in freudiger Fülle verschwendet. Sie glaubt an das Gute im Menschen, will weiter das einfache, naturbezogene Leben führen (der Bauer), das ihren kleinen Garten hinterm Haus als eine blühende Insel der Ruhe inmitten des Großstadtinfernos erscheinen läßt. In den blühenden Traumgärten fühlt sie sich daheim; die Mehrzahl dieses Symbols deutet wohl an, daß ihr Herz groß und weit ist: Sie läßt jeden an ihrem stillen Glück teilhaben und nimmt dann auch den Wirbel (der Tanz) in Kauf, wenn nur gefühlsmäßig alles stimmt (sie läßt sich ja in den Arm nehmen). Sie weiß, daß es Menschen gibt, die verletzen können (die zertretenen Blumen), aber sie hat auch dafür verzeihende Worte (die Blumen wachsen ja schöner als zuvor nach).

Dann aber greift wohl das Unbewußte ins Traumgeschehen ein, zeigt ihr auf, daß ihr Ich trotz aller Fürsorge für die anderen im Schatten blieb (der schattige Baum), daß sie ruhig einmal an sich denken und das Abenteuer der Zweisamkeit (die Bank) wagen sollte, statt nur alles um sich her zu bewundern (das Grünen und Blühen). Ihr Herz ist übervoll (sie möchte ja singen), und ganz im stillen sehnt sie sich nach dem Menschen, der mit ihr gemeinsam durchs Leben gehen möchte. Und das Unbewußte wischt auch den lästigen Gedanken an ihr Alter weg; denn für die Liebe ist es nie zu spät.

Schon zu alt für die Ehe?

Natürlich, sagte die 41jährige zu mir, als ich ihr den Traum gedeutet hatte, sie habe schon oft daran gedacht zu heiraten, aber der Beruf, der sie voll in Anspruch nehme, habe immer Vorrang gehabt. Sie würde gern ein Leben zu zweit führen, könne sich aber für keinen der Junggesellen aus ihrem Bekanntenkreis entscheiden. Überdies denke sie, daß sie tatsächlich schon ein wenig zu alt für die Ehe sei, deren Sinn ja auch in der Erziehung von Kindern liege. Und was mache es schon aus, allein zu bleiben, wenn man trotzdem fröhlich durchs Leben gehe und von vielen guten Menschen wisse, die einem zugetan seien?

DIE TRAUMSYMBOLE

4. Teil

Deutungsvorschläge von A bis Z

Die Wissenschaftler streiten sich noch darüber, wie die verschiedenen Traumsymbole am besten zu erklären sind. Wir hielten es für das beste, sie des leichteren Überblicks wegen alphabetisch nach ihren Bezeichnungen zu ordnen. Dabei haben wir versucht, die vielfältige Bedeutung eines jeden Symbols darzustellen, damit der Leser daraus für sich die nach seiner Erkenntnis zutreffendste Deutung herauslesen kann. Die so wichtigen persönlichen Umstände jedes einzelnen konnten in die Erklärungen natürlich nicht mit eingebracht werden. Diesen Aspekt muß jeder selbst beisteuern, wobei er ehrlich gegen sich selbst sein sollte, um die wirkliche Aussage des Traumbildes nicht zu verfälschen.

Lesen Sie aber, bevor Sie an die Deutung eigener Träume gehen, genau durch, was wir bisher in diesem Buch anhand vieler Beispiele erklärt haben. Sie können daraus erkennen, wie man die nachstehend beschriebenen Symbole auf den Sinngehalt des Traumes übertragen muß, um zu einer schlüssigen Deutung zu kommen.

Sie sollten die Beschreibung des Trauminhalts auf das beschränken, was Sie wirklich gesehen haben. Verfälschen Sie also nichts, und fügen Sie auch nichts „in dichterischer Freiheit" hinzu. Nur so kommen Sie an den Kern der Dinge heran und betreiben für sich und andere, deren Träume Sie vielleicht später einmal deuten wollen, praktische Lebenshilfe.

Wir haben bei fast jedem Symbol mehrere Beispiele gegeben, wobei wir auch einiges angeführt haben, was nicht unbedingt unsere Zustimmung besitzt. Diese Deutungen mögen in dem einen oder anderen speziellen Fall trotzdem so unrichtig nicht sein. Zusammengesetzte Wörter haben wir dort, wo es uns sinnvoll erschien, als ein einziges Symbol gedeutet; grundsätzlich aber gilt die Regel, daß man etwa bei „Mittagessen" unter „Mittag" und unter „Essen" nachsehen sollte.

Wenn Sie unsere Traumbeispiele im dritten Teil des Buches aufmerksam gelesen und danach eigene Träume zu analysieren versucht haben, fällt es Ihnen sicher leicht, auch einige Symbole richtig zu erklären, die in unserer Liste nicht aufgeführt wurden. Im allgemeinen werden aber die beschriebenen Bilder und Situationen vollauf genügen.

Sie haben an unseren Traumbeispielen im vorangegangenen Kapitel sicher auch festgestellt, daß wir zwar oft den Wortlaut aus unserem Symbolteil in die Deutung einfließen ließen, manchmal aber mußten wir die vorgegebenen Erläuterungen ändern, weil es die besondere Situation des Träumers einfach verlangte. Es steht also in dieser Hinsicht Ihrer eigenen Phantasie nichts im Wege.

A

Aal Mehr Schlange (siehe dort) als Fisch (siehe dort), deutet auf etwas Aalglattes hin, auf Ränkespiele, die uns bedrohen. Wird er gefangen oder an Land gezogen, können Schwierigkeiten gemeistert werden. Entkommt er oder entgleitet er unseren Händen, dann macht uns ein schwieriges Problem zu schaffen, oder das Geld rutscht uns nur so durch die Finger. Von der Ansicht mancher Psychoanalytiker, daß der Aal, dessen längliche Gestalt an das männliche Geschlechtsorgan erinnere, vor allem in Frauenträumen offensichtlich sexuellen Charakter habe, halten wir nicht viel.

Aas Oft mit Leiche (siehe dort) gleichgesetzt. Einen Tierkadaver sehen oder finden: Man hat Schweres oder einen nicht sehr erfolgreichen Lebensabschnitt hinter sich gebracht. Auch: Ein Plan oder eine Aufgabe wird erledigt oder aufgegeben. Wenn wir ein bestimmtes Tier tot vor uns liegen sehen, sollte die Bedeutung des Tieres als Symbol festgestellt werden, um Genaueres zu erfahren. (Siehe auch „Geier".)

Abbrennen Es kommt darauf an, was im Traum abbrennt. Ist es eine Wiese oder ein Stoppelfeld, so soll der Boden für neue Saat bereitet werden, übersetzt: Wir können aus einer fast schon aufgegebenen Sache Kapital schlagen. Brennt hingegen der Dachstuhl eines Hauses ab, sind die Kopfnerven oder die geistige Grundhaltung des Träumers gestört, oder in der Steuerzentrale des Gehirns geriet irgend etwas in Unordnung. (Siehe auch „Brand", „Feuer".)

Abbruch Mit anderen gemeinsam etwas abbrechen: Man will Morsches oder eine schlechte Beziehung hinter sich bringen, um zu neuen, besseren Verhältnissen zu kommen. Den Abbruch eines Hauses sehen: Man hat Angst, daß die eigene Persönlichkeit oder ihr guter Ruf angekratzt werden könnte. Selbst daran teilnehmen: Man bemüht sich, eine seelische Störung zu beseitigen. Abbruch eines baufälligen Hauses: Überwindung einer psychisch bedingten physischen Krankheit aus eigener Kraft.

Abdanken Wenn das Unbewußte das Ausscheiden aus einem hohen Amt spiegelt, nimmt man Abschied von einer schönen Illusion. Positiv ausgedrückt: Man will mit der Realität des Lebens besser zurechtkommen.

Abend Bedeutet bei älteren Menschen oft den Lebensabend, bei jüngeren eine zur Neige gehende Zeit. In der geträumten Abendstunde äußern sich manchmal geheime seelische Wünsche. (Siehe auch „Nacht".)

Abendessen Ein reich gedeckter Tisch kann bei älteren Leuten auf einen besonders glücklichen Lebensabend schließen lassen, der es an nichts fehlen läßt. Bei jüngeren Menschen könnte eine Arbeit abgeschlossen sein, so daß man deren Früchte ernten kann. Oft deutet es darauf hin, daß das Lebensschiff bald in ein ruhigeres Fahrwasser gelangt oder daß man sich keine Sorgen zu machen braucht, was morgen sein wird. (Siehe auch „Essen".)

Abendkleidung Wenn man sie selbst trägt, steht eine Zusammenkunft bevor; man achte auf die Farbe der Kleidung, um daraus zu entnehmen, ob es sich um ein fröhliches oder um ein trauriges Ereignis handelt. Manchmal weist die Abendkleidung auch darauf hin, daß man mehr aus sich machen möchte. Sieht man andere in festlicher Robe, hat man Angst davor, von einem Konkurrenten oder einem Nebenbuhler ausgestochen zu werden.

Abendmahl In der Kirche daran teilnehmen: Man möchte einen Schuldkomplex loswerden. Hier erinnert das Unbewußte den Träumer auch an sein Gewissen und fragt, ob er in einem ganz bestimmten Fall richtig gehandelt habe.

Abendrot Auch im Traum „gut Wetter Bot'", also Wunscherfüllung, Liebesglück, möglicherweise auch finanzielle Besserstellung. Es läßt fast immer auf angenehme Ereignisse schließen, die das Gemüt ansprechen.

Abenteurer Er umschreibt, auch wenn es sich dabei um eine fremde Person handeln sollte, das Ich des Träumers und seine Neigung, mit dem persönlichen Glück recht gewagt umzugehen oder es in Liebe und Ehe mit der Moral nicht allzu genau zu nehmen.

Abfall Wirft man ihn weg, will man sich eine seelische Erleichterung verschaffen oder eventuelle Sorgen loswerden. Hier und da deutet er darauf hin, daß man möglicherweise etwas zurückerhält, was man achtlos beiseite schaffte, das aber eigentlich recht wertvoll war. Sieht man Abfall, dann möchte man im Wachleben vielleicht lästige Gedanken aus seinem Gedächtnis ausradieren. (Siehe auch „Kehricht".)

Abführmittel Das Unbewußte gibt hier den Hinweis, man solle Schädliches aus seinem Körper ausscheiden, seelisch Bedrückendes abstreifen oder sich im Wachleben um die Besserung einer verfahrenen Lage bemühen.

Abgrund Sich davon abwenden: vor Tatsachen die Augen verschließen. In den Abgrund hinuntersteigen: Man sollte den Grund für eine scheinbar ausweglose Lage finden, damit man sie leichter überwinden, also wieder nach oben kommen kann. In einen Abgrund schauen: Man darf kommenden Gefahren tapfer entgegensehen, weil man sie so rechtzeitig erkennt, daß man ihnen ausweichen kann und sie meistern wird. In einen Abgrund stürzen: Oft steht seelischer Kummer ins Haus, manchmal setzt der Traum dann auch eine momentane Lage aus dem realen Leben ins Bild um (etwa den Sturz aus dem Bett, dem ein sofortiges Erwachen folgt). Eine Brücke (siehe dort) über den Abgrund finden: Man kann Schwierigkeiten überbrücken, die sich im Wachleben vor einem auftun. Wer in einen Abgrund fällt, sagten die alten Ägypter, muß mit geschäftlichen Verlusten rechnen.

Abhang Ähnliche Deutung wie bei „Abgrund" – nur: je steiler er ist, desto tiefer kann man fallen.

Abmagern Die eigene Argumentation zu einem bestimmten Problem ist ziemlich ‚dünn'. Möglicherweise hat man aber auch die symbolisch ‚mageren' Jahre bald hinter sich und nimmt an Ansehen zu. Auf etwas aufmerksam machen will uns das Unbewußte, wenn es uns das Bild von uns völlig fremden dürren Menschen vorgaukelt; dann will es uns vielleicht zeigen, daß es anderen viel schlechter geht als uns, während unser Wohlstand gesichert ist.

Abort Siehe „Toilette“.

Abreise Eine allzu plötzliche Abreise läßt den Schluß zu, daß sich der Träumer vor irgend etwas in seinem Wachleben drükken möchte. Sie umschreibt gewissermaßen seine Angst, selbst die Verantwortung für etwas Bestimmtes übernehmen zu müssen. Bei der Abreise einer anderen Person kann es sich um das Ende einer heftigen Auseinandersetzung handeln, bei der wir recht behalten möchten. (Siehe auch „Abschied“, „Reise“.)

Absatz Verliert man ihn vom Schuh, will man sich wohl in nicht unbedingt nötige Ausgaben stürzen. Vielleicht verliert man auch ein wenig den Boden unter den Füßen, wobei vor allem der Besitzstand in Frage gestellt ist. Wird der Absatz hingegen erneuert, können wir uns auf einen tragfähigen Kompromiß einstellen. (Siehe auch „Schuster“.)

Abschied Abschiednehmen bedeutet meistens eine Umstellung im eigenen Leben oder eine baldige Veränderung der Lebensgewohnheiten. Abschied von den Eltern verspricht jüngeren Menschen meist Wandlung zu größerer Selbständigkeit. Der Abschied von einem festen Freund oder einer festen Freundin ist oft Ausdruck des Mißtrauens gegenüber deren tatsächlicher Treue; vielleicht will man aber auch in einem festen Verhältnis Abstand zu dem bisher wohl etwas eintönigen Alltag gewinnen. Der Abschied von alten Menschen kann in einigen Fällen auf ein Nimmerwiedersehen schließen lassen, manchmal aber auch die Mahnung beinhalten, man solle eine schlechte Gewohnheit endlich aufgeben. (Siehe auch „Abreise“.)

Abschneiden Etwa ein Brot oder irgendeinen Gegenstand: Man wird bei einer bestimmten Angelegenheit nicht besonders gut abschneiden. Wenn andere etwas abschneiden, läßt das darauf schließen, daß man sich von anderen „eine Scheibe abschneiden“ kann.

Abstürzen Es signalisiert einen Verlust, der den Träumer selbst, einen anderen Menschen oder einen Gegenstand betreffen kann. Man fällt tief, auch Hochmut kommt vor dem Fall. Die Situation spiegelt oft ein Sichfallenlassen, ohne daß man dazu eigentlich Grund hätte. Ein Absturz aus großer Höhe zeigt manchmal, daß sich der Träumende von der Lebenswirklichkeit entfernt oder wieder auf den Boden der Tatsachen fällt. Wenn andere im Traum abstürzen, kann das Hinweise darauf ergeben, von welcher Seite Verluste drohen. (Siehe auch „Abgrund“, „Fallen“ und in Teil 3 dieses Buches: „Flug- und Fallträume“.)

Abwaschen Man möchte sich von irgendeinem Makel befreien. Küchenabwasch deutet darauf hin, daß man die Dinge nicht so recht in den Griff bekommt (nasses Geschirr ist ja bekanntlich glatt und kann aus den Händen rutschen).

Achse Eine sich schnell drehende Achse weist auf die flotte Lebensart des Träumers hin (ob hier das Unbewußte Kritik üben möchte, sollten andere Symbole erhellen). Bricht die Achse eines Wagens, könnte uns ein gutes Geschäft durch die Lappen gehen; ist sie aber stabil, sind wir kaum erfolglos. Oft stellt die Achse auch ein *Perpetuum mobile* dar: Im Wachleben wird sich alles um den Träumer drehen.

Acht Diese Zahl hat oft den Sinn von „Achtgeben", von „Achtung!", was jedoch meistens positiv ausgelegt werden kann. Sie stellt Recht und Gerechtigkeit dar, Ursache und Wirkung. Die horizontal gelegte 8 ist das Zeichen der Unendlichkeit, der Überwindung des Todes. (Siehe auch „Zahl" und in Teil 3 dieses Buches: „Zahlenträume".)

Acker Das Symbol der Fruchtbarkeit, des Schoßes der Mutter Erde, der Verbundenheit mit den Naturkräften. Steht der Acker in voller Blüte oder in satter Frucht, so kann das für den Träumer auf den Beginn einer besonders fruchtbaren Lebensphase hinweisen, die Saat ist ja fruchtbringend aufgegangen. Ist er abgeerntet oder sind seine Schollen hart verkrustet, deutet das auf ein Problem hin, das der Träumer nur mit ausdauerndem Fleiß bewältigen kann, oder auf Gefahren, die er durch eigenes Mißgeschick heraufbeschworen hat. Wer den Acker mit viel Elan bearbeitet, wird in der Liebe zum Ziel kommen, wer ihn im Traum sieht, wird an seine Pflichten erinnert.

Adern Wer seine Adern hervortreten sieht, sollte auf seine Gesundheit, besonders auf das Funktionieren des Kreislaufs achten. Das Bild der Krampfadern kann auch eine Warnung sein, sich im Wachleben nicht so verkrampft zu bewegen.

Adler Der Herr der Lüfte ist positiv zu deuten als Losgelöstheit von irdischer Gebundenheit, er steht für die Beschwingtheit großer Gedanken, oft aber auch für die verzehrende Leidenschaftlichkeit des Geistes. Wer den Adler hoch droben am Himmel fliegen sieht, darf hoffen, daß er hochfliegende Pläne in die Tat umsetzen kann; wer den Raubvogel fängt, will den Erfolg für sich allein genießen können. Ein Adler, der sich im Sturzflug auf eine Beute hinunterstürzt, weist auf die Gedankenschnelle und den Mut des Träumers hin, der sich freilich im Wachleben als Tollkühnheit erweisen könnte. Oder mit anderen Worten: Wer hoch pokert, kann tief fallen. Ein eingesperrter Adler weist auf die Hemmungen des Träumers gegenüber seiner Umwelt hin. Freud sah im Adler in Anlehnung an die Mythologie ein übermächtiges Sexualsymbol, weil der Raubvogel seine Triebe nicht beherrschen kann und sein Opfer haben will.

Affe Der Schatten unseres Ichs, die Karikatur unserer Selbst. Oft weist der Affe im Traum auf primitive Triebe hin, die uns das Unbewußte deutlich machen möchte, manchmal auch auf die Angst, unsere Mitmenschen könnten uns schlechter einschätzen, als wir tatsächlich sind, oder sich über uns lustig machen. Von einem Affen gebissen zu werden heißt, daß Schmeichler versuchen könnten, uns zu übertölpeln. Der Affe hat in unseren Breiten nichts mehr von jenem Tier in indischen Traumdeutungen an sich, in denen er als heilig galt, sondern bezeichnet oft unsere Triebe und Leidenschaften in dem Sinn, wie er uns im Traumbild erscheint. (Siehe auch „Gorilla".)

Ahle Mit ihr kann man Schuhe flicken, im übertragenen Sinn einen seelischen Notstand provisorisch überdecken, so daß man auf dem Lebensweg wieder weitergehen kann. Wer sich mit einer Ahle verletzt, könnte einen Verlust erleiden, der sich oft aber nur als seelische Beklemmung erweist, die es zu überwinden gilt. (Siehe auch „Schuster".)

Ähren Wenn sie im Sommerwind wogen: Ein Zeichen der Reife, des Sichloslösens von einer (unangenehmen?) Gewohnheit, übersetzt: Man wird mit einer neuen positiven Einstellung zum Leben neue Freunde gewinnen. Taube Ähren weisen auf hohle Gefühle hin, die seelische Qualen hervorrufen könnten.

Aktien Wer sie im Traum anlegt, sucht Sicherheit in einer heiklen Lage, wer sie vernichtet oder verkauft, will sich auf falsche Freunde oder Ratgeber nicht verlassen.

Alarm Siehe „Fliegeralarm".

Alkohol Auch im Traum beseitigt der Alkohol Hemmungen und läßt uns Handlungen begehen, die im bewußten Leben als amoralisch empfunden würden. Im Traumrausch werden alle Hemmungen abgestreift und den nicht nur sexuellen Gefühlen freier Lauf gelassen. Das kann darauf hinweisen, daß der Träumer seine Probleme im Wachleben allzusehr vom Verstand aus betrachtet. Er sollte also lokkerer an die Dinge herangehen. Wer im Traum völlig betrunken ist, kann damit rechnen, daß er an den Realitäten des Lebens achtlos vorübergehen wird; er sollte alles viel nüchterner betrachten, um so vielleicht doch noch an ein angestrebtes Ziel zu gelangen. Wer im Traum vielen Menschen zuprostet und mit ihnen trinkt, steht im allgemeinen in seinen Gefühlsbeziehungen schwankend da und hat etwas gutzumachen.

Alter Die alte Frau am Wege ist das Symbol des uralten mütterlichen Lebens, das am Schicksalsfaden spinnt. Ein alter Mann deutet an, daß die Seele des Träumers in der Nähe einer großen, reinigenden Kraft ist. Wenn man sich selbst alt sieht, obwohl man noch jung ist, steht ein Reifungsprozeß vor seinem Abschluß. Das Alter im Traum wird oft gleichgesetzt mit Weisheit, von der ein Rat für das bewußte Leben zu erhoffen ist; es mahnt zur Besinnung und warnt vor schlechten Neigungen, wenn die dargestellten Personen im Traum bösartig über uns herfallen. Oft zeigt das Traumbild einen alten Menschen in der Gestalt einer Hexe, eines Quälers oder Querulanten; hier wird das Bösartige in uns selbst beschrieben, das wir überwinden sollten. (Siehe auch „Mutter" und „Vater".)

Amboß Wenn andere darauf hämmern, will man uns wohl gefügig machen und auf einen für uns nicht sehr günstigen Weg locken. Bearbeiten wir den Amboß selbst, wollen wir etwas aus unserer Seele herausschlagen, das uns bedrückt. Oft fordert auf diese Weise auch das Unbewußte von uns mehr Durchsetzungskraft im Wachleben: Wir sollten möglichst Hammer statt Amboß sein. (Siehe auch „Hammer".)

Ameisen Psychotherapeutisch gibt häufiges Träumen von Ameisen einen Hinweis auf Störungen im vegetativen Nervensystem. Ab und zu wird ein solcher Traum allerdings auch dadurch bewirkt, daß Gliedmaßen eingeschlafen sind. Auf jeden Fall sollte man den Ameisentraum als Gefahrensignal bewerten. Mit den arbeitsamen Tieren, die wir am eigenen Körper spüren, will uns das Unbewußte hier und da darauf hinweisen, daß wir uns auf den eigenen Fleiß besinnen sollten. Vielleicht macht uns auch irgend etwas kribbelig, große Pläne, die durchführungsreif sind, zu verwirklichen. (Siehe auch „Insekten".)

Ameisenhaufen Wer ihn zerstört, hat wohl Sorge, daß die eigene Tüchtigkeit und Qualifikation von der Umwelt vielleicht nicht genügend anerkannt werden. (Siehe auch „Ameisen".)

Amme Oft steht die Amme, die ein Kind säugt, in Frauenträumen für den verdrängten Wunsch nach eigener Mutterschaft. Gelegentlich will uns das Unbewußte auch andeuten, daß wir etwas Bestimmtes im bewußten Leben kaum aus eigener Kraft schaffen können. Auf jeden Fall ist man auf fremde Hilfe angewiesen. Wer sich selbst als Amme sieht, muß befürchten, daß er im Wachleben von seinen Mitmenschen ausgenutzt wird.

Amor Ein Traummotiv, das auf eine leidenschaftliche, aber doch nur vorübergehende Liebe hinweisen soll. Der nackte Liebesgott in der Gestalt eines Kindes deutet auf Liebesabenteuer hin, die recht oberflächlich sind. Er erscheint im Traum aber meistens nur Menschen, die sich mit der Mythologie und ihren Gestalten befaßt haben, ist also kein archetypisches Zeichen.

Ampel Wer eine grün leuchtende Ampel sieht, kann darauf hoffen, daß ihm bald ein Licht aufgehen wird, so daß er ein Problem oder eine schwierige Arbeit zum guten Ende führen kann. Zeigt die Ampel aber Rotlicht, so geht uns etwas im Kopf herum, das auf einen krankhaften Zustand deuten könnte. (Siehe auch „Abbrennen", „Brand".)

Amputation Die Psychoanalytiker alter Schule sehen das Abtrennen von Gliedmaßen meist erotisch-sexuell als Kastrationsangst, mitunter aber auch als Umschreibung für die baldige Trennung von einer geliebten Person. Nach moderner Auffassung sollte man beachten, welche Gliedmaßen abgetrennt wurden. Amputierte Füße oder Beine können dann darauf hinweisen, daß irgend etwas Hemmendes unseren Lebensweg behindert. Wer Finger verliert und damit einen Teil des Tastsinns, wird auf mangelndes Gefühl aufmerksam gemacht. Das Fehlen einer Hand besagt wohl, daß der Träumer im Wachbewußtsein nicht genügend Handlungsfreiheit hat. Wer im Traum geköpft wird, läuft Gefahr, im Wachen ebenso seinen Kopf zu verlieren, was zum Beispiel auch einen Hinweis auf eine gewisse Kopflosigkeit in den Liebesbeziehungen geben kann.

Amsel Sieht man eine Amsel oder hört man sie singen, dann erhält man eine gute Nachricht. Sonst wie unter „Vogel". (Siehe auch „Drossel".)

Amt Wer im Traum ein Amt besucht, will irgend etwas für sich erreichen oder sich auch mit jemandem anlegen. Wenn man sich ein Amt anmaßt, will man im Wachleben zu hoch hinaus, sollte aber lieber auf dem Boden der Tatsachen bleiben und nicht zuviel Hoffnung an zukünftige Pläne knüpfen.

Angeln Ein Hinweis darauf, daß man nie die Geduld verlieren sollte. Wenn etwas am Angelhaken anbeißt, ist eine günstige Wendung in Sicht. Wer aber auf dem Trockenen angelt, der vergeutet kostbare Zeit mit nutzlosem Zeug. (Siehe auch „Fische", „Netz".)

Angst Sie spielt in Traumbildern sehr oft eine herausragende Rolle (siehe in Teil 3 dieses Buches: „Alpträume"). Die alten Ägypter umschrieben das Angsthaben damit, daß man wohl mit sich selbst nicht ganz zufrieden sei. Die moderne Psychologie sieht darin einen Fehler, den man gern ungeschehen machen möchte. Der Angstschrei im Traum deutet demnach auf einen besonders schweren Irrtum hin, dessen Wiedergutmachung Eigeninitiative erfordert.

Anker Wenn er ausgeworfen wird, ist es im übertragenen Sinn der Rettungsanker, an den wir uns klammern und der hoffen läßt, daß ein Problem mit Hilfe anderer rasch gelöst werden kann. Wird er aufgezogen, schwindet dementsprechend eine Hoffnung dahin, wird also eine Veränderung in unserem Leben eher zu unseren Ungunsten ausfallen. Geht ein Schiff mit dem aufgezogenen Anker auf große Fahrt, können wir unserem Leben eine andere Richtung geben. Ob diese als positiv zu sehen ist, ergeben andere Symbole aus dem Traumbild.

Anklage Das Gefühl, etwas falsch gemacht zu haben. Wer im Traum selbst als Angeklagter vor Gericht erscheinen muß, tut gut daran, seinen Lebensrhythmus zu ändern, zu überlegen, wie er sich bessern und seine Umweltbeziehungen positiver gestalten kann. Ist ein anderer angeklagt, weist das möglicherweise auf ein Unrecht hin, das wir einem anderen angetan haben oder antun wollen. (Siehe auch „Gericht", „Richter".)

Ankleiden Andere Kleidung anlegen umschreibt den Willen zu einem sicheren Auftreten in der Gesellschaft. Man will sich keine Blöße geben und auf andere Menschen vorteilhaft wirken. Wer andere ankleidet, kann daraus entnehmen, daß jemand im bewußten Leben unserer Unterstützung bedarf. (Siehe auch „Kleid" und in Teil 3 dieses Buches: „Kleider- und Nackttträume".)

Ankunft Man läßt einen Lebensabschnitt hinter sich, hofft auf Ruhe und charakterliche Ausgeglichenheit. Die Ankunft deutet ebenso auf einen neuen Anfang hin, vielleicht auch auf eine Veränderung zum Guten. (Siehe auch „Eisenbahn", „Reise".)

Anstreichen Oft will man etwas Unvorteilhaftes überpinseln. Hier kommt es sehr auf die Farbe an, mit der man anstreicht oder anstreichen läßt. (Siehe auch „Farben" und in Teil 3 dieses Buches: „Farbenträume".)

Apfel Nach Carl Gustav Jung Sinnbild des Lebens. In leuchtendem Rot ein Liebeszeichen, zwischen Rot und Grün das kraftvolle Leben. Wird der Apfel gegessen, deutet das auf intime Liebesbeziehungen zwischen Mann und Frau hin. Ist der Apfel wurmstichig, müssen dementsprechend Zweifel an der Ehrlichkeit des Partners aufkommen, denn am Eros nagt der Wurm. Faule Äpfel stellen eine Liebesbeziehung sogar ganz in Frage. Der Apfel ist ein uraltes Fruchtbarkeitssymbol, das heute jedoch eher geistig gedeutet wird. Aber er bedeutet auch die „verbotene Frucht", die erkennen läßt, was gut und was böse ist. Artemidoros macht noch den Unterschied zwischen süß (Liebesgenuß) und sauer („in einen sauren Apfel beißen").

Apfelbaum In der christlich-abendländischen Kultur der Baum der Erkenntnis, den das Unbewußte in unsere Traumlandschaft setzt, um bei uns mehr Verständnis für die Probleme anderer zu wecken, aber auch, um uns zur Selbsterkenntnis anzuregen.

Apotheke Ein Warnzeichen, sich mehr um körperliche und seelische Gesundheit zu bemühen. Man hat ein Rezept, das Rat und Hilfe verspricht. Im übertragenen Sinn kann sich auch etwas melden, was wir längst vergessen geglaubt haben.

Arbeit Man nimmt des Tages Last und Mühen quasi mit ins Bett, wo das Unbewußte sie bewältigen muß, wobei besonders auch die psychische Belastbarkeit des Träumers getestet wird. Manchmal fordert das Symbol auch dazu auf, im Wachleben fester zuzupacken, nicht herumzutändeln. Im übertragenen Sinn wird auch unsere Leistungsfähigkeit in den Beziehungen zur Umwelt getestet. Oder wir werden angeregt, Seelisches so zu verarbeiten, daß wir nicht dünnhäutig reagieren, wenn es mal ganz dick kommt.

Arena Der Raum, in dem das eigene Ich im Mittelpunkt steht, in dem alle unsere Schritte überwacht werden. In der Arena treten wir zum Kampf an um das Wohlergehen in seelischer Beziehung, wobei wir auf Gegner treffen, die uns ebenbürtig erscheinen, Gegner, vor denen unser Inneres bestehen muß. Es sind nicht nur Menschen, die dort auftauchen, sondern auch Tiere, die wir dann symbolhaft deuten müssen, um Schwachpunkte in unserem Ich aufzudecken, die dann beseitigt werden sollten. (Siehe auch „Zirkus".)

Ärger Hat man Ärger im Traum, wird man sich im Wachleben vor Unannehmlichkeiten hüten müssen. Ärgert man andere, umschreibt das in manchen Fällen die Schadenfreude. Gelegentlich weist der Ärger aber auch auf winzige Kleinigkeiten hin, über die man im Wachleben stolpert.

Arm Als Fortsetzung der Hand (siehe dort) sinnbildlich die Grundlage des Handelns. Wer sich den Arm verletzt, ist also in seiner Handlungsfähigkeit eingeschränkt. Gebrochene Arme warnen den Träumer vor Verlusten oder vor Streitigkeiten; kräftige Arme umschreiben das Zupacken im Beruf wie im Privatleben, das zum Erfolg führt. Zu kurz geratene Arme deuten auf Mutlosigkeit hin, weil alles mißlingt. Zu lange können kleine, aber wichtige Details nicht erfassen, schwache oder dürre lassen in mancher Beziehung Hilflosigkeit erahnen. Nach einer alten Volksweisheit sollen stark behaarte Arme auf Geldzuwachs hinweisen (da bekommen wir unser „Moos"). Und schließlich sind Arme, die uns umschlingen, jene Helfer, die uns „unter die Arme greifen".

Armbanduhr Deutet wie jede andere Uhr (siehe dort) auf die Notwendigkeit einer besseren Zeiteinteilung im Wachleben hin; mit anderen Worten: Wir sollten schnell erkennen, was die Uhr geschlagen hat.

Armbrust Wer mit ihr schießt, ist in alten Anschauungen befangen; fühlt sich nicht wie Tell als Held, der es dem Landvogt zeigen wollte, sondern sein Mut wird eher sinken, weil er kaum die richtige Waffe in der Hand hat, um damit eigene Vorteile zu erreichen.

Arznei Siehe „Medizin“.

Arzt Sein Auftreten hängt mit der Diagnose unserer Seele zusammen, daß irgend etwas in uns sein muß, das geheilt werden sollte. Die Seele will mit ihrer heilenden Kraft ins Bewußtsein hineinwirken und helfen, krankmachende Konfliktstoffe zu beseitigen.

Asche Deutet auf den Abschluß einer Angelegenheit hin: Man hat etwas verbrannt und steigt gewissermaßen wie ein Phönix aus der Asche. Oft hat man auch falsch gehandelt und streut dann als Büßer „Asche auf sein Haupt“, oder man ist aus irgendeinem Grund traurig und geht – nach biblischem Vorbild – „in Sack und Asche“.

Ast Meist Teil des Lebensbaumes, der etwas über unsere seelische Verfassung aussagt, wobei blühende oder grünende Äste unsere innere Ausgeglichenheit spiegeln, dürre oder abgestorbene aber auf die augenblicklich nicht sehr gute Verfassung hinweisen können. Wer über einen abgebrochenen Ast stolpert, bei dem wird eine bestimmte Angelegenheit kurzfristig abgebrochen. Manchmal beginnt dann eine innere Wandlung im Wachleben. Man kann auch auf einem schwankenden Ast sitzen, übersetzt: sich unsicher fühlen. Und wer im Traum den Ast absägt, auf dem er sitzt, sollte im bewußten Leben vorsichtiger taktieren, damit er nicht den Halt verliert. (Siehe auch „Zweig“.)

Astern Die Blumen des Herbstes, des Lebensherbstes. Weiße legt man vielleicht auf ein Grab, bunte pflückt man für eine späte Liebe.

Atomkraft Siehe „Kernkraft“.

Attentat Wer im Traum ein Attentat erlebt, dem steht Aufregendes bevor, wobei weitere Symbole deuten, ob es sich um schöne oder schlimme Erlebnisse handelt. Ein Träumer, der selbst ein Attentat plant oder begeht, will sich im Wachleben vielleicht in einer aussichtslos scheinenden Sache engagieren.

Aufgabe Wird manchmal in Prüfungsträumen gestellt, womit wohl die Lebensaufgabe gemeint ist, die wir zu bewältigen haben. Wer sie im Traum nicht löst, muß im Wachleben ein schwieriges Problem in den Griff bekommen. Die Traumaufgabe ist gewissermaßen eine Mahnung des Unbewußten, im Wachleben mit mehr Elan an die Dinge heranzugehen.

Aufhängen Man wird „hingehängt“, also verleumdet oder hintergangen. Wird man selbst aufgehängt, kann man ein Ziel nur in mühsamer Kleinarbeit erreichen. Werden andere aufgehängt, sollte man auf böswillige Leute achten. Das Aufhängen von Wäsche vor dem Fenster des Nachbarn signalisiert einen Konflikt, bei dem man bloßgestellt wird. (Siehe auch „Galgen“.)

Aufstehen Man will sich aufrichten, seinen Mann stehen, sich von kleinlicher Denkweise befreien. Das Aufstehen gilt oft auch als Symbol für die eigene Tatkraft.

Aufsteigen Hier ist der Blick in die Zukunft gerichtet, in der man sich geistig und materiell verbessern will. Wer auf ein Dach steigt, benutzt seinen Kopf, um einen Aufstieg im Leben verwirklichen zu können. Auf einen Berg steigen besagt demnach, daß man den Aufstieg in eine höhere Etage des Lebens nur mit einiger Mühe erreichen kann. Ist ein Berg zu steil, kann ein Plan oder eine eben begonnene Arbeit mißlingen; dann sollte man seine Kraft besser auf andere Vorhaben verwenden, die leichter zum Erfolg führen. (Siehe auch „Treppe", „Leiter".)

Aufwischen Siehe „Fegen".

Auge Organ des Lichts, der Bewußtheit, aus der nach einem der ägyptischen Schöpfungsmythen die Welt entstanden ist. Der Spiegel der Seele, als empfangendes Organ weiblich, als „blitzeschleuderndes", scharf sehendes phallisch-männlich. Von Freud wegen seiner Form als weibliches Sexualorgan gedeutet. Er faßte die Selbstblendung des Ödipus als sinnbildliche Kastration wegen des schuldhaften Inzestes mit der Mutter (Ödipuskomplex), das Reiben des Auges als Onanie- oder Masturbationsersatz auf. Nach neuerer Erkenntnis sagt das Symbol eher etwas über den seelischen Gesamtzustand des Träumers und seine Stellung zum zukünftigen Geschehen aus. Das Gefühl ist von den Augen abzulesen, weshalb eine erotische Deutung durchaus naheliegt. Augenträume erfassen das Dasein und unsere innere Einstellung dazu. Blindwerden deutet auf geistige Blindheit, Sehen auf das klare Erkennen einer bestimmten Lage, Schielen auf die Fehleinschätzung eines Menschen oder einer Situation hin. Man versuche auch, sich an die Farbe der Augen zu erinnern. (Siehe auch „Brille", „Mutterkomplex" und einzelne Farben.)

Ausgraben Das Ausgraben irgendwelcher Gegenstände oder gar einer Leiche, hängt ursächlich mit dem schlechten Gewissen des Träumers, mit seiner Unausgeglichenheit und inneren Unruhe im Wachleben zusammen. Oft umschreibt es auch die Angst, daß etwas ans Licht kommen könnte, das besser begraben bliebe.

Ausreißen Man will sich von etwas freimachen, um aus eigener Kraft zum Erfolg zu kommen. Wenn man vor seinen Schulden ausreißt, dürfte der Erfolg nur sehr kurzlebig sein. Wer sich selbst Haare oder etwas anderes ausreißt, der will sich von einer Schuld, von einem Lebensumstand, vielleicht auch von einem Partner befreien.

Ausruhen Hat etwas mit einem Schwächezustand zu tun, der uns physisch oder psychisch lähmen kann. In einigen Fällen deutet es aber auch auf den Wunsch hin, daß man einmal ausspannen möchte, um sich mehr auf sich selbst besinnen zu können.

Ausschlag Ein Warnzeichen des Unbewußten, daß etwas in Ordnung gebracht werden muß; das können brennende private Probleme, manchmal allerdings auch echte Krankheitssymptome sein.

Aussicht Die beste Aussicht hat man von einem hohen Berg, einem Turm oder einem anderen hohen Gebäude. Übersetzen ließe sich die gute Aussicht also mit einem Hinunterschauen auf jene, die weniger Erfolg haben, auf eine Arroganz, die man schleunigst ablegen sollte. Ist die Aussicht verstellt, wäre zu fragen, ob wir im Wachleben noch den richtigen Überblick haben.

Aussteigen Der Aussteiger sucht nach einem neuen Weg der Selbstverwirklichung. Wenn wir aus einem Fahrzeug aussteigen, läßt das vermuten, daß wir auf unserem bisherigen Lebensweg nicht mehr weitergehen oder daß wir in einem Denkprozeß neue Kraft finden wollen, um unser Leben radikal zu ändern. Seltener bedeutet das Aussteigen im Traum ein Ankommen an einem Ziel, an einer Teilstrecke des Daseins.

Auster Fruchtbarkeitssymbol, das meist erotisch zu verstehen ist. Manchmal umschreibt sie auch eine Nachricht, die aus weiteren Symbolen als gut oder schlecht erkannt werden kann.

Ausziehen Wer im Traum seine Kleider auszieht, hat nichts zu verbergen, sollte sich aber doch davor hüten, sich bloßzustellen. Wenn man die Schuhe auszieht, deutet das vielleicht auf das Verlangen nach einer natürlicheren Lebensweise hin. Der Auszug aus einem Haus oder einer Wohnung läßt erkennen, daß das Unbewußte mit unserer bisherigen Lebensweise nicht zufrieden ist, mit anderen Worten: Es mahnt uns zu einer Umstellung, damit wir uns freier bewegen können.

Auto Siehe „Automobil".

Automat Von Freud wäre er vielleicht sexuell gedeutet worden, da man ja etwas hineinstecken muß, damit etwas dabei herauskommt. Wahrscheinlich mahnt er aber eher vor überflüssigen Geldausgaben und zur Zurückhaltung im Tagesgeschehen.

Automobil Es steht oft für das eigene Ich, das es zu beherrschen gilt. Wer damit gut vorankommt, bei dem wird es auch im bewußten Leben gut vorwärtsgehen. Pannen deuten auf Hemmnisse hin, Verbotsschilder, die man übersieht, auf die Lebensangst, die man durch allzu forsches Auftreten überwinden möchte. Wenn der Träumer das Auto selbst fährt, kennzeichnet es oft seine Person – hier wird es als fahrbares Haus geschildert – oder was er im Alltagsleben darstellen möchte. Sitzt er in einem besonders schicken fremden Auto, möchte er möglicherweise mehr scheinen, als er in Wirklichkeit ist. Bedient der Träumer das Auto falsch, macht er auch im Wachzustand manches nicht richtig. Viele Angstträume (siehe in Teil 3 dieses Buches: „Alpträume") – man überfährt jemanden, die Bremsen funktionieren nicht – hängen mit dem Automobil zusammen; sie beweisen, daß unser Ich leicht angekratzt ist, daß wir unseren Lebensstil ändern sollten, um keine Verluste zu erleiden. (Siehe auch „Bremse" oder andere Teile, die das Auto fahrbereit machen.)

Axt Wer sie als Werkzeug benutzt, will ein Ziel mit Gewalt erreichen. Oft auch ein Hinweis darauf, daß man im bewußten Leben Energien vergeudet, die dann in entscheidenden Momenten fehlen.

B

Baby Symbol der unbewußten Sehnsucht nach Geborgenheit. Wer ein Baby trägt, hat noch eine ganze Weile sein Päckchen zu tragen und erreicht gesteckte Ziele erst nach vielen Mühen. Ein Baby stillen: Man sollte seine Pflicht erfüllen, auch wenn es schwerfällt. Wer schöne Babys sieht, kann gute Freundschaften schließen. Häßliche Babys deuten auf kleine Unebenheiten im eigenen Charakter hin. Ein totes Baby läßt manchmal auf ein schlechtes Erinnerungsvermögen schließen.

Bach Ein kleiner, quellfrischer Bach deutet auf die übersprudelnde Lebensart des Träumers hin und läßt für Beruf und Privatleben nur das Beste erwarten. Ein trüber, modrig riechender Bach zeichnet oft die trübe Stimmung, in der man sich augenblicklich im Wachleben befindet; manchmal möchte man dann aber auch im trüben fischen. Sind Fische im Bach, sprudelt unsere Kasse möglicherweise bald über. Ein trockengelegter Bachlauf erinnert den Träumer an Notzeiten. (Siehe auch „Wasser".)

Backen Die Tätigkeit, die uns das tägliche Brot schenkt, die uns also voranbringt. Wer selbst sein Brot backt, nimmt sein Schicksal in die eigene Hand, wer kleine Semmeln in den Ofen schiebt, der wird auch im Wachleben nur kleine Brötchen backen. Wer sich sein Brot backen läßt, vertraut anderen mehr als sich selbst.

Bäcker Eine schöpferische Symbolfigur, die auf eine positive Gesamtentwicklung hinweist, zumindest auf eine Besserung der augenblicklichen Verhältnisse. Wenn der Bäcker im Traum mit dem Feuer hantiert, ist es die geistige Nahrung, die er dem Träumer verschafft.

Backofen Nach Freud weibliches Sexualsymbol, der Gebärmutter gleichzusetzen. Nach moderner Auffassung soll im Backofen etwas zu gestaltvoller Reife gebakken werden. Ist noch Feuer unter dem Ofen, deutet das eine glutvolle Bindung an, die sich glückhaft ausbauen läßt.

Bad Hier wird der Säuberungsprozeß der Seele angesprochen. Das Bad nimmt manches weg, was einen bisher bedrückte. Das Wasser im Bad spiegelt seelische Energie. So mancher badete schon im Traum, bevor er einen neuen Lebensabschnitt begann. Das Bad in klarem Wasser reinigt die Seele und läßt für das Wachleben klare Erkenntnisse zu. Das Bad im Trüben deutet auf den Sumpf hin, in den man durch eigenes Verschulden geriet. Positiv zu deuten ist das Bad in freier Natur, das für das bewußte Leben Ungebundenheit und Zwanglosigkeit verheißt.

Badezimmer Die Stätte der Reinigung, übersetzt: der seelischen Läuterung. Die klare geometrische Form, etwa ein rundes oder quadratisches Badezimmer (oder auch eine Badewanne) deutet auf den guten Kern hin, der in dem Träumer steckt. In diesem Raum will man sich vom Alltagsschmutz befreien, in eine andere Haut schlüpfen. Wer das Badezimmer von Unrat und Schmutz befreit, bevor er sich wäscht, möchte Vergangenes schnell vergessen, sich reinwaschen, bevor er Neues beginnt. Sonst wie unter „Bad".

Bagger Ersetzt wie Planierraupen oder ähnliche Baumaschinen oft den archetypischen Drachen (siehe dort).

Bahnhof Tiefenpsychologisch das Unbewußte selbst, das uns im Wachzustand helfen will, den richtigen Zug nicht zu verpassen. Der Bahnhof im Traum ist gewissermaßen die Schaltstation in unserem Leben zu etwas Neuem. Ob die anschließende Reise gut verlaufen wird, ist nur aus weiteren Traumsymbolen zu deuten. (Siehe auch „Eisenbahn".)

Bahnhofsvorsteher Auch der Mann mit der roten Mütze, der die Abfahrt eines Zuges freigibt; übersetzt ist er die Hilfe auf unserem weiteren Lebensweg. (Siehe auch „Schaffner".)

Bahre Irgend etwas, das einem zugetragen wird, wobei die Kranken- oder die Totenbahre keinesfalls Ungünstiges zu beinhalten braucht. Entsprechendes ist aus weiteren Symbolen herauszulesen. Oft kann es sich auch um ein freudenreiches Ereignis handeln. Lediglich die leere Bahre umschreibt einen seelischen Notstand, vielleicht auch die Leere einer Beziehung. (Siehe auch „Tragbahre".)

Balkon Haussymbol, das auf das Mütterliche, die weibliche Brust hinweist, auch auf das Hergeschenkte, für das man keine spätere Revanche erwartet. (Siehe auch „Haus".)

Ball Das Tanzfest im Traum besuchen läßt auch für das Wachleben Freude und Frohsinn erwarten. Oft gilt der Ball als Hinweis des Unbewußten, mehr aus seinem Leben zu machen, sich mit seiner Umwelt ausgiebiger zu beschäftigen. Der Ball zum Spielen ist wie die Kugel (siehe dort) ein Ganzheitssymbol, vergleichbar dem Erd- und dem Sonnenball, übersetzt: die in Bewegung geratene psychische Energie. Wer im Traum mit dem Ball spielt, kann manches auch verspielen oder sich zum Spielball seiner Gefühle machen lassen, sich in eine Sache verrennen, die den Einsatz eigentlich nicht wert ist. Oft glauben wir leichtes Spiel zu haben, aber man wird uns gerade dann vielleicht ein Schnippchen schlagen.

Ballon Die Übersetzung des Flüchtigen in unserem Leben, das Bild des Jagens nach dem Glück, bei dem man nie weiß, ob der Wind gerade günstig steht. Ein zerplatzter Ballon symbolisiert – wie die zerplatzte Seifenblase – eine Hoffnung, die sich nicht erfüllt. (Siehe auch „Seifenblase".)

Balsam Wem im Traum Balsam aufgelegt wird, dessen Psyche wird gesunden, weil er auf seine Umwelt vertrauen kann. (Siehe auch „Salbe".)

Banane Psychoanalytisch das Symbol des männlichen Geschlechtsorgans. Das Bild schenkt vor allem Frauen sexuelle Träume, die aber im Wachleben kaum in Erfüllung gehen werden und eher auf ein unbefriedigendes Leben hinweisen.

Band Ein buntes Band hat etwas mit dem Band zu tun, das Mann und Frau vereinigt. Flatternde Bänder umschreiben die innere Unruhe, die selbst glückliche Verbindungen einmal erfassen kann.

Bank Oft als die Energiezentrale gedeutet, von der man die Kräfte für die Bewältigung – auch der Liebesarbeit – abheben kann. Ein gesperrtes Konto wird analog dazu als Sperre der inneren Energien ge-

deutet. In eine Bank einbrechen, umschreibt den krampfhaften Versuch, auf der Höhe seines Ichs zu bleiben, manchmal auch den Wunsch, mehr zu scheinen, als man ist, mehr Werte zu besitzen, als man in Wirklichkeit hat. (Siehe auch „Spardose", „Sparkasse".)
Wer auf einer Bank sitzt, wartet auf ein Abenteuer, auf einen Menschen, der ihn versteht. Oft träumt man von einer Sitzbank, wenn man im Zusammenleben mit einem Partner nicht die Erfüllung findet, die man sich erhofft. (Siehe auch „Stuhl".)

Banknote Warnung, nicht mehr Geld auszugeben, als man hat. Wer sie im Traum zählt, sollte im Wachleben etwas großzügiger zu seinen engsten Mitmenschen sein. (Siehe auch „Geld".)

Bar Wer allein in einer Bar sitzt, möchte im bewußten Leben mal aus seiner Haut schlüpfen. Mit anderen in eine Bar gehen läßt meistens erkennen, daß man flüchtige Bekanntschaften sucht; es kommt aber darauf an, mit wem man sich im Traum an der Bar sieht, erst aus diesen anderen Symbolen läßt sich dann der Traum deuten.

Bär Obwohl der Bär einen männlichen Artikel hat, gilt er im Traum als Gestalt von erdhaft-warmer, schützender Mütterlichkeit. Nach Carl Gustav Jung kommt der negative Aspekt der übergeordneten Persönlichkeit hinzu, die sich durch die sprichwörtliche Bärenkraft auszeichnet. Der Traumbär hat auch etwas Gefährliches, Drohendes an sich.

Barfüßigkeit Die Rückkehr auf den Boden der Tatsachen; auch als Zeichen der Bescheidenheit und der Armut gedeutet, der Demut, mit der man das Leben in seinen Höhen und Tiefen erträgt. Oft wird auch das Bodenständige damit zum Ausdruck gebracht, das dem Träumer im Wachleben nicht bewußt wird.

Barriere Richtet sich überall dort auf, wo man eigene Hemmungen nicht überwinden kann. Nur wenn man sie überspringt oder schlau umgeht, können im Wachleben bestimmte Komplexe abgebaut werden. (Siehe auch „Schranke".)

Bart Früher als Symbol männlicher Überlegenheit, später auch als das Anlegen einer Maske gedeutet, hinter der man das eigene Innere verbergen will, eine Deutung, die bei den meisten heutigen Träumen zutreffen wird. Wenn man den Bart im Traum verliert, sollte man Vorurteile oder veraltete Ansichten ablegen. Wer seinen Bart im Traum bürstet, dem wird in alten Traumbüchern Eitelkeit zugeschrieben; wer ihn an eine Frau verschenkt, dem droht Potenzverlust. (Siehe auch „Haar".)

Bauch Die „Küche" des Leibes, in der – übersetzt – die Erlebnisse des Alltags verarbeitet, verdaut werden. Manchmal gelten Träume vom vollen Bauch als Warnzeichen, sich zu mäßigen. Auch sexuell zu deuten. (Siehe auch „Magen".)

Bauen Wer etwas baut, will im Wachleben vorwärtskommen. Beim Bauen kommen aber auch Schwierigkeiten auf, die Probleme im bewußten Leben schildern, mit denen man nicht so leicht fertig werden kann. Dementsprechend sind Probleme schnell beseitigt, wenn das, was man baut, klein und niedlich ist. Wächst der Bau ziellos höher und höher, dann wachsen auch die Probleme ins Uferlose. Wird eine Brücke gebaut, kann damit gerechnet werden, daß Schwierigkeiten bald überbrückt sind. (Siehe auch „Haus“, „Brücke“.)

Bauer Im Traum eines Städters der Wunsch und Wille, sich einer natürlichen Lebensweise zu befleißigen. Er versinnbildlicht die Naturbezogenheit des Träumers, das einfache Leben, das er führen will. (Siehe auch „Acker“, „Ernten“, „Garten“, „Säen“, „Stall“.)

Bauernstube Die natürliche Heimat, nach der sich mancher im Traum zurücksehnt, das wohlig Warme in unserem Innenleben, oft auch der Hinweis darauf, daß man sich Ruhe und Frieden wünscht. (Siehe auch „Zimmer“.)

Baufälligkeit Die Unsicherheit, die der Träumer seiner Umwelt gegenüber zur Schau stellt. (Siehe auch „Fassade“, „Haus“.)

Baum Archetypisches Symbol des Lebens, auch als Lebens- oder Stammbaum gedeutet. Adam und Eva pflückten den Apfel vom Baum der Erkenntnis und zogen daraus die Lehre für ihr weiteres Leben. Wer also von einem Baum träumt, kann auf Erkenntnisse hoffen, die ihm im Wachleben weiterhelfen werden. Hohe Bäume lassen auf besondere Ehren schließen, blühende auf persönliches Glück, fruchttragende auf Erfolg in naher Zukunft, dürre Bäume aber deuten auf schlechte Geschäfte hin. Wer vom Baum stürzt, dem fällt es schwer, die eigene Lage richtig zu beurteilen. Wer auf einen hohen Baum klettert, wagt sich auch im Wachleben meist etwas zu sehr vor und kann darum leicht tief fallen. (Siehe auch „Ast“, „Blätter“, „Wald“.)

Becher Ein Gefäß, aus dem man trinkt, wobei man bei der Deutung auf das Getränk achten sollte. Ein leerer Becher soll auf einen leeren Geldbeutel hinweisen, ein randvoll gefüllter auf Geldzuwachs.

Bedienung Wird man im Traum gut bedient, kann man im Alltagsleben mit Wohlergehen und Förderung rechnen. Ist man selbst die Bedienung, muß man wahrscheinlich in nächster Zeit zum Nutzen anderer schwer schuften und übermäßig rackern.

Beeren Wenn sie gesammelt werden, weist das auf die Mühsal täglicher Kleinarbeit hin. Ißt man im Traum Beeren, regt man sich vielleicht im Wachleben über jede Kleinigkeit auf, schluckt aber den Ärger darüber hinunter.

Begleiter Wer im Traum von jemandem begleitet wird, sollte darauf achten, wer da an seiner Seite geht. Oft ist es nur ein Schatten (siehe dort). Meist umschreibt der Begleiter das eigene Innere, das Probleme aufgespürt hat, die dringend einer Lösung bedürfen.

Begräbnis Hat nur ganz selten mit einem Todesfall zu tun. Oft bedeutet es etwas, das man besser begraben sollte, eine Zwistigkeit mit dem, der beerdigt wird, eine Liaison oder ein nutzloses Objekt, das geplant war. Wird man selbst begraben, zeigt das meist eine innere Einstellung, die uns im Wachleben einen falschen Weg beschreiten läßt – Hemmungen, Minderwertigkeitskomplexe oder Selbstmitleid –, und fordert zur Selbsterkenntnis auf. Manchmal ist auch etwas in uns abgestorben, das wir zu Grabe tragen sollten. (Siehe auch „Grab“, „Leiche“, „Sarg“, „Tod“.)

Behörde Im Wachleben geht man ungern auf ein Amt (siehe auch dort); der Traum übersetzt diesen Widerwillen als ein seelisches Sichanstemmen gegen Ungerechtigkeit und Bevormundung, gegen das Verwaltetsein des Menschen.

Beichte Man möchte sich etwas Bedrükkendes von der Seele reden, über das man im Alltagsleben schweigt.

Beifall Zustimmung für einen Plan, der in der Schwebe liegt. Manchmal wollen uns aber auch Schmeichler mit ihrem Beifall auf ein falsches Gleis locken, uns mit schlechtem Rat „dienen".

Beil Siehe „Axt".

Beileid Stimmt traurig, das Unbewußte faßt es aber meistens als Heuchelei desjenigen auf, der es ausspricht, als unaufrichtige Anteilnahme am Schicksal des Träumers.

Bein Das Bein ist gewissermaßen der „Motor" des Fußes, hat also etwas mit Fortschritt, aber auch mit Rückschritt in unserem Leben zu tun. Die sexuelle Deutung der ersten Psychoanalytiker (etwa: schönes Bein sehen bedeutet Befriedigung des Geschlechtstriebes oder Beinbruch ist gleichzusetzen mit Ehebruch) scheint wenig überzeugend. (Siehe auch „Amputation", „Fuß".)

Beischlaf Deutet nicht in jedem Fall auf sexuelle Sehnsüchte hin. Artemidoros war der Meinung, seiner eigenen Frau beizuschlafen, wenn sie dazu geneigt sei, könne für beide Ehegatten nur gut ausgelegt werden. Eine unwillige Gattin aber verkehre diesen guten Eindruck ins Gegenteil. Nach Meinung vieler moderner Psychologen weist der Beischlaf mit dem Chef oder der Chefin auf eine Förderung im Beruf hin, weil sich beide in der Zielsetzung einig seien. Im allgemeinen läßt der Traum vom Beischlaf Rückschlüsse auf die Potenz des Träumers zu. Ein nicht vollzogener Beischlaf kann dementsprechend als Angst vor mangelnder Potenz gedeutet werden. Oft ist der oder die Fremde, mit der man im Traum schläft, niemand anderes als der eigene Partner, von dem man sich im Wachleben vielleicht mehr Innigkeit wünscht. (Siehe auch „Koitus".)

Bekannte Wenn wir im Traum Bekannte treffen, sind wir im Wachleben nicht allein mit unserer Meinung, finden vielleicht auch Gönner, die uns weiterhelfen. Wer aber im Traum über Bekannte redet, sollte sich im Wachleben vor Klatsch hüten.

Bellen Ein bellender Hund warnt uns vor irgendeiner Gefahr. (Siehe auch „Hund".)

Berg Er deutet auf Probleme hin, die vor uns aufragen. Eine schwierige Klettertour an einem steilen Berg weist auf Lebenssituationen hin, an denen man leicht scheitern könnte. Wird der Gipfel nicht erreicht, hat der Träumer zu hoch gesteckte Ziele. Wer sicher oben ankommt, kann sich auf einen Erfolg freuen. Wenn der Aufstieg nicht zu steil ist, wird uns auch der Aufstieg im Leben gelingen; der Abstieg kann auf das Ende eines wichtigen Teilabschnittes in unserem Leben hinweisen, aber auch darauf, daß wir es endlich geschafft haben und daß nun eine ruhigere Zeit vor uns liegt. Schon nach Ansicht der alten Ägypter türmen sich, wenn der Berg im Traum allzu steil ist, Hindernisse auf dem Lebensweg des Träumers auf, die nur unter großen Kraftanstrengungen zu meistern sein werden. (Siehe auch „Abgrund“, „Abstürzen“, „Aufsteigen“, „Mauer“.)

Bergführer Positive Traumgestalt, die uns über Stock und Stein auf die Höhe bringt, auch der Gönner, der uns bei unserem Aufstieg tatkräftig unterstützt.

Besen Wer einen Besen in der Hand hält und damit kehrt, möchte im eigenen Lager Ordnung schaffen. In fremden Händen sind Besen vergleichbar mit denen der Hexen, die auf ihnen in der Walpurgisnacht auf den Blocksberg reiten und dort ihr Unwesen treiben: Man will Streit mit uns beginnen oder uns irgendwie hereinlegen. Man sollte diese Warnung ernst nehmen und sich vor den männlichen und weiblichen Hexen und ihren Kehrkünsten hüten. Neue Besen kehren (auch im Traum) gut; sie können darauf hinweisen, daß wir mit einer neuen Idee Altes vergessen machen.

Besuch Wenn der Besuch unangenehm ist, kann das auf Allergien hinweisen oder auf Antipathien, die man im Wachleben hegt.

Betrug Oft das Unverhoffte, schnelles Glück und kurzfristige Aufbesserung der Finanzen. Wird man vom Liebespartner betrogen, sollte man das nicht allzu ernst nehmen; denn der fremde Traumbeischläfer des eigenen Partners ist häufig nichts anderes als die unerwartete Hilfestellung, die uns jemand im Wachleben leistet; manchmal soll das Traumbild auch den Anstoß geben, im Intimleben mehr aus sich herauszugehen. (Siehe auch „Beischlaf“.)

Betrunkensein Sieht man Betrunkene, ist man von Menschen aus der eigenen Umgebung enttäuscht. Sieht man sich selbst betrunken, will das Unbewußte unsere Hemmungen beseitigen, damit wir anstehende Probleme ohne Scheu meistern können. Freilich deutet das Betrunkensein im Traum auch darauf hin, daß der Träumer die Realitäten des Lebens nicht so ernst nimmt, wie sie in Wirklichkeit sind.

Bett Der Hort der Geborgenheit, in dem uns manchmal tiefe Unruhe erfaßt; man sollte diesem Gefühl im Wachzustand nachgehen, weil es auf irgendeinen verborgenen Herd seelischer Krankheitskeime hinweisen könnte. Wer Bettgeschichten im Traum erlebt, ist wohl ein wenig unzufrieden mit seinen sexuellen Leistungen im Wachleben, er möchte mehr, als er sich zutraut. Wenn das Bett sauber bezogen ist, soll das nach einem mittelalterlichen Traumbuch Glück in der Liebe verheißen, wenn es schmutzig ist, Pech. Wir sind der Meinung, daß ein sauber bezogenes Bett den Träumer eher daran erinnern sollte, auch im Wachleben auf „Sauberkeit“ im Intimleben zu achten; schmutziges Bettzeug wäre demnach ein Signal dafür, seine Beziehungen ins reine zu bringen. Das leere Bett sagt etwas über die seelische Einsamkeit des Träumers aus. (Siehe auch „Matratze“.)

Bettler Ein Warnzeichen, man möge sich anderen Menschen gegenüber weniger erhaben zeigen. Oft umschreibt der Bettler auch die unangenehme Erinnerung an einen Menschen oder ein Ereignis, das wir lieber aus unserem Gedächtnis streichen möchten. Manchmal erinnert das Unbewußte uns auch daran, daß wir uns auf mehr Einfachheit im Wachleben besinnen sollten. Alte Traumbücher übernahmen die volkstümliche Ansicht, daß es Glück und Geldzuwachs bedeute, wenn man im Traum einen Bettler beschenkt.

Beutel Ein leerer Beutel kann auf die Leere in unseren Beziehungen hindeuten, ein prall gefüllter auf allzu große Ichbezogenheit gegenüber dem, der uns am nächsten steht. (Siehe auch „Tasche".)

Biene Das Symbol des (Bienen-)Fleißes. Summen Bienen in unserem Traumgeschehen, können wir uns über starke Nerven freuen, die uns in allen Gefahren eine Hilfe sind (auch die Biene hat ja einen Stachel!). Schon die Griechen und Römer glaubten, wenn ein Mädchen im Traum von einer Biene gestochen werde, treffe sie im Wachleben Amors Pfeil. Für alle anderen sei der Bienenstich gleichbedeutend mit einer einschneidenden Veränderung im Leben. (Siehe auch „Insekten", „Wabe", „Wespe".)

Bienenschwarm Positives Zeichen für die Rolle, die man in der Gesellschaft spielt. Er soll auch auf kleine sexuelle Freuden hinweisen.

Bier Schales Bier, das im Glase stehenblieb, deutet darauf hin, daß eine Freundschaft zur Neige gehen könnte. Frisches Bier, das man im Traum mit Maßen trinkt, verspricht gute Gesundheit, sofern man es nicht verschüttet. Wenn das Bier nur Schaum hat, haben wir es manchmal in unserem Bekanntenkreis mit Schaumschlägern und Aufschneidern zu tun. (Siehe auch „Alkohol".)

Bild Sieht man das Porträt eines Menschen im Traum, möchte man sich ein Bild von jemandem machen, der man vielleicht sogar selbst ist. Ist es ein Zerrbild, spielt das Unbewußte eine gewisse seelische Ratlosigkeit in den Wachzustand hinüber. Sieht man das eigene Bild hübsch eingerahmt vor sich stehen, hat das etwas mit unserer Eitelkeit zu tun. (Siehe auch „Fotografieren", „Galerie", „Gemälde".)

Bildhauer Einer, der mit Hammer und Meißel immer die besten Konturen herausschlagen möchte; übersetzt: das Unbewußte, das sich Sorgen macht, daß wir im Wachleben kein gutes Bild abgeben könnten, weil wir um jeden Preis mehr für uns herausschlagen möchten.

Bildung Die Bildung, die wir im Traum zur Schau stellen, ist ein Beweis dafür, daß unser Unbewußtes eine Bildungslükke im Wachleben aufgespürt hat, die gestopft werden müßte (dabei handelt es sich vorrangig um die seelische Bildung).

Billett Etwas, das uns das Unbewußte zustecken möchte, damit wir im Wachleben mehr aus uns herausgehen können. (Siehe auch „Fahrschein".)

Birke In frühlingshaftem Grün gaukelt sie uns ein freudiges Ereignis vor. Klettert man am Stamm einer Birke sicher nach oben, kann man auch im Leben höher steigen. Die Birke galt im Mittelalter als Zauberschutz gegen Hexen und böse Geister, was noch der Brauch in katholischen Gegenden beweist, an Fronleichnam oder auch an Pfingsten Häuser und Ställe mit Birkengrün zu schmücken, damit das Böse draußen bleibt. Bei religiösen Menschen spiegelt dieser Brauch die

Angst des Unbewußten wider, daß sie schutzlos bösen Mächten ausgeliefert sein könnten. (Siehe auch „Baum".)

Birne Erotisches Symbol der Sinnlichkeit voller Saft und Süße. Die Form erinnert an Weibliches, an Sehnsüchte, sich zu vereinigen. (Siehe auch „Früchte".)

Blasinstrumente Während Saiteninstrumente weiblich definiert werden, deuten Blasinstrumente im Traum Männliches an, für Frauen den fröhlichen Sexpartner, für Männer den Einsatz des eigenen Eros. Blasinstrumente sind in traumhaften Lust-Spielen zu finden. (Siehe auch „Musik" und einzelne Blasinstrumente.)

Blatt Meist wie der Ast ein Teil des Lebensbaums. Frische Blätter deuten also auf ein gesundes Leben hin. Sehen wir verwelkte im Traum, macht uns das Unbewußte auf eine schwache Stelle in unserem Seelenhaushalt aufmerksam, auf Enttäuschungen, die wir verwinden müssen. Auch fallende Blätter sind ein Zeichen dafür, daß wir etwas tun müssen, um unser seelisches Gleichgewicht wiederzufinden. (Siehe auch „Ast", „Baum", „Laub".)

Blau Die Farbe der Wahrheit, der seelischen Gelöstheit, der geistigen Überlegenheit. Träume in Blau sind also positiv zu bewerten. (Siehe auch „Farbe" und in Teil 3 dieses Buches: „Farbenträume".)

Blech Wer im Traum Blech bearbeitet, vergeudet möglicherweise seine kostbare Zeit am falschen Objekt, übersetzt auch: Man redet viel Unnützes – eben „Blech".

Blei Wer Blei gießt, bemüht sich, etwas Nützliches zu vollbringen, aber am Ende kommt vielleicht nur bizarr Verworrenes heraus.

Blind Wer sich im Traum blind sieht, verschließt wohl im Wachleben zu sehr die Augen vor anstehenden Problemen, die vor allem seelischer Natur sind. Es fehlt vielleicht an Weitsicht oder an der rechten Menschenkenntnis, so daß man leicht übers Ohr gehauen werden kann. Man braucht Hilfe, um einen gangbaren Weg aus einem Dilemma zu finden. Dagegen spricht es für die Hilfsbereitschaft des Träumers selbst, wenn er einen Blinden führt. (Siehe auch in Teil 3 dieses Buches: „Die Träume der Blinden".)

Blitz Zeichen dafür, daß unkontrollierbare Kräfte unser Seelenleben beeinflussen. Ein Blitz, dem Feuerstrahl gleichgesetzt, läßt uns vielfach blitzartig erkennen, wie wir in unserem Wachleben besser zurechtkommen können. Bei Freud hat der Blitz phallische Bedeutung. Nach Artemidoros bedeutet vom Blitz getroffen zu werden etwas Gutes; sein Feuer gleiche dem Golde, das man gewinnen, aber auch schnell wieder verlieren könne. Wenn der Blitz in der Nähe einschlage, stehe eine Ortsveränderung bevor, für Verliebte habe er eine günstige Bedeutung (da hat's eben eingeschlagen), bei Eheleuten hingegen beschleunige er die Entzweiung. Indische Traumdeuter dagegen behaupteten, der Blitz im Traum weise auf eine Krankheit hin. (Siehe auch „Brand", „Feuer".)

Blumen Blumen, vor allem blühende, sind als Ausdruck schöner Gedanken und Gefühle positiv zu werten, wobei es auch auf die Farbe (siehe dort) ankommt.

Wenn sie verwelken, welkt auch etwas im Leben des Träumers. Das Blumenpflükken deutet auf eine sexuelle Wunscherfüllung hin, ein Strauß frischer Blumen auf ein Liebeserlebnis, das uns glücklich macht. Zertritt man aber Blumen, so trampelt man möglicherweise auf den schönsten Gefühlen des Partners herum, den zu lieben man vorgibt. Die indische Traumschrift „Jagaddeva" schreibt einem Blumentraum höchste Glücksverheißung zu. (Siehe auch „Knospe" und unter einzelnen Blumennamen.)

Blumenstempel Nach Stekel immer ein phallisches Symbol, das (in Verbindung mit einer schönen Blume) ein sexuelles Erfolgserlebnis sinnbildlich darstellen kann.

Blut Symbol der Lebenskraft, blutvoller Leidenschaft und nimmermüder Liebe. Wer sich im Traum bluten sieht, hat seelische Wunden, die er sich nicht eingestehen will, weil sie ihn vor anderen demütigen könnten. Fließt das Blut aus den Wunden anderer Menschen, sind wir im Begriff, anderen Schmerz zuzufügen. Blutverlust im Traum kann auf Liebesverlust hinweisen, eine Transfusion auf die Auffrischung tiefer Gefühle. (Siehe auch „Narbe", „Wunde".)

Bock Das Tier, das jemanden auf die Hörner nehmen will, signalisiert seelischen Schaden, der durch eigenes schuldhaftes Verhalten entsteht. In sexuellen Träumen die männliche Urkraft, die ihr Opfer haben will. (Siehe auch „Geweih".)

Bohnen Warnung vor allzu materialistischem Denken (sie bewirken ja den vollen Bauch, der sich nach außen bläht). Wie alles Keimende auch als Symbol für das weibliche Geschlechtsorgan gedeutet. Wer Bohnen pflanzt, dem keimt Gewinn. Wer Bohnen im Traum keimen sieht, dem lacht das Glück. Wer sie zubereitet, der zerstört die Keimwirkung, kann also augenblickliches Glück nicht auf Dauer genießen.

Bohren Der Ärger bohrt, der Zweifel, die Ungeduld. Wer mit einem Bohrer hantiert, will hinter etwas kommen, das im Wachleben Unruhe und Verdruß bereiten könnte.

Bombe Dieses Traumbild taucht meist in Erinnerungsträumen auf, die Schockerlebnisse widerspiegeln, gleichzeitig symbolisiert die Bombe aber auch das eigene Unvermögen, an bestehenden, nicht besonders günstigen Verhältnissen etwas zu ändern. Träume von Bomben haben etwas Existenzbedrohendes – insofern weisen sie darauf hin, daß es Zeit ist, die Nerven zu beruhigen und seinen bisherigen Lebenswandel umzustellen. Eine einzelne Bombe, die wir im Traum sehen, könnte durchaus auch eine Nachricht sein, die wie eine Bombe einschlägt. (Siehe auch „Explosion", „Krieg".)

Boot Es soll uns sicher ans Ufer bringen, wo uns ein neues Leben lacht. Treibt es in ruhigem Wasser dahin, bedeutet das ins Wachleben übersetzt eine ruhigere Fahrt unseres Lebensschiffleins. Wer es auf bewegtem Wasser steuert, kann mit Hektik und Unausgeglichenheit im bewußten Leben rechnen. Wer es im Dunklen treiben läßt, der weiß im Augenblick nicht, wohin die Dinge laufen. (Siehe auch „Schiff", „Wasser".)

Bordell Man sollte aus einem seelischen Zwiespalt herausfinden und den Umgang mit Menschen suchen, die ohne moralische Hemmungen das Seelische wieder „auf Vordermann“ bringen. Mit einem Freudenmädchen zu schlafen bedeutet demnach einen Gewinn an Lebenserfahrung, weist aber in einigen Fällen auch auf unbefriedigte sexuelle Bedürfnisse und auf verdrängte Lustgefühle im Wachleben hin. (Siehe auch „Dirne“.)

Bote Ob er Glück oder Unglück bringt, muß aus weiteren Symbolen erschlossen werden. (Siehe auch „Briefträger“.)

Brand Das Feuer der Vernichtung, der Leidenschaft, die Leiden schafft. Die Entdeckung eines Brandherdes im Traum kann, wenn er nicht Erinnerung an wirkliches Geschehen ist, eine Umstellung unseres bisherigen Lebens bewirken. Es liegt oft eine geistig-seelische Krankheit vor, die es zu erforschen und dann durch die Besinnung auf unser besseres Ich zu heilen gilt. Man sollte beobachten, wo im Haus (siehe dort) der Brand ausbricht. Ist es im Dachstuhl, läßt das zum Beispiel auf eine mindere geistige Entwicklung schließen. Beim Brand in einem Stall sind unsere Triebkräfte in Mitleidenschaft gezogen. Brandträume sind im Gegensatz zu Träumen vom Feuer (siehe dort) immer ein Gleichnis von der Gefahr, die uns oder unsere Lieben bedroht. Man sollte in diesem Fall einmal Gefühls- und Gewissenserforschung betreiben, um einen möglichen seelischen Brandherd aufzuspüren und danach das Wiederaufbauen verlorener Substanz zu versuchen. (Siehe auch „Feuerwehr“, „Flammen“.)

Brandgeruch Deutet eine Leidenschaft an, an der wir uns verbrennen können. Auch hier tut Gewissenserforschung not, damit wir erkennen können, wo es brennt, wo unsere Gefühle in eine Sackgasse geraten sind.

Branntwein Siehe „Alkohol“.

Braten Wer etwas brät, möchte zum guten Gelingen einer Sache beitragen, sich vielleicht auch bei seinen Gästen, den Mitmenschen, in ein gutes Licht setzen. Wenn der Braten anbrennt, haben wir vielleicht allen Kredit verspielt.

Bratpfanne Wer in ihr etwas brät, der will einen anderen schmoren lassen, um mehr bei ihm zu erreichen. Bei Freud hat die Pfanne weiblich-sexuelle Bedeutung. Artemidoros denkt dabei an ein lüsternes Weibsbild, das einen Mann im eigenen Saft schmoren lassen möchte.

Braun Die Farbe der Erde, des naturbewußten Lebens. Sie hat etwas Warmherziges, Mütterliches an sich. Wer sich braune Kleidung anlegt, der sollte seinen bisher eventuell allzu flotten Lebenswandel auf eine etwas ruhigere Gangart umstellen.

Braut Die Braut trägt ein weißes Kleid, die Farbe der Unschuld, aber auch der Enthaltsamkeit und in gewissem Sinne ebenso die der Gefühlskälte (siehe auch „Weiß“). Mit der eigenen Braut im Traum zu schlafen bedeutet für den Mann ein Abenteuer, bei dem er ein Tabu bricht. Wer mit einer Fremden im Brautkleid schläft, könnte wegen seines allzu forschen Vorgehens im Wachleben Schwierigkeiten bekommen. Bei Frauen könnte der Brauttraum Liebesglück beinhalten, vor dem sie aber zurückschrecken, weil irgend etwas in ihrem Leben dagegenspricht. Nur manchmal ist es eine Art Wunscherfüllung, wenn man eine Braut zum Altar führt oder selbst als Braut ins Traumbild tritt.

Brautschuhe Durchtanzte Brautschuhe, so sagt der Volksmund, deuten auf einen Seitensprung hin. Man muß sie zum Schuster (siehe dort) tragen, wenn man mit dem eigenen Lotterleben Schluß machen will.

Brett Wer es im Traum zurechtsägt, möchte in seinem Leben manches verändern. Wer mit Brettern eine Hütte baut, möchte mit sich selbst ins reine kommen und mehr sein als scheinen. (Siehe auch „Haus", „Holz", „Hütte", „Säge".)

Brief Oft beschäftigt uns etwas, von dem wir mehr erwarten, als dabei herauskommt. Gelegentlich deutet der Brief auf die seelische Kontaktarmut des Träumers hin. (Siehe auch „Briefträger", „Notiz", „Postbote", „Telegramm".)

Briefmarken Wer sie sammelt, möchte einen neuen Bekanntenkreis um sich aufbauen; wer sie aufklebt, geht in Gedanken auf die Reise.

Briefträger Der Mensch, der mit uns Kontakt aufnimmt und uns etwas bringt, auf das wir vielleicht schon sehnlichst gewartet haben. Wo er auftritt, kann sich eine Hoffnung im guten wie im schlechten Sinn erfüllen.

Brillanten Symbolisieren Minderwertigkeitskomplexe oder Großmannssucht und weisen darauf hin, daß irgend etwas in uns noch abgeschliffen werden müßte. (Siehe auch „Diamant".)

Brille Sie zeigt Fehlerpunkte in unserem Ich an. Die schlecht sitzenden Augengläser verraten zum Beispiel, daß man sich von irgend etwas ein schiefes Bild macht. Setzt man im Traum die Brille eines anderen auf, sollte man sich im Wachleben mehr auf seine eigene Kraft statt auf trügerische Ratschläge der Mitmenschen verlassen. Durch eine klare Brille zu schauen heißt, daß man im Wachleben den rechten Durchblick haben wird. Man achte auch auf die Farbe (siehe dort) des Gestells. Eine rosarote Brille kann beispielsweise bedeuten, daß wir alles zu rosig sehen und dabei alles Negative übersehen möchten. Wer durch eine beschlagene Brille schaut, der will manches nicht so recht einsehen, was ihm nützlich wäre. Die zerbrochene Brille umschreibt das Glück, das leicht zerbricht. (Siehe auch „Glas".)

Brombeere Gilt als sexuelles Symbol herbsüßer Verführung, wobei man die Stacheln des Strauches nicht außer acht lassen sollte.

Brot Die Lebensspeise, die Seele und Körper gleichermaßen stärkt. Wer vom Brot träumt, dessen Leben bekommt einen Sinn, weil er innerlich wieder mit einer Gemeinschaft zusammenwächst. Der Brotlaib kann auf eine geliebte Person hinweisen, die man gerne ganz für sich besitzen möchte. (Siehe auch „Backen", „Bäcker".)

Brücke Grundsätzlich von guter Vorbedeutung, da sie das Überbrücken von Schwierigkeiten oder Gegensätzen beinhaltet. Wenn wir über die Brücke zum anderen Ufer gehen, erwartet uns eine neue Tätigkeit, die uns zufriedenstellen wird, oder der Anfang einer beglückenden Liebe. Die Brücke ist auch das Symbol einer innigen Verbindung zwischen zwei Menschen oder das der Wiederaufnahme einst guter Beziehungen. Die Art der Brückenkonstruktion verrät uns, ob auf unserem Lebensweg Hindernisse aufgebaut sind: Das fehlende Geländer oder die noch im Bau befindliche Brücke zeigen dem Träumer gefahrvolle Stellen an. Die eingestürzte Brücke sagt uns, daß wir in unserem Seelenleben irgend etwas in Ordnung bringen, daß wir Umwege zum Glück machen müssen. (Siehe auch „Abgrund", „Bau".)

Bruder In Männerträumen oft das zweite Ich, das auf seelische oder charakterliche Unebenheiten aufmerksam macht und dazu anregt, sich wieder auf sich selbst zu besinnen. Auch in Frauenträumen kaum der eigene Bruder, eher der Nächste, der Mitmensch, der sich uns brüderlich zuwendet, uns möglicherweise hilft, Schweres zu überwinden; der Bruder ist also mehr als Symbol der Brüderlichkeit zu verstehen. (Siehe auch „Geschwister", „Schwester".)

Brunnen Archetypisches Symbol der Verjüngung, der seelischen Wiedergeburt, das sprudelnde Urbild des Lebendigen. Er kommt häufig in Träumen von Schwangeren vor, umschreibt aber auch sexuelle Probleme, die zur Lösung anstehen. Wer aus einem Brunnen (Lebens-)Wasser schöpft, möchte auf seine ihm noch unbewußten Kräfte zurückgreifen und irgend etwas in seinem Leben erneuern. Ist das Wasser sprudelnd und klar, kann das neben der Stärkung der seelischen Kraft auch Freude und Frohsinn in guter Gesellschaft bedeuten. Ein Brunnen ohne Wasser umschreibt die Mißgunst, die uns im Wachleben entgegengebracht werden könnte. Wer in einen Brunnen stürzt, fällt in alte schlechte Angewohnheiten zurück und wird sich dadurch kaum Freunde machen. (Siehe auch „Quelle", „Wasser".)

Brust Von Freud als frühkindliches Sexualsymbol verstanden, das dem Säugling sexuelle Gefühle gegenüber der Mutter suggeriert, von der er gesäugt wird. Diese frühkindliche Erfahrung, die sich in einer zu starken Mutterbindung des Träumers äußere, spiele vor allem auch in Männerträumen eine Rolle. Natürlich spiegelt der Traum von der Brust das Mütterliche, Lebenerhaltende, Nährende, aber auch die geistige Nahrung wider, die dem Seelenhaushalt zugute kommt. Wer an der Brust verletzt ist, sucht vielleicht nach seelischer Übereinstimmung oder hat daheim Kummer. Möglich aber auch, daß eine schöne Frauenbrust auf ein beglückendes Liebeserlebnis und die Brust einer alten Frau auf die Angst vor mangelnder Potenz hinweisen können.

Buch Als „Buch des Lebens" gedeutet. Titel oder Thematik können Aufschluß über die eigene geistige Haltung geben, aber auch die Farbe des Einbandes kann zur Deutung herangezogen werden. Manchmal zeigt der Inhalt Parallelen zum eigenen Leben auf, oder das Buch umschreibt den Wunsch nach mehr Wissen im Alltagsleben. Nach Artemidoros bedeutet ein Buch das Leben schlechthin, oft auch die eigene Vergangenheit, deren Erfahrungen man verwerten könnte.

Buckel Hat nichts mit der körperlichen Mißbildung zu tun. Wer im Traum einen Buckel trägt, der hofft darauf, einen Rucksack voll Glück nach Hause zu bringen. Und wer einen Buckligen sieht, sollte sich bemühen, in sich zu gehen und nicht zu sehr die Fehler anderer zu kritisieren.

Büffel Wie beim Stier (siehe dort) ist hier von Triebhaftigkeit, dem Ausleben der eigenen Triebe die Rede. Nur manchmal umschreibt der Büffel die Lernfähigkeit („Büffeln") des Individuums. (Siehe auch „Bock", „Stier".)

Bügeln Im Sinn von „etwas ausbügeln". Vielleicht kann man eine schwebende Angelegenheit bald zum eigenen Vorteil erledigen.

Burg Dieses Haus, das seiner wichtigsten Funktion nach ein Schutzbau ist, hat etwas Bedrohliches. Gemeint ist meist unsere seelische Unausgeglichenheit, in die wir Ordnung bringen müßten. Eine Burgruine ist demgemäß gleichzusetzen mit seelischer Zerrüttung, mit einem Tohuwabohu gegensätzlicher Gefühle, das sehr leicht eine bestehende Verbindung in die Krise führen kann. Aber die Burg kann auch als Haus (siehe dort) verstanden werden, das man mit den Funktionen des menschlichen Körpers vergleichen kann. (Siehe auch „Zugbrücke".)

Bürsten Wer etwas ab- oder ausbürstet, möchte kein Stäubchen an sich sehen, mithin makellos dastehen. Ob ihm das gelingt, müssen andere Symbole zeigen.

Busch Steht für Heimlichkeiten, weil man sich darin verstecken kann; übersetzt wird damit eine gewisse Abkapselung von der Umwelt. Ist der Busch grün, läßt er die Hoffnung zu, daß man bald wieder zu blutvollem Leben (auch zur Liebe) zurückfinden wird, ist er dürr, steht man im Widerstreit zu seinen Gefühlen. (Siehe auch „Gebüsch".)

Busen Siehe „Brust".

Butter Wird sie im Traum aufgetischt, verheißt sie meistens Gutes; denn sie gibt Kraft, Neues glücklich zu Ende zu bringen. Wer sein Brot mit Butter bestreicht, soll nach einer alten Volksweisheit durch eigene Energie erfolgreich sein. Wer beim Buttern zusieht, kann leicht von anderen untergebuttert werden.

C

Callgirl Siehe „Dirne".

Cello Wer es streicht oder spielen sieht, dem winkt die glückhafte Vereinigung im Erotisch-Geistigen, wobei man allerdings manchmal den Bogen auch überspannen kann. (Siehe auch „Saiteninstrumente".)

Champagner Wer im Traum geistige Getränke – zumal den spritzigen Schaumwein – trinkt, möchte das Leben genießen, ohne an das Morgen zu denken. Vielleicht wird hier eine moralische Sperre ausgeklinkt, die im sexuellen Bereich enthemmt. (Siehe auch „Alkohol".)

Chaos Chaotische Zustände im Traum offenbaren seelische Beklemmungen, Gefühle, die sich nicht einordnen lassen.

Chauffeur Er lenkt unseren Schicksalswagen. Hört er auf unsere Anweisungen, werden wir im bewußten Leben schnurstracks auf ein Ziel lossteuern; weigert er sich, unserem Befehl nachzukommen, können wir uns im Wachleben nicht durchsetzen. Oft ist es auch nur ein Bote (siehe dort), der in Chauffeursuniform auftritt.

Chef Meist ein Teil des eigenen Ich, das streng darauf bedacht ist, den Träumer an seine Pflichten zu erinnern.

Chor Ihn singen hören oder mitsingen: Man will gute zwischenmenschliche Beziehungen pflegen, findet im Alltagsleben einen Gleichklang der Gefühle mit Freunden und Nachbarn, für den man dankbar ist. (Siehe auch „Musik".)

Clown Gestalt zwischen Lachen und Weinen; das Gefühl der Unsicherheit (kann auch sexuell gedeutet werden). Der Clown ist die lustbezogene Figur des eigenen Ich, die uns aber an die Kehrseite des Lebens erinnern soll, an das Ende aller Dinge.

D

Dach Meint den Kopf des Träumenden, das „Oberstübchen". Wenn im Traum dort etwas nicht in Ordnung ist, sollten wir im Wachzustand prüfen, ob da nicht etwas „spinnt", ob wir unsere Gedanken nicht besser ordnen oder zusammennehmen müssen. Dachbodenträume erinnern manchmal an frühe sexuelle Erlebnisse in der Jugend. Wenn Feuer unter dem Dach ist, sollte der Träumer den Rat eines Psychotherapeuten einholen. Übrigens wacht man nach einem solchen Traum meistens mit Kopfschmerzen auf. Steigt man jemandem im Traum aufs Dach, will man ihn im Wachleben mit seinem Wissen überflügeln. (Siehe auch „Brand", „Haus".)

Dachziegel Fallen sie vom Dach herunter, umschreiben sie einen Widersacher, der uns mit geistigen Mitteln schlagen will.

Dackel Ein guter Kamerad geht an unserer Seite, aber er wird uns nicht helfen können, weil er selbst hilflos ist. (Siehe auch „Hund".)

Dame Eine Dame sehen und mit ihr gesellschaftlich oder sexuell verkehren wollen: Man sehnt sich nach besserem Umgang oder nach einem sexuellen Abenteuer, das auch einen geistigen Reiz hat. Hinter der Dame kann sich die eigene Mutter (siehe dort) verbergen, die Autorität, die uns ermahnen will, anders zu leben als bisher. Man achte bei der Deutung des Traumes darauf, ob es sich tatsächlich um eine richtige Dame gehandelt hat.

Dämmerung Schildert eine unklare Lage, in der wir uns befinden. Die Abenddämmerung führt uns nicht aus diesem Problem heraus, die Morgendämmerung hingegen läßt hoffen, daß wir unsere Probleme schließlich doch lösen werden. (Siehe auch „Abend", „Morgen".)

Dampf Das Verpuffen einer Hoffnung; ein Plan löst sich in Nichts auf. Der Wasserdampf behindert unseren Blick in die Ferne, übersetzt: in die Zukunft. (Siehe auch „Nebel", „Rauch", „Wasser".)

Dampfer Das Schiff, das Dampf abläßt, steht für die eigene Unruhe, daß die Lebensreise in unbekanntes Fahrwasser gehen könnte. Der Rauch des Schornsteins verhüllt gewissermaßen die Zukunft; aber nur Mut, jede Reise geht einmal – hoffentlich glücklich – zu Ende. (Siehe auch „Reise", „Schiff".)

Darmentleerung Übersetzt die Befreiung von Schuld-, auf jeden Fall von unguten Gefühlen, die Verdrängung böser Erinnerungen, vielleicht auch eines Liebeskummers. Das Unbewußte will unsere Seele von unnützen Gedanken befreien. Vielfach wird diese menschliche Handlung auch als Freigebigkeit gedeutet, die man vom Träumer erwartet. (Siehe auch „Kot", „Toilette".)

Dattel Die süße Beerenfrucht kann sexuell gedeutet werden, besonders wenn man sie im Traum verzehrt. (Siehe auch „Früchte".)

Daumen Von Freud als Symbol sexueller Triebhaftigkeit bezeichnet, umschreibt er wohl doch eher das Kreative, die künstlerische Begabung des Menschen; denn der Daumen verleiht der Hand (siehe dort) ja erst ihre Geschicklichkeit und Beweglichkeit. Ist der Traumdaumen zu kurz geraten, dann ist man künstlerisch nicht zu sehr auf der Höhe, oder man hat vielleicht auch nur zuwenig Energie, um die Dinge richtig anzupacken. (Siehe auch „Finger“, „Hand“.)

Daumenlutschen Symbolisiert einen Zustand der Angst, sich wegen seines Tuns schämen zu müssen. Für manche Psychoanalytiker umschreibt es Onanie und Masturbation.

Defloration Siehe „Entjungferung“.

Degen Als Phallussymbol steht er wohl für übertrieben herausgestellte Männlichkeit. Wenn Frauen davon träumen, haben sie vielleicht im Wachleben überspitzte sexuelle Wünsche. Der im Traum gezogene Degen kann auf einschneidende Erlebnisse hinweisen, manchmal suggeriert dann aber das Unbewußte, man solle seine Gedanken besser in der Gewalt haben. Psychoanalytisch betrachtet müßte ein rostiger oder gebrochener Degen auf mangelnde Potenz oder auf eine Krankheit des Unterleibes hinweisen.

Denkmal Mit ihm will das Unbewußte einen Denkanstoß geben, Vorbildern nachzueifern. Sieht man sich selbst auf dem Sockel stehen, überschätzt man sich wohl im Wachleben maßlos. Nur manchmal deutet das Denkmal darauf hin, daß man es im Leben zu etwas bringen wird. Das Denkmal in Form eines Grabsteins soll langes Leben bedeuten. (Siehe auch „Grab“.)

Detektiv Der Mann, der uns nachspürt und unsere geheimsten Gedanken errät; übersetzt bedeutet er auch die Angst, vor der Umwelt bloßgestellt zu werden. Vielleicht will uns das Unbewußte auch nur mahnen, endlich mit unserer Heimlichkeit Schluß zu machen.

Diamant Der reinste und härteste Edelstein wirkt als Symbol der psychischen Ganzheit. Oft umschreibt er klare Gedanken, die sich auf den Lebenserfolg konzentrieren, die feste Haltung gegenüber Menschen, die uns weichmachen wollen. (Siehe auch „Brillanten“.)

Dieb Das Signal für Verluste, die man erleiden könnte, wenn man sich nicht rechtzeitig absichert. Das „Diebesgut“ können eigene Besitztümer, vor allem aber moralisch-seelische Werte sein. In Frauenträumen haben sie oft mit einem Sich-wegstehlen-Wollen aus einer Liebesbeziehung zu tun, mit Heimlichkeiten, die man vor dem Partner hat. Faßt man den Dieb, kann Besitz gerettet oder ein seelischer Spannungszustand abgebaut werden. Man sollte auch beachten, wo der Dieb auftaucht. (Siehe auch „Einbrecher“, „Einbruchswerkzeuge“.)

Dietrich Irgendwer möchte sich ins Haus (siehe dort) einschleichen, vielleicht ein Herz aufschließen, damit es ihm ganz allein gehört.

Diktator Oft das eigene Ich, das sich über alles hinwegsetzt und nur dem eigenen Gewissen folgt. Das Unbewußte will uns mit dieser Figur klarmachen, daß es gewillt ist, uns mit aller Gewalt davon abzuhalten, daß wir selbst unserer Psyche Schaden zufügen. (Siehe auch „Chef“, „Kaiser“.)

Dinosaurier Siehe „Drache“.

Dirigent Der Mann, der über das Instrumentarium der Seele verfügt, dirigiert unsere Gefühlswelt, die er gewissermaßen harmonisieren möchte. Er spürt auch Disharmonien in unserem Innenleben auf. (Siehe auch „Musik“.)

Dirne Stellt oft das Sichhinwegsetzen über bürgerliche Moralbegriffe, etwas Fröhliches, Unbeschwertes dar, das aber auch in schlechter Gesellschaft genossen werden kann. Mitunter handelt es sich bei dem Dirnentraum auch nur um einen sexuellen Wunsch nach mehr Freiheit in der eigenen Beziehung, weshalb er oft von den „ewigen“ Junggesellen geträumt wird. (Siehe auch „Bordell“.)

Distel Sticht sie uns im Traum, macht uns das Unbewußte wohl auf versteckte Neider, auf Mißgunst aufmerksam. Vielleicht sticht uns im Wachleben ins Auge, daß wir irgendwen aus unserer Umwelt gekränkt haben, was wir wiedergutmachen sollten. Nach Artemidoros schildern Disteln aufkommende Sorgen oder Schwierigkeiten mit einer Person männlichen Geschlechts.

Dogge Von einer Dogge – oder einem anderen großen Hund – gebissen zu werden umschreibt den Tatbestand, daß uns jemand in den Rücken fällt, den wir für besonders treu und ehrlich hielten. (Siehe auch „Hund“.)

Dolch Wenn Frauen von einem Dolch getroffen werden, deutet das nach Meinung von Psychoanalytikern darauf hin, daß sie sich willenlos ihrem Geliebten hingeben möchten. (Siehe auch „Degen“, „Messer“, „Schwert“.)

Donner Beendet das zuckende Feuer des Blitzstrahls, kann also zum Guten oder zum Schlechten hin ausgelegt werden. Man muß die jeweiligen anderen Traumsymbole deuten, um zu wissen, warum es donnernd kracht. Der Donner ohne Blitz kündigt ägyptischen Traumdeutern zufolge eine schlechte Nachricht an. (Siehe auch „Blitz“.)

Dorf Für einen Stadtmenschen der Wunsch, zu einer naturgemäßen, einfachen Lebensweise zurückzukehren, aber auch die Umschreibung der Enge, die uns vielleicht gefühlsmäßig belastet. ‚In einem Dorf wohnen‘ übersetzten ägyptische Traumdeuter mit dem friedlichen Dasein, das man im Kreis guter Freunde oder in der Familie in Zukunft zu führen gedenkt.

Dornen Symbol der Selbstbesinnung auf alte Tugenden, im christlichen Sinne auf das Erleidenmüssen, um anderen zu helfen. In Frauenträumen haben Dornen oft mit der sexuellen Angst vor dem Mann zu tun, den man heimlich liebt. Wenn Dornen stechen oder man an ihnen hängenbleibt, gerät die Liebe in eine Krise oder bleibt auf der Strecke. Nach Artemidoros Hindernisse, die einem in den Weg gelegt werden, oder Schwierigkeiten mit einer Frau.

Dose Eine verschlossene Dose, die man nicht aufbekommt, hat mit Gefühlen zu tun, die man auf jeden Fall unter Verschluß halten möchte. Eine offene Dose dagegen zeigt den Überschwang der Gefühle an, die man zu verschenken bereit ist.

Drache Archetypisches Symbol urtümlicher, kaltblütiger Vitalität, aus der das Geistige verbannt zu sein scheint. Das Positive des Drachentraums: Das Untier in uns wird meistens besiegt. Der Kampf mit dem Drachen umschreibt die Auflehnung des Träumenden gegen sich selbst und seine Gefühle. Der Drache (der weibliche natürlich!) ist oft die Rabenmutter, die ihr Kind ablehnt. Nach Artemidoros steht der Drache in Verbindung mit Reichtum und Schätzen, mit einer hochgestellten Persönlichkeit, von der man sich Förderung erwartet. Ein Drache, der Abscheu erzeugt, weist nach Ansicht des griechischen Traumdeuters auf ernste Gefahren hin, ein sich abwendender Drache auf eine unglückliche Wendung im Leben. (Siehe auch „Eidechse", „Ungeheuer".)

Draht Mit Draht kann man etwas eingrenzen, um es zu besitzen und an sich zu binden – übersetzt: das Fesselnwollen einer geliebten Person oder das Aussperren eines nicht mehr genehmen Freundes aus unserem Gedankenkreis. Stacheldraht kann verletzen, im Traum ist es die Seele, die verletzt wird, unser Ich, das sich im Wachleben tausend kleinen Sticheleien ausgesetzt sieht. (Siehe auch „Seil".)

Dreck Meist positiv gewertet. Man kann ja den Karren aus dem Dreck ziehen. Wer mit Dreck beworfen wird oder sich schmutzig macht, kann damit rechnen, daß er in finanziellen Dingen eine glückliche Hand hat; denn das Geld ist ja durch viele Hände gewandert, also dreckig.

Drei Die seit jeher heilige Zahl („Dreifaltigkeit") drückt die Schöpferkraft aus. Sie ist das Element unseres Willens, der Idee, das Ergebnis der Vereinigung von Mann und Frau, die Zukunft gebärend. Die Drei kann Gutes und Schlechtes andeuten. In Träumen, die auf Negatives hinweisen, ist es oft kurz vor drei Uhr. (Wer abergläubisch ist, klopft ja auch dreimal auf Holz.)

Dreieck Obwohl die Drei, wie alle ungeraden Zahlen, männlich definiert wird, ist das Dreieck ein weibliches Sexualsymbol, das mit anderen Traumsymbolen in Zusammenhang gebracht werden muß. Ein gleichseitiges Dreieck kann die Klarheit der Gedanken, den schöpferischen Geist des Träumers andeuten.

Dreifuß Die griechische Priesterin Pythia saß in Delphi auf einem Dreifuß und deutete Orakel. Der Schemel mit den drei Beinen hat von jeher eine günstige Auslegung gefunden: Förderung etwa im Beruf, aber auch Familienglück.

Dreizehn Die erste nach den Urzahlen 1 bis 12. Sie symbolisiert den Tod, aber damit auch die Wiedergeburt, keinesfalls das Unglück.

Dreschflegel Schwingt hin und her und ist von daher als voreiliges Handeln zu deuten, von Fall zu Fall auch als Schlagen und Geschlagenwerden.

Droge Siehe „Opium".

Drohung Das Wortgebilde steht leer im Raum, nimmt keine Gestalt an, so daß wir uns davor nicht zu fürchten brauchen. Eine Drohung ist also nichts Bedrohendes, sondern höchstens eine Warnung davor, etwas Unüberlegtes zu tun.

Droschke Das Symbol des Pferdewagens bringt uns in eine Oase der Ruhe. Übersetzt: das Bedürfnis der Seele nach Frieden und Entspannung.

Drossel Der Krammetsvogel, eine Art der Drosseln, geht auf den Strich, weshalb er nach mittelalterlicher Ansicht Frauen eine neue Bekanntschaft vermitteln soll, Männern unerwartete Zuneigung. (Siehe auch „Amsel“, „Vogel“.)

Dünger Er läßt alles wachsen. So könnte mit dem großen Haufen Mist, den man im Traum sieht, das Ansehen oder auch die Finanzen wachsen; wird der Dünger abgefahren, stehen vielleicht unbezahlte Rechnungen an.

Dunkelheit Die kleinen Schatten auf unserer Seele, das Ungeklärte. Im Wachleben sollten wir uns schleunigst um die Klärung einer schwebenden Angelegenheit kümmern, wenn im Traum etwas im Dunkeln liegt. (Siehe auch „Nacht“.)

Durcheinander Siehe „Chaos“.

Durchfallen Wer durch ein Examen fällt, das er längst bestanden hat, fürchtet sich im bewußten Leben vielleicht vor einem Termin oder einer Verhandlung. Die Angst ist aber unbegründet, weil der Träumende ja das Rüstzeug mitbringt, um alles gut zu bewältigen.

Durst Kann als innere Unruhe übersetzt werden, als das Dürsten nach Ausgeglichenheit etwa. Wer Durst hat, der fühlt sich allein gelassen, ohne Hoffnung, daß sich seine Lage bessern könnte. Durst ist ein Zeichen, Kontakte mit lieben Menschen zu suchen und falsche Freunde zu meiden. Den Durst stillen heißt auf die schnelle Besserung einer verkorksten Lage hoffen. Meist wird ein Dursttraum nicht zu Ende geträumt, weil das Durstgefühl den Träumer schnell erwachen läßt. (Siehe auch „Hunger“.)

Dusche Wenn man eine kalte Dusche bekommt, ist das wörtlich zu nehmen: Man kommt vom Regen in die Traufe.

Dynamit Man hat etwas in der Hand, das den Rahmen des Üblichen sprengen könnte. Da es zur Explosion (siehe dort) kommen kann, sollten wir lieber die Finger davon lassen.

E

Ebbe Symbol für seelische Entspannung. Das Traumbild kann auch die berühmte Leere in der Kasse bedeuten, ein Zustand, der aber nie lange anhalten wird, weil nach jeder Ebbe die Flut wieder kommt. Es ist gewissermaßen Land in Sicht, wenn wir von der Ebbe träumen.

Ebenbild Wenn der Träumer sein Ebenbild sieht, will er sich im Wachleben vielleicht ein klareres Bild von sich selbst machen. Mit anderen Worten, er sucht eine neue Identifikation für sein eigenes Ich. (Siehe auch „Bild", „Fotografieren", „Spiegel".)

Ebene Der Lebensweg ist geebnet, für ein nicht allzu beschwerliches Fortkommen scheint gesorgt zu sein. In der Ebene kann man weit blicken, frühzeitig Hindernisse sehen und sie umgehen. Der Traum von der Ebene läßt den Alltagserfolg erhoffen, warnt aber wohl auch vor allzu großer Bequemlichkeit.

Eber Siehe „Bock", „Keiler", „Schwein", „Stier". (Meist etwas ungünstiger zu interpretieren als diese.)

Echo Der Widerhall der eigenen oder einer anderen Stimme: Jemand will sich unsere Meinung zu eigen machen oder die eigene bei uns durchsetzen.

Ecke Wer sich im Traum an einer Ecke stößt, eckt wahrscheinlich im Alltagsleben irgendwo an und setzt sich damit der Kritik aus. Man kann sich auch in eine Ecke verkriechen, dann scheut man sich davor zu handeln.

Edelstein Das selten vorkommende Mineral ist oft der Blickfang eines schönen Schmuckstücks; übersetzt: der Kern unseres Ich, das nach außen strahlen möchte. Der Edelstein hat besondere herausragende Eigenschaften (wie Klarheit, Glanz und ein gewisses Feuer), die auf die hohen Anlagen des Träumers im Wachleben hinweisen können. Wer allerdings einen Edelstein verliert, dem bricht wohl ein Zacken aus seiner Krone. (Siehe auch „Juwelen" und unter einzelnen Edelsteinnamen.)

Edelweiß Wer es am Berg pflückt, hat eine zu hohe Meinung von sich selbst; er sollte besser so widerstandsfähig sein wie die Alpenblume und sich guten Argumenten nicht verschließen.

Efeu Wie der Efeu im Traum an einer Hausmauer hochklettert, so ranken sich im Wachleben die Gedanken um unser Fortkommen.

Egge Mit ihr einen Acker bearbeiten heißt, daß man ganz schön zu ackern hat, bis man ein gestecktes Ziel erreicht. (Siehe auch „Acker".)

Ehe Die Eheschließung im Traum beweist, daß man sich einsam fühlt (das kann auch in einer real bestehenden Ehe der Fall sein), daß man sexuell nicht ganz befriedigt ist. Wer im Traum zur Ehe gezwungen wird, hat demnach im Wachleben Zwangsvorstellungen, die ihm das Zusammenleben kaum erleichtern und die seine Arbeit erschweren. (Siehe auch „Scheidung".)

Ehebruch Wenn wir im Traum als Ehebrecher erscheinen, wünschen wir in unserer Ehe oder in einem festen Verhältnis etwas zu ändern. Sehen wir andere die Ehe brechen, ist das wohl der Hinweis darauf, daß wir uns nicht in fremde Angelegenheiten mischen, sondern den Dreck vor der eigenen Haustür wegkehren sollten.

Ei Symbol der Wiedergeburt, Keimzelle für Neues, sich Wandelndes. Wie das Kind (siehe dort) im Traum kündigt es eine neue Entwicklung, das Bewältigen einer neuen Aufgabe oder auch den Beginn einer neuen Lebensphase an. Seelisch Bedrückendes wird einer neuen Lebenseinstellung weichen. Ein Erfolg scheint gesichert, der sich noch vergrößern wird, wenn gleich mehrere Eier im Traum sichtbar werden. Wer sie zerbricht oder fallen läßt, dem drohen Verluste, vielleicht ein seelisches Debakel. Bei farbigen Eiern, die nichts mit unseren Ostereiern zu tun haben, sollte man auch die Farbe ins Kalkül ziehen.

Eiche Symbol einer überbetonten Männlichkeit, aber auch der Willenskraft, die überwältigend wirkt. Die Eiche kann als Lebensbaum auf die Reife unserer Seele hinweisen, die im Wachleben eine Festigkeit des eigenen Standpunkts bewirkt. Manche Psychoanalytiker behaupten, Eichen im Traum von Frauen könnten auf ein gewisses Unbefriedigtsein deuten. (Siehe auch „Baum".)

Eicheln Der Samen der Eiche steht für das keimende Leben, für einen Neuanfang mit geringen Mitteln. Wer Eicheln vom Boden aufliest, beugt gern den Rükken, um Vorteile zu erlangen.

Eichhörnchen Das possierliche Tierchen schmeichelt sich auch im Traum bei uns ein; das heißt, es warnt uns vor Schmeichlern, die uns übers Ohr hauen möchten. Beißt es uns, ist das ein Zeichen dafür, daß uns jemand belügen und betrügen möchte. Wer im Traum ein Eichhörnchen tötet, ist deshalb kein Tierquäler; dieses Traumbild suggeriert uns, im Alltagsleben Neider zu erkennen und falsche Freunde auszuschalten.

Eidechse Sie ist der Drache im Kleinformat, übersetzt: Der Träumer möchte sich im Wachleben größer geben, als er in Wirklichkeit ist. (Siehe auch „Drache".)

Eieruhr Siehe „Sanduhr".

Eifersucht Kann als Spiegelbild dessen gelten, was der Träumer denkt, seine heimliche Angst, das verlieren zu müssen, was er liebt.

Eile Man wird gehetzt, aber komischerweise kommt der Eilende nie ans Ziel. Es ist, als ob das Unbewußte uns mit dem Sprichwort bremsen möchte: Eile mit Weile. Langsam kommt man eben auch voran.

Eimer Das Gefäß, mit dem man Wasser schöpft, in das man aber auch manchen Schmutz füllt, übersetzt: Man kann hilfreiche Erkenntnisse aus dem Unbewußten schöpfen, wie unsere Psyche von lästigem Druck befreit werden kann.

Einbahnstraße Die Straße, die man auch im Traum nur in einer einzigen Richtung befahren darf. Unser Unbewußtes rät uns in diesem Fall, einen geraden Weg zu gehen, ohne auf Vergangenes Rücksicht zu nehmen. Wer in der Einbahnstraße ungehindert in der entgegengesetzten Richtung fährt, dessen Gedanken hängen der Vergangenheit an und können sich nicht so leicht von ihr lösen.

Einbrechen Wer in den Boden unter sich einbricht, läuft Gefahr, den Boden unter den Füßen zu verlieren. Wer ins Eis einbricht, wird vor seelischen Schäden gewarnt. (Siehe auch „Eis".)

Einbrecher Sie drängen sich in unseren Seelenfrieden, wollen die Ordnung zerstören und Besitz ergreifen von dem, was uns lieb und teuer ist. Manchmal ist der Einbruch in unser Haus auch nur der triebhafte Gedanke, der auf Abwege sinnt. (Siehe auch „Dieb", „Haus".)

Einbruchswerkzeuge Mittel der Gewalttätigkeit, gegen die sich unser Unbewußtes wehrt, weil es unsere Psyche schützen will. Bei jungen Frauen oder Mädchen können sie manchmal als Ausdruck heimlicher (meist sexueller) Wünsche oder Ängste übersetzt werden.

Einkaufen Die Übersetzung heimlicher Wünsche: Man will im zwischenmenschlichen Bereich etwas haben, das einem bisher verwehrt war. Möglicherweise möchte man sich die Liebe einer nahestehenden Person erkaufen oder auch nur die Anerkennung des Partners erlangen, die Gewißheit, daß man ihn richtig behandelt. Aber das Traumbild setzt Zweifel: Kann man Liebe und Anerkennung wirklich kaufen? Kauft man neue Kleider, ist das ein Hinweis darauf, daß man im Alltagsleben gern in eine andere Haut schlüpfen würde, daß man mit sich und seiner Umwelt nicht mehr ganz zufrieden ist. (Siehe auch „Geld", „Kleid", „Laden".)

Einmaleins Bei Kindern das Rechnen mit guten Noten, die sie dann meistens auch bekommen. Bei Erwachsenen das Wissen darum, daß man Erlerntes im Alltagsleben manchmal zur unrechten Zeit anwendet, weshalb man als Besserwisser gelten könnte.

Einpacken Im allgemeinen die Vorbereitung auf etwas Neues, auf eine Reise, auf einen Job. Man kann es aber auch mit dem burschikosen Wort umschreiben: Jetzt kannst du einpacken! Dann könnte man eine Niederlage erleiden.

Eins Die urtümliche, ungeteilte Einheit, die den Anfang (etwa der Liebe, einer Zuneigung, einer Freundschaft, aber auch einer Arbeit oder eines Unternehmens) darstellt. Sie kann aber ebenso den Einzelgänger bedeuten, der sich in der Welt durchbeißen muß. Man steht wie eine Eins, wenn man Rückgrat beweist. (Siehe Zahlen und in Teil 3 dieses Buches: „Zahlenträume".)

Einsagen Wer in der Schule etwas einsagt, kann leicht erwischt werden. Hier will das Unbewußte anmerken, daß es nichts nützt, sich bei anderen anzubiedern, die uns möglicherweise gar nicht wohlwollen. Wer im Traum einsagt, gibt vielleicht gern fremden Einflüsterungen nach, von denen er eigentlich wissen müßte, daß sie ihm schaden können.

Einschiffen Der Bruch mit dem Bisherigen; unser Lebensschiff soll auf neuen Kurs gehen. Es steckt auch ein wenig Ratlosigkeit in dem Vorgang des Einschiffens: Man weiß bei diesem Traumbild nie, wohin die Fahrt gehen wird. (Siehe auch „Fahren", „Reise", „Schiff".)

Einsiedler Mit ihm will uns unsere Seele zeigen, wie einsam wir uns in Wirklichkeit fühlen, obwohl wir uns vielleicht in fröhlicher Gesellschaft sehr kontaktfreudig geben. Es ist die Einsamkeit, die von innen heraus kommt, möglicherweise das Suchen nach einem Menschen, der uns ganz versteht und uns so nimmt, wie wir sind.

Einsteigen Bezeichnet den Einstieg in fremdes Terrain, umschreibt also den Wunsch, sich auf einem eventuell nicht ganz legalen Umweg das zu verschaffen, was man auf rechtmäßige Weise nicht erreichen kann. Sehen wir uns in ein Beförderungsmittel einsteigen, gilt, was unter „Einschiffen" gesagt wird.

Eis Gefühlsmäßiges ist eingefroren, Einsamkeit und mancherlei Nöte drohen. Die Angst vor dem Einfrieren enger Beziehungen ist, umgesetzt auf das Wachleben, die Lebensangst, der Komplex, nicht mehr weiterzukommen, in finanzieller oder erotischer Hinsicht einzubrechen. (Siehe auch „Einbrechen", „Frieren", „Gefrorenes", „Rutschbahn", „Schlittschuhe".)

Eisbär Wie unter Bär, beinhaltet aber wohl noch mehr eine drohende Gefahr, weil der Eisbär das Kalte, Berechnende ins Bild bringt.

Eisenbahn Ein Mittel zum Fortkommen auf der Lebensreise. Mit ihr will man sich von seinem bisherigen Leben losreißen, alles hinter sich lassen, etwas Neues beginnen. Aber manchmal verpaßt man den Anschluß, muß sich also wohl oder übel in die augenblickliche Lage fügen. Erreicht man mit der Bahn sein Ziel nicht, heißt das aufs bewußte Leben übertragen, daß man sich treiben läßt, daß man sich schon aufgegeben hat und recht gedankenlos in den Tag hineinlebt. Kommt man aber an der Endstation an, kann man auch im Wachleben ein gestecktes Ziel erreichen. Ein Zuspätkommen bei der Abfahrt des Zuges deutet Komplexe an, aufgestauten Ärger, den man schleunigst abbauen sollte, und Unsicherheiten in seinen Kontakten mit der Umwelt. (Siehe auch „Abreise", „Ankunft", „Bahnhof", „Fahrschein", „Reise", „Schlafwagen".)

Eislauf Als beglückendes Ereignis erlebt, wird er kaum zur Rutschpartie. Bricht man aber über während des Laufens im Eis ein, sind Schwierigkeiten zu erwarten, vor allem in den zwischenmenschlichen Beziehungen. (Siehe auch „Einbrechen", „Eis", „Rutschbahn".)

Eiszapfen Kommen manchmal in Frauenträumen vor, wobei der Grund dafür möglicherweise in einem Erkalten der erotischen Beziehung zu suchen ist.

Ekel Wer im Traum Ekel empfindet, dessen Seele wehrt sich gegen eine im Bewußten ausgesprochene Äußerung oder ein falsches Handeln und gibt damit dem Träumer Gelegenheit, einmal über sich und sein Tun gründlich nachzudenken. Das Unbewußte setzt den Ekel ein, weil solch ein Gefühl eher im Gedächtnis des Erwachten haftenbleibt. (Siehe auch „Erbrechen".)

Elefant Der Dickhäuter kann als mütterliches Wesen gedeutet werden, dessen mächtigen Schutz wir suchen. Übertragen auf das Wachleben: Wir sollen darauf bauen, daß uns kein Übel etwas anhaben kann. Wer auf einem Elefanten reitet, plant einen Aufstieg in höhere Sphären. (Siehe auch „Rüssel".)

Elektrizitätswerk In ihm wird Strom erzeugt, also Energie, die das Unbewußte dem Träumer zuspielt, damit er endlich energischer an die Alltagsprobleme herangeht. Nur manchmal soll ihm auch die tödliche Gefahr des elektischen Stroms bewußtgemacht werden, übersetzt: Er soll mit seinen (psychischen) Energien haushalten, da sonst ein Zusammenbruch die Folge sein könnte.

Elf Diese Zahl kann Arbeit und Mühsal bedeuten, einen schwierigen Neubeginn. Aber die beiden Einsen deuten manchmal auch den Zusammenhalt zwischen zwei Menschen an, die in einem von ihrer Umwelt nicht verstandenen Verhältnis zueinander stehen. Nicht umsonst wird allerdings von einigen Traumdeutern darauf hingewiesen, daß die Elf – sie ist ja eine nicht auflösbare Primzahl – ebenso einen kaum zu lösenden Konflikt symbolisieren kann.

Elfenbein Die Stoßzähne des Elefanten (siehe dort) werden im allgemeinen sexuell gedeutet, wobei sie auf die männliche Aggressivität hinweisen. Das Hantieren mit Elfenbein kann als Hinweis darauf gelten, daß der Träumer sich nach einer anderen Tätigkeit umsehen sollte.

Elster Von dem schwarzweißen Vogel wird öfter geträumt, als man gemeinhin annehmen möchte. Wenn Elstern durch die Traumlandschaft fliegen, bedeutet das Verwirrung. Man müßte ihr nachgehen, um den seelischen Grund dafür zu finden. Es könnte die Furcht vor einer anstehenden Prüfung sein oder die Angst, daß man uns übel mitspielen könnte. Die diebische Elster weist möglicherweise auch darauf hin, daß wir mehr auf unser geistiges Eigentum achten sollten.

Eltern Mutter und Vater (siehe dort), die für eine glückliche Jugend sorgten, treten im Traum oft dann auf, wenn sich ein Träumer nach jener Geborgenheit zurücksehnt, die er im Elternhaus empfand. Das Unbewußte nimmt sie als Beispiel, wenn in der eigenen Familie des Träumers Unstimmigkeiten aufkommen. In Pubertätsträumen tauchen die Eltern als Gegner auf, ein Beweis dafür, daß man sich von ihnen lösen möchte. Wenn man den verstorbenen Eltern begegnet, wird das als ein Ratsuchen gewertet, man braucht Hilfestellung in einer prekären Lage. Waren die Eltern in der Jugend kein Vorbild, dann kann solch eine Begegnung gegenteilig interpretiert werden, als das Sichwehren gegen Menschen, die man für schlechte Ratgeber hält. (Siehe auch „Familie“.)

Enge Eine Enge, durch die wir uns zwängen müssen, kann als Erinnerung an unsere Geburt gewertet werden (man fühlt sich dann wie neugeboren). Meist aber will uns das Bild von der Enge anzeigen, daß wir im bewußten Leben nach einem Ausweg aus einer schwierigen Lage suchen und uns durchbeißen sollten. Vor einem Wechsel im Beruf oder im Privatleben deutet die Enge oft den Engpaß an, durch den wir hindurch müssen, um uns in der neuen Situation zurechtfinden zu können. (Siehe auch „Gang“, „Schlucht“, „Spalte“.)

Engel Er will uns seelisch den richtigen Weg weisen, der manchmal auch ein Ausweg aus persönlichen Schwierigkeiten sein kann. Der Engel deutet an, daß wir Hilfe brauchen, weil wir allein nicht mehr weiterkommen. Wer sich selbst als Engel sieht, sollte seine Einstellung im Wachleben überdenken und prüfen, ob er sich wirklich „engelhaft“ benimmt. Vielleicht muß man sich auch von etwas Liebgewordenem trennen oder wird weggeholt in einen anderen Umkreis.

Entbindung Sie hat immer etwas mit der Wiedergeburt, mit neuen Erkenntnissen zu tun. Bei Frauen weist sie auf die Entfaltung der eigenen Persönlichkeit, auf ein glückliches neues Verhältnis oder auf die Absage an ein brüchiges altes hin. Bei Männern kann sie die Geburt einer neuen Idee oder eine private Umstellung bedeuten, durch die man weiterkommen wird. Verläuft die Entbindung problemlos, können wir auf das Anbrechen eines sehr positiven Zeitabschnitts hoffen, in dem uns beinahe alles gelingen wird. Eine schwere Entbindung dagegen verheißt Verlust, das kann das Fehlschlagen eines Plans oder einer Unternehmung sein oder die Trennung von einem Menschen. (Siehe auch „Geburt“ und in Teil 3 dieses Buches: „Geburts- und Schwangerschaftsträume“.)

Ente Ihr watschelnder Gang deutet die Schwierigkeiten und die Langsamkeit an, die unser Fortkommen behindern. Schwimmende Enten lassen dagegen auf eine flotte Ausführung von Plänen hoffen, die kaum ins Wasser fallen werden. (Siehe auch „Federvieh“, „Gans“.)

Enthauptung Drückt die Angst aus, in einer bestimmten Sache den Kopf zu verlieren, unehrenhaft zu handeln oder als Schwächling erkannt zu werden. Oft will uns das Unbewußte auch deutlich machen, daß wir mit einer anderen Einstellung, mit neuen Gedanken unser bewußtes Dasein beleben sollten, um psychisch vor uns selbst bestehen zu können. (Siehe auch „Amputation“, „Kopf“.)

Entjungferung Die Erkenntnis, daß man – aus männlicher Sicht – im Sexuellen nicht richtig handeln könnte oder daß man – in Frauenträumen – in den zwischenmenschlichen Beziehungen unsicher ist. Oft verliert man auch etwas, an dem man sehr gehangen hat. (Siehe auch „Jungfrau“.)

Entmannung Casanova hätte davon träumen können, von dem Zuviel an sexuellen Einwirkungen und Gelüsten nämlich, das auf ein normales Maß beschränkt werden müßte, damit letztendlich die Potenz erhalten bleibt. Positiv: Sinnliche Verlockungen können dem Träumer nicht mehr schaden. (Sonst ähnlich wie „Entjungferung“.)

Erbrechen Wir bringen etwas hinter uns, das uns unangenehm, quasi „unverdaulich“ erscheint. Manchmal will uns das Unbewußte auch mahnen, nichts von uns zu geben, was andere verletzen könnte. (Siehe auch „Ekel“.)

Erbschaft Sie hat nichts mit finanziellem Erfolg zu tun, weist vielmehr auf seelische Fähigkeiten hin, mit deren Hilfe wir unser Privatleben leichter gestalten könnten. Das im Traum übernommene Erbe ist etwas, das uns seelisch entlasten kann, im Wachleben aber müssen wir erst eine gewisse Charakterumstellung vollziehen.

Erbsen Schmetterlingsblütler, die im Hin- und Hergewoge der Umwelt nach oben streben und Nützliches erzeugen. Übersetzt: das vernünftige Taktieren im Wachleben, um für sich etwas zu erreichen. Wer im Traum Erbsen zählt, steht vor einem schwierigen und langwierigen Entwicklungsprozeß.

Erdbeben Eine Angst, die unser Unbewußtes in unser Bewußtsein hineinspielt. Hier wird vor plötzlichen Veränderungen gewarnt, die unseren Lebensrhythmus durcheinanderwirbeln können. Nach einem Traumerdbeben sollte man sich auf die eigene Tüchtigkeit verlassen und gewissermaßen Stein für Stein neu aufbauen, vielleicht sogar einen Neuanfang versuchen. Manchmal weist das Erdbeben nur auf eine uns selbst nicht ganz verständliche Veränderung in unserem Charakterbild hin, das es zurechtzurükken gilt.

Erdbeere Positives Sexualsymbol, ähnlich der weiblichen Brustwarze (siehe Brust), das auf Ehe und Mutterschaft hinweisen soll. Erdbeeren können also die Erfüllung süßer Erwartungen sein, die wir auf erotischem Gebiet hegen.

Erde Archetypisches Symbol, erinnert an die griechische Göttin Gaia, die vollbrüstig dem Chaos entstieg. Der mütterliche Schoß, der neues Leben verspricht. Wer im Traum Erde umgräbt, will im Wachleben seinen Standpunkt festigen, tiefer in die Dinge eindringen. Wer sie ißt, sollte sich mehr um Irdisches kümmern, statt in Wolkenkuckucksheim Irreales zu suchen. Wer im Atlas den Planeten Erde betrachtet oder ihn als Globus sieht, möchte wohl dem eigenen Wirkungskreis entfliehen, hinaus in die Welt ziehen und sich den Wind fremder Länder um die Ohren wehen lassen.

Erfrieren Der Traum vom Erfrieren basiert oft auf äußeren Einflüssen; manchmal weist unser Unbewußtes damit aber auch darauf hin, daß in uns irgend etwas einzufrieren droht, dem wir mehr Wärme geben müßten. Oft umschreibt das Erfrieren das Erkalten einer Beziehung, die Gefühlskälte, einen charakterlichen Notstand. (Siehe auch „Eis", „Frieren".)

Erkältung Wer sie hat, dessen Inneres ist irgendwie verschnupft über sein bewußtes Handeln. Man suche den Grund und kann von daher vielleicht zu mehr innerem Frieden gelangen.

Ernte Ein günstiges Vorzeichen für die eigenen charakterlichen Anlagen, der Wunsch, Begonnenes erfolgreich abzuschließen. Hier trägt die Arbeit Früchte. Oft wird mit der Ernte im Herbst eine zur Neige gehende Zeit beschrieben, die für ältere Menschen einen sorglosen Lebensabend erhoffen läßt. Ist die Ernte schlecht, müssen wir mit einer kargen Zeit rechnen; aber neue Saat läßt hoffen. (Siehe auch „Herbst", „Saat".)

Ersticken Das Gefühl, keine Luft mehr zu bekommen, löst auch im Traum natürliche Gegenwehr aus: Man wacht auf und empfindet eine Erleichterung, die den ganzen Tag über anhalten kann. Von Kranken, die im Traum zu ersticken drohen, weiß man, daß sie im Wachleben plötzlich Willenskräfte freisetzen, mit deren Hilfe sie schließlich die Krankheit zu überwinden vermochten.

Ertrinken Wer im Traum zu ertrinken droht oder Ertrinkende sieht, dem geht im Wachen irgend etwas verloren, das ihm wertvoll zu sein schien. Es ist auch ein Hinweis darauf, in Zukunft besser achtzugeben, damit bestimmte Fehler nicht mehr passieren. Wer vor dem Ertrinken gerettet wird, dem sagt das Unbewußte, daß noch nicht alles verloren ist.

Erwachen Ermahnt den Träumer, endlich wach zu werden, aufgeweckter und entschlossener durchs Leben zu gehen. Dem Erwachen im Traum folgt meistens das Wachwerden des Schlafenden. (Siehe auch „Schlafen").

Esel Ein störrischer Esel besagt wohl, daß man noch eine Weile an einem Päckchen zu tragen hat, das man sich selbst aufgebürdet oder das man unfreiwillig auf sich geladen hat. Es kann sowohl eine körperliche als auch eine seelische Last sein. Oft fordert der Esel dazu auf, Geduld zu haben, auf bessere Tage zu hoffen. Nach Artemidoros heißt einen lasttragenden Esel sehen, daß eine Last von uns genommen wird.

Esse Der Fabrikschornstein hat mit übersteigerten sexuellen Bedürfnissen zu tun, deren wir nicht recht Herr werden. Bei einer starken Rauchentwicklung der Esse möchten wir gern eine schwache Seite unseres Charakters überdecken. (Siehe auch „Fabrik", „Kamin", „Schornstein".)

Essen Man versuche sich zu erinnern, was man im Traum gegessen hat, um daraus seine Schlüsse zu ziehen, denn die Traumspeise ist oft gleichzusetzen mit der geistigen Nahrung, die uns abgehen könnte und nach der man sich heißhungrig drängt. Verweigert man das Essen, deutet das auf einen Widerwillen gegen irgend etwas in unserem Leben hin, den es zu überwinden gilt. (Siehe auch „Ekel", „Hunger", „Kauen", „Mahlzeit".)

Essig Wer im Traum Essig trinkt, dem stößt im Wachleben wahrscheinlich etwas sauer auf. Geistig-seelisch wird da wohl manches zu Essig, das heißt: nicht verwirklicht.

Eule Hat nichts mit dem schreienden Käuzchen zu tun, das bevorstehenden Tod oder ein Unglück ankündigen soll. Es ist das Tier der Nacht, aus deren Dunkelheit manches nur schemenhaft auftaucht. Das kann übersetzt das allzu Triebhafte in uns sein, das uns die Ruhe raubt, möglicherweise auch die Ruhe selbst, die seelische Ausgeglichenheit, die wir in einer Welt voller dunkler Anfeindungen für unser Ich suchen. (Siehe auch „Dunkelheit", „Nacht", „Wald".)

Euter Deutet nur manchmal auf etwas Triebhaftes hin. Sollte eher übersetzt werden als nützlicher Hinweis darauf, wie man besser an geistige Nahrung gelangen kann. Im negativen Fall macht man dabei vielleicht eine Milchmädchenrechnung auf, bei der schließlich weniger herauskommt, als man sich erhofft hat. Nach Artemidoros verspricht ein prallgefülltes Euter einen vollen Geldbeutel.

Examen Siehe „Lehrer", „Prüfung", „Reifeprüfung".

Exkremente Siehe „Kot".

Explosion Sie ist häufig ein Gefahrenzeichen, deutet an, daß irgend etwas in unserem zentralen Nervensystem nicht stimmt. Man sollte darauf achten, was im Traum explodiert, um daraus eine eventuelle Bedrohung unseres psychischen und physischen Wohlergehens ablesen zu können. Geräuschempfindungen von außen, die ein sofortiges Erwachen bewirken, sind manchmal in das Traumbild selbst integriert, können daher nur im Zusammenhang mit anderen Symbolen gedeutet werden. (Siehe auch „Blitz", „Donner", „Dynamit", „Gewitter".)

F

Fabrik Das Haus, in dem das Unbewußte für uns die Schmutzarbeit macht, umschreibt unsere seelische Belastbarkeit und die daraus resultierende Widerstandskraft gegen äußere Einflüsse. Man sollte versuchen, sich zu erinnern, was im Traum in der Fabrik hergestellt wurde. Daraus ergeben sich die Ansatzpunkte, von denen man auf die psychischen Schwierigkeiten schließen könnte, die das Unbewußte aus dem Weg geräumt haben will. (Siehe auch „Esse", „Haus".)

Fächer Mit ihm will man seine wahren Absichten verdecken, vielleicht auch etwas Wind machen, damit andere auf einen aufmerksam werden. Bei Frauen umschreibt er manchmal die Koketterie, mit der sie dem anderen Geschlecht gegenübertreten möchten.

Fackel Archetypisches Zeichen für die Ehe; denn zu Urzeiten entzündete man nach der Hochzeit den ehelichen Herd mit einer Fackel. Im Traum läßt sie das Feuer der Liebe und des Erfolges brennen oder verlöschen, sie kann mit anderen Worten unser Leben erhellen oder ins Dunkel hinabgleiten lassen. Die Fackel ist also im positiven wie im negativen Sinn Teil der psychischen Energie. (Siehe auch „Feuer".)

Faden Wem das Einfädeln nicht so recht gelingen will, der schafft es im Wachleben augenblicklich kaum, seine Nerven unter Kontrolle zu halten, wodurch ein möglicher Erfolg ins Gegenteil verkehrt werden kann. An einem Faden hängen oft die zwischenmenschlichen Beziehungen, wenn sie auf eine Zerreißprobe gestellt werden. In diesem Zusammenhang ist die Farbe des Fadens besonders wichtig. (Siehe auch einzelne „Farben", Nadel, „Nähen".)

Fahne Archetypisches Symbol weltlicher Freude, folglich oft ein Bild der Sinnlichkeit, die aber kaum vom Gefühl, eher vom Trieb her zu deuten ist. Von Psychoanalytikern manchmal als Stock mit einem flatternden Stück Tuch gesehen; übersetzt: der phallische Stab mit dem mütterlich-weiblichen Stoff, wobei das Flattern als die Vereinigung der beiden Elemente gesehen wird. Auch hier ist die Farbe des Tuches wichtig.

Fähre Wer sich oder einen anderen auf der Fähre sieht, die wie das Schiff (siehe dort) sein Lebensschiff darstellt, will in kurzer Zeit eine Änderung in seinem Dasein bewirken, ein neues Ziel ansteuern und alles über Bord werfen, was vordem wünschenswert schien.

Fahren Deutet immer das Weiterkommenwollen auf der Lebensfahrt an, das Streben nach echten Werten. (Siehe auch „Automobil", „Eisenbahn", „Reisen".)

Fahrkarte Siehe „Fahrschein".

Fahrrad Von ihm träumen oft junge Menschen, die durch eigene Kraftanstrengungen etwas erreichen wollen – eine bessere Schulnote vielleicht oder den exzellenten Abschluß der Lehrlingsarbeit. Manchmal fährt man auch mit seinem Partner Rad, was als unbekümmerte, heitere Fahrt ins Leben gesehen werden könnte. Hat aber einer von beiden eine Panne, ist in sexueller oder partnerschaftlicher Hinsicht einiges nicht in Ordnung.

Fahrschein Wer die Fahrkarte vor Antritt einer Reise im Traum nicht bezahlen kann, dem fehlen zur Durchsetzung seiner persönlichen Pläne ganz einfach die Mittel; er sollte also von einer Veränderung seiner augenblicklichen Lage Abstand nehmen. Hat man dagegen das Geld, um den Fahrschein zu bezahlen, wird man fortkommen und zielbewußt die nächste Lebensstation ansteuern können. Schwarzfahrer gibt es im Traumgeschehen auch – sie wollen eben den Versuch machen, möglichst billig über die Runden zu kommen. (Siehe auch „Fahren“, „Reise“ und einzelne Verkehrsmittel.)

Fährte Wer den Fußspuren eines Menschen folgt, hat im Wachleben möglicherweise dunkle Absichten; oft wird hier ein Verliebter geschildert, der vor lauter Eifersucht (siehe dort) Spuren sucht, die seinen Verdacht bestätigen können. Auf die Fährte eines Tieres setzt sich ein Träumer, der sich aus seinem bisherigen Leben davonschleichen möchte, um in der freien Natur sein verkrampftes Ich zu lösen.

Fahrzeug Ein Verkehrsmittel, mit dem man hofft, auf dem Lebensweg schneller voranzukommen. Die alten Ägypter sagten von dem, der ein Fahrzeug sah oder in ihm fuhr, er wolle einen sicheren Vorsprung vor seinen Konkurrenten erlangen, die ja zu Fuß schlechter vorwärtskämen. (Siehe auch „Fahren“, „Reise“ und einzelne Verkehrsmittel.)

Fakir Der Fakir ist der Träumer selbst, der im Wachleben vielleicht hart gebettet oder auch hart im Nehmen ist, der auf dem Weg zum Ziel selbst magere Zeiten in Kauf nimmt.

Falke Der Falke, der im Sturzflug auf die Beute herunterstößt, umschreibt die Aufforderung des Unbewußten, in einer noch ungeklärten Angelegenheit endlich zuzupacken. Zieht der Vogel ungestört am Himmel seine Kreise, ist von den hohen Idealen die Rede, die man im Leben verwirklichen sollte. (Siehe auch „Vogel“.)

Falle Fängt man andere in einer Falle, möchte man mit List ein Ziel erreichen; gerät man selbst hinein, könnte man im Wachleben in eine ausweglos erscheinende Situation kommen.

Fallen Fallträume (siehe auch Teil 3 dieses Buches) haben nach Freud meist sexuelle Bedeutung (er dachte wohl an die „gefallenen“ Mädchen). Sie weisen auf innere Hemmungen hin, auf Kontaktschwierigkeiten in den zwischenmenschlichen Beziehungen. Manchmal ist auch der Hochmut gemeint, der vor dem Fall kommt. Wer in bodenlose Tiefe fällt, hat in seinem Milieu Anpassungsängste, im Traum aber kann er sich gehenlassen und braucht nicht aus lauter Rücksicht auf die anderen an sich zu halten. Nicht selten wird auch eine Kombination von Fallen und Fliegen geträumt. (Siehe auch „Absturz“, „Fliegen“.)

Fallschirm Bremst den tiefen Flug ab, wenn er sich öffnet; übersetzt: Man wird von guten Gefühlen getragen und kann sich des Lebens freuen. Bleibt der Fallschirm geschlossen, wenn man damit abgesprungen ist, sollte man in nächster Zeit nichts Neues beginnen, weil der Erfolg kaum gesichert ist. (Siehe auch „Absturz“, „Fallen“, „Fliegen“.)

Familie Träume von der eigenen Familie können meist günstig ausgelegt werden, es sei denn, man hat sich im Traum mit ihr überworfen. Angehörige stehen im Traum oft auch für gut- oder schlechtgesinnte Menschen im Privatleben. (Siehe auch „Eltern".)

Fangen Was man fängt, hat man in der Hand; zusätzliche Symbole sagen etwas darüber aus, wen oder was man im Wachleben fest in der Hand hat. Läßt man sich fangen, kann das ebenso die Hörigkeit in einem Liebesverhältnis umschreiben wie das Gefangensein in einer Idee oder einem Gefühl, das auf unsere Begeisterungsfähigkeit hinweist. (Siehe auch „Gefängnis".)

Farben Erklären phsysische Erlebnisse, die wesentliche Aussagen über den seelischen Zustand des Träumers machen können. Nach Meinung einiger Traumforscher verfügen Menschen, die farbig träumen, über mehr Temperament als andere, die alles nur schwarzweiß sehen. Wer mit Farben hantiert, will irgend etwas übertünchen, das ihm nicht gefällt. (Siehe unter einzelnen Farben und in Teil 3 dieses Buches: „Farbträume".)

Fasan Der Hühnervogel galt bei den Chinesen als Glückssymbol, wenn er im Traum auftauchte. Bei uns umschreibt er oft eine seelische Hochstimmung oder hochfliegende Gedanken, die sich leicht in nichts auflösen. Man achte auch auf die Farbe des Fasans im Traum. (Siehe auch „Vogel".)

Fasching Sieht man sich oder einen anderen („das andere Ich") als Narr (siehe dort) verkleidet, besagt das, daß man sich einmal anders als in der Zwangsjacke des Konventionellen zeigen, daß man etwas von dem nach außen gekehrten Ich ablegen will.

Faß Wenn wir im Traum ein Faß ohne Boden sehen, ist irgend etwas in unserer Geisteshaltung nicht ganz in Ordnung. Einige Psychoanalytiker deuten übrigens das Faß nur sexuell. Ist es voll, können wir im Wachleben mit einer vollen Kasse rechnen. Ist es hingegen leer, dürfte bei uns Schmalhans Küchenmeister sein.

Fassade Die Fassade eines Hauses schildert den äußeren Eindruck, den wir auf unsere Umwelt machen. Ist das Äußere eines im Innern reparaturbedürftigen Hauses schön, halten wir den äußeren Schein in einer brüchigen Verbindung aufrecht. Bei einer bröckelnden oder rissigen Fassade sollten wir mehr Wert auf unser Äußeres legen; denn „wie du kommst gegangen, so wirst du auch empfangen." (Siehe auch „Haus".)

Fasten Wer fastet, der hat im Wachleben nicht genügend Energie, um sich tatkräftig durchzusetzen. Manchmal weist das auch auf psychische Mangelzustände hin, die beseitigt werden müßten. (Siehe auch „Essen", „Hunger".)

Faulheit „Arbeit macht das Leben süß, Faulheit stärkt die Glieder": Hier signalisiert das Unbewußte, wir sollten alles langsamer angehen, um unsere Kräfte nicht zu schnell zu verbrauchen. Faulheit weist manchmal auch auf Übermüdung im Wachleben hin.

Faust Kämpferisches Zeichen. Nur: Wer sich mit der Faust durchsetzen will, dem fehlen meist die Argumente. (Siehe auch „Hand".)

Fechten Wer sich selbst oder einen anderen im Traum fechten sieht, der müßte, um sich im Wachleben durchzusetzen, „fechten" (betteln) gehen, ein Umstand, gegen den sich unsere Seele sträubt.

Federn Sie fliegen im Wind bald hierhin und bald dorthin – es ist das Wetterwendische in unserem Wesen, das uns der Traum vor Augen führen möchte, eine Warnung aus dem Unbewußten, damit wir nicht eines Tages Federn lassen müssen.

Federvieh Warnt, wenn es laut gackert, vor Neidern und vor mißgünstigen Menschen, die vielleicht auch über uns Gerüchte verbreiten. Schlachten wir im Traum Federvieh, möchten wir uns also vor übler Nachrede schützen. (Siehe auch „Gans", „Hühner".)

Fee Die gütige Schöne tritt manchmal in entscheidenden Augenblicken ins Traumbild, wenn es gilt, ganz private Wünsche zu erfüllen. Bei Frauen kann sie das eigene Ich repräsentieren, das seelisch aufpoliert werden möchte, bei Männern die eigene Frau oder die Freundin, die man gern williger sähe, oder die Anima, das Weibliche im Mann. (Siehe auch „Hexe".)

Fegen Wer im Traum die Stube fegt, dem signalisiert das Unbewußte, daß etwas in seinem Seelenhaushalt nicht stimmt.

Fehlgeburt Bringt Unsicherheiten und Veränderungen im Wachleben zum Ausdruck. In Frauenträumen schildert sie die Angst, nicht zu bekommen, was man sich sehnlich wünscht. In Männerträumen drückt sich in diesem Bild das eigene Fehlverhalten aus.

Feige Meist erotische Bedeutung, ihre Süße läßt glückhafte Zweisamkeit erhoffen. Das Essen einer Feige könnte den Wunsch nach sexueller Vereinigung symbolisieren (die Phallusnachbildung, die griechische Frauen bei Dionysosfesten in einem Korb bei sich trugen, war aus Feigenholz geschnitzt), meist aber wird nur die schöpferische männliche Kraft angedeutet, die das Ewigweibliche belebt. In südlichen Ländern hat die Feige dieselbe Bedeutung wie in unseren Breiten die Pflaume (siehe dort).

Feilen Wenn wir uns oder einen anderen im Traum an etwas feilen sehen, schickt uns das Unbewußte eine Mahnung für das Wachleben; das heißt, wir sollten uns nicht gehenlassen, sondern ständig an unserem Charakter arbeiten, damit sich unsere innere Haltung stärkt und sich von außen kommenden Einflüssen wirksam entgegenstemmen kann.

Feinde Oft stellen sie die zwei Seelen in des Menschen Brust dar, die einander bekämpfen, um Fehler zu beseitigen, die unseren Charakter verfälschen. Erkennt man im Traum einen Widersacher aus dem Wachleben und tötet ihn, will uns das Unbewußte sagen, daß diese Feindschaft uns nur schaden kann. (Siehe auch „Krieg".)

Feld Siehe „Acker".

Fell Das Fell ist die Schale, die man nach außen trägt, stellt also oft die rauhe Hülle eines weichen Kerns dar.

Felsen Wer auf einen Felsen klettert, das sagten schon die alten Ägypter, dem stellen sich im Wachleben viele Hindernisse entgegen. Moderne Psychologen haben dieses Bild übernommen, fügen aber hinzu: Wer auf einen Felsen klettert, dem ist ein Streben nach Höherem nicht abzuerkennen, er wird jedoch sein Ziel nur unter großen Mühen erreichen. Wer aber auf Felsen baut, findet ein gutes Fundament für seine hochfliegenden Pläne.

Fenster Steht in Verbindung mit dem Haus (siehe dort), mit unserem offenen oder zugeknöpften Wesen. Fenster können auch auf die Öffnungen unseres Körpers hinweisen. (Siehe auch „Tür".)

Ferse Der Teil des Fußes, der leicht verwundbar ist – die „Achillesferse". Wenn die Ferse verletzt ist, verschiebt sich unser Standpunkt im Alltagsleben, unser Fortkommen ist gehemmt, oder wir müssen vielleicht „Fersengeld" geben. (Siehe auch „Bein", „Fuß".)

Fesseln Wer eine Fessel trägt, der wird im Wachleben von irgend etwas gefesselt, vor dem das Unbewußte warnen möchte. Möglicherweise umschreiben die Fesseln auch das Gefesseltsein an einen Menschen, etwa in einer nicht ganz glücklich verlaufenden Ehe. (Siehe auch „Kette".)

Fest Wer es im Traum feiert, möchte des Alltags Mühen und Plagen einmal für eine Weile vergessen, nicht nach rechts und nach links schauen, sondern ganz einfach einmal ausspannen vom eigenen Ich. (Siehe auch „Ball".)

Festkleidung Siehe „Abendkleidung".

Festung Siehe „Burg".

Feuer Archetypisches Bild des Geistes und der Liebe, eines der großen Symbole der Libido, der wärmenden Sinneslust, aber auch so verzehrend wie diese – die Leidenschaft, die Leiden schafft. Nach Jung ein Element der Läuterung, das Altes und Abgestandenes verbrennt. Am Herd läßt es uns Wärme und Geborgenheit verspüren. Wo das Feuer helleuchtend drinnen oder draußen brennt, wird Neues entstehen, können Ideen verwirklicht werden. Wo es uns zur Freude gen Himmel lodert, lassen sich brennende Probleme lösen. Erlischt das Traumfeuer, so könnte das auf die Vereitelung, das Auslöschen mancher unserer Pläne hinweisen. Gelegentlich kann das Feuer auch zum gefährlichen Brand werden. (Siehe auch „Brand", „Flammen" und in Teil 3 dieses Buches: „Träume von Wasser und Feuer".)

Feuersbrunst Das unbewußte Triebleben, das man ins Wachleben übersetzen möchte. Nach ägyptischem Glauben ließ die Feuersbrunst erkennen, daß man zu hohen Ehren kommen werde. Oft aber ist die Feuersbrunst auch eine Steigerung des Symbols „Brand" (siehe dort).

Feuerwehr Sie löscht im Traum die Brände, übersetzt: die in uns aufkeimenden wilden Leidenschaften, die uns zu vernichten drohen; ihr scharfer Wasserstrahl tötet Krankheitskeime ab, die unseren Körper oder unsere Seele schwächen wollen.

Feuerwerk Wer im Traum ein Feuerwerk sieht, will im Leben neue Glanzpunkte setzen. Zündet er es selbst, möchte er sich seiner Umwelt im strahlenden Licht des Erfolges präsentieren, und das gelingt ihm meist auch. (Siehe auch „Rakete".)

Feuerzeug Wer es in Brand setzt, will im Wachleben gewissermaßen zündeln. Ob das in der Liebe oder im Beruf und positiv oder negativ zu deuten sein wird, drückt sich in weiteren Symbolen des Traumes aus.

Fidibus Ähnlich wie „Feuerzeug". Allerdings könnte der Fidibus auch darauf hinweisen, daß man sehr am Althergebrachten hängt und lieber auf kleiner Flamme kocht, sich also nicht allzu feurig dem Leben stellt.

Fieber Eine Leidenschaft sollte abgebaut werden, die uns fiebern läßt; mit echten Krankheitssymptomen hat das Fieber im Traum kaum zu tun. (Siehe auch „Thermometer".)

Film Siehe „Kino".

Filmen Wir wollen uns produzieren, in einer Rolle sehen, die anders ist als jene, die wir im Wachleben zur Zeit spielen müssen. Sich selbst filmen sehen, aber den Apparat nicht bedienen können oder keinen sicheren Platz für das Stativ finden: Uns fehlt der richtige Standpunkt, wir müßten ihn suchen, um im Leben Standfestigkeit beweisen zu können.

Finger Sitz des Tastsinns und Teil der Hand, der den Wunsch nach größerer Handlungsfreiheit signalisieren kann. Mit den Fingern kann man im Traum spielen, weshalb es wichtig ist, den Gegenstand zu kennen, mit dem sie spielen. Wer einen Finger verliert, der könnte im Wachleben danebengreifen. Sieht man seine Finger übergroß, möchte man wohl etwas ergreifen, was nur schwer zu erlangen ist, eventuell eine finanzielle Besserstellung. Wer sich die Finger schmutzig macht, hat entweder Mühe und Not, eine schwere Arbeit hinter sich zu bringen, oder ist von Menschen umgeben, die Unmögliches von ihm verlangen. Lange Finger übersetzen kaum den Langfinger, den Dieb, sondern vielmehr das Ergreifen einer günstigen Gelegenheit. Aber man kann sich natürlich auch daran die Finger verbrennen. Schneidet man im Traum die Fingernägel, muß man nach Ansicht indischer Traumforscher bald Schweres durchmachen. (Siehe auch „Arm", „Daumen", „Hand".)

Finsternis Siehe „Dunkelheit".

Fisch Der Fisch wird von Psychoanalytikern oft als Gleichnis der männlichen Sexualität angesehen; schon in Babylonien galten Fische als phallisches Symbol. Nach unserer Ansicht umreißen sie die Tiefe der menschlichen Seele. Sie sind positiv als Speise und damit als Ausdruck seelischer Energie zu werten, aber auch Gefahr androhend als große Lebewesen, die wir nicht bezwingen können, weil sie aus den unergründlichen Tiefen (des Bewußtseins!) plötzlich auf uns zustoßen. Wenn man selbst ein Fisch ist, kann man sich nach C. G. Jung im Bad der Lebensquelle erneuern und verjüngen. Liegende Fische deuten auf eine Abschwächung der Vitalität hin, im klaren Wasser schwimmende auf den heiter-beschwingten Seelenzustand des Träumers. Tote Fische geben nach Artemidoros Hinweise auf eine verlorene Hoffnung oder das Scheitern ernsthafter Bemühungen; wer dagegen lebende Fische fange, habe Aussicht auf Erfolg. (Siehe auch „Angeln", „Netz", „Quelle", „Schuppen", „Wasser".)

Fischer Er fischt nach den Inhalten unserer Psyche. Wer zum Beispiel im Traum als Fischer zu bequem ist, seinen Fang von der Angel oder aus dem Netz zu nehmen, bringt sich wohl im Wachleben um die Früchte seiner Arbeit. Schuppt er den Fisch, bevor er ihn zubereitet, fällt es dem Träumer im bewußten Leben wie Schuppen von den Augen, wie er eine Sache anpacken muß, um Nutzen davon zu haben.

Flachs Wer im Traum ein blühendes Flachsfeld sieht, dem wird es an Erfolg und Fröhlichkeit nicht mangeln. (Siehe auch „Acker“, „Gelb“.)

Flagge Siehe „Fahne“.

Flamme Sofern sie als männliches Geschlechtssymbol verstanden wird, muß ihr Verlöschen auf die Angst hindeuten, die Liebeskraft zu verlieren. Näher liegt es, eine hellbrennende Flamme als Zeichen der inneren Läuterung zu sehen. Flackernde Flammen weisen auf verzehrende Leidenschaften hin. Als Warnzeichen gelten sie, wenn sie ein Haus (übersetzt: den eigenen Körper) umlodern; sie deuten dann auf psychischen und physischen Schaden hin. Die Ägypter glaubten, wer Flammen im Traum sehe, dürfe mit immensem Geldzuwachs rechnen. (Siehe auch „Brand“, „Feuer“, „Haus“.)

Flasche Eine zerbrechende Flasche übersetzt sehr realistisch das Sprichwort „Glück und Glas, wie leicht bricht das“. Wer aus einer heilen Flasche trinkt, kann demnach das Glück in vollen Zügen genießen, wobei freilich das, was getrunken wird, zur Deutung mit herangezogen werden sollte. Gelegentlich kann die Flasche auch als männliches oder weibliches Sexualsymbol gedeutet werden.

Fleck Vor allem auf der Kleidung. Dunkle Punkte auf der Seele, die uns unsicher werden lassen. (Siehe auch „Kleid“.)

Fledermaus Sie schießt unverhofft aus der Nacht auf uns zu und bringt Unruhe und Grauen mit sich; übersetzt: Unser seelisches Gleichgewicht ist gestört, wir fühlen uns verfolgt und sollten Angstzuständen ernsthaft nachgehen. (Siehe auch „Vampir“.)

Fleisch Wer es ißt, dem fehlt es an seelischer Nahrung, irgend etwas kommt bei ihm zu kurz. Oft deutet das Fleisch einen Mangelzustand an, der möglichst bald beseitigt werden sollte. Eine sexuelle Deutung ist kaum angebracht, obwohl von der „Fleischeslust“ gesprochen werden könnte. Das eigene Fleisch oder das eines anderen Menschen essen, übersetzte die indische Traumschrift „Jagaddeva“ mit Herrschaftsgelüsten, die erfüllt werden, oder mit dem Hinweis auf zahlreiche Nachkommenschaft.

Flicken Siehe „Nähen“.

Flieder Umschreibt Gefühle, die Sehnsucht nach Liebe und Zärtlichkeit, wobei die Farbe wichtig ist. (Siehe auch „Violett“, „Weiß“.)

Fliege Wer im Traum von ihr belästigt wird, sollte seine Nerven beruhigen. Fliegen umschreiben aber auch lästige Menschen oder Dinge, die wir lieber vergessen möchten. (Siehe auch „Insekten“.)

Fliegen Flugträume (siehe Teil 3 dieses Buches) sind sehr häufig. Sie setzen im allgemeinen Warnzeichen, besonders wenn der Träumer selbst wie ein Vogel, also ohne Hilfsmittel, fliegt. Freud deutete derartige Traumbilder als erotische Wunschvorstellungen. Tatsächlich versetzt das Fliegen im Traum viele Menschen in eine Art Rauschzustand, der schon im Altertum als Liebesrausch interpretiert wurde. Die moderne Traumforschung wertet das Fliegen als eine gefährliche Übersteigerung des Selbstbewußtseins. Im übrigen kann der Schluß gezogen werden, daß das Fliegen in großer Höhe schon das spätere Fallen (siehe dort) einschließt; übersetzt: Nur zu leicht kann jemand bei einem Höhenflug abstürzen und ins bodenlose Nichts fallen. Auf der anderen Seite kann die Seele des Flugträumers Flügel bekommen und von aller Erdenschwere losgelöst sein. Wer ohne Fluggerät fliegt und über der Traumlandschaft dahinschwebt, scheint im Wachleben mit seinen Gedanken weit weg zu sein und sich den Realitäten des Lebens gegenüber zu verschließen. Die Ägypter glaubten, daß jemand, der im Traum fortfliege, den Ausweg aus einer verzwickten Lage finden werde. (Siehe auch „Flugzeug".)

Fliegeralarm Wenn nicht die Erinnerung an Kriegserlebnisse mitspielt, spiegelt er meist einen inneren Erregungszustand wider, den man ergründen sollte.

Flinte Das Schießgerät des kleinen Mannes, das Liebesglück verheißen soll, wenn man im Traum damit schießt; ein phallisches Symbol, das manchmal auch Ladehemmung hat. (Siehe auch „Gewehr").

Floh Das unangenehme Ungeziefer weist auf ebensolche Gedanken oder auf gereizte Nerven im Wachleben hin. (Siehe auch „Ungeziefer".)

Floß Ein Wasserfahrzeug, das mit Menschenkraft gesteuert wird und von der Strömung abhängig ist. Das Unbewußte übersetzt das mit der Aussage, man müsse schon Vertrauen in die eigene Kraft und in die guter Freunde und Gönner haben, um sicher das Ziel seiner Wünsche zu erreichen. (Siehe auch „Boot", „Schiff".)

Flöte Wie alle Blasinstrumente (siehe dort) männlich-sexuell zu deuten. Wer von fern eine Flöte spielen hört, hat Sehnsucht nach einem lieben Menschen. Spielt er selbst darauf, soll das auf Liebeskummer hindeuten.

Flucht Oft ist es die Flucht vor sich selbst, vor der eigenen Unentschlossenheit, die Unsicherheit, ob man sich im Lebenskampf durchsetzen kann. Gelingt die Flucht im Traum, haben wir guten Grund, endlich im Vertrauen auf das eigene Können zu uns selbst zurückzufinden.

Flugzeug Flugzeuge jagen durch unseren Kopf, schießen über uns hin, verwirren uns. Rote Flugapparate haben häufig mit Sexuell-Triebhaftem zu tun, das krankhafte Züge aufweist. Im allgemeinen sind Flugzeuge jedweder Farbe ein Alarmzeichen der Seele, der Träumer sollte seinen allzu fröhlichen Lebenswandel aufs Maßvolle zurückschrauben. Wer in einem Flugzeug reist, will Belastendes zurücklassen. Aber obwohl das Flugzeug nach dem Raumfahrzeug das schnellste Verkehrsmittel der Welt ist, kann der Träumer, der in ihm reist, kaum hoffen, daß seine Sorgen oder Schwierigkeiten auch superschnell überwunden werden können; denn die Seele hält die Reise mit dem Flugzeug für gefährlicher, als sie tatsächlich ist. Positiv kann man eine solche Reise als Vermittlung weitreichender

Gedanken auslegen, die uns nur so zufliegen, aber sie kann auch als ein Loslösen von unangenehmen Belastungen verstanden werden. (Siehe auch „Fliegen“, „Reise“.)

Flur Der lange Flur umschreibt den Weg aus einer Enge (siehe dort) zu einem noch unbekannten Ziel; übersetzt: Der Träumer sollte sich bemühen, von einer allzu engen Betrachtungsweise loszukommen, psychische Not zu überwinden, auch wenn er noch nicht weiß, wohin sein Lebensschifflein treibt. Gehen wir durch einen dunklen Flur, wollen wir die kleinen Schatten auf unserer Seele beseitigen, oder wir haben Angst, daß uns jemand mit der Absicht überfallen könnte, uns zu seinem Gefolgsmann zu machen. (Siehe auch „Dunkelheit“.)

Fluß Er spült manchen Unrat zutage – vor allem, wenn er graues und schlammiges Wasser führt, steht also für den Kummer, den das Unbewußte wegspülen möchte. Überschwemmungen lassen die Sorgen begründet erscheinen, die wir uns im Alltag machen. Nur das klare Wasser eines ruhig dahinfließenden Flusses steht für ein sorgenfreies Leben. (Siehe auch „Boot“, „Schiff“, „Strom“, „Wasser“.)

Flußtal Ist ein Einschnitt in unserem Leben: Je nach Strömung werden wir mitgerissen oder können beschaulich dem bunten Treiben um uns herum zusehen.

Flut Spült manches an Land, umschreibt somit die Angst, daß unsere Seele durch irgendeinen widrigen Umstand Schaden nehmen könnte. Wenn die Flut kommt und die Deiche halten, weist das auf unsere Widerstandskraft hin, die allen Gewalten trotzen kann. (Siehe auch „Ebbe“.)

Forelle Der muntere Fisch im klaren Wasser eines Baches umschreibt die Lebensfreude des Träumers, seine springlebendige Art, mit der er seine Umwelt entzückt. (Siehe auch „Bach“, „Fische“.)

Fotografieren Man nimmt etwas auf, um sich ein klares Bild von seinen Mitmenschen oder von einer bestimmten Lage zu machen, was aus anderen Traumteilen erhellt werden kann. Wenn wir von uns selbst ein Bild machen, das uns gar nicht gefällt, sollten wir unsere innere Grundhaltung überprüfen; denn irgend etwas stimmt da nicht.

Frack Siehe „Abendkleidung“.

Frau Unbekannte Frauen symbolisieren laut C. G. Jung die Anima, die unbewußte weibliche Seite in der Psyche eines Träumers, die über seine Gefühle, seine Stimmungen, aber auch über seine Liebesfähigkeit etwas aussagt. Handlungen solcher Frauen weisen auf unbewußte Eigenschaften hin. In Frauenträumen sind sie beliebige weibliche Personen und können fast nur aus dem Zusammenhang heraus gedeutet werden. In Männerträumen weisen sie nach Freud meist auf sexuelle Wünsche hin, die wegen moralischer Bedenken im bewußten Leben nur im Traum erfüllt werden können. Seit alters her gilt die schöne Frau als Glücksbotin, und ihre Küsse sollen sogar Geldzuwachs versprechen. Man sollte besonders auf die Haarfarbe solcher Frauen achten und darauf, was sie tun, wie sie sich bewegen und in welcher Umgebung sie sind. Dann erst kann man sich an die Interpretation wagen. Von den Ägyptern wurde das Traumbild der schönen Frau sinnigerweise als Warnung vor zu großen Ausgaben aufgefaßt.

Freund/Freundin Der Freund oder die Freundin sind meist Schatten unseres eigenen Ichs, ständige Begleiter (siehe dort) auf unserem Lebensweg, die gern im falschen Augenblick eingreifen und uns in ein schlechtes Licht rücken. Freund oder Freundin tragen oft nur deren Züge, entpuppen sich dann jedoch möglicherweise als unsere Intimfeinde, die uns eins auswischen möchten. Wenn man im Traum mit einem besonders guten Freund Streit hat, dann ist jener andere gemeint, der uns übers Ohr hauen will, der große Unbekannte oder der Doppelgänger in uns selbst, vor dem uns das Unbewußte warnen möchte. Im Altertum glaubte man, wer Freunde sehe, die längst verstorben sind, erhalte eine wichtige und für ihn sehr nützliche Nachricht.

Friedhof Der Totenacker erscheint in einer Zeit echter Lebenskonflikte im Traum. Dann suchen wir gewissermaßen Rat bei denen, die man dort besucht – von den verstorbenen Eltern (oder einem Elternteil) verspricht man sich Trost, der schon die Überwindung der anstehenden Probleme bedeutet. Man sucht also im Grab den Ausweg aus der Situation, die sich dunkel und unheildrohend vor einem auftut. Bei Friedhof- und Sargträumen spielen meistens lösbare Probleme eine Rolle. (Siehe auch „Begräbnis", „Grab", „Sarg".)

Frieren Die Angst vor Erkältungen, die sich aus dem Frieren ergeben, wird als Furcht vor Unannehmlichkeiten übersetzt. Mit dem Frieren kann aber auch das Einfrieren einer langjährigen Freundschaft gemeint sein. Ist das Kälteempfinden nur auf eine äußere körperliche Reizwirkung zurückzuführen, kann es meistens nicht in die Deutung einbezogen werden, es sei denn, andere Symbole würden das verlangen. (Siehe auch „Einfrieren".)

Friseur Wildwucherndes wird bei ihm in Ordnung gebracht – ein Hinweis, uns nach außen hin zivilisierter zu geben. Das Frisieren selbst ist auch oft eine Aussage über unser körperliches Wohlbefinden. (Siehe auch „Haare").

Frosch Häufiger in Frauenträumen zu finden (Männer träumen eher von Kröten). Der Frosch ist trotz seines nicht gerade anziehenden Äußeren positiv zu werten, zumal seine Entwicklung vom Laich zum Frosch (und weil er sowohl im Wasser als auch auf dem Land lebt) als seelische Wandlung übersetzt werden kann, als der gute Kern, den eine häßliche Gestalt umschließt. Möglicherweise deutet er auf die Überwindung einer Abneigung hin, und wenn er lustig hüpft, kann unser Herz vor Freude hüpfen, weil wir in unseren Unternehmungen Glück haben werden. Springt er fort, kann das ein Zeichen dafür sein, daß Bruder Leichtsinn bei uns zu Gast war und uns manches Geldstück aus der Tasche gezogen hat. Tritt man auf einen Frosch (oder eine Kröte), will man im Wachleben seine Macht über Schwächere demonstrieren. (Siehe auch „Kröte").

Früchte Je nach Form oft als männliche oder weibliche Sexualsymbole gedeutet (siehe unter den einzelnen Bezeichnungen der Früchte). Wer Früchte pflückt, könnte man in diesem Zusammenhang sagen, wird viel Liebe ernten. Sind sie aber faul oder wurmstichig, bedeutet das kommenden Ärger. Nach Meinung altägyptischer Traumforscher sind angenehme Begegnungen in Aussicht, wenn man Früchte anbietet. Die indische Traumschrift „Jagaddeva" schließt auf persönliches Glück, wenn man sie sammelt oder genießt.

Frühling Die Zeit, da alle Knospen sprießen, ist Beweis unserer Potenz, auch bei älteren Menschen der jugendlich-sexuellen Unbekümmertheit. Der Frühling ist aber ebenso eine Warnung, daß es nicht immer so weitergehen wird, daß wir für den Winter, das Alter, vorsorgen sollten, wobei der Lenz als Lebensalter das Werden, die Jugend, umschreibt. (Siehe auch „Sommer", „Herbst", „Winter".)

Fuchs Oft steht er für den falschen Freund oder die listige Schläue, mit der man selbst gern das Ziel seiner Wünsche erreichen möchte, wobei auch sexuelle Neigungen gemeint sein können. Wer einen Fuchs fängt, hat sich und sein Temperament in der Gewalt, und man wird ihm so schnell nichts anhaben. Wer dieses Tier tötet, kommt jemandem auf die Schliche, der es übel meint. Begegnet der Träumer zwei oder mehreren Füchsen, sollte er bestimmten Leuten in seiner Umgebung Mißtrauen entgegenbringen. Nach Artemidoros ist man übler Nachrede ausgesetzt, wenn man Meister Reineke im Traum sieht. Der Fuchs als Überträger der Tollwut kann auch die Angst vor einer Krankheit widerspiegeln.

Fund Der Zufall, der uns helfen soll, auf den wir aber im Wachleben meist vergeblich warten. Mit einem Fund rät uns das Unbewußte, daß wir uns mehr auf eigene Fähigkeiten verlassen sollten.

Fünf Nach der chinesischen Philosophie die Zahl der Mitte, in der sich das Weibliche (Yin) mit dem Männlichen (Yang) verbindet. Das Weibliche übersetzt dabei das Erdhafte, Nachgiebige, das Männliche das Himmlische, Starke. Sie ist die Zahl des natürlichen, frischen Lebens. Wo sie erscheint, ist das Glück nicht mehr weit. (Siehe auch „Zahlen" und in Teil 3 dieses Buches: „Zahlenträume".)

Funken Wenn sie sprühen, wird man selbst vor Freude sprühen können. Hier ist von den zündenden Funken die Rede, die das Feuer der Liebe entfachen und damit Hochzeit oder Eheglück versprechen. Im negativen Sinn können sie freilich auch einen Brand entstehen lassen. (Siehe auch „Brand", „Feuer".)

Furcht Siehe „Angst".

Fuß Er weist auf den eigenen Standpunkt hin, auf das zügige Weiterschreiten auf dem Lebensweg, das nicht gelingt, wenn der Fuß verletzt ist. Wer sich im Traum ohne Fuß oder Bein sieht, muß fürchten, den Boden unter den Füßen oder die reale Einstellung zum Leben zu verlieren. Und wer seine eigenen Füße riesengroß vor sich sieht, dem bedeutet das Unbewußte, daß er augenblicklich auf zu großem Fuße lebt. Freud gab dem Fuß eine phallisch-sexuelle Bedeutung, weil er ja in den Schuh (sprich die Vagina) schlüpft. (Siehe auch „Bein".)

Futteral Wird im allgemeinen sexuell gedeutet. Ein leeres Brillenfutteral kann zum Beispiel auf die Ratlosigkeit in einer Liebesbeziehung hinweisen.

Füttern Das Füttern von Tieren soll auf Gefühle der Einsamkeit und Verlassenheit des Träumers und den Wunsch hinweisen, jemanden zu finden, dem er zugetan sein kann oder der ihm zugetan ist.

G

Gabel Wer mit einer Gabel im Essen herumstochert, ist lustlos und sucht vielleicht auch Streit. Dagegen bringen wohl Heu- und Mistgabel Glück, weil sie Zeichen einer erfolgversprechenden Arbeit sind.

Galerie In der Gemäldegalerie wird sich der Träumer ein Bild davon machen, was für seinen Lebensweg ausgezeichnet ist. Kann man sich erinnern, was für Bilder man gesehen hat, erleichtert dies die Deutung. Oft gibt die Galerie auch einen Hinweis auf die eigene Bildung oder auf den Wunsch, sich weiterzubilden. Nur manchmal deutet das Wandern von Bild zu Bild die Umständlichkeit an, mit der man im Wachleben vorgeht. (Siehe auch „Bild“, „Gemälde“.)

Galgen Man hängt Lasten daran auf, an denen man schwer trägt. Das Zeichen des Galgens kann also als durchaus glückversprechend gedeutet werden; denn wenn man im Traum selbst am Galgen hängt, hat man ja das Schlimmste überwunden. Falls man einen anderen am Galgen hängen sieht, überzeugt man – einer alten Sichtweise zufolge – im Wachleben einen mißliebigen Zeitgenossen durch die eigene Liebenswürdigkeit. (Siehe auch „Aufhängen“.)

Gamaschen Mit ihnen will man die Füße schützen, damit sie auch durch unwegsames Gelände voranschreiten können; übersetzt: die Angst des Träumers vor einem schwierigen Abschnitt auf dem Lebensweg oder auch vor mißgünstigen Menschen, die gleich mit Kübeln Schlamm über einen ausschütten wollen. Nur manchmal umschreiben die Gamaschen die eigene Pedanterie, die im Wachleben hemmend wirkt.

Gang Wer in einem dunklen Gang nicht das Ende absehen kann, steckt in einer Lebenskrise, aus der er sich nur mit Mühe heraustasten kann. Der Gang kann auch eine Station auf unserem Lebensweg bedeuten und die Ratlosigkeit umschreiben, die den Träumenden bei der Frage erfaßt, welche Tür er öffnen soll, um aus einer unübersichtlichen Lage herauszukommen. (Siehe auch „Dunkelheit“, „Enge“, „Flur“, „Tür“.)

Gans Tatsächlich geht eine „dumme Gans“ durch unseren Traum, die auch auf sexuelle Unerfahrenheit oder Verklemmungen hinweisen kann. Eine gerupfte Gans ist unser Ebenbild, wenn wir uns im Wachleben weiterhin ausnutzen lassen oder das Geld unnütz ausgeben. Schnatternde Gänse lassen auf unliebsame Gäste schließen, die uns ausnehmen wollen. In diesem Fall kann ebenso üble Nachrede im Spiel sein, die uns schaden wird.

Garben Das Erworbene, das man festbinden sollte, damit man es nicht verliert. Wer Garben bindet, wünscht sich aber vielleicht auch einen neuen Partner, den er an sich binden möchte.

Gardine Wer sie zuzieht oder sich hinter ihr verbergen möchte, zeigt seine Angst, daß irgend etwas aufgedeckt werden könnte, über das er lieber den Mantel des Schweigens breiten möchte. Gardinen, die man zurückzieht oder die ins Freie schauen lassen, deuten an, daß der Träumer in einer bestimmten Angelegenheit bald klarer sehen wird.

Garn Spinnt man Garn, will man wohl jemanden von seiner Aufrichtigkeit überzeugen. (Siehe auch „Faden“, „Nähen“.)

Garten Der Traumbereich, in den man nur wenige hereinläßt. Oft ist er mit einer Mauer oder einem Zaun umgeben, und sein Eingang ist eng – ein Hinweis darauf, daß man sich nicht in sein Inneres schauen lassen möchte. Aus seinem Zustand – ob gepflegt oder verwildert – lassen sich Rückschlüsse auf den Zustand der Seele ziehen. Steht alles in Blüte, herrschen Wachstum und Fruchtbarkeit, so zeigt das unsere Lebensfreude und meist auch ein intaktes Liebes- und Familienleben an. In erotischen Männerträumen entspricht der Garten dem Leib der Frau, ist er das Paradies, das es wiederzufinden gilt. Altägyptische Traumforscher schlossen aus dem Spaziergang durch einen schönen Garten, daß man sein ganzes Leben gut gestalten werde. (Siehe auch „Acker“, „Blumen“ und andere Gartengewächse.)

Gärtner Sie ziehen das Unkraut aus unserem Seelengarten, bringen Ordnung ins Leben, das sonst zu verwildern droht. Der Traum vom Gärtner weist oft darauf hin, daß in unserer Psyche irgend etwas in Unordnung geraten ist. Hilft der Träumer bei der Gartenarbeit, wird er schon bald seine Probleme ohne fremde Hilfe lösen können. (Siehe auch „Bauer“, „Garten“.)

Gast Der Gasttraum übersetzt vielfach nur den Wunsch nach Geselligkeit. Man möchte nicht mehr allein sein. Der fremde Gast bedeutet unser zweites Ich, daß es auch einmal so schön haben möchte wie andere. Die alten Ägypter verbanden den Gast mit großen Ausgaben, die ins Haus stehen.

Gasthaus Das Haus bezeichnet unseren eigenen Körper. Das Gasthaus könnte also umschreiben, daß wir in nächster Zeit unserem Körper etwas geben müssen, damit er wieder leistungsfähiger wird. Das könnte zum Beispiel ein Urlaub, eine Kur oder ein Krankenhausaufenthalt sein. (Siehe auch „Gast“, „Haus“.)

Gatter Verwehrt es uns den Einlaß, zum Beispiel auf eine blühende Wiese (siehe dort), werden wir auf die Erfüllung eines Wunsches wohl noch etwas warten und uns mit dem bescheiden müssen, was uns augenblicklich geboten wird. Das Gatter stellt immer ein Hemmnis auf dem Lebensweg dar. Wer es öffnet, muß sehen, was ihn dahinter erwartet.

Gaumen Er verspricht Gaumenfreuden, die wir übrigens manchmal im Traum richtig schmecken können.

Gauner Sie sind auch im Traum Menschen, die uns übervorteilen wollen. Wo ein Gauner auftaucht, sollten wir mißtrauisch werden.

Gebet Meist das hilfesuchende Unbewußte, das den Träumer aus einer Klemme führen kann.

Gebirge Türmt es sich im Traum furchterregend vor uns auf, haben wir jede Menge Schwierigkeiten und Hemmnisse auf dem Lebensweg zu beseitigen. Sucht man dort einsame Pfade, die nach oben führen, will man aus eigener Kraft einen Neubeginn wagen. Manchmal umschreibt das Gebirge auch die Sehnsucht nach einem naturgemäßen Leben ohne Rücksicht auf schwierige Umstellungen, die sich daraus ergeben könnten. (Siehe auch „Berg“, „Bergführer“.)

Gebiß Siehe „Zähne".

Gebundensein Ist man an Händen und Füßen gebunden, fühlt man sich im Wachleben an irgend etwas gebunden, will aber die Fesseln (siehe dort) sprengen. Das kann auch auf einen inneren Reifungsprozeß hinweisen, der vor seinem Abschluß steht.

Geburt Träume von der Geburt (siehe Teil 3 dieses Buches) kündigen im allgemeinen den Beginn einer günstigen Lebensphase an. Bei Frauen sollte ein geheimer Wunsch in Erfüllung gehen, das muß aber keineswegs der Wunsch nach einem Kind sein, sondern eher wohl die Sehnsucht, neue Möglichkeiten für sich zu erschließen. Der Mann, der selbst ein Kind bekommt, kann wohl bald eine zündende Idee verwirklichen. Genaueres kann man aus der Art der Geburt und damit aus anderen Symbolen erfahren. (Siehe auch „Entbindung", „Hebamme", „Kind".)

Geburtstag Den eigenen Geburtstag feiern, beweist die gute Konstitution des Träumers, die ihm noch viele Geburtstage, das heißt ein langes Leben, bescheren wird. Wer den Geburtstag anderer mitfeiert, gönnt auch seinen Mitmenschen Vorteile. Wer aber im Traum zum Geburtstag Geschenke fordert, sollte seinen Egoismus etwas abbauen.

Gebüsch Das ideale Versteck, um sich und sein Tun vor anderen zu verbergen. (Siehe auch „Busch".)

Gefahren Sie sind nicht wörtlich, sondern oft nur als Warnung vor einer Konfliktsituation zu nehmen, die es zu meistern gilt. Sie können auch im positiven Sinn als Hinweis auf eine nötige Lebensumstellung verstanden werden. Ebenso können damit Komplexe, falsche Bindungen oder sexuelle Notstände gemeint sein; all diese Probleme sind aber lösbar.

Gefangener Wer sich als Gefangener sieht, fühlt sich an Umstände oder Menschen gebunden, von denen er sich frei machen sollte.

Gefängnis In ihm sind unsere Gefühle gefangen, man ist nicht mehr Herr seiner freien Entscheidung. Wir sehen uns irgendwie in unseren Möglichkeiten eingeschränkt und haben eventuell völlig falsche Vorstellungen von der Lebenswirklichkeit. Das Unbewußte mahnt uns zu realistischerem Denken. (Siehe auch „Gitter", „Zuchthaus".)

Gefäß Ein leeres Gefäß läßt auf einen Mangel oder auch auf eine leere Kasse schließen, ein volles auf die gute Lage des Träumers, die aber auch die Mahnung beinhaltet, nicht der Völlerei zu verfallen. Nach Freud deuten Gefäße auf Sexuelles hin, wobei die leeren Potenzschwierigkeiten signalisieren können. (Siehe auch „Glas", „Krug".)

Geflügel Siehe „Federvieh".

Gefrorenes Wer Gefrorenes ißt, wünscht wohl, daß in einem Verhältnis endlich das Eis auftaut, daß es zu einem herzlichen Einvernehmen kommt. (Siehe auch „Eis".)

Gehen Der Schrittzähler auf dem Lebensweg. Sieht man sich selbst oder einen anderen langsam gehen, sollte man mit Bedacht vorgehen. Bei schneller Gangart wird ein anstehendes Vorhaben rasch erledigt. Ein Spaziergang bedeutet immer

Glück und Zufriedenheit, steht also für eine optimistische Grundeinstellung. (Siehe auch „Spazierengehen".)

Geier Archetypisches Bild der Gefahr, die aus einer krankhaften Ichbezogenheit resultiert. Hier wird der Aasgeier geschildert, der sein Opfer sucht. Seelische Einsamkeit ist die Folge. Erlegt man im Traum den Geier, ist das ein Signal des Unbewußten, gegen eine schlechte Angewohnheit anzugehen und sich auf sich selbst zu besinnen. (Siehe auch „Aas".)

Geige Sie wird wie das Cello (siehe dort) mit den rundlichen Formen einer Frau verglichen und soll deren erotische Ausstrahlung und das Drängen dessen offenbaren, der den Bogen führt und nach glückhafter Vereinigung verlangt. Der Klang der Geigen läßt auf das harmonische Zusammenspiel von Liebesleuten schließen. (Siehe auch „Saiteninstrumente".)

Geister Geisterhafte Spukgestalten zeigen meist eine Verwirrung in unserem Innenleben an. Vielleicht weisen sie auch darauf hin, daß wir leicht in Versuchung zu führen sind und möglicherweise einen etwas labilen Charakter haben.

Geistlicher In Frauenträumen oft eine männliche Figur, die das Gefühl vertieft, manchmal aber auch eine Gardinenpredigt hält. Sonst die Erinnerung an einen Seelsorger oder einen fürsorglichen Menschen, dessen Rat wir gerade im Augenblick gebrauchen könnten. (Siehe auch „Gottesdienst", „Kirche".)

Gelb Ist die goldglänzende Farbe der Sonne, die das Leben erhellt und erleuchtet. Goldgelb steht für die Weisheit und die Großherzigkeit, Mittelgelb für Egoismus und Blaßgelb für Enttäuschungen, die das Leben beschert. (Siehe auch „Farben", „Sonne" und in Teil 3 dieses Buches: „Farbenträume".)

Geld Papiergeld oder Münzen versinnbildlichen seelische Energie. Wer also im Traum Geld findet, dessen innerer Akku soll aufgeladen werden; wer es verliert, muß vielleicht den Verlust einer besonderen Eigenschaft oder einiger seiner emotionalen Antriebskräfte beklagen. Beim Geld handelt es sich um seelische Werte, um Potenz oder Impotenz, Gewinn oder Verlust, Reichtum oder Armut. Wichtig sind die Herkunft des Geldes, der Ort, wo man es erhält, findet oder verliert, seine Farben und seine Zahlen (siehe dort). Einige Psychoanalytiker glauben, daß das Geld, besonders Goldmünzen, bei Männern ein Zeichen ihrer Leistungsfähigkeit in der Liebe und im Leben seien, während Silbermünzen die Hinwendung zum Weiblichen umschreiben; bei Frauen handle es sich beim Geld fast immer um erotische Spekulation.

Geldbörse Hier geht es um die seelischen Inhalte, die unter dem Symbol „Geld" zusammengefaßt sind. Eine leere Geldbörse, ein leerer Geldschrank oder Safe deuten zum Beispiel auf Gefühlsverlust oder auf Willensschwäche hin.

Geldschein Siehe „Banknote".

Geleise Sind vorgezeichnete Pfade auf unserem Lebensweg, gewissermaßen unser Schicksal, dem wir nicht ausweichen können. (Siehe auch „Eisenbahn").

Geliebte/Geliebter Wer von einer neuen Liebe mit sexueller Erfüllung träumt, ist im Wachleben möglicherweise allzusehr von einem anderen Menschen abhängig, ihm vielleicht sogar hörig. Das Unbewußte möchte mit dem drastischen Bild der verbotenen Liebe auf diesen Umstand aufmerksam machen. Bei Verheirateten spiegelt solch ein Traum oft die mangelnde Befriedigung im Ehe- und Sexualleben wider.

Gemälde Malen unsere seelische Verfassung in mehr oder weniger leuchtenden Farben, wobei es darauf ankommt, welche Farbe vorherrscht (siehe dort). Oft verfälschen die Gemälde unser Ebenbild, was auf einige Charakterschwächen hindeuten könnte, deren wir uns entledigen sollten. (Siehe auch „Bild“, „Fotografieren“, „Galerie“.)

Gemüse Einige Gemüsesorten weisen wie manche Früchte auf weibliche oder männliche Geschlechtsorgane hin. Der Anbau von Gemüsesorten, die an bestimmte Körpergegenden erinnern, läßt auf sexuelle Freuden hoffen. Gemüse, das bläht, kann eine körperliche oder seelische Verstimmung umschreiben. Selbst der Anbau von solchem Gemüse deutet in diese negative Richtung. (Siehe auch unter den verschiedenen Gemüsesorten.)

Genesung Bedeutet, daß allmählich eine schwere Zeit zu Ende geht, die manche Prüfung mit sich brachte. Die Genesung im Traum weist nicht immer auf die körperliche oder seelische Gesundung eines Menschen hin. Mit diesem Bild rät das Unbewußte uns auch, daß wir in Zukunft etwas kürzer treten, uns in mancherlei Hinsicht nicht mehr überanstrengen sollten. (Siehe auch „Krankenhaus“.)

Genitalien Symbolisieren weniger das Werkzeug sexueller Handlungen, als vielmehr die Vitalität eines Menschen. Ob es sich dabei um ein Zuviel oder ein Zuwenig handelt, können andere Symbole aussagen. (Siehe auch „Phallus“, „Vagina“.)

Gepäck Die erweiterte Persönlichkeit des Träumers, seine Kraft und seine Fähigkeit, die Lebensreise gut zu überstehen. Kommt ihm das eine oder das andere Gepäckstück abhanden, kann das Energieverlust bedeuten, vielleicht sogar auch eine Krankheit, gegen die er im Wachleben ankämpfen muß. (Siehe auch „Koffer“, „Reise“.)

Gericht Vor Gericht stehen und angeklagt sein übersetzt die Angst, daß wir im Alltagsleben Freunde verlieren könnten. Wird man verurteilt, liegt irgendein dunkler Punkt auf unserer Seele. Sieht man nur das Gerichtsgebäude, so macht man sich unnötig Sorgen um sein Privatleben. (Siehe auch „Anklage“, „Richter“.)

Gerichtsvollzieher Er pfändet im Traum das, was uns seelisch belastet, ist also eine positive Traumfigur. (Siehe auch „Kukkuck“, „Pfand“.)

Gerüst Weist auf einen Neuanfang hin, bei dem auf Altem, vielleicht morsch Gewordenem aufgebaut werden soll. Mit dem eingerüsteten Haus will uns das Unbewußte raten, wir sollten mehr an unsere Gesundheit denken. Gerüste, die nur mit großer Mühe zu besteigen sind, geben uns zu verstehen, daß wir es schwer haben werden, nach oben zu kommen, erfolgreich zu sein. Wer aber auf einem Gerüst schwindelfrei arbeitet, dessen Angelegenheiten können zu einem guten Ende gebracht werden. (Siehe auch „Haus“.)

Gesäß Nach Freud Symbol des Infantil-Sexuellen, wobei man sich meist an seine Jugend erinnert fühlt und dort die Wurzeln allen Übels sucht. Wer das Gesäß im Traum entblößt, gibt sich vielleicht im Wachleben eine Blöße, die auf eigene Minderwertigkeitskomplexe schließen lassen könnte.

Geschäft Im Traum handelt es sich meist um Gegengeschäfte, die uns die Seele anbietet, damit wir die Ratschläge des Unbewußten befolgen. Junge Leute träumen kaum von Geschäften, die sie machen, weil sie ja noch am Anfang des Lebenskampfes stehen. Ältere Menschen ziehen schon eher einmal im Traum Bilanz, wobei es aber kaum um finanzielle Dinge geht. (Siehe auch „Laden", „Warenhaus".)

Geschenke Lassen sich nicht immer eindeutig einordnen. Meist sind sie mit einer Umwandlung des bisherigen Lebensstils verbunden, da uns bisher vielleicht nichts geschenkt wurde. Die Traumforscher im alten Ägypten glaubten, daß Geschenke, die man bekommt, auf eine spürbare Besserung der Verhältnisse hinweisen. (Siehe auch „Geburtstag" und unter den Symbolen, die üblicherweise als Geschenke gelten können.)

Geschirr Wäscht man im Traum Geschirr ab, ist man in einer unklaren Lage, bei der einem manches aus der Hand rutschen kann. Glückhafte Änderungen im familiären Bereich sollen sich ergeben, wenn wir neues Geschirr kaufen, weil wir vielleicht das alte zerbrochen haben; hier gilt also: Scherben bringen Glück! (Siehe auch „Glas", „Porzellan".)

Geschlechtsverkehr Siehe „Koitus".

Geschwister Im Traum Menschen, die unterschiedlicher Meinung sind und sich doch vertragen. Beim Mann sind es die Ich-Schatten der Seele, die in der Gestalt des Bruders das Schwache, aber auch das unbewußt wertvoll Gebliebene darstellen. Bei der Frau ist die Schwester der Schatten des eigenen Ich, der Bruder ist Vertreter der inneren männlichen Gefühlswelt. Streit mit Geschwistern wird als Verdruß in den Alltag übersetzt, als eine Verschlechterung der augenblicklichen Lage. Spricht man von oder mit Geschwistern, sollte man das als Warnung nehmen, sich nicht in Mißverständnisse zu verstricken. Verliert man im Traum Geschwister, kann man über kurz oder lang in eine Zwangslage kommen. (Siehe auch „Bruder", „Schwester".)

Geschwür Das Ausufernde Überbordende des eigenen Charakters soll damit dargestellt werden; man sollte es möglichst rasch beseitigen, um wieder mit sich ins reine zu kommen.

Gesellschaft Wer sie besucht, will vielleicht im Wachleben nicht mehr so einsam sein, möchte sich anderen Menschen mitteilen, um seelisch Bedrückendes zu überwinden. Altägyptische Traumforscher deuteten das freilich anders: Wer sich als Gast auf einer Gesellschaft sehe, komme in verwirrende Verhältnisse. (Siehe auch „Gast".)

Gesicht Auch im Traum kann man sein Gesicht verlieren – ein Warnzeichen für das Wachleben, daß irgend etwas in unserer Psyche in Unordnung geriet, vielleicht jedoch auch ein Hinweis darauf, daß wir uns und unsere Leistung mehr in den Vordergrund rücken und uns profilieren sollten. Oft hält uns das Traumbild einen

Spiegel vors Gesicht, damit wir Schwächen unseres Ich daraus ablesen können. Ältere Traumforscher glaubten auch an folgende Interpretationsmöglichkeit: Ein blasses Gesicht künde schlechte Nachricht an, ein frisches gebe freie Fahrt für die Liebe; ein schönes verspreche Freuden, ein häßliches Leiden. Wer das Gesicht im Traum schminkt, will möglicherweise eine Charakterschwäche überdekken oder hat die Absicht zu betrügen. Wer es wäscht, will sich möglicherweise von einer Schuld reinwaschen. (Siehe auch „Spiegel".)

Gespenster Siehe „Geister".

Getreide Die Frucht, die der Acker (siehe dort) trägt, wird eingefahren, um unser Ich zu stärken. Das Getreide weist darauf hin, daß vor dem Vergnügen harte Arbeit steht, wenn wir es zu etwas bringen wollen. Ein wogendes Getreidefeld mit schwerer Frucht verdeutlicht das ebenso. Wenn aber Gewitter und Sturm die Ernte vernichten, sollten wir der verlorenen Zeit nicht nachtrauern, sondern unsere Anstrengungen im Wachleben auf ein anderes Gebiet verlagern. (Siehe auch „Acker", „Ernte".)

Gewalt Wird uns im Traum Gewalt angetan und erdulden wir sie, ohne uns zu wehren, sagt das etwas über unsere Minderwertigkeitsgefühle im Wachleben aus. Üben wir selbst Gewalt aus, zeigt uns das Unbewußte das Sinnlose unseres Tuns auf, mit aller Gewalt ans Ziel unserer Wünsche gelangen zu wollen.

Gewehr Mit ihm können wir über unser Ziel hinausschießen; übersetzt: Wir sollten kühl auf unsere Gelegenheit warten, um im richtigen Augenblick das Richtige zu tun. Wer im Traum mehr oder weniger treffsicher auf eine Person schießt, will im Wachleben vielleicht einen Nebenbuhler oder einen Konkurrenten treffen. Manche Psychoanalytiker halten das Gewehr für ein reines Sexualsymbol. Wenn ein Mann es trägt oder schußbereit macht, hat er ihrer Meinung nach eindeutige Absichten, die er aus Schüchternheit oder einem anderen Grund nicht erfüllen kann. (Siehe auch „Flinte", „Maschinenpistole".)

Geweih Man setzt es denen auf, mit denen man nichts mehr gemein haben will. Tiergeweihe und -hörner bergen stets die Gefahr der Trennung von liebenswerten Menschen oder Gegenständen in sich.

Gewinn Auch wenn er ausdrücklich als Geldgewinn oder etwa als Lottoglück deklariert ist, hat er kaum etwas mit finanziellem Erfolg zu tun, sondern er steht fast immer für ideelle Güter wie eine neue Freundschaft, eine sich verzehrende Liebe oder Glück in der Familie.

Gewitter Das Zerstörerische im Traum weist auf die reinigende Kraft unserer Seele hin. (Siehe auch „Blitz", „Donner".)

Gewürze Wenn sie nicht auf geschmackliche Reize zurückzuführen sind, deutet ihre Schärfe auf psychische Reizbarkeit oder auf die Angriffslust dessen hin, der sie im Traum schmeckt. Sie können auch Hinweise darauf geben, daß man einem bestimmten Menschen oder einer gerade anstehenden Angelegenheit mehr Aufmerksamkeit schenken sollte.

Gicht Wenn man sie selbst hat, umschreibt das die Sorge, man könne mit den anderen nicht mehr so recht mithalten. Sieht man einen Gichtkranken, ist der eigene Seelenhaushalt oder der Kontakt zu Mitmenschen gestört. Gicht kann auch auf den eigenen Umkreis und auf die Angst hinweisen, ein Nahestehender könnte durch Krankheit oder Unfall geschwächt werden. (Siehe auch „Krankheit".)

Gift Gibt man im Traum jemandem Gift, möchte man im Wachleben vielleicht lästige Konkurrenten aus dem Wege räumen. Gibt uns ein anderer Gift, sollten wir uns vor denen in acht nehmen, die gegen uns giften. Indische Forscher glaubten, daß man von schwerer Krankheit befreit werde, wenn man im Traum Gift bekomme. (Arzneien sind ja oft Gift!)

Gitarre Hat wie die meisten Saiteninstrumente (siehe dort) mit dem Eros zu tun, der völligen Hingabe in Lust und Liebe. So soll der Träumer, der selbst auf der Gitarre spielt, sexuelle Wünsche haben, die bisher keine Erfüllung fanden. Hört man Gitarrenspiel, weist das aber mehr auf das vergnügte Beisammensein mit lieben Menschen hin.

Gitter Drückt Trennungstendenzen aus. Sie können durch einen Umzug bedingt sein, aber auch auf eine Reise hinweisen, bei der uns die Rückkehr verbaut ist. Man beachte deshalb weitere Symbole. (Siehe auch „Gefängnis", „Zuchthaus".)

Glas Glas kann auf die Zerbrechlichkeit einer Beziehung hinweisen („Glück und Glas"), aber auch auf durchsichtige Gedanken, mit denen man im Wachleben spielt. Trübes Glas deutet an, daß uns in gewissen Dingen der rechte Durchblick fehlt. Ein Glasfenster erlaubt uns die Sicht auf etwas, das wir erreichen können. Ein Glasgefäß, das zerbricht, verschafft uns Klarheit über eine endgültige Trennung, kann aber auch auf die Zerbrechlichkeit des Träumers hinweisen. Ein bis zum Rand gefülltes Glas schenkt uns frohe Stunden, und wenn wir es bis zur Neige austrinken, gute Gesundheit. Man kann freilich auch in einem Glashaus sitzen, was auf schwache Nerven deuten könnte oder darauf, daß wir gern anderen die Schuld an eigenen Versäumnissen geben möchten. Wer selbst im Glashaus sitzt, sollte ja auf andere nicht mit Steinen werfen. Freud sah im Glasgefäß ein Sinnbild für das weibliche Geschlechtsorgan – nun ja! (Siehe auch „Brille", „Fenster", „Gefäß", „Geschirr", „Kristall".)

Glatze Haare (siehe dort) sind sekundäre Geschlechtsmerkmale. Diese seit Jahrtausenden bekannte Tatsache veranlaßte Artemidoros zu der Meinung, sehe man im Traum einen kahlen Kopf, würde das den Potenzverlust im Wachleben bedeuten. Heute weist das Traumbild von der Glatze eher auf eine herbe Enttäuschung in den zwischenmenschlichen Beziehungen hin oder auf die Angst, man könne etwas Liebgewordenes verlieren.

Gleis siehe „Geleise".

Gletscher Die Traumlandschaft vom ewigen Eis hat etwas Bedrohendes an sich, weist sie doch auf das Einfrieren aller Gefühle hin, auf die zu Eis erstarrte Beziehung. Wer den Gletscher überwindet, für den bricht im Wachleben eine Zeit der Liebe und Zuneigung an. (Siehe auch „Eis", „Frieren", „Gefrorenes", „Schnee".)

Gletscherspalte Deutet ein Erstarren im zwischenmenschlichen Bereich an, das auf die Einsamkeit und die Kontaktarmut des Träumers hinweisen kann. Wer in eine Gletscherspalte fällt, dem tun sich Probleme auf, die kaum zu bewältigen sind; wer aus ihr gerettet wird, steht nach einem Zeitabschnitt voller ernsthafter Probleme vor einem Neubeginn, der die Hoffnung begründet, daß eigentlich alles nur besser werden kann. (Siehe auch „Spalte".)

Glocke Wer Glocken im Traum klingen hört, dem steht – das sagten schon die alten Ägypter – eine erfreuliche Nachricht ins Haus. Oft läuten sie auch ein nahes Familienereignis ein, manchmal sind sie die Stimme des Herzens. Glocken, die nur schwingen und nicht klingen, kündigen dem Träumer an, daß er im Alltagsleben nicht so recht weiß, woher der Wind weht, daß er sich in einer bestimmten Sache, die gerade ansteht, nicht auskennt und sich darum besser etwas anderem zuwenden sollte. (Siehe auch „Läuten".)

Glockenturm Wer dort etwas an die große Glocke hängt, will mit schlechten Argumenten überzeugen. Oft ist der Glockenturm, den man (quasi als Wegweiser) von ferne sieht, der Anhaltspunkt, daß man den rechten Weg aus einer verfahrenen Lage finden wird.

Glücksrad Dreht es sich im Traum, will uns wohl das Unbewußte darauf aufmerksam machen, daß das Glück trügerisch ist, daß man sich also besser auf sein Können verlassen sollte.

Gold Da Gold allen Witterungseinflüssen widersteht, war es unseren Vorfahren das Sinnbild der Unsterblichkeit. Das archetypische männliche Symbol, der Sonne (siehe dort) vergleichbar, setzt neue geistige und seelische Energien frei. Wer im Traum Gold findet, bekommt unerwartet Geld ins Haus oder kann mit einem Erkenntnisgewinn rechnen; wer es verliert, sollte in nächster Zeit seinen Geldbeutel nicht zu offenherzig herzeigen. Verschenkt der Träumer Gold, muß er sich im Wachleben zurückhalten. Und wer sich übermäßig mit Gold schmückt, der wird ein wenig leichtsinnig sein. (Siehe auch „Geld", „Juwelen".)

Golf Das Spiel, das sich einst nur die Reichen leisten konnten, weist auf die Lust nach Partys und Geselligkeit hin, die aber auf die Dauer langweilig werden könnten. Manchmal übersetzt der gelungene Golfschlag auch das Glück, das auf einen Schlag ins Haus steht.

Gondel Das schwankende Verkehrsmittel umschreibt oft das Abenteuer, aus dem man kaum ungeschoren herauskommt.

Gorilla Im Gegensatz zu anderen Affen (siehe dort) scheint beim Gorilla als Traumgestalt das Brutale durch, mit dem man im Wachleben Gegner bezwingen will oder mit dem man selbst von ihnen bezwungen werden soll. Der Gorilla gilt als Schreckgespenst, das sich aber furchterregender gibt, als es in Wahrheit ist.

Gottesdienst Mit diesem Bild möchte uns das Unbewußte mahnen, in uns zu gehen, uns auf uns selbst und auf die höheren Werte zu besinnen, die uns die Schöpfung offenbart. Manchmal wird uns auch eine Predigt gehalten, wie wir Seelisches in Ordnung bringen, gute Vorsätze in die Tat umsetzen oder innere Spannungen und Depressionen beseitigen können. (Siehe auch „Geistlicher", „Kirche".)

Gotteshaus Siehe „Kirche, „Tempel".

Grab Wer vom eigenen Grab oder dem anderer träumt, der ist um eine Hoffnung ärmer. Er begräbt gewissermaßen eine Idee, einen Plan, von dessen Durchführung er sich viel versprach. Aber im Traumgrab kann auch ein Problem begraben werden, das man lange genug mit sich herumgetragen hat. Ebenso umschreibt die Grabstätte die Ratlosigkeit, die sich im bewußten Leben breitzumachen droht. Bei älteren Leuten sind Träume vom Grab oft ein Zeichen dafür, daß sie mehr in der Vergangenheit leben. Mit diesem Bild möchte das Unbewußte vielleicht daran erinnern, daß auch der ältere Mensch noch eine Zukunft vor sich hat, für die es sich zu leben lohnt. (Siehe auch „Denkmal", „Friedhof", „Vergraben".)

Graben Wer im Traum mutig einen Graben überspringt, der kann im Wachleben mit Bravour ein Hindernis nehmen. Wer hineinfällt, kann sich aus einer mißlichen Lage nur schwer befreien. Das Graben nach einem Schatz oder sonst etwas verdeutlicht, daß man nur durch harte Arbeit sein Ziel erreichen kann. Oft läßt dieses Graben in die Tiefe auch erkennen, daß man in die eigene Psyche tiefer eindringen möchte. (Siehe auch „Abgrund".)

Granate Wenn sie im Traum einschlägt, kündigt sie den plötzlichen Umschwung in einem Belang an, der einem sehr am Herzen liegt. (Siehe auch „Explosion", „Krieg".)

Gras Wenn es grünt und frisch ist, kündigt es Wohlergehen und Wohlstand an, dürres Gras dagegen bedeutet Kummer. Manchmal gibt das Traumbild zu verstehen, man solle Gras über eine bestimmte Angelegenheit wachsen lassen. (Siehe auch „Grün", „Rasen", „Wiese".)

Grashüpfer Siehe „Grillen", „Heuschrekken".

Greis Siehe „Alter".

Grenze Hier wird unserem Ich eine Schranke gesetzt. Oft spricht das Bild auch von einer Einschränkung unseres Lebensstandards. Überschreiten wir eine Grenze, wechseln wir in einen neuen Lebensabschnitt, wobei andere Symbole zeigen können, ob diese Veränderung positiv auszulegen ist. Das heimliche Überschreiten einer Grenze läßt den Willen des Träumers erkennen, im Wachleben andere Wege zu gehen. (Siehe auch „Schranke", „Schlagbaum", „Straße", „Weg", „Zoll".)

Grillen Wer die zirpenden Tierchen fängt, dem werden die Grillen ausgetrieben, das heißt, er wird im Wachleben einiges zurechtrücken müssen, um nicht in eine Klemme zu geraten. Grillen können auch auf ein launisches Wesen hinweisen. (Siehe auch „Heuschrecken".)

Großeltern Nicht nur Kindheitserinnerungen, die in den Traum hineinspielen. Selbst wenn die Großeltern längst gestorben sind, erscheinen sie dem Träumer doch als Beschützer, die ihn möglicherweise vor einer Dummheit bewahren. Freilich müßte er dann ein gutes Verhältnis zu ihnen gehabt oder zumindest durch die eigenen Eltern von ihrer Güte erfahren haben. Der Großvater erscheint wie der Vater (siehe dort) im Traum oft als Ratgeber (auch in finanziellen Dingen), die Großmutter mehr als die Übermutter (siehe Mutter), die alles richten möchte, was den Träumer bedrückt. Nur manchmal weisen Großeltern auf ererbte Schwächen hin.

Grotte Die Höhle, in der Nymphen wohnen. Archetypisches Bild, das auf Probleme im Zusammenleben hinweisen kann. Wenn in der Traumgrotte eine Quelle entspringt, läßt das auf eine Erneuerung der Lebenssäfte schließen, kann aber auch als Hinweis darauf gelten, zu einem naturgemäßeren Leben zurückzukehren. Die Grotte wird von vielen Traumforschern mit dem weiblichen Geschlechtsorgan verglichen, weil es in ihr dunkel, moosig und feucht ist. (Siehe auch „Höhle", „Quelle".)

Grün Die Farbe des Frühlings, der Hoffnung, der Empfindungen, steht für die Beziehung des Träumers zur Wirklichkeit, zum einfachen Leben, dem er mehr Beachtung schenken sollte. Diese Farbe verspricht Liebesglück, Wohlstand und Freude. Nur das giftige Grün hat ein negatives Vorzeichen – es gilt als Farbe des Teufels. (Siehe auch „Farben", „Gras", „Teufel".)

Gurken Sie sind, meist in Frauenträumen, gleichzusetzen mit sexueller Begierde. Wer in eine saure Gurke beißt, sollte ein im Wachleben anstehendes Problem schnell lösen. Wer sie pflanzt, muß auf einen Erfolg lange warten; wer sie erntet, hat das bessere Ende für sich. (Siehe auch „Gemüse".)

Gürtel Symbol männlicher Kraft und Potenz und weiblicher Tugend („Keuschheitsgürtel"). Der umgelegte Gürtel weist auf eine Intimbeziehung hin, in der die Liebe blüht, vielleicht auch auf das feste Band, das eine Ehe umschließt. Muß er enger geschnallt werden, wird eine Freundschaft weniger herzlich verlaufen, reißt er, muß man sich von etwas Liebem trennen.

H

Haare Stehen für die ursprünglichen Kräfte. Sie haben nach Freud als sekundäres Geschlechtsmerkmal phallische Bedeutung. Artemidoros deutet das Kahlwerden des Kopfes als Verlust von Verwandten oder Besitztümern; reichen, wallenden Kopfschmuck als Besitzerhaltung oder sogar -vermehrung; ungekämmtes Haar kündigt seiner Meinung nach Kummer an. Nach Phaldor sind die Haare geistige, intellektuelle und materielle Güter, ihr Verlust bedeutet Mißerfolg und Demütigung.
Auch in der modernen Traumdeutung gilt der Verlust von Haaren als Warnung vor einem Verlust im Wachleben oder als die Angst davor. Wer von Haaren träumt, sollte nicht nur seine Triebseite, sondern auch seine geistige Einstellung zu den Dingen in Ordnung bringen, denn oft schildern die Haare unseren Seelenzustand; man achte daher darauf, ob es sich im Traum um volles oder dünnes, gepflegtes oder wirres Haar handelt. Auch die Haarfarbe kann in diesem Zusammenhang einiges aussagen. Abgeschnittenes Haar deutete die indische Traumschrift „Jagaddeva" als Not und Elend, in die der Träumer stürzen werde. (Siehe auch „Bart", „Friseur", „Glatze", „Kopf", „Perücke".)

Hafen Wer in einen Hafen einläuft, ist am Ziel seiner Reise; übersetzt: an einem neuen Lebensabschnitt angelangt. Der Hafen umschreibt manchmal die Erfüllung einer Hoffnung. (Siehe auch „Meer", „Schiff".)

Hafer Wen der Hafer sticht, der ist ausgelassen wie ein mit Hafer gefüttertes Pferd. Und wer Hafergrütze ißt, sagt der Volksmund, dem sind Vernunft und Geduld (im Wachleben) besonders nütze (sonst wie „Getreide").

Hagebutte Die rote Scheinfrucht der Rose könnte auf den Hagestolz hinweisen, den freiwillig Ehelosen, den eingefleischten Junggesellen.

Hagel Der eisige Niederschlag im Traum läßt möglicherweise darauf schließen, daß es im Wachleben Vorwürfe hageln wird, die uns sehr mitnehmen können, oder es läßt Streit erahnen, bei dem die Worte nur so hin- und herfliegen.

Hahn Auf dem Kirchturm mahnt der Hahn, daß es Zeit wird, irgend etwas Bestimmtes zu tun. Das Tier aus Fleisch und Blut dagegen gilt als männliches Sexualsymbol vor allem in Frauenträumen; für eindeutige Absichten steht er in Männerträumen. Kräht er, ist Untreue im Spiel. Der rote Hahn hat weniger mit einer Feuersbrunst als mit dem besonders leidenschaftlichen Feuer der Liebe zu tun. (Siehe auch „Federvieh".)

Hals Auf ihm sitzt der Kopf, er verbindet mit anderen Worten Geist und Körper. Wenn man den Hals in klarem Wasser wäscht, verspricht das psychische und physische Gesundheit. Ist er geschwollen, gilt das nicht als Krankheitszeichen, sondern weist eher auf eine prall gefüllte Geldbörse hin. Wunden oder Geschwüre am Hals lassen auf eine krankhafte Veränderung im seelisch-körperlichen Bereich schließen. (Siehe auch „Kopf".)

Halsband Siehe „Leine".

Halstuch Tragen wir im Traum ein Halstuch, so könnte das heißen, wir sollten den Mund nicht zu voll nehmen, sondern lieber einmal schweigen (wir sprechen ja aus der Kehle, also aus dem Hals).

Haltestelle Sie ist ein Haltepunkt für unser Ich, an dem man das bisherige Leben einmal überdenken sollte, vor allem wenn man im Traum allein und verlassen an dieser Haltestelle verweilen mußte. (Sonst ähnlich wie „Hafen".)

Hammer Ein Symbol der Kraft, das uns darauf hinweist, daß mit roher Gewalt allein letztlich nichts erreicht werden kann.

Hamster Das Nagetier, das in seinen Backentaschen bis zu 50 Gramm Getreide speichern kann, ist auch in der Traumdeutung Sinnbild für Hamstern und Gefräßigkeit. Es sagt uns, daß wir uns im Wachleben nicht übernehmen sollten.

Hand Sie greift, arbeitet, hält fest oder läßt locker, ist also das körperliche Instrument des Handelns. Mit diesem Bild nimmt das Unbewußte Anleihe im Bewußten: Wer von der Hand und ihrer Tätigkeit träumt, kann diese Handreichung ins Wachleben übertragen. So wird auch das Hand-in-Hand-Gehen als Anknüpfung freundschaftlicher Beziehungen gedeutet. Wer an der Hand verletzt oder von einem Hund in die Hand gebissen wird, scheint auch im Wachleben augenblicklich handlungsunfähig zu sein. Die schmutzige Hand ist oftmals als ein Zeichen für das ehrenrührige Verhalten des Träumers im Wachleben zu werten. Nach Ansicht vieler Analytiker ist übrigens die linke Hand ein weibliches Symbol, die rechte ein männliches. (Siehe auch „Arm", „Finger", „Links", „Rechts".)

Handschuhe Sie werden übergestreift und machen die Hand unsichtbar, was wohl umschreibt, daß man andere über sein Handeln im unklaren lassen, vielleicht sogar etwas vertuschen möchte. Ein Handschuh, den man im Traum fallen läßt, ist der Fehdehandschuh, den man im bewußten Leben gern einem Nebenbuhler oder einem Konkurrenten hinwürfe.

Handtasche Beinhaltet oft den Vorrat an weiblichem Eros. Man beachte, wieviel Geld man darin vorfindet, ob man daraus zahlen muß oder ob sie verschlossen ist. (Siehe auch „Tasche".)

Handtuch Wer sich damit abtrocknet, also die meistens als unangenehm empfundene Feuchtigkeit von der Haut aufsaugen will, möchte im Wachleben Betrübliches vergessen.

Handwerkszeug Wer es fein säuberlich bei sich trägt, möchte mehr Ordnung in sein Leben bringen. Sucht er es, so macht ihn das Unbewußte auf etwas Fehlerhaftes aufmerksam, das er beseitigen sollte. (Siehe auch unter einzelnen Werkzeugbezeichnungen.)

Harfe Das bekanntermaßen schwer zu spielende Musikinstrument deutet wohl darauf hin, daß sich der Träumer, der sich oder einen anderen darauf spielen sah, nicht allzuhoch gespannte Erwartungen in einer bestimmten Angelegenheit hegen sollte. (Siehe auch „Musik", „Musikinstrumente".)

Hase Nach der Mythologie die fruchtbringende Kraft des Mondes (siehe dort), der über Pflanzen und Gewässer herrscht und auch die Zeiten der Frau angibt. In der modernen Traumdeutung das Symbol der animalischen Fruchtbarkeit; wer also im Traum einen Hasen sieht, dem wird es in seinem intimen Wachleben mehr um die Quantität, denn um die Qualität gehen. Dieses Tier ist in seiner Freßlust harmloser zu deuten als Ratte und Maus (siehe dort und unter „Nagetiere"), als innere Feigheit etwa, die man überwinden sollte. Er ist wegen seines Haken schlagenden Laufstils und seiner Schnelligkeit schwer zu fangen, man müßte schon blitzartig zupacken; und dieses Zupackenmüssen ist oft die Lehre, die viele Träume vom Hasen erteilen wollen. Wenn man einen Hasen schießt, umschreibt dies in Männerträumen wohl den Wunsch, bei einem Sexhäschen endlich zum Ziel zu gelangen.

Haupt Siehe „Kopf".

Haus Es gibt Aufschluß über unsere innere und äußere Verfassung. Schon bei Artemidoros stellt es im übertragenen Sinn den menschlichen Körper dar. So wird auch heute noch die Fassade eines Hauses auf der psychischen Ebene als die der Gesellschaft zugewandte Seite des Menschen bezeichnet, sie ist der äußere Schein, die Persönlichkeit. Die Stockwerke sind dementsprechend einzelne Körperregionen oder seelische Bereiche, auf die das Unbewußte hinweisen möchte. Das Dach und der Dachstuhl übersetzen den Kopf des Träumers in seinen verstandesmäßigen Funktionen, ebenso die oberen Etagen (das „Oberstübchen"). Der Keller in seiner Dunkelheit wird dem Unbewußten selbst zugeordnet. Öffnungen werden meistens dem sexuellen Bereich zugesprochen. Der Traum schildert den Zustand der einzelnen Regionen und was an ihnen renoviert werden müßte. Ein altes, baufälliges Haus will uns daran erinnern, daß wir notwendige Aufbauarbeiten oder Korrekturen an uns selbst vornehmen sollten. Die Luxusvilla umschreibt oft, daß wir nach außen mehr scheinen möchten, als wir in Wirklichkeit sind. Das Haus, in dem wir arbeiten, gibt Hinweise auf unser Berufsleben und was darum geändert werden müßte. (Siehe auch „Gasthaus" und einzelne Teile des Hauses.)

Haustier Wo es im Traum aufkreuzt, kann bei vielen Menschen auf mangelnde Zärtlichkeit im Wachleben geschlossen werden. Häufig nimmt der Träumer selbst die Gestalt des Tieres an, wobei das Unbewußte ihn darauf aufmerksam macht, daß er sich vor Gefühlsarmut und Einsamkeit besser schützen sollte. Ein Haustier, das man im Traum streichelt, kann auch der Partner sein, dem man eventuell in letzter Zeit nur wenig Zärtlichkeit entgegengebracht oder mit dem man sich vielleicht zuviel gestritten hat. (Siehe auch unter einzelnen Haustierbezeichnungen.)

Haut Sie ist der „Anzug" des Menschen; sie spürt zuerst den Schmerz, der von außen kommt, hält aber auch manches Schädliche ab. Im Traum verbrannte Haut gilt als Beweis, daß uns jemand schaden möchte, um uns nach außen, unserer Umwelt gegenüber, in ein schlechtes Licht zu setzen. Wer die Haut eines Tieres oder eines anderen Menschen abzieht, wird im Wachleben vielleicht ohne Schutz vor böswilligen Leuten dastehen. Wenn Hände zärtlich die Haut streicheln, will irgendwer (in einer Liebesbeziehung?) etwas erreichen, das er mit Gewalt nicht durchsetzen konnte. Weitere Bedeutungen können aus dem Traumzusammenhang abgeleitet werden.

Hebamme Die Geburtshelferin verspricht unerwartete Hilfe, eventuell sogar die Aufdeckung eines Geheimnisses. (Siehe auch „Geburt".)

Heft Als Schul- oder Notizheft erinnert es den Träumer an Wichtiges, das er besser aufschreiben sollte, da es sonst seinem Gedächtnis verlorengehen könnte. Mitunter auch im Sinne von „das Heft in die Hand nehmen", also mit Entschlossenheit eine Angelegenheit in den Griff bekommen.

Heidekraut Die Pflanze des Herbstes verspricht älteren Menschen eine geruhsame Zeit, jüngeren eher das baldige Ende einer an sich günstigen Entwicklung. Oft aber umschreibt es auch die Ausdauer, mit der man Gegner hinhalten kann, bis sie von selbst aufgeben. Ist das Heidekraut verwelkt, muß unter eine enge Beziehung vielleicht der Schlußstrich gezogen werden. (Siehe auch „Blumen".)

Heim Das eigene Heim spielt auch im Traum eine Rolle. Fühlt sich der Träumer darin wohl, braucht er sich um seinen Seelenfrieden keine Sorgen zu machen. Ist es unaufgeräumt oder sieht man es ohne die gewohnten Möbel, ist seine Psyche etwas angeknackst. Wer es anstreicht, der braucht mal einen Tapetenwechsel. (Siehe auch „Haus", „Wohnung".)

Heimat Ohne in der Fremde zu sein, können wir von der Heimat träumen. Vielleicht fühlen wir uns dann im Wachleben irgendwie entwurzelt, ohne Halt im bisherigen Umkreis. Das Unbewußte kann mit dem Bild von der Heimat auch darauf hinweisen, daß wir uns besser in die derzeitige Umwelt einfügen sollten, um uns nicht fremd zu fühlen.

Heimweh Spiegelt meist den Schmerz über irgend etwas unwiederbringlich Verlorenes, das Sichzurücksehnen nach der Geborgenheit (zum Beispiel des Elternhauses).

Heiserkeit Haben wir oder ein anderer im Traum eine heisere Stimme, bringen wir im Wachleben möglicherweise keinen Ton heraus, um uns gegen üble Anschuldigungen oder böse Machenschaften zur Wehr zu setzen. Vielleicht reden wir aber auch gern um den heißen Brei herum, so daß uns das Unbewußte mit der Heiserkeit warnen möchte, nur dann etwas Wichtiges zu sagen, wenn wir uns unserer selbst auch ganz sicher sind. (Siehe auch „Stottern".)

Helm Wer ihn trägt, will seinen Kopf schützen; dieses Bild kann bedeuten, man solle all seinen Verstand zusammennehmen und erst handeln, wenn nicht mehr die Gefahr besteht, etwas falsch zu machen. Hat man das Visier eines Helmes heruntergeklappt, kann auch von einer Sache die Rede sein, die man blindwütig angehen will. (Siehe auch „Hut", „Kopf".)

Hemd Nur im Hemd dastehen bezeichnet die Angst, bloßgestellt zu werden. Hier und da gilt es auch als Bloßstellen im erotischen Sinn. Wer sein Hemd wäscht, der will glänzen (in der Liebe?). Und wer sich in einem schmutzigen oder zerrissenen sieht, dem ist eigentlich alles egal. Wer es wechselt, will im Wachleben vielleicht die Gesinnung ändern.(Siehe auch „Kleid", „Manschetten".)

Henker Er besorgt unsere Hinrichtung; mit diesem Bild will uns das Unbewußte auf eine seelische Unebenheit hinweisen, die wir ausmerzen sollen. Der Henker ist also die Traumfigur, die etwas Bestimmtes bei uns richten soll. (Siehe auch „Aufhängen“, „Galgen“, „Hinrichtung“.)

Henne Sie schützt ihre Eier; übersetzt: Sie sorgt dafür, daß uns seelisch so leicht nichts bedrückt. Wer sie also im Traum schlachtet, schadet sich durch eine Unachtsamkeit im Wachleben selbst. Im Altertum glaubte man, wer eine Henne mit vielen Küken im Traume sähe, dem werde Kinderglück zuteil. (Siehe auch „Ei“, „Federvieh“.)

Herberge Das Haus, in dem wir uns als Fremde fühlen, aber viele treffen, mit denen wir reden können, umschreibt eine psychische Einsamkeit, die wir durch größere Aufgeschlossenheit beseitigen sollten. Sind wir allein in der Herberge, empfiehlt sich ein Besuch beim Arzt, da möglicherweise ein körperlicher Schaden psychisch bedingt ist. (Siehe auch „Gasthaus“, „Haus“, „Hotel“.)

Herbst Die Zeit, in der geerntet wird, in der jedoch auch etwas zur Neige geht. Wenn ältere Menschen vom Herbst träumen, sind sie oft auf der Höhe ihrer Schaffenskraft, denken aber schon daran, sich zur Ruhe zu setzen, um das noch auszukosten, was sie in langen Jahren erwirtschaftet haben. In Männerträumen klingt manchmal die Furcht vor Potenzverlust an. Bei jüngeren Menschen kann der Herbst das Ende eines Lebensabschnitts bedeuten, der oft sehr erfolgreich war. Vielfach umschreibt er auch die Ahnung vom Zu-Ende-Gehen einer intimen Beziehung, die im Augenblick noch, trotz mancher Zweifel, aufrechterhalten wird. Der Herbst symbolisiert dann ein Erkalten von Gefühlen. (Siehe auch unter „Ernte“ und den anderen Jahreszeiten.)

Herd Gilt seit dem Altertum als das Symbol der Familie, die uns Wärme und Geborgenheit schenkt. In Träumen vom Herd wird viel über die Lebensbedingungen ausgesagt. Erlischt zum Beispiel die Herdflamme, gilt das als Signal, daß irgend etwas in unserem Innern nicht stimmt. Von einigen Psychoanalytikern wird der Herd in Männerträumen als Darstellung der eigenen Gattin gedeutet, weil er das Feuer gebiert, das für warme Kost sorgt (gemeint ist damit die Schonkost der Seele), oder als Sexualsymbol, weil man in ihm das Feuer schüren und immer wieder neuen Brennstoff nachlegen muß, um es zu erhalten. (Siehe auch „Feuer“, „Flamme“, „Ofen“.)

Herde Man treibt sie vor sich her, was bedeuten könnte, daß man im Wachleben ständig die Verantwortung vor sich herschiebt. Aber auch der Herdentrieb ist hier impliziert, der für die eigene Unselbständigkeit steht. (Siehe auch „Tiere“.)

Herz Oft setzt der Herztraum ein Warnzeichen. Meist ist eine Krankheit damit gemeint (manchmal auch bei einem engen Anverwandten). Er weist auch auf Herzneurosen hin, die bekanntlich die Folge von Konflikten im zwischenmenschlichen Bereich sein können. In einigen Kulturen gilt das Herz als Sitz der Seele. Wem es also im Traum weh tut, der hat seelische Probleme, vielleicht Liebeskummer, der ja mit einem gebrochenen Herzen in Zusammenhang steht.

Heu Wer sich ins Heu legt, der muß sich im Wachleben an bescheidenere Verhältnisse gewöhnen. Wer es aber einbringt, bei dem wird wahrscheinlich bald die Kasse klingeln, wenn man der Redensart „Geld wie Heu“ trauen darf.

Heulen Der Hund oder der Wolf, der in unserem Traum heult, signalisiert uns, daß irgend etwas in unserer Umgebung wohl nicht in Ordnung ist. (Siehe auch „Hund“, „Weinen“.)

Heuschrecken Sie bezeichnen Flecken auf unserer Seele, Schwärme von Heuschrecken können auf ernsten seelischen Schaden aufmerksam machen. Manchmal deuten Heuschrecken, zu deren Familie ja auch die Grashüpfer gehören, auf ein sprunghaftes Wesen hin. (Siehe auch „Grillen“.)

Hexe Meist eine alte, oft auch häßliche Frau, die vor charakterlosen Menschen warnt. Die böse Fee, die Unordnung in unser Seelenleben bringt. Auch das negative Muttersymbol, das Einmischung in die persönlichsten Dinge bedeuten kann. Ein Mann, der im Traum mit einer Hexe schläft, spürt im Wachleben eine zerstörerische Leidenschaft, möglicherweise ist er einer Frau hörig. (Siehe auch „Fee“.)

Himbeere Die süßen, roten Früchte, die Liebe versprechen. Wer sie im Traum pflückt, ist vielleicht heimlich verliebt; wer sie ißt, kann sich auf intime Stunden freuen. (Siehe auch „Früchte“, „Rot“.)

Himmel Der mythologische Wohnsitz der Götter umschreibt hochfliegende Gedanken und schöpferische Einfälle, ein himmlisches Sich-wohl-Fühlen im Wachleben. Ist der Himmel blau, lacht dem Träumenden das Glück, ist er wolkenverhangen, weist das auf Depressionen im bewußten Leben hin, die auf mangelnden Erfolg zurückzuführen sein könnten. Nach Traumdeutungen des Altertums versprach ein klarer, sternenübersäter Himmel Geld und Gewinn.

Himmelsrichtungen Nach Süden führt uns in unseren Breiten das Gefühl, die Herzenswärme; nach Norden geht es in die Gefühlskälte, aber auch in den Bereich des kühlen Verstandes; nach Westen in das Gebiet, wo die Sonne untergeht, in die Nacht, in der Gefahren lauern; nach Osten der Sonne entgegen, dem Licht, das unseren Lebensweg erhellt. Der Träumende sollte also versuchen sich zu erinnern, aus welcher Richtung der Wind wehte. (Siehe auch „Nacht“, „Sonne“, „Wind“.)

Hindernis Ein Hindernis im Traum kann immer direkt auf das Wachleben übertragen werden. Die genaue Deutung hängt ab von der Art der Behinderung und der Tätigkeit, bei der dem Träumer das Hindernis im Wege steht.

Hinken Wer hinkt, der kommt auf seinem Lebensweg nicht allzu schnell vorwärts und jammert vielleicht darüber, statt sich zusammenzunehmen und mit Energie gegen das schlechte Ich, die eigene Feigheit, anzukämpfen. Hinkende Menschen im Traum lassen oft die eigene Überheblichkeit erkennen, mit der man Behinderten gegenüber auftritt. (Siehe auch „Bein“, „Fuß“.)

Hinrichtung Immer ein Hinweis darauf, daß wir uns etwas Neues einfallen lassen sollen, daß wir unser Leben verändern müssen, um neu motiviert ins Erfolgsrennen zu starten. Die Hinrichtung ist also nie lebensgefährlich, sondern deutet nur auf eine seelisch-geistige Umstellung hin. (Siehe auch „Henker“.)

Hinterteil Siehe „Gesäß“.

Hintertreppe Wer im Traum über eine Hintertreppe entwischen will, versucht sich im Wachleben vor einer Verantwortung zu drücken oder über einen Umweg zum Ziel zu gelangen. Diese versteckte Treppe kommt auch in erotischen Träumen vor und kann da ein zweifelhaftes Verhältnis umschreiben. (Siehe auch „Treppe".)

Hintertür Es kommt darauf an, ob man aus ihr entweicht oder zu ihr hineingeht – immer aber steht sie wohl für heimliche Gedanken und/oder Taten. Das kann natürlich auch sexuell verstanden werden. (Siehe auch „Tür".)

Hirsch Symbol der Erlösung, wobei das Geweih (siehe dort) mythologisch die Himmelsleiter versinnbildlicht. Brunftkämpfe kennzeichnen die Potenz des Hirsches, weshalb dieses Traumbild auch sexuell verstanden werden kann. Manchmal verspricht der Hirsch Frauen Liebesglück, wobei sie möglicherweise jemandem Hörner aufsetzen müssen; Männern kündigt er Erfolg und zündende Ideen an, die sich nicht allein aufs Erotische beschränken.

Hirte Hirten mit einer großen Herde (siehe dort) lassen auf ein großes Vermögen hoffen, das sich stattlich vermehren wird. Alten Menschen soll der Hirte einen geruhsamen Lebensabend versprechen, weil sie von einem guten Hirten beschützt werden.

Hitzegefühl Deutet oft auf eine Arbeit hin, bei der vor den Erfolg der Schweiß gesetzt ist. Manchmal ist Hitzegefühl im Traum die Ankündigung einer Krankheit, die im Wachleben durchgestanden werden muß.

Hobeln Beim Hobeln fallen auch im Traum Späne: Erziehungsversuche, die wir starten, um unsere Umwelt in unserem Sinne zu beeinflussen. Sehen wir andere hobeln, haben wir Angst, daß sie uns am Zeuge flicken könnten. Vielfach gibt uns das Unbewußte mit dem Bild des Hobelns einen Hinweis darauf, daß wir Ideen oder Gedanken erst auf den richtigen Nenner bringen, also zurechthobeln müßten, um daraus Nutzen ziehen zu können. (Siehe auch „Holz".)

Hochzeit Ende und Anfang zugleich: der Wechsel von einer Lebensphase in eine andere. Die Hochzeit gilt auch als Archetypus der Vereinigung. Feiern wir unsere eigene Hochzeit im Traum, obgleich wir längst verheiratet sind, wird sich wohl unser bisheriger Lebensstil verändern, das muß aber nicht unbedingt mit der Lösung einer augenblicklichen Verbindung zu tun haben. Ist man bei einer Hochzeit zu Gast, verspricht das einen Wechsel im zwischenmenschlichen Bereich. In der indischen Traumschrift „Jagaddeva" wird sie mit nahem Tod oder zumindest großem Schmerz übersetzt. (Siehe auch „Braut".)

Hof Ist er von schönen Gebäuden gesäumt, will man sich mit netten Menschen umgeben. Ein finsterer Hinterhof läßt sich dementsprechend als Hinweis auf unsere Kontaktarmut deuten.

Höhle Vielfach als der dunkle Raum verstanden, aus dem das Leben stammt, das Mütterliche, das uns Neuanfang, Erneuerung verheißt. Tritt man also aus einer Höhle ins Freie, darf man gewiß sein, eine schwere Zeit glücklich überstanden zu haben. In einer Höhle zu übernachten übersetzt sich mit der Ratlosigkeit der

Seele in einer ausweglosen Lage. Wohnt man dort und wagt sich nicht hinaus, umschreibt das die Einsamkeit und Kontaktarmut des Träumenden. Steigt man aus einer Höhle furchtvoll empor, wird man nach der indischen Traumschrift „Jagaddeva" bald das Glück beim Schopfe fassen, stürzt man dagegen in sie hinein, enthüllt das eine traurige Zukunft. (Siehe auch „Grotte".)

Hölle Das schlechte Gewissen, das sich in uns regt und uns manchmal wahre Höllenqualen bescheren kann. (Siehe auch „Teufel".)

Holz Das Sägen von Holz schildert die Mühseligkeit, mit der wir manches im Wachleben verrichten. Schichten wir das Holz auf, beweist das unseren guten Willen, in unser Leben Ordnung zu bringen. Wer Holz hackt, wird belohnt, weil er zu teilen vermag. Sehen wir andere im Traum Holz hacken, steht möglicherweise eine Trennung ins Haus. Wer Holz ins Feuer wirft, schürt die Leidenschaft. (Siehe auch „Brett", „Hobeln".)

Honig In Indien das Symbol des Feuers, das in jedem brennt, der Enthüllung des eigenen Ich. Bei vielen Naturvölkern gilt Honig als Sinnbild der Wiedergeburt, übersetzt: das süße Leben, nach dem sich jeder sehnt.

Horn Als Blasinstrument (siehe dort) deutlich sexuell zu verstehen. Als tierischer Kopfschmuck wie unter „Geweih".

Hose Wenn man sich im Traum die Hosen anzieht, läßt das darauf schließen, daß man im Wachleben leicht beleidigt ist. Manchmal deutet es auch auf übermäßiges Machtstreben hin (man hat ja schließlich die Hosen an!). Wer die Hose im Traum auszieht, gibt sich demnach eine Blöße, sein Ansehen wird Schaden erleiden. Benutzt man einen Hosenträger, will man sich im Wachleben der Hilfe anderer versichern.

Hospital Siehe „Krankenhaus".

Hotel Der Aufenthalt dort ist gewissermaßen die Übergangsstation auf unserem Lebensweg, das Hotelzimmer demnach ein etwas dubioser, unpersönlicher Raum, in dem wir Einkehr halten. Die Mitgäste sind bedenkliche Schatten unseres eigenen Wesens. Irgend etwas scheint in uns auf unbewußter Reise zu sein. Man achte auf den Namen der Hotels (oft tragen sie Tiernamen), dann könnte man die Reise unseres Ich mit den entsprechenden Symbolen in Verbindung bringen. (Siehe auch „Gasthaus", „Herberge", „Portier".)

Hufeisen Wer es auf sich gerichtet sieht, sollte sich im Wachleben vor mißgünstigen Menschen hüten, die auf eine falsche Fährte lenken möchten. (Siehe auch „Magnet".)

Hüfte Die Körperzone zwischen Herz und Geschlecht übersetzt die Verbindung von Gefühl und Trieb. Wen es dort im Traum schmerzt, der hat vielleicht im Wachleben mit einer schmerzlichen Erfahrung in der Liebe zu rechnen.

Huhn Gackern Hühner in unseren Träumen, können sie uns leicht in Panik versetzen; übersetzt: die Gedanken, die wir nicht unter Kontrolle haben. (Siehe auch „Federvieh", „Henne".)

Hülsenfrüchte Wer sie im Traum ißt, wird vom Unbewußten möglicherweise auf die aufgeblähte Arroganz aufmerksam gemacht, mit der er seinen Mitmenschen gegenübertritt. (Sonst wie „Bohnen".)

Hummeln Wenn sie uns im Traum umschwirren, weisen sie auf wirre Gedanken und nicht ausgereifte Ideen im Wachleben hin, die lieber noch einmal gründlich überdacht werden sollten. (Siehe auch „Bienen", „Wespen".)

Hund Die sexuelle Bedeutung von Hunden im Traum erhellt wohl aus ihrer Eigenart, sexuelle Handlungen in aller Öffentlichkeit zu vollziehen. Als Angsttier im Traum ist der Hund oft nur die Umschreibung des eigenen schlechten Gewissens. Wo er uns begleitet, hält der Instinkt uns wach; wo er angekettet ist oder gequält wird, brodeln im Unbewußten Minderwertigkeitskomplexe, die im Wachleben hochkochen. Große Hunde verstärken das bisher Gesagte, kleine schwächen es ab. Auch die Bedeutung „auf den Hund gekommen" ist im Verbund mit anderen Symbolen manchmal angebracht. Trägt man einen Hund auf dem Arm, hat man das Triebhafte in seiner Gewalt. Ein toter deutet darauf hin, daß in irgendeinem Seelenwinkel etwas abgestorben ist, das wir zu neuem Leben erwecken sollten. Stekel meinte, daß der Biß eines Hundes in den Fuß die Warnung vor tierischen Leidenschaften, die Angst vor Infektionen oder den dunklen Rest der Kastrationsangst beinhalte. Artemidoros glaubte, daß man sich vor Betrügern hüten solle, wenn ein fremder Hund einen anwedele; Hunde, die bellen und beißen, beweisen seiner Meinung nach, daß jemand dem Träumer Verluste beibringen wolle. (Siehe auch „Bellen".)

Hunger Das Verlangen nach Speisung, nach Lebensenergie. Vielfach in Angstträumen vorhanden, wobei die Seele uns vor psychischen Schäden warnen möchte. (Siehe auch „Durst", „Kauen", „Koch", „Mahlzeit".)

Hure Siehe „Dirne".

Husten Das Husten im Traum kann am besten mit der Redewendung „dem werde ich was husten" übersetzt werden. Oft spielt hier auch tatsächliches Husten in den Traum, von dem man aber meist sofort geweckt wird.

Hut In Verbindung mit anderen Symbolen umschreiben Hüte die gebündelten Ideen, die uns durch den Kopf schießen, oder die Redensart „man ist in guter Hut". Die meisten Psychoanalytiker halten den Hut jedoch für ein reines Sexualsymbol, das zum männlichen Organ, zu Potenz und Impotenz oder zu bestimmten Mitteln in Beziehung gebracht wird, die eine Empfängnis verhindern sollen. Ein besonders schicker und großer Damenhut weise auf Gefühlssehnsüchte und triebhafte Phantasien hin, die im Alltagsleben unterdrückt würden. (Siehe auch „Helm", „Kopf".)

Hütte Das kleine Haus (übersetzt: unser Körper), in dessen Enge die Seele Schaden nehmen kann, wobei das Unbewußte den Hinweis gaben mag, mehr aus sich herauszugehen, nicht immer nur kleine Brötchen zu backen, sondern selbst etwas zu tun, damit man aus der augenblicklichen Enge herauskommt. (Siehe auch „Haus".)

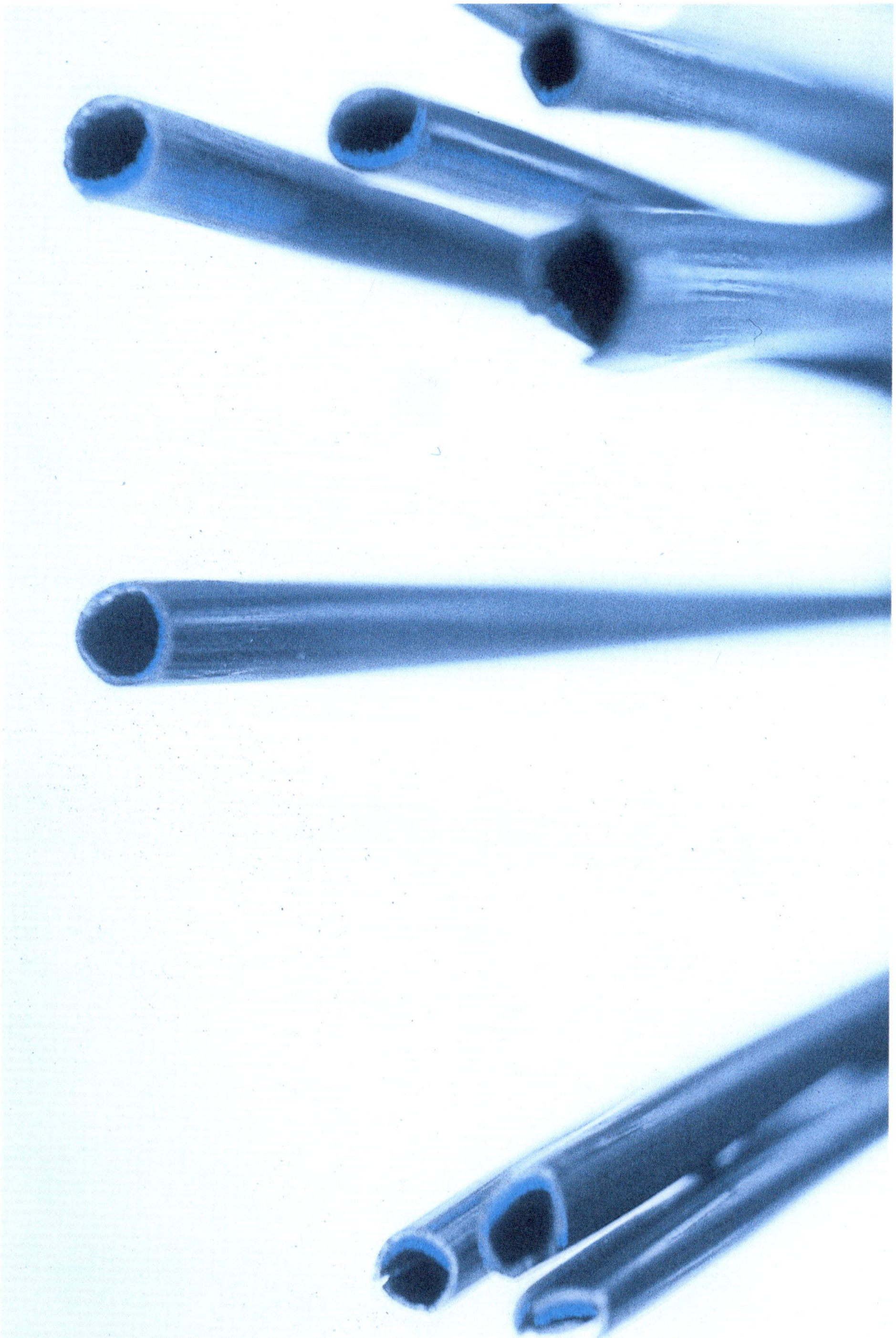

I J

Igel Das Unbewußte setzt die Stacheln gleich mit der Abwehrbereitschaft, sprich: der Träumer solle im Wachleben ruhig einmal seine Stacheln gegenüber Menschen zeigen, die ihm nicht wohlwollen. Wenn sich der Traumigel einrollt, ist das sicher ein Zeichen, daß wir im bewußten Leben endlich unsere Ruhe haben wollen.

Impfen Auch das Unbewußte sieht den Vorgang des Impfens als Schutzmaßnahme an. Wer im Traum Angst davor hat, wehrt sich im Wachleben gegen etwas, das eigentlich zu seinem Nutzen sein könnte. Impft man selbst jemanden, will man ihm im Alltag seinen Willen aufzwingen. Wird ein Kind geimpft, könnte das ein Hinweis darauf sein, daß man einen Wehrlosen gegen Umwelteinflüsse schützen möchte.

Inflation Hat im Traum wenig mit der schleichenden Geldentwertung zu tun, eher mit der Angst, daß man sich physisch oder psychisch verausgaben könnte.

Insekten Wenn sie durch unseren Traum surren, weisen sie meist auf die Stärke oder Schwäche unserer Nerven hin, die von Hunderten von Eindrücken und Einflüssen umschwirrt werden. Da können einem leicht die Nerven durchgehen, wenn man zusätzlich von diesen kleinen Wesen auch noch gestochen wird. (Siehe auch unter einzelnen Insektenbezeichnungen.)

Insel Zeichen der Einsamkeit des Ich in einer ruhelosen Zeit. Das Eiland im tobenden Meer der unterschiedlichsten Umwelteinflüsse ist zugleich auch Fluchtpunkt, auf den man sich zurückziehen sollte, um für den Lebenskampf neue Kräfte zu sammeln.

Inserat Wer im Traum mit Genuß eine Anzeige liest, dem wird im Wachleben etwas geboten, bei dem er zugreifen sollte.

Invalide Die Warnung, nicht an Menschen vorbeizugehen, die unserer Hilfe bedürfen. Sieht man sich selbst als Invaliden, sollte man sich im Wachleben zusammenreißen und in einem bestimmten Fall nicht aufgeben, selbst wenn sich einem erhebliche Widerstände entgegenstellen. (Siehe auch „Krüppel“).

Inzest Beischlafähnliche Szenen mit engen Verwandten oder gar der eigenen Mutter oder dem Vater haben meist keine sexuelle Bedeutung. Im Gegenteil, hier wird eher klar, daß in den Beziehungen zwischen Eltern und Kindern oder unter Geschwistern zum Beispiel die Herzlichkeit fehlt, nach der sich der Träumende unbewußt zurücksehnt. Manchmal kann Inzest mit einem Verwandten auch heißen, daß dieser in Not ist und auf jeden Fall unserer Hilfe bedarf. Die Seele signalisiert gewissermaßen, daß man sich mehr um ihn kümmern sollte. Manchmal umschreibt der Inzest auch das Heimweh nach der Person, mit der man im Traum geschlafen hat. (Siehe auch „Mutterkomplex“ und in Teil 3 dieses Buches: „Sexuelle Träume“.)

Irrenhaus Völlig normale Menschen träumen manchmal davon, daß sie in ein Irrenhaus eingeliefert werden, aus dem sie nicht mehr herauskommen werden. Übersetzt in die Wirklichkeit umschreibt diese Anstalt nichts anderes als ihren vielleicht ein wenig unsteten Lebenswandel, der wieder in die richtige Bahn gelenkt werden muß. Der Traum kann auch eine gewisse Ausweglosigkeit in einer bestimmten Alltagssituation offenlegen. Das können Krankheiten sein, oder berufliche Kränkungen, über die wir im Innersten nicht hinwegkommen.

Irrgarten Siehe „Labyrinth".

Jagd Wer im Traum auf die Jagd geht, der sucht im Wachleben vielleicht den verständnisvollen Partner oder den idealen Chef. Er jagt mit anderen Worten seinem Glück hinterher. Kommt er ohne Beute zurück, steht er auch im Alltagsleben mit leeren Händen da und ist verzweifelt darüber, daß ihn niemand verstehen will. In diesem Zusammenhang sollte man auch auf die Tiere achten, die man im Traum jagt. (Siehe dann unter einzelnen Tierbezeichnungen.)

Jahrmarkt Es ist meistens der Jahrmarkt der Eitelkeiten, der uns von unserem Unbewußten vorgespielt wird. Das laute Treiben erinnert uns an Gesellschaften, auf denen wir uns nicht wohl fühlen, die Geschäftigkeit, mit der hier gehandelt wird, an die vielen Unwägbarkeiten, mit denen wir es im Leben zu tun haben. Schlendern wir allein über den Jahrmarkt, empfinden wir uns im Alltagsleben wohl als ein wenig lieblos behandelt.

Jasmin Die wohlriechende Blume übersetzt die reinen Gefühle, die wir in einer Liebesbeziehung hegen möchten. Verblühter Jasmin könnte das Ende dieser Beziehung umschreiben.

Jauche Das Unbewußte führt uns die stinkende Brühe eher als Beispiel vor, wie aus Minderwertigem etwas gemacht werden kann, das wachsen und gedeihen läßt. (Siehe auch „Dünger", „Kot", „Misthaufen".)

Joch Sehen wir im Traum einen Ochsen sein Joch tragen, werden wir daran erinnert, daß auch wir manches zu tragen haben, was uns eigentlich nicht paßt.

Johannisbeeren Die mehr sauren als süßen, aromatischen roten Beeren symbolisieren ein heimliches Verhältnis, das vielleicht nicht in süßer Liebesseligkeit enden wird.

Jongleur Wenn man ihn und seine Kunst bewundert, will man sich im Wachleben Vorteile verschaffen, indem man anderen bei der Arbeit lieber zuschaut, als selbst etwas zu tun. Wer selbst als Jongleur auftritt, möchte gern immer die Balance halten, ohne daß dabei etwas zu Bruch geht. (Siehe auch „Zirkus".)

Jucken Der Reiz kann von außen kommen, etwa von einer kitzelnden Bettfeder, doch der Traum nimmt ihn oft auf und übersetzt ihn als seelische Nöte, die gerade anstehen, als Angst vor einer Prüfung oder als Eifersucht gegenüber einem lästigen Nebenbuhler. Wenn kein Reiz von außen gegeben ist, dann „juckt" es den Träumer, irgend etwas Bestimmtes zu tun, vielleicht juckt ihn auch das Geld in seinen Fingern.

Jugend Vor allem nach dem vierzigsten Lebensjahr wird der Träumende öfter in seine Jugendzeit zurückgeführt. Er zieht gewissermaßen die Bilanz seines bisherigen Lebens, sitzt wieder auf der Schulbank und schwitzt über einer Schularbeit, macht noch einmal sein (längst bestandenes) Examen und fällt oft genug durch. Häufig spiegeln solche Träume die Beschäftigung mit den Sorgen und Nöten der eigenen Kinder oder Enkelkinder wider, manchmal aber zeigen sie auch eigene unnötige Ängste auf. (Siehe auch „Kind“, „Schule“.)

Jungfrau Symbol der Unberührtheit und Reinheit. In Männerträumen die Verkörperung der Anima, in Frauenträumen der eigene Schatten, der auf Vergangenes oder auf eine starke Vaterbindung verweist, möglicherweise aber auch Gefühlskälte umschreibt. Männer, die von einer Jungfrau träumen, haben meist einen Mutterkomplex (siehe dort), weil ihnen die eigene Mutter vorbildhaft erscheint. Gerade jungen Männern erscheint die Jungfrau als Wunschbild der Frau, die sie heiraten wollen. (Siehe auch „Entjungferung“, „Frau“, „Mädchen“, „Mutter“.)

Juwelen Man kann sie als Wunsch nach einem besseren Auftreten deuten, als Hoffnung darauf, daß man in der Gesellschaft einmal glänzen kann oder daß man zu etwas kommt. Die Hoffnung trügt: Wer im Traum Juwelen trägt, ohne sie tatsächlich zu besitzen, wird es meist nicht sehr weit bringen; er findet oft nicht die richtige Einstellung zum Leben, weil er zu sehr an Äußerlichkeiten hängt. (Siehe auch „Gold“, „Schmuck“.)

K

Kabel Wer sich im Traum mit dem Kabel einer elektrischen Leitung befaßt, sucht oder findet im Wachleben Anschluß. Ist das Kabel zerstört, läßt das auf einen Träumer schließen, der im wachen Zustand keinen rechten Kontakt bekommt. (Siehe auch „Elektrizitätswerk".)

Käfer Wo sie kribbeln und krabbeln, nagen an unserer Seele Zweifel, sind die Nerven oft bis zum Zerreißen gespannt; das kann von einer Liebesbeziehung herrühren, mit der man nicht so richtig fertig wird, aber auch von Alltagsstreß. Hier und da weisen die kleinen Tiere auf Freunde hin, die einem allmählich mit ihrer Aufdringlichkeit auf die Nerven gehen. (Siehe auch „Insekten".)

Kaffee Die Form der Bohne ist erotisch zu deuten. Wer den Kaffee allein trinkt, will möglicherweise ein Liebeserlebnis zu zweit haben; wer ihn in Gesellschaft genießt, setzt sich in der Liebe vielleicht zwischen zwei Stühle. Auf jeden Fall wird mit dem Traumkaffee etwas überaus Anregendes genossen.

Käfig Er schildert das gefühlsmäßige Beengtsein. Wenn ein Tier im Käfig eingesperrt ist, wird man der negativen Aussage des entsprechenden Tiersymbols Herr, sitzt man selbst oder ein anderer Mensch in einem Käfig, deutet das auf Minderwertigkeitskomplexe hin, auf ein Gefangensein der Seele, die das Gute will, aber zur Zeit noch nichts gegen alltäglichen Schlendrian bewirken kann.

Kahn Siehe „Boot".

Kaiser Er ist nicht der Herrscher, sondern symbolisiert den Kaiser unserer Seele, dessen Eingebungen wir bedingungslos befolgen sollten. Wenn er sich im Traum als historische Persönlichkeit zu erkennen gibt, sollten wir ausloten, was dieser Herrscher an Besonderheiten zu bieten hat, die wir auf uns selbst ummünzen könnten. (Siehe auch „König".)

Kajüte Man will aus der meist halbdunklen Enge ans Licht. Kajüten kündigen manchmal eine Ortsveränderung oder einen beruflichen Wechsel an, wodurch man endlich aus der bisherigen Beschränktheit der Verhältnisse ausbrechen kann. (Siehe auch „Reise", „Schiff".)

Kakao Wer ihn im Traum trinkt, will im Wachleben vielleicht jemanden durch den Kakao ziehen, der es eigentlich nicht verdient.

Kaktus Die charakteristischen Stacheln dieser Pflanze sind ein Sinnbild für Abwehrbereitschaft, aber auch für entschlossenes Handeln. Im Wachleben sollte man ruhig einmal jemanden ausstechen, der mit rücksichtslosen Mitteln arbeitet.

Kalb Oft stellt das Kalb im Traum uns selbst dar. Wir können also seine Unerfahrenheit und Tolpatschigkeit auf die eigene Person beziehen. (Siehe auch „Jugend", „Kuh", „Stier".)

Kalender Man ist vielleicht mit der Einteilung der Arbeit unzufrieden, will sie zum eigenen Vorteil verändern, um so zu etwas zu kommen.

Kälte Immer ein Zeichen, daß in einem etwas friert. Das kann die Mahnung sein, rechtzeitig gegen eine mögliche Krankheit anzugehen oder auch ganz einfach gegen Gefühllosigkeit und Herzenskälte. (Siehe auch „Frieren".)

Kamel Auch im Unbewußten ist es ein Lastenträger. Es kommt nur darauf an, wer sie trägt: das Kamel (übersetzt: einer unserer Mitmenschen) oder wir selbst, wobei die Lasten psychischer oder physischer Natur sein können. Reitet man auf einem Kamel, kann man damit rechnen, daß man auf seiner Lebensreise kräftig durchgeschüttelt wird und nur gemächlich ans Ziel gelangt. (Siehe auch „Karawane".)

Kamin Nach Freud ein weibliches Sexualsymbol. Brennt das Feuer im Traumkamin lodernd und hell, haben wir weder im Intimleben noch im Beruf etwas zu befürchten, weil wir stets mit Leidenschaft und Ausdauer bei der Sache sind. Qualmt der Kamin und zieht der Rauch schlecht oder gar nicht ab, ist im Privatleben „Qualm in der Küche". (Siehe auch „Essen, „Schornstein".)

Kaminkehrer Der volkstümliche Glücksbringer befreit uns im Traum vor allem von seelischen Lasten, bringt insofern auch Glück und das Gefühl, irgend etwas überwunden zu haben, was uns besonders bedrückte. Das können auch Minderwertigkeitskomplexe oder Charakterfehler sein, die uns das Zusammenleben mit unseren Mitmenschen erschwerten.

Kämmen Mit dem Kamm wird das Haar in Ordnung gebracht; übertragen: Man schafft Ordnung in seinem Triebleben und gewinnt dadurch das Herz des Partners. Wer durch Kämmen sein Haar noch mehr in Unordnung bringt, pflegt entweder im Wachleben ein sogenanntes schlampiges Verhältnis oder hat in der Liebe Komplexe, die er durch besonders forsches Auftreten verschleiern will. (Siehe auch „Haare".)

Kammer Wenn sie klein und eng ist, deutet sie auf körperliches Unbehagen hin (sonst wie „Zimmer").

Kammerdiener Selbst ein Bettler könnte von dem stets Hilfsbereiten träumen, der für Ordnung sorgt, wobei er als Hilfskraft des Unbewußten sich mehr um unsere seelische Verfassung kümmert. Wer sich selbst im Traumbild als Kammerdiener sieht, sollte sich prüfen, ob er seine Hilfe nicht zu aufdringlich anbietet.

Kampf Wer sich im Traum auf einen Kampf einläßt, will wohl einen augenblicklichen Konflikt lösen, hatte aber bisher nicht den rechten Mut dazu. Wenn man besonders aktiv in ein Kampfgetümmel eingreift, kann man sich im Wachleben gegen eine aussichtslos erscheinende Lage anstemmen und sie meistern. Schaut man dem Kampf nur zu, will man sich aus Schwierigkeiten mit Hilfe anderer herausschaukeln. (Siehe auch „Krieg".)

Kanal Wer in einen Abwasserkanal schaut, der schlammig-trübes Wasser führt, wird wohl in einer bestimmten Angelegenheit kaum vorwärtskommen, vielleicht sogar in die Röhre schauen. Führt ein großer Kanal reines Wasser, trägt er unsere Hoffnungen, daß wir Problematisches schon bald in Ordnung bringen werden. (Sonst wie „Fluß", siehe auch „Wasser".)

Kanarienvogel Das Lieblingstier vieler einsamer Menschen ist als Luftwesen wie jeder Vogel (siehe dort) geistig-seelisch zu deuten, umschreibt daher die psychische Einsamkeit und die innere Unfreiheit des Träumenden. (Siehe auch „Vogelkäfig".)

Kaninchen Siehe „Hase".

Kanne Wer daraus trinkt, schöpft neue Kraft in vollen Zügen; wer aus einer leeren Kanne trinken will, mit dem ist gesundheitlich irgend etwas nicht in Ordnung. (Siehe auch „Gefäß".)

Kannibale Wer Menschenfleisch zu sich nimmt, will vielleicht einen Konkurrenten ausschalten oder hat jemanden zum Fressen gern, weitere Traumsymbole können Ergänzendes dazu aussagen. Freud sah im Traumkannibalen einen triebhaften Sadisten.

Kanone Taucht manchmal in Erinnerungsträumen auf, die uns an eine augenblicklich prekäre Lage gemahnen. Sie versetzt uns als Abwehrmittel unserer Seele in Angst und Schrecken, damit wir uns im Wachleben besser durchsetzen. (Siehe auch „Flinte", „Gewehr".)

Kanonendonner Ist meist als Nachricht zu verstehen, die uns Sorgen bereitet. (Siehe auch „Donner", „Lärm".)

Kapelle Sie mahnt zur besinnlichen Einkehr; wir sollen unser Handeln überdenken und prüfen, ob wir auch alles richtig gemacht haben. Über die Musikkapelle siehe „Orchester".

Kapitän Er steuert unser Lebensschiff durch alle Unbilden und Wechselfälle. Wenn auch das Ziel seiner Fahrt stets im Nebelhaften bleibt, können wir doch darauf vertrauen, daß uns ein treuer Begleiter und vertrauenswürdiger Freund zur Seite steht. (Siehe auch „Schiff".)

Karawane Ähnlich wie das unter „Kamel" Gesagte, nur daß hier die Lasten verteilt, also Helfer am Werk sind, die uns langsam, aber sicher ans Ziel bringen, wenn auch erst nach einer abenteuerlichen Reise.

Karneval Siehe „Fasching".

Karpfen Der Fisch mit vielen Schuppen, die volkstümlicher Meinung zufolge Glück bedeuten. Der Traumkarpfen kann manchmal wie ein Mensch sprechen, übersetzt ist es die Sprache der Seele, die uns an irgend etwas erinnern will. (Siehe auch „Fisch", „Schuppen".)

Karren Es ist fast immer der Karren, den wir aus dem Dreck ziehen müssen. Ist er übervoll beladen, schleppen wir möglicherweise etwas mit uns herum, das uns Kummer macht, eventuell eine Krankheit, die unsere psychische Belastbarkeit mindert. In diesem Fall sollten wir einen Arzt konsultieren. Die alten Ägypter glaubten, wenn ein Fremder den Karren zieht, sei irgendein Familienmitglied bedroht.

Karten Wer im Traum Karten spielt, den warnt sein Unbewußtes vor Leichtsinn im Wachleben, der eine Stange Geld kosten könnte. Manchmal bedeutet das Kartenspiel auch eine Arbeit, die mit Zeitverschwendung verbunden ist. (Siehe auch „Landkarte".)

Kartoffeln Die eßbaren Knollen, die unter der Erde wachsen, umschreiben, daß irgend etwas im Unbewußten wächst und gedeiht, das uns als Nahrung für unsere Seele vorgesetzt wird und damit auch unseren Charakter stärkt. Eine Deutung der Kartoffel als Sexualsymbol ist sicher zu weit hergeholt. (Siehe auch „Erde".)

Karussell Das Karussell, das sich im Traum für uns dreht, zeigt wahrscheinlich an, daß es im Wachleben in absehbarer Zeit „rund" gehen wird, wir uns also auf einen sehr turbulenten Lebensabschnitt vorbereiten sollten.

Kaserne Das Haus (siehe dort), in dem wir einem gewissen Zwang unterliegen, steht für unseren Körper, dem wir zuviel zumuteten, für die mangelnde Kondition, die uns vorzeitig schlapp werden läßt, im Beruf wie in der Liebe.

Kasse Die leere Kasse deutet auf die augenblickliche Leere in unseren Umweltbeziehungen hin, kann aber auch auf möglichen Geldzufluß hinweisen (denn leerer kann sie ja nicht werden). Wer das Geld in der Kasse zählt, will wissen, wo es in nächster Zeit langgehen kann, oder er will sein Geld zusammenhalten, zögert zumindest, zuviel auszugeben. (Siehe auch „Geld".)

Kastration Siehe „Entmannung".

Katze Sie umreißt das katzenhaft Ungebundene, das zwar mit Samtpfötchen das Ziel – meist sexueller – Wünsche zu erreichen sucht, aber dann mit scharfen Krallen zupackt und nicht mehr losläßt. Übersetzt auch die „wilde" Katze im Wesen einer Frau, das Triebhafte, das im Wachbewußtsein oft scheu überdeckt und nur im Traum in Gestalt dieses Tieres offenbart wird. In Männerträumen ist die Katze manchmal Ersatzbild der Frau, die man sexuell besitzen möchte. In Frauenträumen steht dieses Traumbild auch für charakterliche Eigenschaften wie ausgeprägte Individualität, Egozentrik und ein unstetes Wesen. (Siehe auch andere Katzentiere.)

Kauen Tätigkeit, die an das Mahlen der Mühlen erinnert. Das Sprichwort „Gut gekaut ist halb verdaut" ist hier anzubringen: Man sollte keine Mühe scheuen und viel Geduld aufwenden bei der Lösung von Problemen, die augenblicklich anstehen. (Siehe auch „Essen".)

Kaufen Deutet auf den Willen hin, sich etwas zuzulegen, was man noch nicht hat. Das kann auch mehr Standfestigkeit umschreiben, an der es uns bisher gemangelt hat. Manches, was uns unbewußt fehlt, kann man auch aus anderen Symbolen herauslesen. (Siehe auch „Einkaufen", „Laden".)

Kaufmann Er ist der Vermittler, der unsere seelische „Kaufkraft" auf die richtige Ware lenken soll, der seelische Mangelzustände behebt, indem er handelt. Oft sind wir selbst der Kaufmann, weil wir aus eigenem Antrieb etwas für uns tun wollen. Weitere Deutungshinweise ergeben sich aus der im Traum sichtbaren Handelsware. (Siehe auch „Laden".)

Kauz Siehe „Eulen".

Kegeln Wer im Traum kegelt, möchte im Wachleben vielleicht mal eine ruhige Kugel schieben.

Kehricht Wenn der Träumer sich selbst oder jemanden anderen mit einer Kehrschaufel Schmutz zusammenfegen sieht, läßt das Unbewußte keinen anderen Schluß zu, als daß wir Seelisches bewältigen sollten, das schon Patina angesetzt hat. Wer im Kehricht etwas sucht, will vielleicht den Splitter im Auge des Nachbarn finden und übersieht dabei den Balken im eigenen. Das Unbewußte benutzt hier das Bild, man solle besser erst mal vor seiner eigenen Tür kehren. (Siehe auch „Abfall".)

Keiler Die wilde Triebhaftigkeit, die in vernünftige Bahnen gelenkt werden sollte, umschreibt das Glück, das man beim anderen Geschlecht möglicherweise haben wird. Der Keiler ist also positiver als der Stier (siehe dort) zu deuten.

Kelch Es wird aus dem Kelch der Leiden getrunken; übersetzt: Wir müssen Bitteres hinunterschlucken, wenn wir einen neuen Anfang wagen wollen. (Siehe auch „Becher", „Gefäß".)

Keller Der Bereich des Unbewußten. Wer in den Keller hinabsteigt, der hofft, etwas aus der Dunkelheit ans Licht bringen zu können. Tappt man in einem dunklen Keller umher und fürchtet sich, will jemand dem Träumer am Zeug flicken. Suchen wir im Keller nach einem Einbrecher, fürchten wir im Wachleben einen Menschen, der ungefragt in unser Leben einbrechen will. Da der menschliche Körper in der Sprache des Unbewußten das Haus ist, umschreibt der Keller auch die unteren Extremitäten; stürzt er ein, sind also unsere Beine und Füße bedroht, was damit übersetzt werden könnte, daß wir aus einer augenblicklichen Lage kaum einen gangbaren Ausweg finden.

Kernkraft Die von Menschen entdeckte Kraft, die leicht Gewalt über uns selbst hätte, wenn wir sie nicht bändigen können. Das moderne Bild der Kernkraft erscheint oft in Situationen, die Angst erzeugen.

Kerze Schon im Altertum ein männliches Sexualsymbol: Wenn die Kerze hell leuchtend brennt, wird die Liebe erwidert, wenn sie erlischt, kommt man nicht ans Ziel seiner Wünsche. (Siehe auch „Fackel".)

Kessel Wie andere Gefäße (siehe dort) sind Kessel nicht unbedingt günstig zu deuten. So soll ein voller Kessel viel Arbeit mit ungebetenen Gästen ankündigen, ein leerer Streitigkeiten. Kocht der Kessel über, werden wir wohl von einer Aufregung in die andere gestürzt.

Kesselflicker Wer sich von ihm einen Kessel flicken läßt, muß wohl im Wachleben Kompromisse schließen; denn der Kesselflicker, vor langer Zeit ein fahrender Handwerker, kann ja nur Altes ausbessern.

Kette Schon bei Artemidoros das Symbol des Sich-gebunden-Fühlens. Zerreißt eine Kette von selbst, steht eine Trennung bevor. Zerreißen wir sie, stehen wir vor einem Neubeginn, der Erfolg verspricht. Wer sich mit einer Kette gefesselt fühlt, erreicht im Leben nicht allzuviel, weil er sich nicht (von Vorurteilen?) frei machen kann. (Siehe auch „Fesseln".) Bei der Halskette kommt es auf das Material an, aus dem sie besteht – etwa aus Gold, Diamanten oder Perlen (siehe dort).

Kiefer Eine schöngewachsene, alte Kiefer verhieß nach Traumbüchern des Altertums ein gesundes, zufriedenes Alter nach einem sorgen- und arbeitsreichen Leben. (Siehe auch „Baum".)

Kilometerstein Als Grenzstein (siehe „Grenze") steht er an einem Wendepunkt des Lebens. Der normale Kilometerstein ist eher ein Anhaltspunkt, welche Strecke wir auf unserer Lebensreise zurückgelegt haben oder bis zum nächsten Lebensabschnitt noch zurücklegen müssen. (Siehe auch „Reise" und einzelne Fahrzeugbezeichnungen.)

Kind Als Symbol nicht immer günstig, weil oft abschätzig gemeint: „Nur Kinder können so handeln!" Das Traumkind umreißt vielfach eine „unmündige" Meinung, wobei man sich kleiner macht, als man eigentlich ist. Aber es ist auch das Symbol neuer Möglichkeiten, die eine ganz andere Bewußtseinslage ergeben können. In Schwangerschaftsträumen (siehe Teil 3 dieses Buches) wird es vom Träumer ausgetragen und geboren; in diesem Falle zeigt es ebenfalls eine neue Entwicklung an, um die wir uns im Wachleben bemühen sollten, oder – und das widerspricht dem vorher Gesagten nicht – das Ende eines Lebensabschnitts. Es macht Eltern auf Schwierigkeiten ihres eigenen Kindes aufmerksam, auch wenn das Traumbild Günstiges vorgaukelt. Aber es weist auch auf einen verborgenen Weg hin, den man beschreiten, oder auf eine Kostbarkeit, die man gewinnen könnte. Im negativen Sinn zeigt das Kind einen allgemeinen Notzustand auf, oder es steht für ein Tier, das unserer Hilfe bedarf. Mehrere Kinder im Traum weisen darauf hin, daß irgend etwas in unserer Seele in Aufruhr ist, daß man der Umwelt ratlos gegenübersteht. Wer ein Kind auf dem Arm trägt, sollte aus einer Konfliktsituation herausfinden; wer es fallen sieht, dem droht ein Mißgeschick. (Siehe auch „Geburt", „Jugend", „Sohn", „Tochter".)

Kino Im Traum wird uns oft der Teil eines Filmes vorgespielt, den wir vielleicht gerade erst vor ein paar Tagen gesehen haben. Aber er ist sichtbar verändert: Hier wird ein Abschnitt unseres eigenen Lebensfilms vorgeführt! Das Unbewußte schildert uns gewissermaßen in einem Gleichnis die Situation, in der wir uns gerade befinden. Aus dem Halbdunkel des Seelenkinos wird sich manches erhellen. (Siehe auch „Filmen", „Fotografieren".)

Kirche Auch bei unreligiösen Menschen oder Atheisten eine Stätte der Besinnung. Wenn der Weg in eine Kirche versperrt ist, hat man im Wachleben alltägliche Konflikte zu lösen. Wer in der Kirche sitzt, sucht Ruhe und innere Ausgeglichenheit. Der halbdunkle Raum dort kann auf das Ungewisse im Leben hinweisen, auf das Nicht-mehr-ein-noch-aus-Wissen. Wenn in einer Kirche Obszönes geschieht, deutet das auf Unbeherrschtheit oder eine ernstzunehmende Störung im Intimleben hin. Altägyptische Traumforscher glaubten, daß man Trost erhalte, wenn man sich in einem Gottesdienst befindet. (Siehe auch „Geistlicher", „Gottesdienst", „Tempel".)

Kirsche Der kirschenförmige Mund spielt ins Traumbild hinein, wenn die süße rote Frucht dort erscheint. Sie wird zum Symbol des Gefühls und der Liebe. Pflückt man Kirschen, gewinnt man neue Freunde oder festigt eine bestehende Verbindung. Süße Kirschen sind wie Küsse, saure können auch Enttäuschungen signalisieren, schwarze manchmal eine Leidenschaft, die Leiden schafft. Die Kirschblüte deutet auf die ewig junge Liebe und auch viel Herzlichkeit hin, die zu einem Neubeginn ermutigen. In einigen mediterranen Ländern gilt der Kirschbaum als Baum der Erkenntnis (siehe dort).

Kissen Hier gilt das Sprichwort: „Wie man sich bettet, so liegt man." Wer ein Kissen aufschüttelt, ist besorgt ums eigene Heim; wer es frisch überzieht, sorgt für Glück und Freude und ist sehr gastfreundlich. Ein daunenweiches Kissen kündigt nach mittelalterlicher Meinung nahe Hochzeit oder eine sichere neue Stellung an.

Kiste Überraschendes verspricht die Kiste im Traum. Ist sie verschlossen, birgt sie ein Geheimnis, das wir lieber für uns behalten sollten. Ist sie geöffnet, können wir unsere Neugier stillen und im Glück – andere Symbole müssen es bestätigen – schwelgen. Manchmal deutet sie („Fertig ist die Kiste!") einen guten Abschluß an. (Siehe auch „Brett", „Holz".)

Kitzeln Wenn wir jemanden im Traum kitzeln, wollen wir ihm im Wachleben vielleicht eine Kränkung zufügen; werden wir selbst gekitzelt, sollten wir nicht den Gekränkten spielen. (Siehe auch „Lachen".)

Klagen Ständiges Klagen – das wissen wir – erzeugt nicht Mitleid, sondern eher Schadenfreude. Daher übersetzen manche Traumforscher das Jammern und Klagen im Traum oft mit der Freude, die uns Mitmenschen (oder wir diesen) machen. Wer vor Gericht klagt, will seine eigene Meinung ohne Rücksicht auf Verluste durchsetzen. (Siehe auch „Gericht".)

Klarinette Siehe „Blasinstrumente".

Klavier Das Tasteninstrument deutet die Gefühlsskala an. Dabei können die mit der linken Hand zu spielenden Tasten, die dunkle Töne erzeugen, zum inneren, seelischen Bereich gezählt werden, die mit der rechten Hand zu spielenden zum äußeren, bewußten Bereich. Tasten, die klemmen, weisen auf eine menschliche Verklemmung hin. Wie bei allen anderen Instrumenten kann das Klavierspiel ebenfalls erotische Auslegung erfahren. (Siehe auch „Musik", „Saiteninstrumente".)

Kleben Der Klebstoff, der im Traum benutzt wird, steht für das Konservative im Träumer, sein Kleben an Althergebrachtem, an einem Amt, einer Stellung, die ihn nicht weiterbringt. Bei entsprechenden anderen Symbolen kann es auch auf einen Konkurrenten hinweisen, dem man gern eine „kleben" möchte. (Siehe auch „Klette", „Leim".)

Klecks Unschöne Kleckse auf Papier umschreiben dunkle Punkte in unserem Leben, die unsere Neider ausnutzen, um uns zu schaden. Tintenkleckse dagegen sind positiv auszulegen. (Siehe auch „Fleck", „Tinte".)

Klee Ist in der Deutung nicht immer der Glücksklee, sondern auch das Unkraut, die seelische Unebenheit, die man beseitigen muß.

Kleid Das Kleid steht für das Lebenskleid, die „Verpackung", die wir unserem Inneren und Äußeren geben. Ziehen wir ein unordentliches Kleid an, ist in unserer Seele nicht alles in Ordnung; wir müssen uns im Wachleben im übertragenen Sinn ein anderes anziehen, damit wir wieder zu uns selbst zurückfinden können. Ein Kleid aus Omas Kleiderschrank, das meist ältere Träumer anziehen, übersetzt den Wunsch, in Würde alt zu werden und nicht der Spötter zu achten, die uns manches mißgönnen. Wer ein Kleid vor anderen im Traum auszieht, möchte entweder seine Überlegenheit über althergebrachte Moral und Tradition beweisen oder gibt sich eine Blöße. Man beachte auch die Farbe der Kleider, die durch unsere Träume gehen, und andere Symbole, um ein möglichst umfangreiches Bild unserer Persönlichkeit zu erlangen. (Siehe auch „Nacktheit" und unter einzelnen Farben.)

Klempner Der Mann, der mit der Zange hantiert und Reparaturbedürftiges in Ordnung bringt, umschreibt, daß wir einen nicht sehr erfolgreichen Lebensabschnitt beenden und etwas Neues beginnen wollen, wobei die Zange im übertragenen Sinn die Geburtszange ist. (Siehe auch „Zange".)

Klette Oft wächst sie auf dem Schutt, was man positiv mit dem Festhalten am Althergebrachten übersetzen könnte. Aber die Kletten halten auch zusammen, womit das Zusammengehörigkeitsgefühl im bewußten Leben gemeint sein könnte. Und ihre kugeligen Blütenköpfchen kleben an allem fest, das in ihre Nähe kommt, was jemanden umschreibt, den man im Wachleben nicht mehr los wird, weil er wie eine Klette ist. (Siehe auch „Kleben".)

Klettern Es hat Abenteuerliches an sich; man will unter Mühen ans lockende Ziel kommen, und das geht oft nicht ohne Kratzer ab. Beim Klettern kann man sich nie so ganz sicher fühlen – da fehlt es wohl an der nötigen Selbstsicherheit im Wachleben. (Siehe auch „Abstürzen", „Berg".)

Klingel Wer an einer Klingel läutet, möchte im bewußten Leben vielleicht jemanden auf sich aufmerksam machen.

Klinik Siehe „Krankenhaus".

Klippe Sieht man an der Klippe ein Schiff stranden, muß das Lebensschiff einen Umweg machen, um wieder flott zu werden. Die Klippe, die nur knapp über die Wasseroberfläche hinausragt, deutet immer auf das mögliche Stranden hin; übersetzt: Man hat Schwierigkeiten, einen guten Plan oder eine Arbeit erfolgreich durchzuführen. (Siehe auch „Meer", „Schiff", „Wasser".)

Klosett Siehe „Toilette".

Kloster Sieht man sich in ein Kloster versetzt, möchte man seelische Einkehr halten, wahrscheinlich auch mehr Ruhe in sein Leben bringen. (Siehe auch „Einsiedler", „Kirche", „Mönch", „Nonne".)

Klotz Der grobe, auf den ein grober Keil gehört. Stoßen wir uns an einem Klotz, stellt uns jemand im Wachleben eine Falle. Spalten wir Holz auf einem Hackklotz, haben wir Vorteilhaftes von Leuten zu erwarten, die uns früher gleichgültig gegenüberstanden, die wir vor einiger Zeit aber mit überzeugenden Ideen auf unsere Seite bekommen konnten. (Siehe auch „Holz".)

Klub Der Klub, in dem man Geselligkeit pflegt, ist manchmal ein Zeichen für die Sehnsucht des Träumers nach mehr Offenheit im Freundeskreis.

Knall Ein Knall aus heiterem Himmel, ohne daß eine Explosion (siehe dort) erfolgte, umreißt unser vergebliches Bemühen im Wachleben, bei bestimmten Menschen eine durchschlagende Wirkung zu erzielen.

Knäuel Das Woll- oder Garnknäuel im Traum ist ineinander Verschlungenes, im übertragenen Sinn etwas, das man kaum entwirren kann. Wer Garn, Wolle oder andere Textilfäden aufwickelt, braucht viel Zeit, um im Wachleben zu einem brauchbaren Ergebnis zu kommen. Sind die Fäden ein einziges wüstes Durcheinander, weist das auf sprunghafte Gedanken und Ideen hin, die man nicht umsetzen kann. Das geträumte Menschenknäuel umschreibt vielfach die Angst, daß man bei einer Bewerbung nicht zum Zuge kommen, daß zu viele Menschen in bestimmten Dingen mitreden könnten. (Siehe auch „Knoten", „Labyrinth").

Knebel Werden wir im Traum geknebelt, fehlen uns im Wachleben die richtigen Worte, um das, was wir fühlen, auch sagen zu können.

Knecht Wer als Knecht im Traum schwere Arbeit verrichten muß, ist vielleicht im bewußten Leben der Herr, ein Vorbild für andere, die nicht so einsatzbereit sind. Nur hier und da übersetzt der Knecht die Unterwürfigkeit, das Nachgiebige.

Knie Das Gelenk im Bein (siehe dort) versinnbildlicht eine Schaltstation im Leben; hier wird dafür gesorgt, daß alles wie geschmiert läuft. Wo das Knie schmerzt, kommt man nicht recht voran, muß also mit schleppendem Geschäftsgang rechnen. Steife Knie lassen auf die unbeugsame Haltung der Umwelt gegenüber dem Träumenden schließen. Wer die Knie beugt, hat die rechte Demut; wer aber auf den Knien rutscht, wird wohl im Wachleben durch eigene Schuld von anderen gedemütigt. (Siehe auch „Bein".)

Knochen Sie gehören zum Skelett des Menschen und können im Traum im übertragenen Sinn auf dessen Rückgrat schließen lassen. Wer an Armen und Beinen nur die Knochen sieht, legt etwas bloß, das ihm früher wichtig war, oder er hat „keinen Mumm in den Knochen", kann sich also nicht durchsetzen. Und wer welche abnagt, dem steht eine teure Zeit ins Haus, möglicherweise deutet das Traumbild aber auch auf allzu große Sparsamkeit hin.

Knopf Der Knopf hält etwas zusammen, und so ist dieses Symbol auch meistens zu verstehen. Der abgerissene Knopf kann also auf eine abgerissene Verbindung hinweisen. Bekommt man einen Knopf angenäht, erhält man im Wachleben Protektion; näht man ihn sich selbst an, bleibt man im Beruf fest im Sattel. Knöpfe stehen ab und zu auch für Geldstücke, die man einnehmen, aber für Nutzloses schnell wieder ausgeben wird. (Siehe auch „Nadel", „Nähen".)

Knospe Offenbart aufkeimende Liebe, bei der man sich aber noch bedeckt hält. Wenn eine Knospe abgeschlagen wird, kann sich möglicherweise ein bisher herzliches Verhältnis trüben. (Siehe auch „Blumen".)

Knoten Stehen für schwer zu lösende Probleme oder für Situationen, bei denen man nicht recht weiß, wie man sie meistern soll. Manchmal erinnert das Unbewußte auch an den schier unentwirrbaren

Gordischen Knoten, den Alexander der Große löste, indem er ihn mit dem Schwert durchhieb; wer es dem Welteroberer im Traum gleichtut, dem werden zündende Ideen und durchführungsreife Pläne zum Erfolg verhelfen. (Siehe auch „Knäuel".)

Kobold Auch Kobolde und Nixen können uns im Traum begegnen. Meist helfen sie uns seelisch auf die Sprünge. Als Waldgeister decken sie aber auch Schattenseiten unseres Charakters auf. (Siehe auch „Geister", „Nixen", „Nymphe".)

Koch Es ist der Seelenkoch, der uns entweder ein trübes Süppchen vorsetzt, an dem wir im Wachleben ganz schön zu würgen haben, oder er stillt unser Verlangen nach der Speise, die Lebensenergie vermittelt („Hunger ist der beste Koch"). Es gilt aber auch zu bedenken, daß viele Köche den Brei verderben können. (Siehe auch „Hunger", „Rezept".)

Kochen Sieht man sich selbst kochen, könnte ein Familienfest in Sicht sein; wenn andere kochen, steht vielleicht eine Einladung ins Haus. Meist aber umschreiben diese beiden Bilder, daß man eventuell vor Wut kocht oder sein Süppchen am Feuer anderer zubereiten will, die gleichfalls nur mit Wasser kochen. (Siehe auch „Küche".)

Koffer Die Last, die der Träumer auf seiner Lebensreise mit sich herumschleppt. Darin sind Sorgen und Probleme verpackt, aber auch noch unausgereifte Ideen und Gedanken, die eines Tages zum eigenen Nutzen ausgepackt werden können. (Siehe auch „Gepäck".)

Kohl Siehe „Gemüse".

Kohlen Hier gebraucht das Unbewußte vielfach die volkstümliche Umschreibung: Kohlen gleich Geld. Ein großer Haufen Kohlen läßt demnach finanziellen Gewinn erwarten. Aber sie sind auch im Traum Energieträger; wenn sie zum Beispiel hell brennen, läßt das auf ein freudvolles Ereignis schließen. Schwelen sie aber nur unter großer Rauchentwicklung, ist unsere Zukunftsplanung gefährdet oder Trauer steht ins Haus. (Siehe auch „Geld".)

Koitus Läßt nur bedingt eine sexuelle Deutung zu. Als Symbol meint er oft die geistige Befruchtung, die Neugeburt der Seele. (Siehe auch „Beischlaf".)

Kompaß Mit ihm ortet der Träumer einen Weg, der ihn aus einer verfahrenen Situation herausführen kann.

Komponieren Wer im Traum mit Notenschlüssel und Noten beschäftigt ist, sucht im Wachleben die Harmonie, den Schlüssel zum Zusammenklang der Gefühle. (Siehe auch „Musik".)

Konditor Ein Mann, der süße Sachen zu bieten hat, läßt Hoffnungen wach werden, daß man in eine sorglosere Lebensphase eintreten kann. Sonst aber ist er wie der Bäcker (siehe dort) zu deuten. (Siehe auch „Backen", „Kuchen".)

König Archetyp des Vaters, der in schwierigen Situationen Beistand vermitteln kann. Mit diesem Bild wird häufig die Vater-Kind-Beziehung beleuchtet und das Abhängigkeitsverhältnis von der Vaterfigur aufgezeigt. (Siehe auch „Kaiser", „Vater".)

Kontrabaß Wie alle Saiteninstrumente (siehe dort) von stark erotischer Bedeutung. Der „Brummbaß“ umschreibt die derben Liebespraktiken, die man ins Wachleben umsetzen möchte, wobei man aber nicht weiß, wie der Partner darauf reagieren wird. Der Kontrabaßtraum ist in solchem Fall Ausdruck der eigenen Lustbegierde.

Konzert Wer in einem großen Kreis Musik (siehe dort) hört, möchte in harmonischer Umwelt leben, sozusagen in guter Gesellschaft.

Kopf Von ihm aus werden alle unsere Sinne und der gesamte Verstandesapparat gesteuert; wessen Haupt im Traum Schaden erleidet, der sollte ärztlichen Rat suchen. Die Enthauptung (siehe dort) umschreibt den bewußten Tatbestand, daß man in irgendeiner Weise seinen Kopf verlieren könnte. Bei den Chinesen ist der Kopf Sitz des Himmelslichts, für Artemidoros ist er der Vater oder auch ein männlicher Verwandter, bei Freud Symbol der Männlichkeit, bei C. G. Jung archetypisches Symbol des Selbst, dessen oberem Teil auch phallische Bedeutung zukäme (unter Hinweis auf die griechische Mythologie: die Geburt der Athene aus dem Haupt des Zeus). In der indischen Traumschrift „Jagaddeva“ erhebt man Herrschaftsansprüche, wenn man im Traum seinen eigenen Kopf spaltet; nach einer anderen Auslegung wird man mit reicher Nachkommenschaft gesegnet. (Siehe auch „Körper“.)

Köpfen Siehe „Enthauptung“.

Korb Nach Meinung von Psychoanalytikern umschreibt er als weibliches Geschlechtssymbol in Männerträumen die mangelnde Befriedigung, weil zuviel Luft an das kommt, was man hineinsteckt. Oft stellt der Korb ein Hindernis dar. Und wer im Traum einen Korb bekommt, der erreicht kaum das Ziel seiner Sehnsüchte.

Korn Fruchtbarkeitssymbol, das wachsen und reifen läßt. (Siehe auch „Bauer“, „Ernte“, „Getreide“, „Saat“.)

Körper Der Körper und seine Funktionen übersetzen meist seelische Belange. Mit einem körperlichen Mangel zeigt also das Unbewußte seelische und geistige Schwachstellen auf. Wer mit seinem Körper im Traum zufrieden ist, der kann im Wachleben auf seine geistige Kraft bauen. Löst sich der Körper in nichts auf, scheint die Psyche gesundheitlich nicht in Ordnung zu sein. (Siehe auch unter den Bezeichnungen einzelner Körperteile.)

Korridor Siehe „Flur“, „Gang“.

Korsett Hier ist von dem Korsett die Rede, das man Seele und Geist anlegt. Wenn es eng geschnürt wird, zeigt es seelische Verkrampftheit im Wachleben an oder die Tatsache, daß wir mit unserem Denken und Fühlen augenblicklich auf der Stelle treten.

Kot Kotabgabe hat wie alles in Analträumen Vorkommende nichts mit der übelriechenden Masse zu tun, die unser Körper ausscheidet. Kot ist vor allem deshalb positiv zu deuten, weil er als landwirtschaftlicher Dünger wachstumsfördernd ist. In vielen Fällen wird daher der Traum vom Kot als Übersetzung von Geld oder als Charakterdeutung gewertet. Das Ausscheiden von Exkrementen könnte demnach mit Freigebigkeit oder Ordnungssinn umschrieben werden, die Verstopfung analog als Geiz, Pedanterie, Herrschsucht, aber auch als die Angst vor einem Verlust (von Geld?). Manche Psychoanalytiker sahen die Abgabe von Kot als Kastrationssymbol. Freud glaubte, Kinder, die davon träumen, erlebten einen Verlust; daran sei vor allem die übertriebene Erziehung des Kleinkinds zur Reinlichkeit schuld, diese sei eine der Wurzeln späterer Neurosen und sexueller Verklemmungen. Moderne Psychotherapeuten sind ähnlicher Auffassung, sehen jedoch mehr einen Verlust an Liebe als gegeben an, der durch überstrenge Erziehung bewirkt wurde. (Siehe auch „Darmentleerung“, „Toilette“.)

Kragen Gehört bei manchen Psychoanalytikern in die Kategorie „alles, was rund ist“, müßte also wirklich sexuell gedeutet werden. Der saubere Kragen, den sich der Träumer umlegt, kann aber getrost als Vorbereitung auf eine wichtige (nichtsexuelle) Angelegenheit im Wachleben übersetzt werden. Zerreißt er im Traum, könnte dem Träumer auch im bewußten Leben bald der Kragen platzen.

Krähen Stehen häufig für die Redensart, daß eine Krähe der anderen kein Auge aushackt. Schreiende Krähen gelten als Vorzeichen für einen Verlust oder für gravierende Veränderungen in den intimen Beziehungen, die sich für den Träumer negativ auswirken können. (Siehe auch „Rabe“, „Vogel“.)

Krallen Sie packen im Traum zu, und man kann sich aus ihnen nur schwer befreien; übertragen auf das Wachleben heißt das, daß sich der Träumer von seinen Verklemmungen freimachen oder sich aus einem Verhältnis lösen muß, das ihn zu erdrücken scheint.

Krampfadern Siehe „Adern“.

Krankenhaus Wer in einem Krankenhaus liegt, den bedrücken Sorgen, deren er ohne fremde Hilfe nicht Herr wird; sie haben meist nichts mit Krankheiten zu tun, sondern sind eher psychisch bedingt. Wer in einer Klinik auf ein Operationsergebnis wartet, dem steht im Wachleben ein einschneidendes Erlebnis bevor. In diesem Zusammenhang sollte man auch auf die Diagnose des Arztes achten, die Hinweise darauf geben könnte, was in unserem Seelenhaushalt in Unordnung geraten ist. Auch das jeweilige Stockwerk, in dem das Krankenzimmer liegt, kann auf psychische oder physische Mängel in bestimmten Körperbereichen aufmerksam machen. (Siehe auch „Arzt“, „Kranker“, „Operation“.)

Krankenschwester Sie ist nicht immer die Person, die uns pflegt und zu unserer Heilung beiträgt. In Frauenträumen steht sie oft für die Nebenbuhlerin; im positiven Sinn ist sie aber auch als die Seelenschwester zu sehen. Als gefühlvolles Wesen (die „Anima“) tritt sie – positiv wie negativ – in Männerträumen auf. Möglicherweise sucht der Träumer im Wachleben nach jemandem, der ihn versorgen und trösten kann. (Siehe auch „Mutter“, „Schwester“.)

Kranker Der Kranke im Traum ist immer der Träumer selbst, der vielleicht sein seelisches Gleichgewicht verloren oder im Gefühlsbereich mit Problemen zu kämpfen hat. Wer im Traum Kranke besucht, bemüht sich im Wachleben um Kontakte, die ihm aus einem psychischen Tief heraushelfen können. Wer Kranke pflegt, der ist aus diesem Tief schon fast befreit.

Krankheit Sie weist immer auf einen Mangel im Seelenleben hin. Wer es am Herzen hat, leidet vielleicht im Gefühlsbereich; wer über Augenschmerzen klagt, sollte im Wachleben vielleicht eine bestimmte Person einmal mit anderen Augen sehen. Magen- oder Darmbeschwerden weisen auf etwas hin, das erst einmal verdaut werden muß, bevor man es ins reine bringen kann. (Siehe auch „Arzt".)

Kranz Die Bindung an den Mitmenschen, die Freude oder Trauer beinhalten kann. Wer selbst einen Kranz aus Blumen bindet, kann auf eine glückverheißende Zukunft hoffen; wessen Kranz verwelkt, der wird vielleicht eine Enttäuschung erleben, an der er schwer zu tragen hat. Auch als Ersatzbild für einen Ring zu deuten, und zwar als Sehnsucht nach einer Bindung. (Siehe auch „Blumen", „Ring".)

Kräuter Wer sie sucht oder ißt, will etwas für seine Gesundheit tun, um so im Leben mehr Erfolg haben zu können.

Krebs Die lebensgefährliche Krankheit ist damit nicht gemeint, auch wenn man sich im Traum krebskrank sieht, sondern das Tier, das bei Gefahr meist den Rückwärtsgang einlegt; das Bild umschreibt gewissermaßen die mögliche Zurückführung auf einen Weg, den man schon einmal gegangen ist und der für uns im Augenblick wohl der gangbarste wäre.

Kreide Mit ihr wird „etwas angekreidet", das uns oder eine andere Person im Wachleben stört, wobei die Farbe der Kreide oder das, was man damit schreibt, weitere Hinweise geben kann. (Siehe unter den einzelnen Farben.)

Kreis Die unendliche Linie ist ein Ganzheitssymbol, das entweder von der geometrischen Figur selbst oder von einer im Kreise herumstehenden Menschengruppe, einem kreisrunden Platz oder ähnlichem ins Bild gesetzt wird; es besagt: Die seelische Energie soll zusammengehalten werden, man umkreist das Objekt seiner Gunst oder schließt den Kreis seiner (meist positiven) Eindrücke. Rund wie der Kreis ist auch die Zirkusmanege, in der wilde Tiere (sprich: die ungezügelten Triebkräfte) gebändigt werden. Wer in einen Kreis eindringt, steuert ein bestimmtes Ziel an. (Siehe auch „Arena", „Ball", „Kugel", „Zirkus".)

Kreuz Ordnungssymbol, oft als Lebensstation gedeutet, die entscheidend für unseren weiteren Weg ist; es wird uns Mut gemacht, mit der augenblicklichen Situation fertig zu werden. (Siehe auch „Wegweiser".)

Kreuzung Wenn man an einer Kreuzung steht, deutet das auf Ratlosigkeit hin. Man weiß nicht, wie man seinen Lebensweg erfolgreich fortsetzen kann; das Unbewußte zeigt damit oft die Lebensangst des Träumers auf, die in Wirklichkeit eine psychische Krankheit oder mangelnde Entschlußkraft sein kann. Manchmal aber wird im Traum der Weg vorgegeben, wobei man darauf achten sollte, in welche Richtung man geht. (Siehe auch „Himmelsrichtungen".)

Krieg Wenn es kein Erinnerungstraum ist, schildert der Krieg die Angst, in etwas hineingezogen zu werden, das dem eigenen Wollen zuwiderläuft. Er wird oft auch als Gleichnis einer schwierigen seelischen Lage gesehen oder als Konfliktsituation gedeutet, die ausweglos erscheint, aber mit kämpferischen Mitteln bewältigt werden kann. (Siehe auch „Kampf".)

Kristall Das feingeschliffene Kristall läßt erkennen, daß uns nur gute Manieren zu einem Erfolg im zwischenmenschlichen Bereich verhelfen können. Bricht es das Licht, stehen wir möglicherweise vor der Außenwelt im Zwielicht da. (Siehe auch „Glas".)

Krokodil Negatives Symbol unserer inneren Energien, das bei Träumern auftaucht, die nicht die rechte Einstellung zum Leben gefunden haben. Es symbolisiert auch die Unbarmherzigkeit, die es auf der Welt gibt, oder böse Nachbarn, die uns das Leben schwermachen können. (Siehe auch „Drache".)

Krone Symbol der Macht, das ihren Mißbrauch einschließt. So deutet die goldene Krone darauf hin, daß man sich seinen Mitmenschen gegenüber erhaben fühlt und Gefahr laufen könnte, über Gut und Geld sein eigenes Herz zu vergessen. Die Dornenkrone zeigt Leid an, die Myrthenkrone eine Hochzeit (das braucht nicht die eigene zu sein) oder den Beginn einer neuen, glücklicheren Zeit.

Kropf Siehe „Hals".

Kröte Trotz ihres manchmal ekelerregenden Aussehens kann man sie positiv deuten als das erdhaft Gebundene. In Männerträumen weist sie auf das weiblich Mütterliche hin, das Schutz vor mancherlei Gefahren bietet (die Kröte duckt sich ja an die Erde, wenn Gefahr im Verzuge ist, und fällt wegen ihrer erdhaften Farbe kaum auf), gleichzeitig aber auch auf Gefahren hinweist. (Siehe auch „Frosch".)

Krücken Zeichen der Unsicherheit und Hilfsbedürftigkeit des Träumenden. Wer sich im Traum auf sie stützen muß, braucht sie im Wachleben vielleicht, um Liebeskummer oder geschäftlichen Ärger zu überwinden. Wer jemanden an Krükken gehen sieht, hat sich wahrscheinlich zu sehr um andere gekümmert und sein eigenes Fortkommen nicht beachtet. Wer seine Krücken zertrümmert oder wegwirft, überwindet eine augenblickliche Notlage schnell.

Krug Er deutet auf persönliche Probleme des Träumers hin: der zerbrochene Krug auf Streit in der Familie, der überlaufende auf Tränen (das „Tränenkrüglein"), ein leerer auf den „leeren" Kopf oder die Gedankenarmut, ein voller eventuell auf ein übervolles Herz, das man ohne jede Gegenleistung verschenkt. Wie jedes Gefäß (siehe dort) hat auch der Krug bei manchen Psychoanalytikern sexuelle Bedeutung, wobei der zerbrochene auf die Defloration hinweisen soll.

Krüppel Sehen wir im Traum einen Krüppel oder sind wir selbst einer, umschreibt das unsere Hilflosigkeit in psychischer Hinsicht. Er ist der Hinweis darauf, daß irgend etwas in unserer Seele krankt. (Siehe auch „Invalide".)

Küche Das ernährende mütterliche Leben in uns selbst, der Ort, an dem, übersetzt, eine psychische Wandlung vor sich geht, an dem die Speisen zubereitet werden, die uns unsere Lebenskraft schenken. Küchenträume haben viel mit unserer seelischen Verdauung zu tun. Viele Gegenstände in der Traumküche deuten nach Freud auf sexuelle Wünsche hin (Pfanne, Feuerloch, Kartoffelstampfer und so weiter), nach deren Erfüllung man sich sehnt. Wer in der Küche arbeitet, der scheut keinen Weg, um auf einen grünen Zweig zu kommen. (Siehe auch „Haus", „Herd", „Kochen".)

Kuchen Der Kuchen ist übersetzt meist das Süße, das uns das Leben verspricht. Wer ein Stück davon abbekommt, dem ist das Glück der Liebe hold. Backen und Essen eines Kuchens weisen meist auf Freude in den zwischenmenschlichen Beziehungen hin. (Siehe auch „Konditor", „Süßigkeit".)

Kugel Wie der Kreis (siehe dort), doch noch dynamischer zu werten. Oft umschreibt sie das seelische Gleichgewicht oder auch den guten Kern des Träumers und seine Beziehung zur Umwelt, die sich erfreulich gestalten könnte.

Kuh Symbol des Mütterlichen und des Sichherschenkens. Bei alleinstehenden Frauen gibt eine Kuh oft Hinweise darauf, daß es den Träumenden an Wärme, Geduld und Güte fehlt, daß sie recht anspruchslos dem Leben gegenüberstehen. Wer sieht, daß eine Kuh gemolken wird, kann sicher sein, daß man ihn im Wachleben ausnutzen will. Wer selbst eine Kuh melkt, möchte demnach eine Lage so ausnutzen, daß er finanziellen Gewinn daraus ziehen kann. Seltsamerweise verläuft sich die Kuh nur selten in Männerträume; wenn es einmal der Fall ist, zeigt das meistens das Muttersöhnchen an.

Küken Im Altertum wurde auf Kindersegen geschlossen, wenn Küken aus dem Ei schlüpfen. Auf jeden Fall sind sie Glücksbringer besonderer Art. Sitzen sie aber in einem Behälter und piepsen sie dort fröhlich herum, kann man gewiß sein, daß man ein Problem schnell lösen wird.

Kulisse Sie weist meist auf eine recht trügerische Lage oder darauf hin, daß sich der Träumer im Wachleben irgend etwas vorstellt, das kaum eintreffen wird. Manchmal will man auch einen Menschen, den man zu seinen Freunden zählt, anders sehen, als er in Wirklichkeit ist. Man achte auf die Bemalung einer Theaterkulisse, um sich aus den Farben (siehe dort) und dem, was dargestellt ist, ein genaueres Bild zu machen. Wer die Kulissen ständig hin- und herschiebt, führt ein unstetes Leben. (Siehe auch „Theater".)

Kündigung Umschreibt die Angst, daß wir etwas nicht richtig gemacht haben könnten. Meist löst sich diese Befürchtung im bewußten Leben in Wohlgefallen auf; wir zeigen uns im Beruf bemüht, alles gut zu machen, und werden sogar geoder befördert. Kündigen wir im Traum selbst jemandem, weist das wohl auf einen Vertrauensverlust hin.

Kuß Der Kuß versinnbildlicht höchstes Glück und verspricht Kranken Genesung. Wenn er in erotischen Träumen gegeben wird, ist eine Beziehung meist in Ordnung, auch wenn es im Traum nicht der Partner ist, den man küßt. Oft ist mit dem Kuß auch die geistige Kommunikation gemeint. Wenn andere uns im Traum küssen, ist Vorsicht geboten – es könnte ein Judaskuß sein. (Siehe auch „Lippen", „Mund", „Zunge".)

Kutsche Der fahrbare Untersatz, der einen nur gemächlich seinem Ziel entgegenbringt, übersetzt die ungewisse Zukunft, vor der man ein wenig Angst hat. Steigt man aus oder springt man während der Fahrt ab, will man sein Leben selbst bestimmen (Siehe auch „Automobil", „Droschke".)

L

Laboratorium Der Raum, in dem unser Unbewußtes experimentiert. Ob die Experimente gelingen und Seelisches gut verarbeitet wird, darüber geben die anderen Symbole des Traumes Aufschluß.

Labyrinth Ein seelisches In-die-Irre-Gehen wird hier angezeigt, ein Nicht-mehr-ein-noch-aus-Wissen. Wer glücklich aus dem Irrgarten herausfindet, hat eine schlimme Zeit hinter sich gebracht. Vom Labyrinth wird gar nicht so selten geträumt, wie man vielleicht annehmen mag. Es kann übrigens manchmal auf eine geistig-seelische Verirrung hinweisen, auf eine heimliche Liebe zu einer Person, die sie nach Meinung unserer Mitmenschen nicht verdient hat. Das Labyrinth kann auch ein dunkler Keller (siehe dort) sein, durch dessen Gänge man sich im Traum durcharbeiten muß.

Lachen Es ist gewissermaßen der befreiende Seufzer der Seele, daß man aus einer (verfahrenen?) Situation herausgefunden hat. Im Altertum verkehrte man Lachen in Weinen und Weinen in Lachen, was wir aus eigener Erfahrung nicht bestätigen können (siehe Teil 3 dieses Buches: „Über das Lachen"). Der Träumende wacht übrigens meistens während des Lachens auf; er lacht dann noch mit offenen Augen, weiß aber oft kaum mehr, warum.

Laden Wer einen Laden betritt, erwartet, daß man ihn bedient; aber man muß schon wissen, was man will – übersetzt: Wer nicht weiß, was er kaufen soll, ist im Wachleben ein Mensch mit mangelnder Entschlußkraft, wer es weiß, faßt Entschlüsse, die ihm weiterhelfen werden. Wenn das Geschäft leer ist, hat man sich im Wachleben irgendwie verkalkuliert. Ist man der Verkäufer, bietet man sich selbst feil, macht sich vielleicht sogar zum Gespött seiner Mitmenschen. Nur in wenigen Fällen kann man sich als Besitzer eines Traumladens auf finanzielle Vorteile freuen. Geht der Träumende an einem Geschäft vorbei, verpaßt er im bewußten Leben vielleicht eine günstige Gelegenheit. (Siehe auch „Kaufen", „Kaufmann".)

Lager Lebt man als Gefangener oder Flüchtling, ohne es zu sein, in einem Lager, hat man im Wachleben mit Problemen zu kämpfen, ist man in Vorurteilen befangen. Nur die Freizeitlager lassen positive Schlüsse zu: Man will sich im Kreis fröhlicher Menschen bewegen, sehnt sich aus der Einsamkeit heraus nach Harmonie und Geselligkeit.

Lähmung Wer sich oder einen anderen im Traum gelähmt sieht, leidet im Wachleben unter einem seelischen oder geistigen Hemmnis, kann momentane Schwierigkeiten nicht so schnell überwinden, wie er gern möchte. Das Unbewußte mahnt den Träumer manchmal auch, er solle mal etwas kürzertreten, nicht soviel wagen. (Siehe auch „Arm", „Bein" und andere Gliedmaßen.)

Lampe Es kommt darauf an, ob die Lampe hell leuchtet oder ob es sich um eine trübe Funzel handelt. Die hell erstrahlende verspricht fröhliche Ausgeglichenheit, die Funzel seelische Verkrampfungen. Verlischt unsere Lampe im Traum, weiß die Seele sich keinen Rat in einer für uns vielleicht prekären Lage. Zerbricht die Lampe, mahnt das zur Vorsicht, da in unserem Inneren irgend etwas zerbrechlich sein oder bereits zerbrochen sein könnte. Zünden wir im Traum die Lampe an, kommen wir dagegen aus einer etwas verworrenen Lage glücklich heraus. (Siehe auch „Laterne", „Licht".)

Landkarte Verrät die Richtung, die man im persönlichen Bereich einschlagen muß, um ein gestecktes Ziel zu erreichen. Sie weist auf Pläne hin, die man durchführen kann, wenn man im Traum die Kartenzeichnung genau erkennt. Ist sie verwischt oder findet man sich auf der Karte nicht zurecht, blockiert irgend etwas Gravierendes den Lebensweg.

Landschaft Eine sonnige Landschaft erfüllt unsere Wünsche nach einem sorglosen, naturverbundenen Leben; liegt sie im Nebel oder ist sie wolkenverhangen, hegen wir im Wachleben trübe Gedanken, die uns nicht weiterbringen. (Weiteres unter den Bezeichnungen von Naturerscheinungen und Landschaftsformen).

Landstreicher Siehe „Vagabund".

Lanze Trotz ihrer Altertümlichkeit nach Freud und seinen Anhängern auch heute noch häufiges Sexualsymbol in Träumen, die sich mit dem intimen Zusammenleben von Mann und Frau beschäftigen. Die Lanze umschreibt danach ebenso die Überwindung einer schwierigen (sexuellen) Situation. Bei älteren Menschen erscheint sie oft als die, mit der ein römischer Soldat Christus die Seite geöffnet hat, also als Bild des Leidens, das auf Unpäßlichkeiten oder Krankheiten hinweisen kann, aber auch auf deren Überwindung. Eine gebrochene Lanze kann bedeuten, daß man für jemanden eine Lanze brechen sollte.

Lärm Wenn er nicht auf äußeren Einflüssen beruht, durch die wir wach werden, kündigt er Unruhe und Aufregungen in unserem privaten Bereich an. Manchmal schlägt auch das Unbewußte Lärm, um uns mit Nachdruck auf eine Gefahrensituation aufmerksam zu machen.

Larve Wer von Tierlarven träumt, steht im Wachleben vielleicht am Anfang einer neuen Entwicklung; nur selten umschreiben sie die Hilflosigkeit, in der man augenblicklich befangen ist. (Gesichtslarve siehe „Maske".)

Last Sie übersetzt das, was man so alles im Alltagsleben mit sich herumschleppen muß, die Bürde, an der man oft schwer zu tragen hat. Wem sie aufgelastet wird, muß wahrscheinlich im Wachleben Verantwortung übernehmen; wer sie andere schleppen läßt, scheut sich vielleicht, eine verantwortungsvolle Position zu übernehmen. Wer unter einer Last stöhnt, sollte sich auf eine äußerst schwierige Aufgabe gefaßt machen, die ihm gestellt wird. (Siehe auch „Gepäck", „Kamel", „Karawane", „Koffer".)

Lastwagen Das eigene Ich, dem besondere Lasten auferlegt werden (sonst wie „Automobil").

Laterne Wenn die Straßenlaterne im Traum aufleuchtet, wird einem im Wachleben ein Licht aufgehen, das heißt, man wird erkennen, daß man in eine ungewisse Zukunft steuert, wenn man so weitermacht wie bisher (siehe auch unter „Dunkelheit"). Oder wir werden über eine Lage oder über die Absichten eines bestimmten Menschen aufgeklärt. (Sonst wie „Lampe", siehe auch „Leuchtturm", „Licht".)

Latte Sie wird nicht nur für Hochspringer aufgelegt, sondern bedeutet für manche Träumer, daß sie endlich über ihren Schatten springen und ihre Hemmungen ablegen sollten. Oft ist die Latte auch ein Wink mit dem Zaunpfahl, nichts unüberlegt zu tun. (Siehe auch „Zaun".)

Laub Grünes Laub soll nach Meinung antiker Traumdeuter Freude bringen, welkes Melancholie. (Siehe auch „Blatt", „Herbst".)

Laube Das kleine Haus im Garten, das auf Heimlichkeiten in unserem Inneren schließen läßt. Das könnte zum Beispiel eine heimliche Liebe oder das Wissen um das Geheimnis anderer sein; genauere Hinweise sind aus weiteren Symbolen herauszulesen. (Siehe auch „Garten", „Haus".)

Laufen Wer mit Ausdauer läuft, strebt einem Ziel entgegen, das er auch mit Energie erreichen wird. Manchmal verbirgt sich hinter dem Symbol eine gewisse Kopflosigkeit, die Hemmungen aufzeigt. Altägyptische Traumforscher deuteten das Laufen, bei dem man aber doch nicht von der Stelle kommt, als das lange, manchmal vergebliche Warten auf eigene Erfolge. (Siehe auch „Rennen".)

Lauge In ihr wird schmutzige Wäsche gewaschen; übersetzt: Ein nicht gerade schöner Abschnitt unseres Lebens geht zu Ende, wir können uns frei fühlen und von neuem beginnen. (Siehe auch „Kleid", „Waschküche".)

Laus Läuse kribbeln und krabbeln und geben keine Ruhe; sie weisen auf die Nerven des Träumers im Wachzustand hin, auf seine innere Unruhe, die Ziellosigkeit und den Unverstand, mit denen er nichts erreichen wird. Sieht man Läuse im Traum und vernichtet sie, streicht man nach Artemidoros ein nervenbelastendes Ereignis aus seinem Gedächtnis; wird man die Schmarotzer nicht los, kommt man von irgend etwas nicht los, das einem das Leben schwermacht. (Siehe auch „Ungeziefer".)

Laute Siehe „Gitarre".

Läuten Wer im Traum die Glocke (siehe dort) läutet, der hängt im Wachleben manches an die große Glocke, das es eigentlich nicht wert ist. Vielleicht hört er es aber auch läuten, das heißt, daß er im Wachleben etwas erfährt, was ihm Antrieb für eine gute Tat oder bei einer neuen Arbeit gibt. (Siehe auch „Klingel".)

Lawine Die Lawine, die im Traum den Berg (siehe dort) hinunterdonnert, ist im Wachleben die Gefahr, die man erkennt, vor der man aber nicht wegrennen kann. Hier alarmiert das Unbewußte unseren wachen Verstand, uns mutig auf eine Gefahr einzustellen und standhaft zu bleiben, wenn es auch schwerfällt.

Lazarett Siehe „Krankenhaus".

Leber Kommt meist nur in Reizträumen vor, wobei ein deutlicher Schmerz in der Lebergegend gespürt wird, der aber nach dem Erwachen oft nicht mehr geortet werden kann. Trotzdem sollte man diesem Traumreiz nachgehen und, wenn er wiederholt verspürt wird, eventuell einen Arzt aufsuchen. (Siehe auch „Leibschmerzen".)

Leder Mit der Lederkleidung, glauben manche Traumforscher, würden sadomasochistische Neigungen verdeutlicht, wobei man „vom Leder zieht". Wir glauben aber, daß es sich hier um den festen Stoff handelt, der uns vor mancherlei Gefahren schützen kann. (Siehe auch „Kleid".)

Lehm Wer sich mit Lehm ein Haus baut, will im Wachleben schädliche Einflüsse von sich fernhalten und als unnahbare Persönlichkeit auf seine Umwelt wirken. Für den, der im Lehm steckenbleibt, hat das Unbewußte den Hinweis parat, er solle ruhig einmal ichbezogen reagieren und versuchen, aus eigener Kraft weiterzukommen. Da Lehm in der Medizin auch für Wickel und Verbände verwandt wird, kann daraus vielleicht gedeutet werden, daß uns jemand einwickeln möchte, der möglicherweise keine ehrlichen Absichten hat. (Siehe auch „Haus".)

Lehnstuhl Sitzt man in Urgroßvaters Lieblingssessel, baut man im Wachzustand wohl auf die Förderung anderer, um ein bequemes Leben zu haben; man will seine Ruhe haben, bemerkt aber nicht, daß einem die Felle wegschwimmen, weil man selbst nicht allzuviel leistet. (Siehe auch „Sessel".)

Lehrer Er ist mal ein Weiser, dessen Wegweisung wir oft nicht folgen, weil uns einfach die Kraft fehlt, dann wieder der eigene Vater, der Chef oder der alte Mann, dessen Meinung wir uns zu eigen machen sollten. Oft auch schlicht das Unbewußte, das uns eines Besseren belehren will. Der Lehrer warnt vor einer verfahrenen Lage, will uns einen gangbaren Weg zeigen. Ist der Lehrer im Traum besonders streng, ist die Situation im Wachen sehr ernst. Oft läßt man sich im Traum auch von einem bekannten oder unbekannten Lehrer ins Heft schauen, dann wird im Wachleben wohl offengelegt, was man gern verbergen möchte. Schon die alten Ägypter meinten, wer einen Lehrer im Traum sehe, werde vor Leichtsinn gewarnt. In Prüfungsträumen (siehe Teil 3 dieses Buches) ist er übrigens meist nur eine Randfigur, um dem Traumbild einen gewissen Rahmen zu geben. (Siehe auch „Alter", „Chef", „Schule", „Vater".)

Lehrling Er erinnert uns an die eigene Jugend, deckt manche Schwächen auf, die uns erst jetzt bewußt werden (man lernt ja nie aus!). Träumt ein Chef von seiner Lehrzeit, weist ihn das Unbewußte wohl darauf hin, daß er die jungen Leute von heute besser verstehen lernen sollte. Der Lehrling im Traum ist eben oft eigentlich der Meister, der uns lehren will, wie wir im Wachleben unsere Angelegenheiten meistern können. (Siehe auch „Schule", „Schüler".)

Leibschmerzen Sind sie im Wachzustand nicht mehr zu spüren, deuten sie auf innere Zweifel hin, die man beseitigen sollte, manchmal auch auf körperliche Schwächezustände, die in die Krankheit münden könnten, gegen die man rechtzeitig Vorsorge treffen sollte. (Siehe auch „Magen".)

Leiche Deutet auf etwas längst Erledigtes hin, auf ein Absterben bestimmter Gefühle, die man trotzdem immer noch mit sich herumschleppt, auf eine Beziehung, die man eigentlich beenden sollte. Leichen tauchen häufig in Träumen von Menschen auf, die in oder mit ihrem Beruf unzufrieden sind: Man will etwas ändern, aber es gelingt einfach nicht. In einigen Träumen sind Leichen auch ein Sinnbild für überwundene Schwierigkeiten. Träumt man häufiger von einer Leiche, sollte man das durchaus ernst nehmen und die Konsultation eines Psychiaters oder Psychotherapeuten in Erwägung ziehen. (Siehe auch „Grab“, „Mörder“, „Sarg“ und andere Stichwörter, die mit dem Begriff Leiche zusammenhängen.)

Leichenzug Mit ihm wird etwas zu Grabe getragen, manchmal nur die Angst, man könnte versagen. Oder ein Kapitel unseres Lebens wird abgeschlossen, und wir stehen vor einem neuen Anfang, schauen aber vielleicht wehmütig auf Vergangenes zurück.

Leierkasten Er spielt immer die alte Leier; wer ihn also im Traum hört oder sieht, möchte sich von einer bestimmten Bindung lossagen, die – außer Langeweile – nichts mehr bringt.

Leihhaus Wer sich oder einen anderen im Traum in einem Leihhaus sieht, muß im Wachleben wohl etwas hergeben, an dem er einmal sehr gehangen hat. Das Leihhaus umschreibt auch unsichere Gefühle, manchmal sogar psychische Störungen, die in der Angst begründet sind, nach außen nicht so zu wirken, wie man sich selbst gern sehen möchte. (Siehe auch „Pfand“.)

Leim Wer damit im Traum arbeitet, der hält entweder an einmal gefaßten Plänen fest oder wird – im schlechten Sinn – geleimt. Vielleicht kommt er auch von irgend etwas (einer intimen Beziehung?) nicht los, obwohl er darunter leidet. (Siehe auch „Kleben“.)

Leine Man führt auch im Traum einen Hund daran spazieren. Möglicherweise aber sind wir selbst dieser Hund, den im Wachleben andere am Gängelband halten. Es kommt also darauf an, wen man da im Traum an der Leine hat; auf jeden Fall will man im Wachleben jemanden für sich einnehmen, wenn nicht gar nach eigenem Belieben lenken. Wer an einer Leine zieht, der möchte im Wachzustand „Leine ziehen“, sich auf und davon machen, weil ihm irgend etwas an einer Person oder einer Sache nicht paßt.

Leisten Wer seine Schuhe im Traum über einen Leisten spannt, der steht vor einer schwierigen Phase auf seinem Lebensweg, weil er alles über einen Leisten schlägt, also alles nach ein und derselben Art behandelt. (Siehe auch „Schuster“.)

Leiter Diese tragbaren Treppen bedeuten übersetzt unsicheres Fortkommen, Unbeständigkeit. Das Sprosse-um-Sprosse-Höhersteigen auf einer Leiter deutet für das Wachleben einen beschwerlichen Weg nach oben an, der Sturz von ihr ist ein Fall ins Bodenlose. Die Ansicht von Freud, das beständige Auf- und Absteigen auf einer Leiter umschreibe den Geschlechtsakt, erscheint uns allzuweit hergeholt. (Siehe auch „Sprosse“, „Treppe“ und Teil 3 dieses Buches: „Fallträume“.)

Lerche Sie schwingt sich auch in manchen Träumen fröhlich tirilierend in die Lüfte, was im Wachleben wohl ein schnelles Emporkommen verspricht oder auf eine augenblickliche Hochstimmung hinweist. (Siehe auch „Vogel“.)

Leuchtturm Das große Licht, das uns aufgeht, der Wegweiser auf dem Lebensweg, dessen nächste Station schon erhellt ist.

Der Leuchtturm läßt immer Positives aufleuchten. (Siehe auch „Lampe“, „Laterne“, „Licht“.)

Licht Die geistige Energie, die freigelegt wird – man sieht alles licht und klar. Das Ursymbol spendet Hoffnung, zeigt einen Neuanfang auf („das Licht der Welt erblicken“); wir brauchen uns keine Sorgen zu machen, weder über unsere Gesundheit noch über unser Wohlergehen. Geht das Licht im Traum gerade an, können wir im Wachleben tiefe Erkenntnisse schöpfen; brennt es in der Ferne, werden neue, aber erfüllbare Wünsche wach. Verlischt es jedoch plötzlich und läßt uns in der Dunkelheit zurück, könnten wir psychisch geschockt sein oder haben zumindest mit schlechten Neuigkeiten zu rechnen. Auch zuviel Licht, das den Träumer blendet, ist negativ zu bewerten, was weitere Symbole bestätigen sollten. (Siehe auch „Dunkelheit“ und unter den Bezeichnungen einzelner Lichtquellen.)

Lied Hier ist vor allem der Liedtext wichtig; aus ihm läßt sich der Traum deuten. Lieder im Traum lassen den Schläfer im allgemeinen fröhlich erwachen, werden aber wohl nur von musikalischen Menschen geträumt. (Siehe auch „Chor“, „Musik“, „Singen“.)

Lift Bringt uns der Traumlift in eine höhere Etage, werden wir wohl mit fremder Hilfe aufsteigen können; wer aber mit ihm rasch nach unten fährt, kann im Augenblick höheren Ansprüchen nicht genügen. Kommt dagegen der Lift im Keller an, wird für den Wachzustand signalisiert, man möge einmal seine Gefühle überprüfen, es könnte da Schockierendes ans Tageslicht kommen. (Siehe auch „Treppe“, „Keller“.)

Lilie Symbol der Macht, aber nicht wie andere Blumensymbole erotisch zu deuten. Hält der Träumer zum Beispiel Lilien in den Händen, kommt er im Wachleben besonders gut zurecht und wird eine Position erreichen, in der er zu bestimmen hat. Sind sie verblüht oder wirft er sie weg, gehört er zu jenen Menschen, die zum Machtmißbrauch neigen. Lilien, die man im Traum verschenkt, deuten auf reine Gefühle im Wachleben hin. (Siehe auch „Blumen“.)

Links Orientierungsbegriff; links sitzt das Herz, übersetzt: das Gefühl, die psychische Energie, allgemein auch der Sitz des Unbewußten. Zugleich ist links auch die weibliche Seite der Träumenden. (Siehe auch „Rechts“.)

Linsen Wer sie im Traum kocht, dem bringen sie Verdruß (denn für ein Linsengericht verkaufte Esau seine Erstgeburt); wer sie ißt, will sich bereichern (sonst wie „Bohnen“).

Lippen Rote Lippen deuten meist auf die Erfüllung heimlicher sexueller Wünsche hin. Nur wenn sie verkniffen sind, versprechen sie in der Liebe Leid. (Siehe auch „Kuß“, „Rot“.)

Loch Nach Freud eindeutig sexuell zu werten. Aber das Loch, das sich vor einem Träumenden auftut, hat auch etwas Bedrohliches: Fällt man hinein, wird man vielleicht im Wachleben auf schlechte Freunde oder auf Konkurrenten hereinfallen, eventuell auch mit einem sexuellen Problem nicht fertig werden. Nur ein kleines Loch hat positive Bedeutung – da kann man ja nicht hineinfallen.

Locke Das krause Haar im Traum läßt auf krause Gedanken schließen. Schneiden wir einer Traumfigur eine Locke ab, kann das auf das Ende einer bisher guten Beziehung hindeuten, die man aber in guter Erinnerung behalten wird. (Siehe auch „Haar“.)

Lokomotive Die motorische Kraft, die uns im Leben vorwärtsschiebt. Ein günstiges Zeichen, das uns einer glücklichen Zukunft entgegensehen läßt, wenn nicht Signale im Traum in die falsche Richtung leiten. Handelt es sich um eine Dampflok und ist deren Dampf weiß, bringt unsere weitere Lebensreise Erfolg und gute Ergebnisse, stößt die Lok dunklen Rauch aus, liegt unsere Zukunft ebenso im dunkeln. Wegen ihres Kolbengestänges wird die Lokomotive auch zum Symbol der Potenz und der Lebensfreude. (Siehe auch „Dampf“, „Dunkelheit“, „Eisenbahn“, „Reise“.)

Lorbeer Der immergrüne Lorbeerbaum ist ein archetypisches Symbol. Ein aus seinen Zweigen geflochtener Kranz verhieß schon den antiken Helden Ruhm und Ehre. Der Träumende, der sich damit schmückt, hat vom Leben noch viel zu erwarten. Die immergrünen Blätter versprechen Wohlstand. (Siehe auch „Baum“, „Blatt“, „Grün“, „Kranz“.)

Los Das Lotterielos im Traum umschreibt unser Los im Wachleben, wobei Gewinn und Niete gewissermaßen die Vorzeichen bilden. Es hat also kaum etwas mit finanziellem Glück oder Unglück zu tun. Und trotzdem kann man mit den Losen des Traumes gewinnen oder verlieren. Erkennen wir zum Beispiel die Zahlen darauf und können wir sie uns merken, geben sie als Symbole weitere Deutungshinweise; sind die Zahlen nicht zu sehen, sollten wir uns lieber auf unserer Hände Arbeit verlassen, als einem trügerischen Glück hinterherzujagen. (Siehe auch „Gewinn“, „Zahlen“ und in Teil 3 dieses Buches: „Zahlenträume“.)

Löschen Wer im Traum einen Brand löscht, kann sich im Wachleben gerade noch aus einer unglücklichen Lage befreien. Schon in der Antike glaubte man, daß man einem Mitmenschen schweren Schaden zufüge, wenn man ihm im Traum das Licht seiner Lampe oder Laterne löscht. (Siehe auch „Brand“, „Feuerwehr“, „Lampe“, „Laterne“, „Licht“.)

Lotse Die positive Traumgestalt, die uns über Schwierigkeiten hinweghilft und uns wieder auf den richtigen Weg führt. (Siehe auch „Schiff“.)

Lotterie Siehe „Gewinn“, „Los“.

Löwe Als Symbol in antiken Traumdeutungen der Urgewalt der Sonne (siehe dort) gleichgesetzt. Er ist das Zeichen ungebändigter Seelenenergie, ein Sinnbild für Leidenschaft und Kraft, das uns im Traum manchmal erschreckt; übersetzt: Wir werden im Wachleben von unseren Leidenschaften übermannt und müssen möglicherweise darunter leiden. Menschen, die vom Löwen als dem erhabenen mythologischen Wüstenkönig träumen, kann man so leicht nichts vormachen; sie schreiten, ohne nach rechts oder links zu blicken, geradeaus durchs Leben. Ihnen gelingt viel, aber sie sind oft große Menschenverächter, also schwierig im Zusammenleben. Es sind Persönlichkeiten, die das Triebhafte beherrschen. Wo der Löwe auf den Träumer selbst zum Sprung ansetzt, ist dieser von solch einer selbstsicheren Persönlichkeit bedroht. Mit anderen Worten: Der Traumlöwe kann geistig-schöpferische Kräfte freisetzen, aber auch zerstörerische Aggressionen. (Siehe auch „Wüste".)

Luftballon Siehe „Ballon".

Luftschiff Siehe „Zeppelin".

Lügen Zeugen von einer Unehrlichkeit gegen uns selbst, das Nicht-wahrhaben-Wollen eines seelischen oder körperlichen Zustandes, der uns Sorgen machen müßte. Erzählen andere uns im Traum Lügen, wollen Leute in unserer Umgebung irgend etwas vor uns verbergen oder geben sich uns gegenüber nicht so, wie sie in Wirklichkeit sind.

Lumpen Abgetragene Kleider im Traum sind die etwas schäbige Verpackung, die wir uns augenblicklich im Wachleben geben. Die Lumpen zeigen auf, daß irgend etwas in uns einen psychischen Knacks hat. Der Träumende, der Lumpen kauft oder verkauft, will etwas vor anderen verbergen, das ihn nicht unbedingt in strahlendem Licht erscheinen läßt. (Siehe auch „Kleid".)

Lunge Wenn wir im Traum kräftig durchatmen, ist das ein gutes Zeichen für unsere seelische Verfassung – ein Beweis, daß wir im Wachleben geistig und körperlich fit sind. Wer aber im Traum keine Luft bekommt, ist im Wachleben vielleicht von Streß geplagt.

Lupe Der Träumer, der alles durch eine Lupe sieht, will im Wachleben mehr scheinen, als er in Wirklichkeit ist, oder er ist ein Kleinlichkeitskrämer. (Siehe auch „Mikroskop".)

M

Machtgelüste Unterdrückte Wünsche aus dem Wachleben, in dem man sich zwar viel einbildet, aber wenig darstellt. Die sogenannten Waschlappen haben im Traum vielfach Machtgelüste.

Mädchen Taucht sie in Männerträumen auf, weist die noch nicht Erwachsene oft auf verwegene sexuelle Wünsche hin, die im Wachleben als nicht ganz moralisch gelten. Mit einem hübschen Mädchen tändeln hat weniger mit der Wunscherfüllung in der Liebe als vielmehr mit unnützen Geldausgaben zu tun, wobei die Tändelei zum Vertändeln wird. Sehen Frauen sich selbst als Mädchen, obwohl sie schon in den reiferen Jahren sind, kann das mit Torschlußpanik übersetzt werden oder mit der Angst, nicht mehr anziehend genug auf den geliebten Mann oder auf Männer allgemein zu wirken. (Siehe auch „Frau“, „Jungfrau“.)

Made Siehe „Wurm“.

Magen Fühlt man im Traum, daß einen der Magen schmerzt, ohne daß das im Wachleben der Fall ist, so ist das ein ernstzunehmendes Warnsignal. Es deutet an, daß irgend etwas auf den Magen drückt: eine Sorge, von der man sich befreien muß, eine Liebelei, die zu Ende geht, oder der Zorn über eine ungerechte Behandlung, die wir einfach noch nicht verwunden haben. (Siehe auch „Leibschmerzen“.)

Magerkeit Hier handelt es sich um geistige oder seelische Magerkeit, die uns das Unbewußte vorgaukelt, damit wir im Wachzustand mehr auf unsere Mitmenschen zugehen und wohlgemeinte Lehren als geistige Nahrung zum eigenen Nutzen verarbeiten. Sehen wir uns dürr wie ein Strich durch die Traumlandschaft gehen, obwohl wir im Wachleben wohl- oder gar überproportioniert sind, kann man wahrscheinlich damit rechnen, daß uns der Erfolg im Leben einige Zeit versagt bleiben wird. (Siehe auch „Rippe“.)

Magnet Er hat auch im Traumbild etwas Anziehendes, deutet also auf Verbindungen hin, die wir im Wachleben gern knüpfen möchten, um unseren Lebensstandard heben zu können. Nehmen wir selbst den Magneten zur Hand, werden wir diese Verbindungen zu unseren Gunsten nutzen können. Läßt ein anderer den Magneten etwas anziehen, kann das auf Treulosigkeit im privaten Bereich hinweisen.

Mäher Übersetzt oft das Sprichwort vom Hochmut, der vor dem Fall kommt. Betätigen wir aber selbst die Mähmaschine, versuchen wir im Wachleben, Konkurrenten nicht zu hoch kommen zu lassen. Wer den Mäher nur hört, dem spielen im wachen Zustand vielleicht die Nerven manchen Streich oder jagen ihm Gedanken durch den Kopf, die nur mühsam verarbeitet werden können. (Siehe auch „Gras“, „Maschine“, „Rasen“, „Wiese“.)

Mahlen Hier wird geistige Nahrung verarbeitet, die im Wachleben zum eigenen Nutzen verwendet werden soll. Das Mahlen hat stets eine positive Tendenz. (Siehe auch „Mühle“.)

Mahlzeit Wer im Traum eine Mahlzeit zu sich nimmt, wird seelisch gefestigt durchs Wachleben gehen. Wer mit anderen zusammen speist, sollte mehr für die geistige und seelische Übereinstimmung mit engen Freunden sorgen. Läßt der Träumende aber andere zuschauen, während er ißt, sollte er einmal überlegen, ob er seinen Mitmenschen gegenüber nicht allzu egoistisch auftritt. Bewirtet er andere, findet er leicht Kontakt, weil er sich seiner Umgebung gegenüber großzügig zeigt. (Siehe auch „Essen“, „Hunger“.)

Maiglöckchen Die Blume, die den Mai einläutet, weist auf ein Liebeserlebnis hin, das bitter enden könnte (denn Maiglöckchen sind giftig!).

Mais Der Maiskolben ist ein Phallussymbol, das über die Lebens- und die Liebeskraft des Träumenden etwas aussagen soll.

Malen Man beachte die einzelnen Farben (siehe dort) und das, was man malt oder was gemalt wird, und deute dann aus den sich ergebenden Symbolen.

Maler Tritt in unseren Träumen meist als beschwingter, aber etwas leichtsinniger Mann auf, der seinen Pinsel (nach Auffassung vieler Traumforscher ein reines Sexualsymbol) schwingt und in bunten Farben das malt, was wir im geheimen vom Wachleben erwarten. Was er schwarz auf weiß zeichnet, ist besonders zu beachten, es könnte eine etwas triste Situation in unserem Wachleben beschreiben. (Siehe auch „Maler“, „Palette“, „Pinsel“).

Manege Siehe „Arena“, „Kreis“, „Zirkus“.

Mann Nach C. G. Jung bedeutet der unbekannte Mann, der im Männertraum auftritt, die unbewußte Schattenseite des Träumers, die ihn im Wachleben zu einer Auseinandersetzung mit sich selbst und seinen eigenen Mängeln zwingen möchte. In Frauenträumen ist er der Animus, die unbewußte männliche Seite der Frauenpsyche. Bei jungen Mädchen erscheint dieser Animus oft in Gestalt des Lehrers, des Vaters oder eines Idols. Spricht eine Träumerin mit einem jungen Mann, darf sie mit viel Ablenkung im Alltagsleben rechnen, die sie manche Sorge vergessen läßt. Befolgt man im Traum den Rat eines alten Mannes, kann man auf eine glückliche Wende im Wachleben hoffen. Einen dunklen Mann sehen, bedeutet nach altägyptischer Traumweisheit, daß Gefahren auf den Träumer lauern. (Siehe auch „Lehrer“, „Vater“ und andere männliche Symbole.)

Manschetten Spielen sie im Traum eine Rolle, hat man – wie es im Volksmund heißt – vor irgend etwas Manschetten. Freilich ist die Angst, die daraus spricht, unbegründet, wenn der Abschluß der Hemdsärmel sauber ist. (Siehe auch „Hemd“.)

Mantel Etwas wird verhüllt, eingehüllt – ein Geheimnis, das man sich nicht entreißen lassen möchte, die Liebe, die man sich bewahren will. Zieht man sich einen neuen Mantel an, wird man nach außen hin glänzen und viel Verständnis für sich finden können. Ein zu weiter oder zu kurzer Mantel deutet an, daß man zwar den guten Willen hat, ein Geheimnis für sich zu behalten, daß es uns aber irgendwann einmal entfleuchen könnte. Wer sich selbst oder einen anderen mit einem Mantel zudeckt, möchte im Wachleben über irgend etwas den Mantel des Schweigens breiten.

Marder Siehe „Fuchs“, „Raubtier“.

Marionette Siehe „Puppe“.

Markt Ein Platz der Kommunikation, der Begegnung mit unseren Mitmenschen. In seiner Weitläufigkeit und in der Vielfalt seiner Angebote kann man sich allerdings auch verlieren. Können wir uns im Traum für nichts, was wir dort sehen, entscheiden, sind wir auch im Wachleben vor eine heikle und schwierige Situation gestellt und werden wohl nicht so bald erreichen, was wir gerne wollen. (Siehe auch „Platz“.)

Maschine Wo sie dröhnt und rollt, da ist das Leben – übersetzt: das glückhafte Erleben einer erfolgreichen Tätigkeit. Allerdings umschreibt eine alte, verrottete Maschine eine psychische Störung, der man nachgehen sollte. (Siehe auch „Lokomotive“.)

Maschinenpistole Wie die Pistole Symbol sexueller Spannungen und Verspannungen. Hier spielt aber eine zusätzliche Aggressivität hinein, was sich auf das Triebleben gefährlich auswirken kann. Mit anderen Worten: Von der Maschinenpistole träumen Menschen, die ihre Triebe kaum in der Gewalt halten können. (Siehe auch „Gewehr“, „Pistole“.)

Maske Die Gesichtslarve weist auf Unaufrichtigkeit hin; man möchte sich verstecken, sein wahres Gesicht nicht zeigen. Mancher, der sich im Traum hinter einer Maske versteckt, hat im Wachleben Minderwertigkeitsgefühle oder ist in sexueller Hinsicht gestört. Die Maske im Fasching (siehe dort) hat vielfach andere, meist abschwächende Bedeutung: Man möchte sich im Kreis fröhlicher Menschen einmal von einer ganz anderen Seite zeigen.

Maskenball Das Faschingsfest läßt auf ein fröhliches, meist kurzes Abenteuer im Wachleben schließen. Der Maskenball außerhalb der Karnevalszeit aber könnte durchaus auch bedeuten, daß man im Alltag zum Spielball seiner Launen wird, mit denen man seine Mitmenschen nervt. (Siehe auch „Fasching“.)

Maß Wer an irgend etwas im Traum Maß anlegt oder etwas ausmißt, sollte die Zahlen (siehe dort) beachten, die sich dabei ergeben. Das Maßanlegen kann auch auf die eigene Unsicherheit hinweisen oder darauf, daß man sich im Wachleben zu sehr mit Kleinigkeiten abgibt. Legen andere das Maß an, werden wir im Berufsleben an unserer Leistung gemessen.

Massage In den meisten Fällen wohl sexuell zu deuten. Wer sich massieren läßt, will in der Liebe den bequemsten Weg gehen. Massiert man selbst einen anderen, werden verschiedene Wünsche wach. Manchmal umschreibt die Traummassage aber auch das Bemühen, etwas aus uns herauszupressen, das uns Schaden zufügen könnte.

Matratze Sie ist lediglich ein Teil eines Bettes (siehe dort). Wer also nur auf ihr liegt, hat im Leben irgend etwas verpaßt, muß sich mit dem begnügen, was er augenblicklich besitzt. Daß Glück läßt ihn noch warten.

Matrose Spielt auf unserer Lebensreise die Rolle eines Helfers, der dafür sorgt, daß nichts schiefläuft. Wer mit ihm streitet, könnte im Wachleben einen hilfreichen Freund oder Kollegen verlieren. (Siehe auch „Kapitän“, „Schiff“.)

Mauer Der Träumer, der hinter einer Mauer Schutz sucht, verbirgt im Wachleben manchmal seelischen Kummer vor seiner Umwelt. Steht er davor und hat sie kein Tor, soll ihm irgend etwas verbaut werden, vor allem, wenn sie hoch ist. Das Tor in einer Mauer umschreibt nach Freud unsere erotischen Wünsche; wir möchten es zwar durchschreiten, haben jedoch nicht den rechten Mut dazu. Stehen wir auf einer Mauer und springen wir von dort hinab, gleicht das dem Sprung in ein Abenteuer im Wachleben. Stürzen wir aber von einer Traummauer, sollten wir im Alltag lieber von Wagnissen die Finger lassen. Mauern, die erdrücken, sich verengende Straßen oder Berge, die plötzlich zusammenrücken, werden übrigens mit den Atmungsorganen in Zusammenhang gebracht, mit Schilddrüsenstörungen, Asthma und Angina pectoris.

Maulkorb Selbst wenn ihn nur Hunde tragen, deutet das auf Minderwertigkeitskomplexe hin, die uns schweigen lassen, wenn wir reden sollten. Wer anderen Menschen oder auch einem Hund einen Maulkorb verpaßt, möchte wahrscheinlich im Wachleben einem Schwätzer den Mund stopfen. (Siehe auch „Hund".)

Maulwurf Wer von ihm oder von den von ihm aufgeworfenen Hügeln träumt, ist ein wenig ratlos, weil die Zukunft recht dunkel vor ihm liegt. Manch einer, der von dem blinden Tier träumt, wühlt ohne Ziel und Zweck in Vergangenem herum.

Maurer Der Mann, der Stein um Stein aufeinandersetzt, bis das Haus fertig ist, umschreibt den Freund (oder auch den Arzt), der dafür sorgt, daß wir seelisch und körperlich in guter Verfassung sind. Wer sich im Traum als Maurer sieht, ohne es im Wachleben zu sein, möchte sich geduldig etwas aufbauen, was ihm und seinen nächsten Angehörigen nützt. (Siehe auch „Haus", „Mauer".)

Maus Außer dem unter „Nagetier" Gesagten kann das „Mäuschen" in Träumen vor allem junger Männer als Sinnbild des weiblichen Geschlechtsorgans gewertet werden. Rote Mäuse bezeichnen dabei abartige sexuelle Wünsche. Die Maus steht auch für die Schwäche eines Menschen, seine Nase überall neugierig hineinzustecken. Eine ungünstige Bedeutung haben Mäuse, wenn sie in Massen im Traum auftreten; sie zeigen an, daß etwas an uns nagt oder uns Sorgen macht. Angst und Ekel machen sich dann in der Traumstimmung breit. (Siehe auch „Nagetier", „Ratte".)

Mausefalle Sitzt eine Maus darin gefangen, so sind wir das selbst, was vielleicht beweist, daß wir von einer Bindung, die wir eigentlich schon längst beenden wollten, einfach nicht loskommen.

Medizin Die bittere Medizin, die uns im Traum verabreicht wird, soll uns daran erinnern, daß man manches im Leben schlucken muß. Das läßt uns reifer werden und schenkt Erfahrungen, die uns den Weg weisen, wie wir alles besser machen können. Wohlschmeckende Medizin geht zwar gut hinunter, gilt aber im allgemeinen nicht als hilfreich; sie deutet deshalb meistens für das Wachleben an, daß man zuwenig wagt, um weiterzukommen. (Siehe auch „Arzt", „Krankenhaus".)

Meer Das Meer in seinem ewigen Auf und Ab ist ein archetypisches Symbol des blutvollen Lebens mit all seinen Höhen und Tiefen, aber auch Sinnbild des kollektiven Unbewußten, dementsprechend ist sein Ufer (siehe dort) der Grenzbereich zwischen jenem und dem persönlichen Unbewußten. Eine Reise auf dem Meer und seinen haushohen Wellen ist der Aufbruch zu neuen Ufern, zum Finden eines neuen Lebensabschnitts, was auch die Wandlung der eigenen Persönlichkeit bedeuten kann. Das Ziel der oft gefahrvollen Reise kann nur aus anderen Symbolen des Traumbildes gedeutet werden. Auf jeden Fall steht etwas Neues bevor, von dem selbst unser Unbewußtes noch nicht so recht weiß, wie es endgültig ausgehen wird, doch signalisiert es uns schon, daß von nun an unsere ganze Persönlichkeit verlangt wird. (Siehe auch „Kapitän", „Matrose", „Schiff", „Wasser" und ähnliches.)

Meilenstein Sinnbild für den Beginn eines Abschnitts auf unserem Lebensweg. Andere Symbole können Hinweise darauf geben, wie es weitergehen wird. (Siehe auch „Kilometerstein", „Straße".)

Meineid Der Träumer, der einen Meineid leistet, will wohl im Wachleben verhindern, daß ihm jemand in die Karten schaut. Wird der Meineid von einem anderen geleistet, kann das nur bedeuten, daß man den Träumenden im bewußten Dasein hinters Licht führen will.

Melken Siehe „Kuh".

Mensch Siehe „Frau", „Mann".

Menschenmenge Wer sie im Traum sieht, dem versprachen altägyptische Traumforscher Reichtum und Wohlstand. Tatsächlich kennt das Traumbild kaum die Vielzahl von Menschen, da meist nur wenige im Traum eine Rolle spielen.

Messen Siehe „Maß".

Messer Werkzeug zum Zerschneiden und Zerteilen; übersetzt: des Analysierens und Differenzierens. Man kann ja jemanden schneiden, das heißt, ihn nicht mehr beachten; man teilt die Verantwortung, hat mithin das Bedürfnis, nicht alles allein zu machen; man schneidet etwas an, um daraus zu lernen; man teilt sich einem anderen mit, um ihn von sich zu überzeugen. Nach Freud hat das Messer wie alles, mit dem man schneiden oder stechen kann, phallisch-sexuelle Bedeutung. Wer also im Traum ein solches Schneidewerkzeug nur sieht, will sich hemmungslos ins Triebleben stürzen; wer es wetzt, wird in Versuchung kommen, den Partner zu betrügen. (Siehe auch „Degen".)

Meteor Wie Sternschnuppen symbolisieren Meteore das Aufblitzen der Gedanken, die uns frei machen. Sie weisen auf den Verstand hin, den wir entschlossen einsetzen sollten, wenn sich uns etwas Gravierendes entgegenstellt.

Mieder Etwas Einschnürendes, das die Luft wegnimmt. Das kann in Männerträumen das Mieder einer hübschen Frau sein, das dem Träumer die Luft abschnürt; übersetzt: Er wird sich im Wachleben heftig verlieben. In Frauenträumen kann dieses Traumbild die Atemlosigkeit symbolisieren, mit der sich die Träumende oder eine andere Person in (Liebes-)Abenteuer stürzt. (Siehe auch „Korsett".)

Mikrofon Es weist darauf hin, daß man im Wachleben etwas aufnehmen soll, das einem nützt, oder man braucht Hilfe, um sich seinen Mitmenschen besser verständlich zu machen.

Mikroskop Umschreibt das Erkennen von Kleinigkeiten, die sehr wichtig werden könnten. (Siehe auch „Lupe".)

Milch Hat immer eine gute Bedeutung, ist das Symbol der Uneigennützigkeit, durch die einem die Herzen zufliegen und manchmal auch das Geld, das uns wohlwollende Mitmenschen wegen unserer Charakterhaltung gern spenden werden. Milch ist geistige und seelische Nahrung, die uns im Traum mit dem Hinweis des Unbewußten verabreicht wird, daß es gerade jetzt an der Zeit wäre, unser Wissen zu mehren. Wer im Traum Milch trinkt, macht sich überall beliebt; wer sie aber verschüttet oder anbrennen läßt, der macht sich über ein Problemchen viel zuviel Gedanken. (Siehe auch „Kuh".)

Militär Wer im Traum beim Militär ist und dort strammstehen muß, hat im Wachleben vielleicht eine schlechte Haltung, sollte mehr Disziplin beweisen. Wer als ehemaliger Soldat vom Militär träumt, steht oft vor irgendeiner Prüfung oder einem Ereignis, bei dem er sich als durchsetzungsfähig erweisen muß. Längerdienende Soldaten träumen übrigens meist nicht vom Militär, weil es wohl zu ihrem Alltagsleben gehört und deshalb aus ihren Traumbildern verbannt ist. Die Meinung einiger Psychoanalytiker, daß bei Frauen, die vom Militär träumen, Vergewaltigungswünsche dargestellt würden, die sie im bewußten Leben aus moralischen Gründen unterdrücken, halten wir denn doch für ziemlich weit hergeholt. (Siehe auch „Mobilmachung", „Soldat".)

Millionär Im Traum kann man Millionär sein, auch wenn man im Wachleben ein armer Schlucker ist. Hier will wohl das Unbewußte darauf verweisen, daß der Reiche nicht mehr ist als der Arme – denn keiner kann seinen Reichtum mit ins Grab nehmen. Der Millionärstraum schenkt also dem wenig Begüterten die Hoffnung, daß es bei ihm eigentlich nur besser werden kann. Übrigens kommen Millionenverdienste oder -gewinne zwar in Wunschträumen vor, sind aber kaum realitätsbezogene Vorahnungen.

Mißgeburt Wer sich selbst im Traum als Mißgeburt sieht, hängt im Wachleben wohl einem krummen Gedanken nach, der ihn in die Irre führen kann. Oft spricht auch der Neid aus dem Bild der Mißgeburt, daß andere besser dastehen als wir selbst. (Siehe auch „Krüppel".)

Mist Siehe „Dünger", „Jauche", „Kot", „Misthaufen".

Mistgabel Wer mit ihr im Traum hantiert, möchte vielleicht etwas ausräumen, das ihm auf dem Weg zu Reichtum und Wohlstand im Wege steht. (Siehe auch „Jauche", „Kot".)

Misthaufen Antike Traumdeuter sahen in einem Misthaufen Glück und großen Reichtum voraus, da der Mist wachsen und gedeihen läßt, was reiche Frucht trägt. Nach heutiger Sicht eher ideell als materiell zu werten.

Mittag In vielen Träumen die Lebensmitte oder – wie die anderen Tageszeiten – Hinweis auf die Situation, in der wir uns gerade befinden. Da die Sonne zu Mittag am höchsten steht, gibt uns diese Tageszeit manchmal auch den Stand an, auf dem wir uns befinden (nach Mittag geht es möglicherweise wieder bergab!); das bedeutet oft, daß wir nun auf der Höhe unserer Leistungskraft angelangt sind.

Mitternacht Die dunkelste Zeit des Tages kündigt oft eine schwierige Lage an. Sie umschreibt auch die Geisterstunde, wobei wir als Deutungsversuch Goethes „Zauberlehrling“ zitieren möchten: „Die ich rief, die Geister, werd' ich nun nicht los.“

Möbel Neue Möbel im Traum übersetzen unsere Alltagswünsche, die durchaus erfüllt werden können, oder die Sehnsucht nach einem vielleicht nicht vorhandenen schönen Heim.

Mobilmachung Eigentlich nichts Kriegerisches, auch wenn es da im Traum recht martialisch zugehen kann: Mit diesem Bild will uns das Unbewußte aus einer gewissen Lethargie im Alltagsleben reißen, uns Mut machen für neue Taten. (Siehe auch „Militär“, „Soldat“.)

Modell Wer sich im Traum als Foto- oder Malermodell sieht, möchte im Wachleben in einem anderen Licht gesehen werden oder sich mit Haut und Haaren einem anderen anvertrauen. Sehen wir ein Modell und arbeiten als Künstler mit ihm, könnte das darauf hinweisen, daß uns im Alltagsleben der Kopf nach anderen Dingen steht als nach „Trautem Heim – Glück allein“.

Mönch Auch der Mönch erinnert an ein Leben des Verzichts und der Entsagung. Ist der Träumer selbst der Mönch, muß er vielleicht im Wachleben auf irgend etwas verzichten, das ihm lieb und wert war. Treffen wir im Traumgeschehen einen Mönch, suchen wir vielleicht Rat und Hilfe bei einem selbstlosen Menschen. (Siehe auch „Geistlicher“.)

Mond Das Licht des Unbewußten, das ursprünglich Weibliche. (Der Mond ist in vielen Kulturen weiblich!) Die einzelnen Phasen des geträumten Mondes können als Zeichen des Wechsels in andere Positionen, also durchaus positiv gewertet werden. Der zunehmende Mond ist ein Zeichen dafür, daß man im Wachleben an Ansehen und Geltung gewinnen wird; wenn er besonders hell erstrahlt, deutet das nach einer schon in der Antike bekannt gewesenen Auslegung auf Glück und Reichtum hin. Der Vollmond verweist auf eine glückliche Phase des Träumers. Wenn der Mond im Traum abnimmt, sollte man rechtzeitig Vorsorge treffen, damit der erarbeitete Wohlstand auch noch fernerhin erhalten bleibt. Der Neumond schließlich ist Symbol für die Vorbereitung großer Vorhaben. Der Träumende, der eine Mondscheibe in der Hand hält, soll nach Meinung Phaldors Glück bei einer schönen Frau (Frau Luna) haben, während der Mond eine Träumerin an ihre eigenen geschlechtlichen Vorzüge erinnere, die sie dem Mann gegenüber ins Spiel bringen könne. In der indischen Mythologie wird der Mond als Trinkschale bezeichnet, als mütterliches Symbol, das Kraft verspricht und in das man sich zur Meditation versenken kann. (Siehe auch „Sonne“, „Sterne“.)

Mondfinsternis Wenn sich der Mond verfinstert, kann das manches auf den Kopf stellen, was unter Mond beschrieben wurde.

Moor Mit dem Moor, in das der Träumer oder eine andere Traumfigur hineingeht, zeichnet das Unbewußte das unsichere Schicksal, auf das man im Wachleben zusteuert. Wer darin zu versinken droht, dem steht möglicherweise das Wasser bis zum Hals. Manchmal aber schwebt der Träumer auch über dem Moor dahin – ein gutes Zeichen: Er wird im Lebensalltag über den Dingen stehen! (Siehe auch „Sumpf“, „Wasser“.)

Moos Träume vom Moos deuten auf unser materielles Denken hin (der Volksmund setzt „Moos“ ja mit Geld gleich). Wer also Moos in seinem Traumgarten sieht, dem könnten finanzielle Vorteile wie Unkraut (siehe dort) zuwachsen; wer aber auf Moos geht, trampelt möglicherweise manche schöne Hoffnung nieder.

Morast Siehe „Sumpf“.

Mörder Er taucht wie ein Schatten im Traum auf und tötet – die Liebe, die uns heilig war, die Gefühle, das Aufwärtsstreben. Analog dazu ist der Mord im Traumbild der gewaltsame Abschluß eines Lebensabschnitts oder Anzeichen für eine schwierige Lage, in die wir, unsere Familienmitglieder oder unsere Freunde hineinschlittern könnten. (Siehe auch „Leiche“.)

Morgen Gewissermaßen der Seufzer im Traum, der das Dunkel, die Ungewißheit des Träumers löst und neue Bahnen freilegt. Der Morgen ist der Zeitpunkt, an dem die Sonne alles an den Tag bringt, an dem sich entscheidet, ob wir uns zum Guten oder eher zum Schlechten hin entwikkeln. Manchmal zeigt diese Tageszeit auch die eigene Jugend an. (Siehe auch „Sonne“ und andere Tageszeiten.)

Morgenrot Signalisiert die Wende zum Besseren. (Siehe auch „Rot“, „Sonne“.)

Mörser Wer in einem Mörser (oder einem dem gleichen Zweck dienenden modernen Küchengerät) etwas zermahlt oder zerstößt, der könnte im Wachleben einen Menschen verstoßen, der ihm einmal sehr nahe gestanden hat.

Mosaik Wer es im Traum sieht oder zusammensetzt, wird wahrscheinlich im Lebensalltag mit komplizierten Dingen konfrontiert, die man Steinchen für Steinchen aufbauen muß, um etwas zu erreichen.

Motor Siehe „Maschine“.

Motorrad Versinnbildlicht zwar wie das Automobil (siehe dort) das eigene Ich, das es zu bändigen gilt, warnt aber gleichzeitig davor, im Wachleben zuviel psychische Energie oder Triebkraft zu verschwenden. Fährt auf dem Sozius jemand mit, der sich an den Träumer klammert, kann das auf eine Person im Wachleben hindeuten, die man gern an sich fesseln möchte.

Motten Zerfressen Motten unsere Kleidung, weist das auf Kontaktschwierigkeiten und auf die eigene Unsicherheit hin. (Siehe auch „Kleid“, „Ungeziefer“.)

Mücken Siehe „Insekten“.

Mühle Das ständig in Gang gehaltene Mühlrad deutet auf unseren Arbeitswillen, auf die eigene Durchsetzungskraft hin, das stillstehende Mühlrad symbolisiert erlahmende Kräfte. Die Mühle, die im Traumbild unter vollem Wind steht, kündigt meist Gewinne an, die durch persönlichen Einsatz erzielt werden. (Siehe auch „Mahlen“, „Maschine“, „Wasser“, „Wind“.)

Müll Siehe „Abfall“, „Kehricht“.

Müller Der Mann, der das Mühlrad in Gang hält, zeichnet für das Funktionieren der Arbeitsgänge im Alltagsleben verantwortlich. Wer im Traum sich oder einen anderen als Müller sieht, wird im Wachleben jenes Rädchen sein, das ein Vorhaben in Gang bringt, von dem die Gemeinschaft profitiert. Nur manchmal ist er auch der Wetterwendische, der seine Fahne oder, um im Bild zu bleiben, das Rad seiner Mühle allzusehr nach dem Wind dreht, um sich beliebt zu machen. (Siehe auch „Wind“.)

Mumie Von einbalsamierten Leichen träumt man manchmal auch noch heute. Nach altägyptischer Auslegung bescheren Mumien dem Träumer ein langes Leben. (Siehe auch „Leiche“.)

Mund Meist erotisches Sinnbild, das die Potenz des Träumenden umschreibt, ist aber nur in Verbindung mit anderen Symbolen deutbar. (Siehe auch „Lippen“, „Kuß“.)

Muschel Weibliches Sexualsymbol, dessen Form an die Vulva erinnert, die von harter Schale umzogene Kostbarkeit, die sich der Mann fürs Leben erobern will. Muscheln sind – auch für die Frau! – stets positiv zu deuten. Eine geschlossene Muschel weist auf Jungfräulichkeit, manchmal aber auf mangelnde seelische Reife hin. (Siehe auch „Schnecke“.)

Museum Das Traummuseum hat viele Säle, in denen man Kontakte mit dem Schönen pflegt. Man merke sich die Bilder oder die Gegenstände, die gezeigt werden, um diese als weitere Symbole deuten zu können.

Musik Hier wird das Gefühl angesprochen! Schon nach altägyptischer Deutung läßt schöne Musik, die wir im Traum hören, Herzensfreuden im Wachleben anklingen; schrille Musik dagegen weist auf mögliche Disharmonien im Privatleben hin. Hier und da läßt die gespielte Melodie weitere Deutungen zu. (Siehe auch „Konzert“, „Lied“ und einzelne Musikinstrumente.)

Musikinstrumente Haben vielfach sexuelle Bedeutung. Streichinstrumente sind weiblich (die Spieler mit dem Bogen sind natürlich männlich!), Blasinstrumente männlich zu deuten. Die Erlebnisse im Traum können vom derben sexuellen Akt bis zum Geistig-Erotischen reichen. (Siehe auch „Dirigent“, „Orchester“ und einzelne Instrumente.)

Musikkapelle Siehe „Orchester“.

Mutter Archetypisches Symbol, nach C. G. Jung auch „das Geheime, das Verborgene, das Finstere, der Abgrund, die belebte Unterwelt, das Verführende und das Vergiftende, das Unentrinnbare“ oder „die magische Autorität des Weiblichen, das Gütige, Hegende, die Stätte der Wiedergeburt“. Oft sehen wir im Traum als Mutter nur die Gestalt irgendeiner Frau, zu der wir in nähere Beziehung treten möchten. Wo die eigene Mutter im Traumbild erscheint, mangelt es dem männlichen Träumer vielfach an Selbständigkeit. Bei Frauen verkörpert die Mutter die Bewußtwerdung des echten weiblichen Wesens, bei Männern die Idealfigur des Gegengeschlechts. Träumt man von der bereits verstorbenen Mutter, ist das eine Warnung, die durch andere Traumsymbole verdeutlicht wird. Die noch lebende Mutter im Traum verlieren umschreibt das schlechte Gewissen, das man im Wachleben hat. Im übrigen kommt es in derartigen Träumen immer auch darauf an, wie man zu seiner Mutter steht oder gestanden hat. Die Mutter, mit der man sich nicht gut versteht oder verstanden hat, kann manche der hier gemachten Aussagen ins Gegenteil verkehren. (Siehe auch „Eltern", „Vater".)

Mutterkomplex Sigmund Freud entwickelte aus der besonderen Beziehung zwischen Säugling und Mutter die Theorie vom Ödipuskomplex. Er meinte, Jungen hätten schon im Säuglingsalter ein sexuelles Begehren nach der Mutter. Das drücke sich auch später in vielen Träumen aus, in denen mit der Muttergestalt Inzest (siehe dort) betrieben werde. Tatsächlich begünstigen Störungen in der Mutter-Kind-Beziehung und ein allzu enges Verhältnis zur Mutter in der Kinder- und Jugendzeit spätere Neurosen. Was nun aber den Inzest mit der eigenen Mutter im Traum angeht, so ist dabei kaum vom sogenannten Ödipuskomplex zu sprechen. Hier können wir Artemidoros folgen, der meinte, wenn jemand in der Fremde weile, sei es nur natürlich, daß er aus Heimweh von seiner Mutter träume, und wenn er dann mit ihr als Träumer koitiere, werde er wohl bald nach Hause zurückkehren. Nach moderner Auffassung hat ein Inzesttraum ein günstiges Vorzeichen, wenn man für das Liebste, das man als Kind auf der Welt kennt, die Mutter, allgemein die geliebte Frau setze, nach der man sich (manchmal auch als Ersatzmutter) sehne. So sieht C. G. Jung (siehe auch „Mutter") im Mutterkomplex unbewußte Gedanken und Erinnerungen oder – wenn man so will – psychische Energien, die bis ins Alter nachwirken und auch krankhafte Folgen, wie etwa Neurosen, hervorrufen können. Schließlich sei der Mensch in seiner ersten Entwicklungszeit ja auch körperlich mit der Mutter verbunden gewesen.

N

Nabel Hinweis auf egoistisches Verhalten, denn der Träumer hält sich gewissermaßen für den Nabel der Welt. Das Unbewußte aber versucht ihn darauf hinzulenken, daß Persönlichkeit nichts mit Egoismus zu tun hat. Die Meinung einiger Psychoanalytiker, der Nabel weise auf den Mutterkomplex (siehe dort) hin, ist kaum haltbar, da ja mit der Durchtrennung der Nabelschnur die körperliche Bindung an die Mutter aufgegeben wurde. Und daß im Nabeltraum junger Frauen eine lesbische Neigung sichtbar werde, ist ebenfalls wenig überzeugend.

Nachbar Im Traum sind Nachbarn nicht immer die guten Menschen, die wir kennen; es sind oft recht böse Leute, die mit uns Streit anfangen wollen. Hier will das Unbewußte wohl warnend signalisieren, bei der Wahl seiner Freunde vorsichtig zu sein.

Nacht Kennzeichen des Unbewußten, das im Dunkeln liegt und im Wachleben innere Unsicherheit hervorruft, eine Verklemmung, die man an den Tag bringen sollte, um sie zu lösen. Die Nacht verbirgt das geheime Wollen der Seele und läßt Schattenstellen vermuten, die sich im Alltag auch in Launen manifestieren können. Als Zeitbegriff steht sie am Anfang eines Lebensabschnitts, vor dem uns bangt. (Siehe auch „Dunkelheit“ und die einzelnen Tageszeiten.)

Nachthemd Siehe „Pyjama“.

Nachtigall Sie steigt auch im Traum in die Höhe und singt ihr Lied, was man seit dem Altertum mit der prächtigen Stimmung übersetzt, die sich ins Wachleben übertragen wird. Manchmal kündigt sie eine gute Nachricht an. Ist sie in einen Käfig (siehe dort) gesperrt, sind unsere Gefühle auf dem Nullpunkt angelangt.

Nachttopf Ähnlich wie Toilette (siehe dort). Nach mittelalterlicher Deutung kann der Träumende, der einen Nachttopf zerbricht, mit Glück oder einem Geldgewinn rechnen.

Nachtwächter Verkörpert das Tappen im dunkeln. Sieht man sich selbst als Nachtwächter, ist man unsicher, hat nicht erkannt, was zum Beispiel die Familie oder das Geschäft bedroht. Ist aber ein anderer im Traumbild der Nachtwächter, ergibt sich für ein Problem oder eine unklare Sache im Wachleben ein Hoffnungsschimmer, denn der Nachtwächter trägt ja eine Laterne, die den Weg für ein paar Schritte erhellt. (Siehe auch „Lampe“, „Laterne“, „Nacht“.)

Nacktheit Kommt vor allem in Angstträumen vor (siehe Teil 3 dieses Buches). Geht der Träumer nackt oder nur notdürftig bekleidet durch belebte Straßen, hat man sich im Wachleben eine Blöße gegeben oder hat Angst, sie sich zu geben, was auf moralische Bedenken oder auf Minderwertigkeitsgefühle schließen läßt. Träume, die Nacktheit positiv schildern, geben den Wunsch nach Unabhängigkeit wieder und lassen den Willen erkennen, sich anderen gegenüber auch bei heiklen Themen ohne Hemmungen zu äußern; für diesen Fall achte man auf weitere Traumsymbole und deren Aussage. (Siehe auch „Kleid“.)

Nadel Die kleinen Sticheleien, die wir im Alltagsleben über uns ergehen lassen müssen; die Kleinigkeit, die sich zum Streit ausweiten könnte.

Nadelkissen In ihm will man die Nadel (sprich: die Sticheleien) möglichst schnell begraben.

Nagel Gewissermaßen der Notnagel, der uns aus einer undurchsichtigen Lage befreien kann. Nach altägyptischer Deutung die Hoffnung, die in Erfüllung geht. Das Nageln an sich ist ein Festnageln auf einen bestimmten Standpunkt, der uns Standfestigkeit sichert. Krumme Nägel zeigen krumme Wege an, die man im Wachleben zum Erreichen eines Ziels einschlagen müßte, wobei das Ziel immer erreichbar scheint. Dagegen sind Finger- oder Fußnägel, die man im Traum beschneidet, mit Verlusten zu übersetzen, die im Wachleben drohen. (Siehe auch „Hammer", „Schneiden".)

Nagetiere Nager huschen durch unsere Träume und versuchen, uns wichtige Lebensstoffe zu stehlen, wenn sie in unserer Vorratskammer, der Seele, auf die Jagd gehen. Träume von Nagetieren kündigen meist Unangenehmes an, etwas, das heimlich an unserem Ich nagt, also versteckten Kummer, die Sorge ums tägliche Brot, die Angst, Lebenskraft zu verlieren. (Siehe auch „Hase", „Maus", „Ratte".)

Nähen Eine Arbeit, die man mit viel Geduld und Genauigkeit verrichten muß, um etwas Tragbares zu schaffen. Näht man im Traum einen Flicken auf, bleibt manches im Wachleben nur Flickwerk, das leicht wieder einreißen kann.
(Siehe auch „Faden", „Garn", „Nadel", „Stopfen".)

Namen Hört man seinen Namen im Traum laut rufen, gilt das als Warnzeichen, daß Gefahr im Verzug ist. Ist der Name nur aufgeschrieben, kann das eher auf eine Belobigung oder Auszeichnung hinweisen. Schreibt man aber seinen Namen unter ein Dokument, sollte man Verträge im Wachleben noch einmal genau prüfen und vor allem das Kleingedruckte beachten.

Narbe Die Narbe deutet meist auf Schicksalsschläge in der Vergangenheit hin, aus denen wir lernen sollten, uns in Zukunft besser abzusichern. (Siehe auch „Verletzung", „Wunde".)

Narkose Das Beruhigungsmittel, das uns das Unbewußte fürs bewußte Leben gibt. Das Traumbild legt uns nahe, daß wir in Zukunft ruhiger werden sollten. (Siehe auch „Operation".)

Narr Siehe „Fasching".

Narzisse Weist auf die mythische Gestalt des Narziß hin, der die Liebe der Nymphe Echo verschmähte und dafür mit Selbstliebe bestraft wurde, worauf er sich in sein eigenes in einer Quelle gespiegeltes Bild verliebte. Nimmt man die Narzisse als archetypisches Zeichen, übersetzt sie den Egoismus des Träumers, der nur sich selbst und sonst niemanden kennt. Diese Deutung hat bereits Artemidoros dem Traumbild zugrunde gelegt. (Siehe auch „Blumen".)

Naschen Die heimliche Freude an verbotenen Dingen wird in neuerer Zeit auf Sexuelles bezogen. Wer einen anderen beim Naschen erwischt, gönnt diesem nicht den Erfolg, den er im Leben erzielt hat.

Nase Hier wird oft von dem „Riecher" gesprochen, den der Träumer im Wachleben hat, sich im rechten Moment für das Richtige entscheiden zu können, wodurch er Förderung erreicht oder Gewinne erzielt. Wenn er aber seine Nase in Dinge steckt, die ihn nichts angehen, dann ist fürs Wachleben die Deutung erlaubt, daß er zu neugierig, vielleicht sogar zu taktlos seiner Umwelt gegenübertritt. Vielfach auch männlich-sexuell zu deuten: Wenn Frauen von einer Nase träumen, sind sie mit ihrem Partner meist sehr zufrieden; das Gegenteil kann natürlich der Fall sein, wenn die Nase verletzt oder häßlich ist. Träumt ein Mann von der Nase, soll ihm das einen guten Intimpartner garantieren.

Nasenbluten Sexuell gesehen, umschreibt es den möglichen Verlust der Manneskraft, bei Frauen die Angst, einen Partner zu verlieren. Sonst wie unter „Blut" beschrieben.

Natter Siehe „Schlange".

Nebel Symbol für die Hemmnisse und Hemmungen, die uns im Wachleben die klare Sicht nehmen, die Ziellosigkeit, die uns hindert, den Alltag zu meistern. Wenn man vor lauter Nebel im Traum nichts mehr sehen kann, sollte man sich auf andere stützen; denn die eigene Kraft wird nicht ausreichen, um sich im Leben durchzusetzen.

Nebenbuhler Meist das Zeichen für (unbegründete?) Eifersucht, die das Zusammenleben zur Qual werden lassen kann.

Nelken Die in vielen Spielarten vorkommenden Gartenblumen sind die „Näglein", die uns helfen, über etwas hinwegzukommen, das uns möglicherweise den Schlaf raubte („mit Näglein besteckt, schlupf unter die Deck"). Wenn wir im Traum Nelken erhalten, verschenken oder sehen, kündigen sie meist Angenehmes an; das kann ein lieber Besuch sein, ein vergnügliches Beisammensein oder eine unerwartete Wendung zum Besseren im Berufsleben. (Siehe auch „Blumen".)

Nervosität Umschreibt eine Ruhelosigkeit der Seele, die im Wachleben auf mangelnde Abwehrkräfte schließen lassen könnte. Oft hat nervöses Handeln im Traum mit den (unbegründeten?) Aufregungen im Alltag zu tun, die uns Kopfschmerzen bereiten.

Nesseln Setzt man sich im Traum in die Nesseln, hat das die gleiche Bedeutung fürs Wachleben, wie es der Volksmund andeutet: Man war so unbesonnen, sich in Gefahr zu begeben, und muß nun versuchen, aus eigener Kraft wieder herauszukommen. Greift der Träumer in die Nesseln, sollte er sich einmal einer Kontrolluntersuchung unterziehen, weil möglicherweise unterschwellig ein psychisches Leiden angekündigt wird.

Nest Wer im Traum ein Vogelnest findet, das bewohnt ist, kann auf ein glückliches Familienleben hoffen oder einen eigenen Hausstand gründen. Das leere Nest deutet auf das Alleingelassensein hin. Ist das Nest zerstört, wird uns ein geschätzter Mensch vielleicht den Rücken kehren. Zerstören wir selbst ein Nest, brechen wir mit allen Konventionen und suchen uns von unserer bisherigen Umwelt zu trennen. (Siehe auch „Vogel".)

Netz Wer mit einem Netz auf Fischfang geht, will auf sexuellem Gebiet etwas erreichen; ob das viel oder wenig ist, wird das Fangergebnis zeigen. Ist man aber selbst in einem Netz gefangen, möchte man vielleicht von jemandem gefangengenommen werden, den man liebt. Nur manchmal umschreibt das Bild den ungewissen Zustand, der uns in einer bestimmten Angelegenheit zappeln läßt. (Siehe auch „Angeln", „Fische".)

Neubau Wer im Traum ein neues Haus baut oder bauen läßt, sollte im Wachleben etwas für sein seelisches und körperliches Wohlbefinden tun. Der Neubau kann auch eine Schwächeperiode abschließen. (Siehe auch „Haus".)

Neun Diese ungerade, also männlich betonte Zahl drückt die vollkommene Harmonie aus (drei mal drei!), das Streben nach absoluter Wahrheit, aber auch die seelisch-geistige Aktivität im Wachleben. Weil die Mutter ihr Kind neun Monate austrägt, steht diese Zahl ebenso für die Neugeburt, den Anfang einer neuen Entwicklung. (Siehe auch „Zahlen" und Teil 3 dieses Buches: „Zahlenträume".)

Niederkunft Bei Frau und Mann umschreibt sie das Erfassen neuer Ideen, die sich in Kürze verwirklichen lassen (sonst wie „Entbindung", „Geburt").

Niederschlagen Es kommt darauf an, wer niedergeschlagen wird. In jedem Fall deutet es aber auf Haßgefühle hin, die man im Wachleben hegt oder derentwegen wir niedergeschlagen sind. Man sollte sie ergründen, um sie beseitigen zu können.

Nische Sie weist immer auf Heimlichkeiten hin, die uns im Wachleben übelgenommen werden könnten. (Siehe auch „Grotte", „Höhle".)

Niesen Im Traum niesen und davon nicht wach werden hat eine gute Vorbedeutung: Man will sich von etwas Lästigem befreien.

Nixe Siehe auch „Geister", „Kobold", „Nymphe".

Nonne Ähnliche Bedeutung wie Mönch (siehe dort), nur mit weiblichem Vorzeichen.

Norden Siehe „Himmelsrichtungen".

Nordlicht Die nur in Nordeuropa zu sehende, geisterhaft den Nachthimmel überziehende Naturerscheinung soll wohl den Träumer auf sein etwas flatterhaftes Wesen aufmerksam machen, in dem Licht- mit Schattenseiten wechseln.

Notdurft Siehe „Kot", „Toilette".

Noten Wer im Traum Musiknoten liest, beweist im Wachleben meist große Willensstärke. Bei Noten in Schulzeugnissen achte man auf die Zahl und sehe dort nach. Oft sind solche Noten eine Erinnerung an die Schulzeit und können nun Anwendung auf einen augenblicklich zu lösenden Fall finden. (Siehe auch „Musik", „Prüfung" und einzelne Zahlen.)

Notizen Das Unbewußte mahnt den Träumer mit den Notizen, die er oder ein anderer aufschreibt, von einem bestimmten Menschen mehr Notiz zu nehmen. Oft weisen sie auch auf die Gründlichkeit hin, mit der man im Alltag alles überdenken sollte. Kann man sich an das erinnern, was man im Traum notiert hat, sollte man auf jeden Fall die entsprechenden Symbole zur Deutung heranziehen. (Siehe auch „Zettel".)

Nudeln Symbol für geistige Nahrung, die uns im Wachleben fehlt, um uns durchsetzen zu können. Sie weisen auf eine Mangelerscheinung hin, die wir aufspüren sollten, damit wir etwas dagegen unternehmen können.

Null Ist ein sexuelles Bild, keinesfalls als Zahl zu werten. Viele Nullen weisen auf erotische Erlebnisse hin, die unsere Kräfte überbeanspruchen.

Nummern Der Träumer, der eine Nummer trägt, ist im Wachleben nicht unbedingt die große Nummer, die er gern sein möchte. (Sonst wie unter den Zahlen.)

Nuß Man muß sie knacken! Denn erst unter der rauhen und harten Schale steckt der weiche Kern – sprich: die Glückseligkeit. In erotischen Träumen ist die Nuß oft Sinnbild des weiblichen Geschlechtsorgans. Traumforscher im alten Ägypten glaubten, daß ein Geschenk zu erwarten sei, wenn man Nüsse esse.

Nußknacker Wer mit ihm im Traum Nüsse knackt, braucht bei einem Problem im Intimbereich oder im Beruf Hilfe.

Nymphe Die Nymphe umschreibt als archetypischer Begriff die Naturverbundenheit und Lebenskraft des Träumenden. Aber wer heutzutage von den antiken Naturgottheiten träumt, ist wohl eher romantisch veranlagt. Nur selten ist in Frauenträumen damit die Nymphomanie, die Mannstollheit, angesprochen. (Siehe auch „Kobold".)

O

Oase Die grünende Wüsteninsel schildert meist das Herausfinden aus einer schwierigen Lage; nun sollte man sich die wohlverdiente Ruhe gönnen. Wer die Oase im Traum verläßt, könnte nach einer Zeit der Ruhe und der Besinnung in eine Welt voller Anfeindungen zurückkehren oder vielleicht auch um jeden Preis ein Abenteuer suchen. (Siehe auch „Wüste".)

Obdach Wer im Traum ein Obdach sucht, muß im Wachleben wohl mal eine Denkpause einlegen. (Siehe auch „Dach".)

Obelisk Von sexuell-phallischer Bedeutung: Man mißt dem Intimleben wohl eine zu große Bedeutung bei.

Oboe Wie alle Blasinstrumente (siehe dort) männlich-sexuell zu deuten. Die oft klagenden Töne der Oboe lassen dabei wohl auf Liebeskummer oder auf mangelndes Verständnis im zwischenmenschlichen Bereich schließen.

Obst Oft sexuell verstanden, aber ebenso Zeichen für Gedankenreichtum, Erfolg und glückliche Wendungen im Alltagsleben. (Siehe auch „Früchte" und die Bezeichnungen einzelner Obstsorten.)

Ochse Kommt in Angstträumen von Männern vor, die um ihre Potenz fürchten. Bei Frauen drücken sie mitunter die weibliche Unterlegenheit aus, das Noch-nicht-emanzipiert-Sein. Manchmal kündigen Ochsen im Traum auch einen Wertzuwachs an, den man erreicht, weil andere sich wie „Ochsen" verhielten. (Siehe auch „Stier".)

Ödipuskomplex Siehe „Mutterkomplex".

Ofen Ein geheizter Ofen deutet auf eine freundliche Umwelt und auf viel Gefühlswärme hin, ein kalter auf Lieblosigkeit und Frigidität. Geht der Ofen aus, gelingen vielleicht unsere augenblicklichen Vorhaben nicht (dann ist eben der Ofen aus!), oder die Geschäfte gehen schlecht. (Siehe auch „Herd").

Ofenrohr Wenn es im Traum besonders lang ist, wird man wohl noch lange auf die Erfüllung seiner sehnlichsten Wünsche warten, also noch eine Weile in die Röhre schauen müssen.

Ohnmacht Etwas geschieht ohne unser Dazutun: Wird man selbst im Traum ohnmächtig, kann man sich möglicherweise auf ein Geschenk, vielleicht sogar auf eine Erbschaft oder eine unerwartete Liebeserklärung freuen. Fallen andere in Ohnmacht, macht uns das Unbewußte auf Leute in unserer Umwelt aufmerksam, die sich auf eine etwas plump-vertrauliche Weise bei uns anbiedern wollen.

Ohr Weibliches Symbol, wobei die Durchbohrung des Ohrläppchens auf die Defloration hinweisen könnte. Wenn man sich im Traum am Ohrläppchen gezogen fühlt, will das Unbewußte wohl auf eine Person oder eine Angelegenheit im Alltagsleben aufmerksam machen, die man mehr beachten sollte. Wer seine Ohren im Traum reinigt, sollte sich im Wachleben von gewissen Vorurteilen frei machen.

Ohrfeige Sie weist auf Nachlässigkeiten im Wachleben hin, auf die uns unsere Psyche aufmerksam machen möchte. Meist handelt es sich dabei wohl um das egoistische Verfolgen eigener Pläne.

Öl Wer im Traum Öl auf seine Wunden gießt oder es wohltuend auf der Haut spürt, kann im Wachleben friedlich seiner Arbeit nachgehen und alles, was vielleicht auf ihn einstürmte, vergessen; dabei ist der Blick in die Zukunft gerichtet, in die man gut geschmiert fahren kann. Brennt Öl mit heller Flamme, ist Freude in Sicht; ist die Flamme rußig, gibt's Verdruß. (Siehe auch „Feuer", „Flamme", „Wunde".)

Olive Die Frucht des Ölbaums ist eindeutig erotisch aufzufassen. Wer sie ißt, will mit Gewalt ein Problem lösen, das sich aus einer sogenannten verbotenen Liebesgeschichte oder einem Ehebruch ergibt. Wer aber die Früchte einsammelt, kann mit einer Herzensverbindung rechnen. Der Olivenbaum gilt im Vorderen Orient als Baum der Erkenntnis. (Siehe auch „Baum".)

Omnibus Das große Automobil (siehe dort), das viele Fahrgäste befördern kann, zeigt an, daß man nur in der Gemeinschaft mit anderen ein erstrebenswertes Ziel zu erreichen vermag, weil man als einzelner einfach nicht genug Kraft aufbringt.

Oper Den Träumer, der sich in einem Opernhaus sitzen sieht und die Sänger singen hört, erwartet wohl ein besonders harmonisches Erlebnis im Wachleben. Tritt er aber selbst in einer Oper auf und mimt den Sänger, obwohl er eigentlich gar nicht gut singen kann, macht er sich im Alltagsleben wahrscheinlich allerhand vor und möchte vor anderen in falschem Glanz erscheinen. (Siehe auch „Musik".)

Operation Hier handelt es sich um einen Eingriff in unseren Seelenhaushalt. Wer also im Traum operiert wird oder bei der Operation anderer zuschaut, sollte seinen Lebensstil in einschneidender Weise ändern, damit sein seelisches Gleichgewicht wiederhergestellt werden kann. Nur manchmal deuten Traumoperationen psychische Störungen an. (Siehe auch „Arzt", „Amputation", „Krankenhaus", „Narkose", „Verletzung".)

Opfer Das Opfer im Traum lehnt sich mythologisch an den Opferkult der Antike an. Heute symbolisiert es für das Wachleben, daß man Opfer bringen müßte, um vor seiner Umwelt makellos dazustehen. Vielleicht sollte man auch eine schlechte Angewohnheit auf dem Opferaltar zurücklassen, um vor sich selbst bestehen zu können. In diesem Zusammenhang ist wichtig, was im Traum geopfert wird, denn daraus erschließen sich weitere Deutungsmöglichkeiten.

Opium Wer vom Rauschgift träumt, obwohl er noch nie welches genommen hat, erwacht vielleicht im bewußten Leben aus einem Rausch der Gefühle, der ihm nichts eingebracht hat.

Orangen Die Liebesäpfel südlicher Länder können auf besonders glückliche Liebesbeziehungen hinweisen. (Siehe auch „Früchte", „Obst".)

Orchester Wo im Traum ein Orchester aufspielt, streben die Gefühle nach Harmonie, ist der Zusammenklang im familiären oder intimen Bereich gesichert. Wer im Traum mitspielt, sehnt sich nach mehr Harmonie, nach Menschen, denen man sich ganz verbunden fühlen darf. Wer das Orchester dirigiert, möchte in diesem Zusammenhang sein Glück erzwingen. Orchester- oder Musikträume sind im allgemeinen positiv zu deuten, da sie klangliche Disharmonien kaum kennen. (Siehe auch „Dirigent", „Musik" und einzelne Musikinstrumente.)

Orden Der Träumer, der auf seiner Brust Orden zur Schau stellt, scheint im Wachleben auf Äußerlichkeiten bedacht und ein wenig überheblich zu sein. Von seinen Mitmenschen wird er deshalb wohl kaum freundlich betrachtet. Sieht er aber andere Orden tragen, bewundert er vielleicht die Leistungen von Menschen, die ihm Vorbild sein können.

Orgelmusik Weist auf geistige Probleme und ihr Lösung hin. Manchmal spielt auch Trauer mit, im allgemeinen ist aber der, der im Traum die Orgel spielen hört, mit sich und der Welt zufrieden. (Siehe auch „Musik", „Musikinstrumente".)

Orkan Er tobt sich in unserem Seelenleben aus und kündigt Substanzverluste an. Das ganze Leben kann da durcheinandergewirbelt werden. Wer nicht standfest dem Orkan zu trotzen vermag, sollte den Arzt aufsuchen, weil irgend etwas in seinem Inneren in Unordnung geraten ist. (Siehe auch „Sturm", „Wind".)

Öse Kann man einen Haken nicht in die Öse einhaken, läßt sich auch in der Liebe oder in einem anderen Lebensbereich nichts erreichen: Wir bekommen einen Korb. (Siehe auch „Faden", „Nähen".)

Osten Siehe „Himmelsrichtungen".

P Q

Pacht Pachtet man irgend etwas im Traum, begibt man sich im Wachleben vielleicht in eine Abhängigkeit, für die man nicht nur Lehrgeld zahlen muß. Sucht man einen Pächter oder verpachtet selbst etwas, möchte man andere unter seinen Willen zwingen.

Packen Wichtig ist, was man im Traum packt; erst daraus kann man Schlüsse auf einen Wandel zum Guten oder zum Schlechten ziehen. Auf jeden Fall stehen mit dem Packen Änderungen im Wachleben bevor. (Siehe auch „Koffer", „Paket".)

Page Er bereitet uns auf Marscherleichterungen bei unserer Lebensreise vor, nimmt uns einen Teil der Last ab, die wir mit uns herumschleppen müssen. In Frauenträumen ist er der aufmerksame hübsche Jüngling, mit dem eigentlich der Partner gemeint ist, der nicht mehr so kann, wie man es gern hätte, und dem man das flotte Auftreten des jungen Mannes wünscht.

Paket Pakete, die man auf die Reise schickt, sind die guten Gedanken an einen Mitmenschen, den man gerne um sich haben und dem man sich vielleicht sogar gern selbst schenken möchte. Wer ein Paket erhält, hat eventuell einen Freund, bei dem er noch nicht so recht weiß, als was er sich entpuppen wird. Auch Sexuelles ist in diesem Symbol verpackt. Wer aber schwere Pakete tragen muß, hat Probleme im Familienkreis zu bewältigen. (Siehe auch „Packen".)

Palast Man möchte in besserem Licht erscheinen, denn der Palast ist ein Haus mit glänzender Fassade. Freilich sehen uns unsere Mitmenschen in diesem Falle ganz anders, vielleicht sogar als eitle Gecken oder Angeber. In Träumen junger Menschen ist er als Haus meist eine Nummer zu groß, weil man sich in jungen Jahren leicht mehr zutraut, als man tatsächlich leisten kann. In Frauenträumen wird mit dem Palast auf die Sehnsucht nach dem Märchenprinzen hingedeutet, der sich dann oft als der eigene Partner entpuppt, den man sich eben etwas prinzenhafter wünscht. Manchmal umschreibt der Palast auch, daß man dem Geistig-Seelischen mehr Platz einräumen sollte. (Siehe auch „Fassade", „Haus".)

Palette Das Arbeitsgerät des Malers, auf dem er die Farben mischt, mit denen er Zukünftiges ausmalt und viele Ideen für das Wachleben einbringt. Man beachte dabei, welche Farben am häufigsten im Traumbild gezeigt werden, um sie zur Deutung heranziehen zu können. Sehen wir eine Palette ohne Farben, gehen uns wohl im Alltag die Ideen aus, oder wir können uns einfach nicht ausmalen, wie es weitergehen soll. (Siehe auch „Malen", „Maler", „Pinsel", „Zeichnen".)

Palme Ihre Zweige sind Zeichen des Friedens, die nach Artemidoros sogar Kindersegen versprechen sollen. Sieht man sich auf eine Palme klettern, bringt uns im Alltagsleben manches auf die Palme. Ansonsten umschreibt sie in unseren Breiten auch manchmal die Sehnsucht nach sonniger Ferne.

Panne Wenn auf der Reise im Traum nichts mehr geht, weil eine Panne uns behindert, müssen wir uns im Wachleben sehr viel mehr anstrengen, als uns eigentlich lieb ist, um das erwünschte Ziel doch noch zu erreichen. Träume von Pannen meinen immer auch eigenes Versagen, das uns manchmal verzagen läßt. (Siehe auch „Automobil" und andere Fahrzeugsymbole.)

Panther Die schwarzen Panther schleichen sich ein und setzen zum Sprung auf uns an; sie sorgen für Unruhe in unserem Seelenleben. Wo sie im Traum auftauchen, ist Gefahr im Verzug. Vielleicht werden wir in eine dunkle Angelegenheit verstrickt oder haben windige Geheimnisse, die das Tageslicht scheuen. (Siehe auch „Katze", „Löwe".)

Pantoffeln Wer im Traum Pantoffeln trägt, hat im Wachleben einen Hang zur Bequemlichkeit, aus der manche Ehe- oder Familienkrise entstehen kann. Gehen wir in alten Pantoffeln, fällt es uns im Wachleben schwer, neue Wege zu beschreiten. Die meisten Träumer schämen sich der Pantoffeln, weil sie sie als Zeichen eigener Minderwertigkeit empfinden und deshalb fürchten, eines Tages unter den Pantoffel zu kommen, Leisetreter zu werden. (Siehe auch „Schuhe".)

Panzer Fahren wir sie im Traumbild, wollen wir uns mit aller uns zur Verfügung stehenden Macht durchsetzen, ohne Rücksicht auf Verluste. Rollen Panzer auf uns zu, müssen wir Schwerem, das auf uns zukommt, mutig entgegentreten. Wer sich im Traum als gepanzerter Ritter sieht, der sollte im Wachleben die rauhe Schale ablegen, die sein Herz umschließt. (Siehe auch „Ritter".)

Papagei Schreit oder spricht er im Traum, zeigt das den Klatsch in unserer Umgebung auf; oder es wird etwas ausgeplaudert, durch das wir Schaden nehmen könnten.

Papier Wer es im Traum beschreibt oder bemalt, dem möchte das Unbewußte raten, endlich Unerledigtes aufzuarbeiten. Zerreißt man das Papier, möchte man wahrscheinlich mit einer bestimmten Angelegenheit im Wachleben nichts mehr zu tun haben. Man achte auf das, was auf dem Papier geschrieben steht, um daraus mehr zu deuten. (Siehe auch „Notiz".)

Papiergeld Siehe „Banknote".

Paradies Wer sich im Traum in einem Paradies wähnt, sehnt sich nach Ruhe, nach ein wenig Glück in der Einsamkeit oder an der Seite eines lieben Menschen.

Paragraphenzeichen Taucht es im Traum auf, überlegt man im Wachzustand vielleicht, wie man dem Gesetz ein Schnippchen schlagen kann. Unter Umständen findet man sich aber auch im Paragraphendschungel des Alltags nicht zurecht. (Siehe auch „Richter".)

Parfüm Der Duftstoff umschreibt den Willen des Träumers, im Wachleben in gutem „Geruch" zu stehen. Wer im Traum Parfüm versprüht, möchte wahrscheinlich anderen Leuten gegenüber seine eigenen Schwächen verdecken.

Park Während der Garten (siehe dort) unser Inneres darstellt, das wir schützen möchten, weist der Park auf unser Äußeres hin. Wer also im Park spazierengeht, möchte sich so zeigen, wie er von anderen gesehen zu werden wünscht. Manchmal weist das Traumbild vom Park auch darauf hin, daß wir uns frei bewegen und einmal Pause vom Alltag machen wollen.

Parken Parken wir unser Automobil (siehe dort) ein, möchten wir auf dem Lebensweg vielleicht die längst verdiente Pause einlegen. Parken wir trotz eines Verbotszeichens, wollen wir im Wachleben unseren Willen durchsetzen, obwohl Vernunftgründe dagegensprechen.

Parterre Die Region unseres Körpers, die das Sexuelle beinhaltet. Wer dort einsteigt, will eine Eroberung machen. Steht eine Wohnung im Parterre leer, wird man kaum das finden, wonach man sich im erotischen Bereich sehnt. (Siehe auch „Haus".)

Paß Der Reisepaß, den man mit dem eigenen Bild im Traum sieht, gibt den Hinweis, man solle sich „reisefertig" machen, da es in einen günstigeren Lebensabschnitt geht. Oft vergißt man im Traum das Dokument, steht an der Grenze und wird nicht durchgelassen; in diesem Fall stellt sich im Wachleben jemand quer und macht einem das Dasein schwer. Der Paß im Gebirge ist der Punkt eines beschwerlichen Lebensweges, der nun auf Neuland hoffen läßt; andere Traumsymbole werden erweisen, ob dabei ein Erfolgshöhepunkt erlangt wurde, der nicht mehr gesteigert werden kann, weil nun – auf das Traumbild bezogen – der Abstieg beginnt. (Siehe auch „Aufsteigen", „Berg".)

Pate/Patin Oft eine Elternfigur, ein Helfer in bestimmten Notlagen. Sind wir selbst der Pate, sollten wir uns überlegen, ob wir nicht anderen gegenüber ein wenig hilfreicher sein sollten, was uns freilich nicht nur Geld, sondern auch Überwindung kosten könnte. Der Pate, den wir nicht mögen, ist der Schatten in unserem Charakter, den wir ausmerzen sollten. (Siehe auch „Eltern", „Mutter", „Vater".)

Patent Wer im Traum etwas erfindet und darauf das Patent erhält, hat im Wachleben bisher irgend etwas nicht beachtet, dessen Wert er plötzlich erkennen wird.

Pauke Haut der Träumende auf die Pauke, wird etwas an die große Glocke gehängt, das ihn in ein nicht immer günstiges Licht setzt; er fällt unangenehm auf.

Pech Wird manchmal wie das Sprichwort „Wer (im Traum) Pech angreift, besudelt sich" übersetzt, womit das Unbewußte uns vor bösen Menschen im Lebensalltag warnen möchte. Wer Pech an den Hosen hat, bleibt sitzen, was genauso in der Schule wie in einem anderen Lebensbereich der Fall sein kann. Der Rückstand der Teer- und Erdöldestillation wurde sprachlich zum Gegenteil von Glück, im Traum erscheint das Pech meist nur als die grauschwarze Masse, die durchaus als Unglückszeichen gewertet werden kann. So ist der Pechvogel eigentlich der an der Pechrute hängenbleibende Vogel, übertragen ins Wachleben der Unglücksrabe, dem augenblicklich einfach nichts gelingen will. (Siehe auch „Rabe").

Pedal Tritt man im Traum kräftig in die Pedale, kann man sicher sein, daß einem im Wachleben viel gelingt; wer aber radelt und nicht von der Stelle kommt, wird mit einer eben begonnenen Arbeit kaum fertig werden. (Siehe auch „Radfahren".)

Peitsche Im Traum mit einer Peitsche wahllos durch die Gegend zu knallen deutet auf den Wunsch hin, sich brutaler zu geben, als man im Alltagsleben wirklich ist. Zugleich offenbart sich darin ein Minderwertigkeitsgefühl, man ist durch die Erziehung in seinen Urgefühlen gehemmt. Wird man im Traum ausgepeitscht (meist fühlt man dabei keinen Schmerz), duckt man sich oft im Leben und überläßt anderen die Initiative.

Pelz Das Kleid des Tieres symbolisiert manchmal dessen Eigenschaften. Trägt man im Traum einen Pelz (man achte dabei darauf, von welchem Tier er stammt), sollte man sich im Lebensalltag warm anziehen, um widrigen Lebensbedingungen standzuhalten; dabei kann es sich auch um Krankheitszustände, wie etwa Erkältungen, handeln. Wer im Traum einen kostbaren Pelz trägt, möchte sich vielleicht in gefühlsmäßig eisiger Umgebung zurechtfinden und sich mit seinem Können durchsetzen.

Perle In der Traumdeutung des Altertums bedeuten Perlen Kummer. Bekommt man sie geschenkt, herrscht bald Trauer im Haus. Tauchen Perlen in wiederkehrendem Rhythmus im Traum auf, sollen sie ein Zeichen für Nieren- und Gallenleiden sein (Perlen gleich Steine!). Wer eine, etwa aus einer Muschel, herausbricht, dem dürfte im Wachleben keine Perle aus der Krone fallen, der vergibt sich anderen Menschen gegenüber nichts, wenn er zu ihnen freundlich ist. Und wer sie verschenkt, wirft gewissermaßen Perlen vor die Säue und kommt bei seinen Mitmenschen trotz mannigfaltiger Beweise seiner Gutmütigkeit nicht so recht an. (Siehe auch „Schmuck".)

Perücke Manchmal warnt der Traum von der Perücke davor, sich im Wachleben mit fremden Federn zu schmücken. Oft weist er, wenn man sich als Perückenträger sieht, darauf hin, daß man seine Ursprünglichkeit wiedergewinnen möchte, die verloren schien. Tragen andere eine Perücke, sollte man sich vor einer neuen Bekanntschaft in acht nehmen und sich zurückhalten. (Siehe auch „Haare".)

Pfad Der Weg durch unwegsames Gelände mahnt zur Vorsicht; verliert er sich plötzlich, haben wir möglicherweise mit einem harten Schicksalsschlag zu rechnen, mündet er in einen gangbaren Weg oder in eine Straße ein, finden wir vielleicht im Wachleben aus einem Dilemma heraus. Der Pfad im Gebirge, der nach oben führt, umschreibt die Schwierigkeiten auf dem Lebensweg. (Siehe auch „Gebirge", „Straße", „Weg".)

Pfadfinder Positive Traumgestalt, die uns im bewußten Leben den richtigen Weg weist.

Pfand Der Einsatz des Unbewußten, den wir im Wachleben einlösen sollten, wobei wir darauf achten müssen, was zum Pfand genommen wird. Wer ein Pfand hergibt, ist sich einer Freundschaft nicht allzu sicher. Pfänderspiele deuten übrigens auf den Wunsch hin, einander in einer ganz bestimmten Absicht näherzukommen. Eine Pfändung weist auf die Trennung von einer alten Gewohnheit hin. (Siehe auch „Leihhaus".)

Pfandhaus Siehe „Leihhaus".

Pfanne Nach Freud wie alles, was man auf den Herd setzen kann, sexuell zu deuten. Wer aber etwas in die Traumpfanne hineingibt, der könnte im Wachleben auch die Absicht haben, jemanden in die Pfanne zu hauen. (Siehe auch „Herd".)

Pfarrer Siehe „Geistlicher".

Pfau Der Phönix, der siegreich aus der Asche steigt, das archetypische Symbol der Wiedergeburt. Wer einen Pfau im Traum sieht, ist beglückt über die bunte Vielfalt des Lebens, kann Gegensätze ausgleichen und zu seelischer Übereinstimmung mit nahestehenden Personen kommen.

Pfeffer Es ist gar nicht so selten, daß man im Traum Pfeffer sieht, streut oder schmeckt. Damit bedeutet uns das Unbewußte vielleicht, wir sollten ruhig etwas lebhafter sein, mehr Pfeffer haben, um ungehemmt die Freuden des Lebens genießen zu können. Wer aber das Gewürz achtlos auf den Boden streut, wünscht einen Konkurrenten dorthin, wo der Pfeffer wächst.

Pfeife Die Tabakspfeife, die im Traum sogar ein Nichtraucher genüßlich raucht, ist nichts anderes als die Friedenspfeife, die uns einen geruhsamen Alltag in glücklicher Umwelt schenkt. Der Pfeifenrauch bringt Vergangenes in Erinnerung, aus dem wir Schlüsse ziehen sollten. (Siehe auch „Rauch", „Stopfen".)

Pfeil Der im Traum auf uns abgeschossene Pfeil ist die kleine Hinterlist, mit der uns unsere Mitmenschen im Alltag aufs Kreuz legen wollen, manchmal auch die Kraft, die wir vergeuden. Schießen wir selbst Pfeile auf andere ab, sollten wir uns vor unbedachten Äußerungen hüten.

Pferd Die ursprüngliche, elementare Lebenskraft des Menschen, archetypisches Symbol des weiblich Mütterlichen wie des männlich Geistigen. Es ist in seinem Lauf unbändig und ungezügelt und von daher auch Sinnbild des ungestümen Temperaments, das nicht nur in Sexträumen erscheint. Wenn das Pferd mit seinem Traumreiter eine Einheit bildet, ergeben sich für diesen kaum Schwierigkeiten auf seelischem oder sexuellem Gebiet. Wird das Tier im Traum gut behandelt, steht das für einen ungestörten Lebenshaushalt und für das Zügeln der eigenen Leidenschaften. Wird es aber schlecht gepflegt, jagt es durch den Traum als Schreckgespenst unserer gestörten Triebe und beweist so, daß unser Eros Bocksprünge macht. Pferde, die scheuen oder mit einem durchgehen, künden von der Angst, daß die Lebenskraft schwindet, die Potenz bedroht ist. Ein Pferd kann im Traum sogar sprechen und den Träumer mahnen, er solle in einer bestimmten Angelegenheit die Nerven bewahren. Auch die Farbe des Tieres spielt eine Rolle. Ein feuriger Rappe kompensiert die Haltung des Träumers, der seine Vitalität zum Schaden seiner Seele unterdrückt. Auch Schimmel haben etwas Gespenstisches an sich; sie weisen auf mangelndes Gemeinschaftsgefühl, auf etwas Selbstzerstörerisches hin (Pferde in anderen Farbschattierungen siehe unter den einzelnen Farben). Nach Artemidoros ist das schöne Pferd, das ein Mann besteigt, gleichzusetzen mit Liebesglück, bei Phaldor ist es die Frau, die man körperlich besitzen möchte. (Siehe auch „Reiten".)

Pflaster Siehe „Verband".

Pflaume Oft wegen ihrer Form mit dem weiblichen Geschlechtsorgan verglichen, gilt sie als eindeutiges Sexualsymbol, das Männern, wenn sie es im Traum sehen oder verzehren, Liebesglück versprechen soll, Frauen dagegen eher Geschlechtsneid. Von alters her galt die Pflaume im Vorderen Orient als ausgesprochenes Glückssymbol, als Sinnbild der Unberührtheit, wenn sie im reifen Zustand keine Schäden aufweist. Im Fernen Osten gilt der Pflaumenbaum als Baum der Erkenntnis. (Siehe auch „Obst".)

Pflug Archetypisches Zeichen für die Kraft, die Gutes schafft. Wer hinter einem Pflug hergeht, ist im allgemeinen mit Fleiß bei der Sache, dem kann man so leicht nichts vormachen. Sieht man jemanden pflügen, möchte man die Früchte der Arbeit ernten, die hauptsächlich von anderen ausgeführt wurde. Ist der Pflug jedoch zerbrochen, besagt das wohl, daß einem die Arbeit zur Zeit nicht so recht von der Hand gehen will. (Siehe auch „Acker", „Bauer", „Ernte".)

Pfütze Ist das schmutzige Wasser, das die kleinen Flecken auf unserer Seele umschreibt. Wer in sie hineintritt, dem klebt vielleicht das Pech an den Füßen. (Siehe auch „Wasser".)

Phallus Bei den Naturvölkern Symbol der Männlichkeit, bei Freud durch alle möglichen langen Gegenstände, „scharfe Waffen und starre Objekte wie Baumstämme und Stöcke" im Traum dargestellt („dagegen sind Schränke, Schachteln, Wagen, Öfen und so weiter die Sinnbilder des Frauenleibes"). Bei den Indern Sinnbild der Fruchtbarkeit – übersetzt auch der Fruchtbarkeit der Arbeit und der Gedanken. Nach C. G. Jung ist der Phallus die Quelle des Lebens, der große Schöpfer und Wundertäter, „als welcher er überall Verehrung genoß". Nach babylonisch-assyrischer Meinung bedeutet es, keine Rivalen zu haben, wenn das Glied des Mannes im Traum lang wird; wenn dagegen jemand im Traum sein eigenes Glied ißt, werde einer seiner Söhne sterben. (Siehe auch „Vagina".)

Pilgerfahrt Siehe „Wallfahrt".

Pille Siehe „Medizin".

Pilz Wer als Kenner Pilze sammelt, kennt die eigenen Schwächen, aber auch die seiner Mitmenschen und zieht daraus Nutzen. Wenn man dagegen Pilze im Traum nur ißt, muß man sich mit kleineren Erfolgen begnügen. Da der Genuß gewisser Pilze rauschartige Zustände hervorrufen und ihre Form auf das männliche Geschlechtsteil hinweisen kann, werden Pilzträume manchmal auch sexuell gedeutet.

Pinsel Im Volksmund Bezeichnung für einen einfältigen Menschen. So sieht ihn auch das Traumbild, das mit der Nachgiebigkeit im zwischenmenschlichen Bereich umschrieben werden könnte. Der Pinsel des Malers könnte aber auch der behaarte Phallus (siehe dort) sein, übersetzt: Man verlangt nach Liebe, malt sich aus, wie schön es in trauter Zweisamkeit sein könnte, wobei man beachten sollte, welche Farbe der Pinsel im Traum aufträgt. (Siehe auch „Malen", „Maler" und unter einzelnen Farben.)

Pistole Bei Freud männliches Sexualsymbol, auch Zeichen sexueller Spannungen und Verspannungen (die Pistole wird ja bekanntlich gespannt). Zielt man zum Beispiel im Traum auf jemanden, ohne zu schießen, läßt das auf ein Versagen in der Liebe oder in einem anderen Lebensbereich schließen. (Siehe auch „Schuß" und unter den Bezeichnungen anderer Schußwaffen.)

Plakat Ist als Nachricht zu werten, die sich aus seinem Text ergibt. (Siehe auch „Notiz“, „Papier“.)

Plattfuß Wer im Traum Plattfüße hat, wird in manchen Bereichen des bewußten Lebens nicht so recht vorwärtskommen (sonst wie „Fuß“).

Platz Auf ihn laufen meist viele Straßen (siehe dort) zu; er ist also ein zentraler Punkt, übersetzt: das Zentrum unserer Psyche. (Siehe auch „Markt“.)

Polizist Der Polizist gilt als Konfliktzeichen, das zu einer Umstellung der Lebensführung rät. Sein Auftauchen im Traum läßt vermuten, daß in unserem äußeren und inneren Handeln etwas Ungehöriges im Spiel ist. Aber der Traumpolizist ist auch positiv zu sehen: Er weist uns den richtigen Weg, zeigt auf, was verboten und was gestattet ist; wir müssen uns nur im Wachleben danach richten.

Pomade Der Träumer, der sich mit ihr die Haare glättet, gibt zu erkennen, daß er im Wachleben irgend etwas in Ordnung bringen, glätten möchte, das ihn innerlich stört. Das Traumbild deutet auch an, daß man Kummer verdrängen möchte, besonders Liebeskummer. (Siehe auch „Haare“.)

Portier Steht im Empfang des Hauses, das wir bezogen haben (Haus gleich Körper!). Er soll die bösen Einflüsse fernhalten und die guten einlassen. Der Portier ist gewissermaßen unser eigener Charakter, der leider oft nicht recht aufpaßt und Gut und Böse verwechselt. (Siehe auch „Haus“, „Hotel“.)

Porzellan Porzellanscherben verheißen auch in der Traumdeutung Glück. Dagegen sollte, wer im Traum Porzellan zerschlägt, Streit in der Familie vermeiden. (Siehe auch „Geschirr“, „Scherben“.)

Posaune Die Posaune ist nicht immer wie andere Blasinstrumente (siehe dort) nur sexuell zu verstehen. Denn wer im Traum die Posaune bläst, hängt im Wachleben manches an die große Glocke, das heißt, er posaunt aus, was er eigentlich verschweigen sollte.

Postbote Er bringt gute oder schlechte Nachricht, was andere Symbole klären können. Wenn der vielleicht sehnlichst erwartete Postbote an unserem Haus nur vorbeigeht, wird sich möglicherweise im Wachleben Enttäuschung breitmachen. (Siehe auch „Brief“, „Briefmarken“.)

Pranger Am Pranger stehend, meist schlecht oder gar nicht bekleidet, muß man im Traum den Spott der Mitmenschen ertragen; das Unbewußte bringt uns damit zum Bewußtsein, daß wir in einem bestimmten schwerwiegenden Fall nicht richtig gehandelt haben. Nach solchen Träumen heißt es umschalten, andere Wege gehen, Schuld (oder Schulden) abbauen.

Predigt Man merke sich den Wortlaut der Traumpredigt und ziehe dann seine Schlüsse aus dem symbolhaft Gesagten. Nur bei einer Gardinenpredigt ist die Sachlage wohl eindeutig. (Siehe auch „Rede“).

Priester Altägyptische Traumforscher glaubten, wer einen Priester im Traum sieht, erhalte bald einen ehrenvollen Posten. (Siehe auch „Geistlicher“.)

Prinz Wenn es sich nicht um einen leibhaftigen Prinzen handelt, ist er in Frauenträumen meist der Märchenprinz, der sich oft als der eigene Partner oder der Traumpartner im wahrsten Sinne entpuppt.

Prinzessin Deutet das unter „Prinz" Ausgeführte in Männerträumen sinngemäß um.

Prostitution Siehe „Dirne".

Prozeß Mit dem Prozeß macht das Unbewußte zumeist auf etwas aufmerksam, das nur mit kämpferischem Mut zu klären ist. Verliert man zum Beispiel den Traumprozeß, ist es an der Zeit, sich mit einem Gegner im Wachleben einmal auszusprechen und zu einigen. Gewinnt man ihn, handelt es sich um das Gewinnen neuer Einsichten, die uns im Leben nützen können. (Siehe auch „Gericht".)

Prüfung Bei Adler und Freud „die unauslöschlichen Erinnerungen an die Strafen für Kinderstreiche". Nach Ansicht der modernen Psychologie beziehen sich Prüfungsträume auf die Gegenwart, auf das Bestehen im Lebenskampf oder – in Alpträumen – auf die Angst vor der Zukunft. Übrigens hat man die Prüfungen, an die der Traum erinnert, meist längst bestanden. (Siehe auch „Reifeprüfung" und Teil 3 dieses Buches „Prüfungsträume".)

Prügel Prügel, die uns im Traum verabreicht werden, sind im Wachleben der schlagende Beweis für Erfolge, die wir mit Hilfe von Selbstdisziplin und auch ein wenig Rücksichtslosigkeit erzielen. Teilen wir selbst Prügel aus, ist das ebenfalls nicht negativ zu werten, sondern damit wird unsere Durchsetzungskraft im Leben umschrieben. (Siehe auch „Schläge".)

Pudding Die etwas wabbelige Masse, die wir im Traum zu uns nehmen, könnte das psychisch Weiche in uns umschreiben, das uns etwas labil erscheinen läßt.

Pudel Archetypisches Zeichen, das auf Goethes Faust „Das also war des Pudels Kern") verweist; übersetzt: Alle Gelehrsamkeit nützt nichts, wenn man nicht zum Kern der Dinge vordringt, wobei oft der Teufel im Detail steckt.

Puder Pudern wir uns im Traum, wollen wir im Wachleben vielleicht etwas Häßliches oder eine Blöße verdecken oder etwas verschleiern, das uns selbst nicht gefällt.

Pulver Wer im Traum sein Pulver sinnlos verschießt, wird auch im Wachleben seine Energien bald verpulvert haben und dann über allzu schwache Nerven klagen müssen.

Pumpe Das Unbewußte greift hier manchmal das Bild von der Herzpumpe auf, bekrittelt ihren Zustand und sagt uns, wir sollten im Wachleben in seelischer wie in körperlicher Hinsicht einmal etwas mehr für unser Herz tun. Die Wasserpumpe, bei der kein Wasser kommt, umschreibt, daß man sich in eine schier ausweglose Angelegenheit verstrickt hat, von der man besser die Finger lassen sollte. Fließt viel Wasser beim Pumpen, können wir im Wachleben leicht über ein Ziel hinausschießen. Nur wenn der Pumpenschwengel in ruhigem, gleichmäßigem Tempo bewegt wird und das Wasser klar und beständig fließt, dürfen wir hoffen, eine schwierige Sache mit Erfolg zu meistern. Pumpen andere, ist das im Sinne von „Anpumpen“ zu verstehen. (Siehe auch „Wasser“.)

Puppe Die Puppe ist auch im Traum das (leblose) Wesen, mit dem man nur spielen, aber nicht zusammenleben kann, weshalb aus dem Puppentraum heute oft auf die Nichterfüllung erotischer Wünsche geschlossen wird. Trotzdem läßt das Unbewußte für uns manchmal die Puppen tanzen, wobei es davor warnt, daß wir unsere Mitmenschen als Marionetten sehen, die alles das tun, was wir ihnen vorschreiben.

Purpur Trägt man im Traum den Purpur, der ja Königswürde verleiht, sind wir im Wachleben wohl Herr unserer Gefühle. Purpur als Farbe verstärkt die Bedeutung von Rot (siehe dort).

Putzen Siehe „Fegen“.

Pyjama Wer nur mit einem Schlafanzug oder Nachthemd bekleidet durch das Traumbild läuft, schildert seine Angst, sich im Wachleben irgend etwas zu vergeben, Blößen zu zeigen. (Siehe auch „Kleid“, „Nacktheit“.)

Pyramide Sie besteht bekanntlich aus einem Quadrat und vier gleichseitigen Dreiecken, kann also als Traumbild das streng auf Ordnung gerichtete Handeln übersetzen. Altägyptische Traumforscher behaupteten, wer eine Pyramide sieht, komme einem Geheimnis auf die Spur.

Quacksalber Der untüchtige Arzt taucht dann in einem Traumbild auf, wenn wir an einem anderen Menschen unrecht gehandelt haben. Wir stellen ihn nämlich selbst dar.

Quadrat Sinnbild für den Ort (etwa den Boxring!), wo auch heute noch Kampfspiele stattfinden: Es bedeutet, daß man sich mit den psychischen Gewalten auseinandersetzt, die das Leben bedrohen, und meist eine ganz simple Lösung findet. Wer im Traum ein Quadrat zeichnet, hat wohl viel Ordnungssinn und überträgt ihn auch auf sein Privatleben.

Quaken Das Quaken von Fröschen (siehe dort) zeigt nach Meinung antiker Traumdeuter eine gute Nachricht an.

Quelle Als Jungbrunnen zu verstehen, als das sprudelnde Leben und die Lebenslust. Wenn ihr Wasser klar ist, dann ist uns das Glück hold. Trübes Wasser aus der Quelle dagegen deutet auf trübe Aussichten hin, auf Unstimmigkeiten im persönlichen Bereich, auf Menschen, die uns nicht wohlwollen. (Siehe auch „Wasser“.)

Quittung Mit ihr gibt uns das Unbewußte den Hinweis, daß wir möglicherweise wegen einer Angelegenheit zur Kasse gebeten werden oder daß wir die Quittung für das bekommen, was wir selbst verschuldet haben. Nur manchmal deutet die Quittung, die wir jemandem im Traum geben, auf größere Ausgaben oder finanzielle Belastungen im Wachleben hin. (Siehe auch „Rechnung“.)

R

Rabe Der schwarze Vogel fliegt durch unsere Träume als der Unglücksrabe, als der dunkle Gedanke, der bohrend unser Ich bedroht. Der Totenvogel aus der Mythologie ist als Traumsymbol ein Warnzeichen, das mahnt, finstere Gedanken durch lichte zu ersetzen, umzukehren auf dem bisher eingeschlagenen Lebensweg, der uns ins Nichts führen könnte. (Siehe auch „Krähen“, „Vogel“.)

Rad Die größte Erfindung der Menschheitsgeschichte umschreibt die alles bewegende Kraft, um die sich alles dreht und deren wir uns bedienen, um leichter vorwärtszukommen. In manchen Träumen steht das Rad auch für den Geist, das Wort, das am Anfang aller Dinge stand. (Siehe auch „Kreis“, „Wort“).

Radfahren Die Vorwärtsbewegung auf dem Fahrrad übersetzt den Willen, im Wachleben aus eigener Kraft weiterzukommen. (Siehe auch „Automobil“ und andere Fahrzeuge.)

Rahmen Das eingerahmte eigene Bild zeigt unsere Eitelkeit, aber auch den Egoismus, mit dem wir uns selbst in den Vordergrund drängen wollen. Der Rahmen ohne Bild schildert dagegen unsere Hilflosigkeit, etwas zu erreichen, weil es uns dafür an den nötigen Mitteln fehlt. (Siehe auch „Bild“, „Fotografieren“.)

Rakete Im Traumbild umschreibt sie flüchtige Erinnerungen und Gedanken, die uns durcheinanderbringen können. Feuern wir eine Rakete selbst ab, kann das auf unsere etwas unstete Art oder auf eigene Ideen hinweisen, die zischend verpuffen. (Siehe auch „Feuerwerk“.) Die Weltraumrakete symbolisiert wohl eher hehre Gedanken, die sich um Gott und die Welt drehen. Wenn solche Raketen in Angstträumen starten, irren wir ohne Ziel hilflos umher.

Rasen Liegt der Rasen grün und gepflegt in der Traumlandschaft, weist er auf unser Wohlergehen hin. Ist er ungepflegt und voller Unkraut, läßt er des Lebens Schattenseite, ein etwas schlampiges Verhältnis oder ein unordentlich bestelltes Haus erahnen. (Siehe auch „Garten“, „Gras“, „Park“, „Wiese“.)

Rasieren Als die Barttracht modern war, galt sie als Schmuck des Mannes; rasierte er sich die Haare im Traum ab, hieß das, er habe mit großen Unannehmlichkeiten zu rechnen. Nach heutiger Auffassung macht sich jemand, der sich im Traum rasiert oder sich seinen Traumbart stutzt, eher fein, was auf das Wachleben übersetzt bedeuten könnte, man möchte vor seiner Umwelt als Gentleman erscheinen. Wird der Träumer rasiert, muß er wohl in einer bestimmten Sache zahlen. Schneidet er sich oder wird er geschnitten, wird er sich im Wachleben vielleicht falsch verhalten. (Siehe auch „Bart“, „Haare“, „Schneiden“.)

Rathaus Hat kaum mit Amt und Würden zu tun, umschreibt vielmehr die Warnung an den Träumer, sich psychisch und physisch nicht über die Maßen zu belasten, sondern eher auf Ratschläge aus der engeren Umgebung zu hören. Auch hier ist also mit dem Haus (siehe dort) unser Körper gemeint. Man achte auf Stockwerke und Zimmer, um daraus Näheres zu ersehen.

Rätsel Sie signalisieren Alltagsprobleme. Lösen wir sie im Traum, so können wir vielleicht das Geschäft unseres Lebens machen; bleiben sie ungelöst, haben wir noch lange Zeit an einem Problem zu knabbern.

Ratten Das unter „Nagetiere" (siehe dort) Gesagte kann noch durch einen weiteren Angstzustand ergänzt werden; die Angst vor Krankheiten. Ratten im Traumbild sind oft Warnsignale, die man ernst nehmen sollte.

Raub Werden wir im Traum beraubt, läßt das auf Charakterschwächen oder auf Minderwertigkeitskomplexe im sexuellen Bereich schließen. Räuber, die wir auf frischer Tat ertappen, sind die Fehler, die wir mit uns herumschleppen müssen. Wenn wir sie erkannt haben, können wir gegen sie vorgehen.

Raubtier Es steht für unser Triebleben, das wir im Zaum halten müssen, weil es sonst ausbricht und alle Schranken niederreißt, die ihm Sitte und Anstand setzen. Man beachte die weiteren Symbole des Raubtiertraums. (Siehe unter den Bezeichnungen einzelner Raubtiere.)

Raubvogel Siehe „Vogel".

Rauch Der Rauch, der im Traumbild aufsteigt, beweist immer, daß wir uns augenblicklich in einer unklaren Lage befinden, die uns arge Kopfschmerzen bereitet. Wir sollten feststellen, ob es sich um den grauschwarzen Rauch eines Brandes oder den weißgrauen eines lodernden Feuers handelt. (Siehe auch „Brand", „Feuer".)

Raupe Das Entwicklungsstadium schöner Schmetterlinge deutet auf eine Entwicklungsphase in unserem Leben hin, auf das Unfertige, noch nicht Ausgearbeitete, manchmal auch auf die seelische Ratlosigkeit. Das Bild von der Raupe schenkt uns aber die Hoffnung, daß es in unserem Leben bald sehr viel schöner werden wird. (Siehe auch „Schmetterling".)

Rausch Mit dem Rausch im Traum will uns das Unbewußte wohl auf einen Zustand im Wachleben hinweisen, in dem wir nicht mehr Herr unserer Sinne sein könnten.

Rauschgift/Rauschmittel Siehe „Opium".

Rebell Der Rebell, der in unseren Träumen Aufruhr stiftet, sind wir selbst; für unser Wachleben bedeutet das, daß wir uns vielleicht ungerecht behandelt fühlen und dagegen ankämpfen wollen. Manchmal lehnt sich auch eine innere Stimme gegen uns selbst auf, weil wir uns irgend jemandem gegenüber schnöde und schlecht verhalten haben. (Siehe auch „Revolution".)

Reben Schwer voll Trauben hängende Reben künden seit alters her vom Glück im eigenen Heim; wenn sie ohne Früchte sind, hängt demnach wohl der Haussegen schief. (Siehe auch „Traube", „Wein".)

Rechnung Sie ist in Verbindung mit Zahlen (siehe „Eins" bis „Dreizehn") zu deuten. Geht sie auf, so geht auch unsere Lebensrechnung auf, und wir können frohgemut in die Zukunft schauen, uns an die Verwirklichung neuer Aufgaben heranwagen. Lösen wir die Rechnung nicht, sind wir in einer Konfliktsituation, aus der wir uns nur durch eigenes Zutun befreien können. Oder wir haben Angst vor der eigenen Courage, etwas Neues zu beginnen. (Siehe auch „Quittung“ und in Teil 3 dieses Buches: „Zahlenträume“.)

Rechts Die bewußte Lebensrichtung, die sich im Gegensatz zu links (siehe dort) auf das Männliche, die Aktivität und Handlungsfähigkeit und auf geistige Interessen bezieht.

Rechtsanwalt Er hilft uns im Traum, manches zu richten, und weist damit auf eine verfahrene Sache in unserem Wachleben hin. Man achte darauf, ob das Traumbild die Beratung abschließt.

Rede Wer im Traum eine Rede hält, will sich vielleicht im Wachleben allzusehr in den Vordergrund drängen, auf jeden Fall möchte er auf seine Umwelt wirken und sie in seinem Sinne beeinflussen. Hält ein anderer eine Rede, warnt uns das davor, uns von jemandem bereden zu lassen. Bei der Auslegung können auch der Inhalt des Gesprochenen und die darin eventuell enthaltenen Symbole von Bedeutung sein. (Siehe auch „Predigt“.)

Regen Er kommt auch im Traum vom Himmel herab und befruchtet die Erde. Das umschreibt, daß wir im Wachleben die Früchte unserer (geistigen) Arbeit oder unserer Liebe ernten können, unsere Hoffnungen und Wünsche können in Erfüllung gehen. Peitscht uns der Regen stürmisch ins Gesicht, werden wir uns auf manchen Streit, auf manche vergebliche Liebesmüh gefaßt machen müssen. Verspüren wir im Traum auf unserer Haut, daß der Regen warm ist, können wir uns wohl auf einen „warmen Regen“ freuen, auf eine Aufbesserung unserer Finanzen, zumal ja auch auf Regen immer Sonnenschein folgt. Aber leider kann man manchmal auch vom Regen in die Traufe kommen, also vom Leben enttäuscht werden. (Siehe auch „Himmel“, „Wolken“.)

Regenbogen Diese Naturerscheinung, in der sich alle Farben des Spektrums vereinen, weist auf eine Vereinigung von Gegensätzen hin.

Regenschirm Er umreißt unser Schutzbedürfnis gegen alle Gewalten der Natur. Ein alter Mann zum Beispiel, der sich im Traum verzweifelt bemüht, seinen verlorenen Regenschirm wiederzufinden, versucht vielleicht im Wachleben krampfhaft, eingebüßte Sexualkraft wiederzugewinnen. Eine Frau, die den Schirm aufspannt, will sich eventuell eines aufdringlichen Verehrers erwehren.

Reh Das scheue Waldtier tritt nur gegen Abend (siehe dort) aus seinem Versteck heraus, um zu äsen; mit ihm werden, übersetzt, seelische Wünsche wach, unsere Scheu vor anderen abzulegen und aus uns herauszugehen. Oft sind Rehe auch getarnte Glücksboten, die aber wie trügerisches Glück so schnell, wie sie gekommen sind, von hinnen fliehen. Der Rehbock soll seit alters her vor übereilten Entschlüssen warnen (er stellt ja seine Lauscher auf, wenn Gefahr im Verzuge ist). Und wer im Traum auf die Rehjagd geht und nicht trifft, sollte sich im Wachleben vor unbedachten Äußerungen hüten. (Siehe auch „Tier“.)

Reifen Ähnlich zu deuten wie Kreis und Rad (siehe dort). Wer einen Reifen um ein Faß schlägt, kann eine neue Beziehung anknüpfen oder einen Kreis neuer Bekannter finden.

Reifeprüfung Muß man das Abitur, das man längst bestanden hat, im Traum noch einmal machen, bedeutet das die Umstellung der eigenen Persönlichkeit auf eine andere Lebensform, die seelische Wandlung des eigenen Ich. Wer die Reifeprüfung im Traum nicht besteht, hat möglicherweise Angst vor Veränderungen, die er nicht verkraften zu können glaubt, oder er wehrt sich gegen Neuerungen, weil er im alten Trott fortfahren möchte. (Siehe auch „Prüfung" und in Teil 3 dieses Buches: „Prüfungsträume".)

Reise Die Reise im Traum hat stets mit einem Wandel des seelischen Standpunkts zu tun, mit dem Wohin unserer Lebensreise. Hier werden Stationen angeführt, an denen wir verweilen möchten, aber auch das Wegwollen von einem bestimmten Ort oder der Wunsch, sich einer Verantwortung zu entledigen, wird angedeutet. (Siehe auch unter Fahrzeugen, mit denen man verreisen kann.)

Reisende Gehen sie mit uns auf die Reise, sind es, übersetzt, eigene Seelenteile, die über unsere psychische Konstitution und Lebensführung etwas aussagen. Es ist also darauf zu achten, welchem Typus man im Traum seine Zuneigung schenkt, welcher Wesenszug uns gewissermaßen in seinen Bann zieht.

Reißbrett Wer im Traum am Reißbrett zeichnet, schmiedet Pläne, die sich leicht in die Tat umsetzen lassen. (Siehe auch „Zeichnen".)

Reiten Reitet man auf einem Traumpferd in ruhiger Gangart, wird man im Wachleben seine Triebe unter Kontrolle halten können. Galoppiert das Pferd aber stürmisch mit uns davon oder geht es gar mit uns durch, sollten wir uns in unserem Triebleben häufiger mal Zügel anlegen. Neben dem Sexuellen hat das Reiten aber auch manchmal die Bedeutung von Reise (siehe dort), was das Auf und Ab auf unserem Lebensweg umreißen kann. (Siehe auch „Pferd", „Zügel".)

Reklame Hier handelt es sich um die Eigenreklame, die Art, wie wir uns unserer Umwelt gegenüber darstellen. (Siehe auch „Plakat".)

Rennen Im Traum ist es mehr ein Hinterherrennen, was auf eine im Wachleben verpaßte Gelegenheit hinweist, die man im nachhinein doch noch nutzen möchte (leider kommt man aber beim Rennen ganz schön außer Atem). (Siehe auch „Laufen".)

Restaurant Wo im Traum für unser leibliches Wohl gesorgt wird, haben wir im Wachleben einen seelischen Notstand zu beseitigen. Nur hier und da umschreibt ein Restaurant die Vergnügungen, die uns im bewußten Leben eine Menge Zeit und Geld kosten. Hinweise auf weitere Deutungsmöglichkeiten ergeben sich aus dem Traumzusammenhang. Wichtig ist dabei die Art des Restaurants, in der sich der Träumende – gegebenenfalls mit anderen Personen – aufhält. (Siehe auch „Gasthaus".)

Rettung Die Rettung aus einer bedrohlichen Situation, die uns das Traumbild zeigt, kann durchaus auf eine Gefahr im Wachleben aufmerksam machen, ebenso auf eine Krankheit, die im Anzug ist. Retten wir selbst jemanden, können wir hingegen frohgelaunt sein, denn wir werden vielleicht für eine besondere Leistung belohnt oder ausgezeichnet.

Revolution Mit der Revolution im Traum rebelliert das Unbewußte gegen einen bewußten Zustand, der dringend nach Veränderung verlangt. Wir sollten aus anderen Symbolen lesen, welcher Art die Gründe für den Aufstand sind. (Siehe auch „Rebell".)

Revolver Es kommt darauf an, ob sein Magazin voller Patronen steckt oder ob es leergeschossen ist, was auf die Potenz und die Leistungsfähigkeit des Träumers hinweisen könnte. (Sonst wie unter „Pistole".)

Rezept Kochrezepte im Traum sind ein Zeichen für gute Lebensrezepte, nach denen wir uns richten sollten. Man kann die empfohlenen Verhaltensweisen oft aus den Symbolen ablesen, die in den Traumrezepten enthalten sind. (Siehe auch „Kochen".)

Richter Er legt unsere Worte im Traum ganz anders aus, als wir sie gemeint haben. Deshalb ist Vorsicht geboten: Man sollte im Wachleben nichts Unbedachtes sagen und schon gar nicht einen Vertrag unterschreiben, dessen Text mitsamt dem Kleingedruckten man nicht zweimal langsam und gründlich durchgelesen hat. (Siehe auch „Gericht", „Rechtsanwalt".)

Riegel Was im Traum verriegelt ist, wird uns im Wachleben verwehrt. Die Tür (siehe dort), vor die ein Riegel geschoben wurde, umschreibt vielleicht eine Liebesangelegenheit, die uns verzweifeln läßt, oder wir finden nicht den gewünschten Anschluß. Schieben wir einen Riegel zurück, machen wir dagegen das Tor der Zukunft weit auf; wir werden Erfolge einheimsen, die wertbeständig bleiben. (Siehe auch „Tür".)

Riese Die Märchen- und Sagengestalt ist manchmal der Übervater, der uns kuschen läßt, weil wir einfach nicht gegen ihn und seine Größe (sprich: Weisheit) ankommen. Mit manchen Riesen ist nicht gut Kirschen essen; sie warnen vor einem Triebleben, das auszuufern droht. Riesen, die nur schattenhaft in einem Traumbild zu sehen sind, können auf Riesengeschäfte hinweisen, bei denen man Supergewinne machen kann.

Rind Siehe „Kuh", „Ochse", „Stier".

Ring Die Bindung an einen Menschen oder eine Gemeinschaft umschreibt der Ring, den wir im Traum am Finger tragen, ebenso die Treue, mit der wir an einmal eingegangenen Verpflichtungen festhalten. Findet man einen Ring, wird man sich wohl verlieben. Zieht man ihn ärgerlich vom Finger, verliert man das, was man liebt, oder macht selbst einen Seitensprung. Zerbricht ein Ring, geht eine Verbindung in die Brüche. (Siehe auch „Kreis", „Kranz".)

Ringkampf Der Ausgang eines Ringkampfes im Traum ist ungewiß, weil wir während des Kampfgetümmels meist aufwachen; da haben wir uns im Wachleben mit einer Angelegenheit auseinanderzusetzen, von der wir noch nicht wissen, ob wir als Sieger aus ihr hervorgehen werden. Manchmal ringen wir auch um Einsichten, die uns weiterbringen können, oder um unser Image.

Rinne Wer eine Dachrinne säubert, der möchte im Wachleben klare geistige Erkenntnisse gewinnen, die ihm weiterhelfen sollen. Ist die Rinne verstopft, ist unser Bemühen vergeblich, weil wir doch nichts erreichen und deshalb augenblicklich sehr niedergeschlagen sind. Wer sich an der Dachrinne festhält, um nicht vom Dach zu fallen, hat Einfälle, an denen er – auch wenn es schwerfällt – festhalten will, aber nicht unbedingt sollte. (Siehe auch „Dach“, „Dachziegel“.)

Rippe Wenn wir im Traum alle unsere Rippen zählen können, sollten wir im Wachleben mehr für unsere Gesundheit tun. Die im Traum gebrochene Rippe übersetzt für das bewußte Leben den Volksmund, daß man sich nichts aus den Rippen schneiden kann, daß man in einer bestimmten Angelegenheit nicht weiß, wie man sie erledigen soll. Adams Rippe, aus der Eva geschaffen wurde, kommt als archetypisches Symbol nur noch selten in Träumen vor; sie weist sicherlich auf Sexuelles hin, aber auch auf den – überkommenen – Anspruch des Mannes, vor der Frau zu rangieren.

Ritter In Männerträumen stürmt er in voller Montur ins Traumbild und nimmt die Festung ohne Pardon; hier wird von der Überheblichkeit mancher Männer gesprochen, die glauben, jede Frau sei für sie zu haben. Häufig signalisiert der Ritter auch nur die Lust auf Abenteuer. In Frauenträumen wird er vom kriegerischen Patriarchen zum Gentleman umfunktioniert, den sie sich an ihrer Seite wünscht. (Siehe auch „Panzer“).

Röhre Siehe „Ofenrohr“.

Roman Einen Roman, den man im Traum liest, kann man aus seinem Titel und seinem Inhalt definieren. Im allgemeinen bedeuten aber solche Romane, daß man sich im Alltag zu sehr an anderen orientiert und sich nicht auf eigene Werte verläßt.

Röntgenbild Da die meisten Menschen schon einmal geröntgt wurden, zog auch das Röntgenbild in unsere Träume ein. Es zeigt an, daß man einen Menschen im Wachleben besser kennenlernen möchte; oft wird auch unsere Seele nach Schattenseiten durchleuchtet. Wer eine Röntgenaufnahme von sich selbst sieht, wird auf Fehler aufmerksam gemacht, die er ausmerzen sollte.

Rose Die Blume der Liebe beglückt uns auch im Traum und deutet auf sehr Gefühlvolles hin. Die Größe ihrer Blüte läßt besonderen Reichtum der Seele und ein weites Herz erkennen. Die Nähe des Kreuzes (siehe dort), symbolisiert durch die Dornen, ist nicht zu übersehen. Neben dem Glück und der Beglückung liegen eben manchmal auch abgrundtiefes Leid und vergängliche Schönheit. Man achte ebenso auf die Farbe der Traumrose, aus der sich weitere Deutungshinweise ergeben. (Siehe auch „Blumen“ und einzelne Farben.)

Rot Die Farbe des Blutes (siehe dort), des Feuers (siehe dort). Sie hat etwas Kämpferisches, Leidenschaftliches, ist aber auch Warn- und Signalfarbe. Gemildert ist sie die Farbe der Liebe und der Barmherzigkeit. Als Symbol des Gefühlslebens signalisiert sie Hingabe oder aber Bedrängnis, Tugend oder Laster, was aus weiteren Symbolen eines Traumes zu lesen wäre.

Rotstift Wer den Rotstift im Traum ansetzt, möchte etwas aus seinem Leben streichen, für das er sich einmal begeistert hat. (Siehe auch „Rot“.)

Roulette Im Traum werden die Chancen im Roulette, das in den Spielbanken gespielt wird, meist ins Gegenteil verkehrt: Verlust heißt Gewinn, wobei zum Beispiel aus einer ungünstigen Angelegenheit eine Einsicht gewonnen wird, die zur Besserung der Verhältnisse beiträgt; und der Gewinn ist ein Verlust – vielleicht die Überheblichkeit, mit der wir den Mitmenschen gegenübertreten, oder der Hochmut, der vor dem Fall kommt. Da die Kugel beim Roulette in einen rotierenden Kreis geworfen wird, sollten diese beiden Symbole (Kugel und Kreis) wie auch die Zahlen – zur Deutung herangezogen werden.

Rücken Er liegt im Schatten des Bewußtseins, wo wir verwundbar sind; dort lauern Gefahren aus dem Unbewußten, seelische Schäden, die nur schwer repariert werden können.

Rückgrat Wie beim Rücken (siehe dort) kann Hinterlistiges geschehen, wenn zum Beispiel die Knochen der Wirbelsäule im Traumbild heraustreten oder sonstwie anomal aussehen. Sehen wir aber ein kerzengerades Rückgrat, gilt das als der Hinweis des Unbewußten, uns zusammenzunehmen, in einer schwierigen Situation standzuhalten – eben Rückgrat zu haben. (Siehe auch „Knochen".)

Rucksack Die Bürde, die man auf der Lebenswanderung trägt, aber auch das Ränkespiel hinter unserem Rücken, das uns psychisch leiden läßt. Wenn der Rucksack im Traum abgelegt wird, heißt das im übertragenen Sinne ein Ablegen dessen, was auf unserer Seele lastet, oder das Erkennen von „Falschspielern", die intrigieren und uns hintergehen wollen. (Siehe auch „Tornister".)

Rudern Die Bewegung, die wir auf dem Wasser ausführen, das bekanntlich keine Balken hat, an die wir uns im Gefahrenfall klammern könnten. Man sollte das Rudern mit einer schweren Arbeit vergleichen, die Schweiß kostet, aber am Ende trotz des mannigfaltigen Auf und Ab guten Lohn bringt. Kommen wir beim Rudern nicht oder nur wenig von der Stelle, wursteln wir uns auf gut Glück durchs Leben und sind augenblicklich nicht sehr arbeitslustig. (Siehe auch „Kahn", „Boot".)

Ruine Die Hausruine kann auf unseren Körper (siehe „Haus") hinweisen, der vielleicht Aufbaustoffe braucht, damit er nicht zu sehr geschwächt oder von Krankheiten geschüttelt wird. Mit der Burg- oder Schloßruine im Traumbild mahnt uns irgend etwas an das Vergängliche, dessen Teil wir sind.

Rumpelkammer Befindet sich meist auf dem Dachboden, dem „Kopf" des Hauses, soll uns also zu mehr geistiger Betätigung anregen, da sonst wirres Gedankengut Platz greift.

Runzeln Die Falten im Gesicht deuten auf Erfahrungen hin, die wir im Leben machen mußten. Wenn wir sie im Traumbild sehen oder selbst tragen, suchen uns momentan möglicherweise trübe Gedanken heim, die wir jedoch schnell abschütteln sollten.

Ruß Ein rußiger Ofen oder Kamin (siehe dort) läßt immer auf Probleme im Intimleben schließen. Ruß, der sich im Traumbild niederschlägt, umschreibt die Schattenstellen auf unserer Seele, die meist jedoch ohne fremde Hilfe beseitigt werden können.

Rüssel Der Elefantenrüssel wird von manchen Psychoanalytikern als riesengroßes männliches Geschlechtsteil und demnach als Ausdruck großer Potenz gewertet. Wir schließen uns aber eher der Meinung moderner Psychologen an, die das Umschlungenwerden von einem Rüssel als Schutz interpretieren. (Siehe auch „Elefant".)

Rute Will man sie selbst binden, schafft es aber nicht, hat man im Wachleben verworrene Vorstellungen oder kommt mit einer bestimmten Arbeit nicht voran. Wer mit Ruten geschlagen wird, ordnet sich unter, auch wenn es ihm schwerfällt. Wer andere damit schlägt, beweist sein geringes Anpassungsvermögen oder die Kleinlichkeit, mit der er manches betrachtet.

Rutschbahn Die Rutschbahn im Traum stellt das ewige Auf und Ab dar, mit dem die meisten Menschen im Laufe ihres Lebens konfrontiert werden; allerdings kann damit auch eine augenblickliche Lebenslage gemeint sein. Manchmal ist diese Bahn auch eine ebene Eisbahn, auf der man immer und immer wieder seine Rutschversuche macht. Dann liegt es an der Standfestigkeit (dem Charakter!) des Träumers, ob er sich im Wachleben einen Ausrutscher leistet oder nicht.

Rutschen Der Rutschvorgang deutet auf ein Abgleiten nach unten hin. Möglicherweise kann man sich in solch einem Fall in einer bestimmten Position nicht mehr lange halten oder hat nicht genug Charakterfestigkeit.

S

Saal Der Saal im Traum umschreibt immer das Gemeinschaftsgefühl. In diesem großen Raum fühlt man sich unter vielen Menschen versteckt, was für das Wachleben beweisen könnte, daß man sich nur als Mitläufer fühlt, der sich der Masse anpaßt. Steht man allein in einem Saal und kommt sich verloren vor, sollte man möglichst schnell Kontakte suchen, sonst wird man eines Tages keinen Freund mehr an seiner Seite wissen. (Siehe auch „Zimmer".)

Saat Die im Traum aufgehende Saat bedeutet den Neubeginn, den wir versuchen und bei dem wir vorsichtig taktieren müssen, um die zarten Pflänzchen nicht zu zerstören, die die Kontakte in dieser neuen Welt darstellen. Wer über die aufgegangene Saat achtlos hinwegschreitet, wird im Wachleben unachtsam sein und manche Chance zunichte machen, die sich ihm bietet. (Siehe auch „Bauer", „Ernte", „Getreide", „Säen".)

Säbel Ähnlich wie Degen (siehe dort), als schlagstärkere Waffe aber schärfer in der Auslegung.

Sack Wer im Traum einen vollen Sack auf der Schulter schleppt, trägt im Wachleben schwer an großer Verantwortung. Ein leerer Sack deutet Armut und Entbehrung an, aber gelegentlich auch schwindende Potenz.

Säen Der Sämann im Traum sorgt für das Wachsen und Gedeihen neuer Pläne, die nur mit harter Arbeit durchgeführt werden können. Das Säen kann auch sexuell gedeutet werden, weil man in die Furche den Samen einbringt. Schon babylonische Traumforscher glaubten an reichen Kindersegen, wenn man sich im Traum säen sah. (Siehe auch „Ernte", „Saat", „Samen".)

Säge Das Sägen im Traum weist auf etwas Einschneidendes im Wachleben hin. Wer sägt, will sich vielleicht aus einer schlechten Lage befreien; sieht er einen anderen mit der Säge hantieren, steht wohl eine Trennung durch eigenes schuldhaftes Verhalten bevor, die aber verkraftet werden kann. Ist die Traumsäge nicht scharf genug, wird man einen Kummer kaum los. Das Sägen deutet manchmal auf den Gedanken hin, daß man sich eines Menschen entledigen will. (Siehe auch unter Bezeichnungen anderer Werkzeuge.)

Sägespäne Sie erinnern im übertragenen Sinne oft an die kleinen Dinge, die man stets vergißt, achtlos liegenläßt oder einfach übersieht. Das Unbewußte möchte uns mit diesem Traumbild darauf aufmerksam machen, daß auch Kleinigkeiten ihren Wert haben.

Sahne Siehe „Milch".

Saiten Wer die Saiten eines Streichinstruments im Traum stimmt, wird eine geringfügige Verstimmung im Wachleben schnell vergessen.

Saiteninstrumente Während Blasinstrumente (siehe dort) eindeutig männlich definiert werden, umschreiben Saiteninstrumente das weiblich Gefühlvolle, wobei der Bogen als männliches Organ den Takt dazu streicht. (Siehe auch „Musik" und unter den Bezeichnungen einzelner Streichinstrumente.)

Salat Obwohl diese Gemüseart bei uns einen männlichen Artikel hat, wird sie als Traumsymbol weiblich definiert. Männer, die Salat essen, seien im Wachleben davon überzeugt, daß sie jede Frau als Gespielin bekommen könnten, sagt man. Wer den Salat in Reih und Glied pflanzt, möchte vielleicht etwas mehr Ordnung in sein Intimleben bringen. Welker Salat („Da haben wir den Salat!") kann auf zu Ende gehende Freundschaften schließen lassen. Hier und da umschreiben aber auch Salatpflanzen, die wir im Traum sehen, unsere Freude am einfachen Leben. (Siehe auch „Gemüse".)

Salbe Sie heilt auch im Traum. Wer sie benutzt, wird wohl bald vergessen können, was ihm im Wachleben momentan noch zusetzt. Dick aufgestrichene Salbe könnte dagegen das vergebliche Bemühen um jemanden im Wachleben umschreiben, der es einfach nicht wert ist, daß man sich weiterhin mit ihm beschäftigt. (Siehe auch „Balsam".)

Salz Salz ist auch im Traumbild ein lebenswichtiger Stoff. Verschütten wir es, leiden wir vielleicht an einer Mangelerscheinung, die uns das Unbewußte damit anzeigen will. Um Gesundheitsstörungen zu vermeiden, sollte diese Warnung ernst genommen werden. Wer eine versalzene Suppe (siehe dort) auslöffeln muß, kann im Wachleben damit rechnen, daß er für etwas büßen muß, an dem er eigentlich gar nicht schuld ist.

Samen Oft handelt es sich bei dem Samen um psychische Energie, die auf fruchtbaren Boden fällt. Sät man ihn, legt man wohl im Wachleben den Grundstock für eine erfolgreiche Tätigkeit, die auf Dauer gut verlaufen wird. Wer aber im Traum nur Samen kauft und ihn nicht sät, dem werden im persönlichen Bereich Hemmungen zu schaffen machen. (Siehe auch „Saat", „Säen".)

Samt Streicht man im Traum über Samt, möchte man im Wachleben etwas Weiches, Liebes streicheln oder sehnt sich auch nur nach einfühlsamen Worten, die ein bißchen Zuneigung vermitteln. Wer dagegen in Samt und Seide geht, sollte seine Nase nicht zu hoch tragen und sich nicht über andere erhaben fühlen; denn jeder Stoff verschleißt auch allmählich.

Sanatorium Im Sanatorium macht man eine Kur, um endlich wieder zu vollen Kräften zu kommen. Mit diesem Traumbild signalisiert das Unbewußte unsere Hilfsbedürftigkeit im Wachleben (sonst wie „Krankenhaus").

Sand Oft die Körnchen, die wir anderen in die Augen streuen möchten. Wer im Traum einen Sandsturm sieht oder in ihn hineingerät, wird vielleicht durch den Unverstand seiner Mitmenschen einen herben Verlust erleiden. Gräbt man sich in den Sand ein oder liegt man in einer Sandkuhle, untergräbt man wohl seine eigene Existenz. (Siehe auch „Sturm".)

Sanduhr Die Sanduhr im Traum weist auf die unwiederbringlich verrinnende Zeit in einer bestimmten Angelegenheit hin, die uns sehr zu schaffen macht. Wer träumend eine Sanduhr sieht, dem verrinnt meist die Zeit zu schnell, der möchte den Augenblick festhalten und nicht an das Morgen denken. Manchmal bedeutet der Traum auch die Trennung von etwas Liebem oder den Verlust eines nahestehenden Menschen; Genaueres läßt sich anhand weiterer Symbole deuten.

Sarg Mit dem Tod hat der Traumsarg nicht allzuviel zu tun. Wenn er verschlossen ist, steht der Abschied von einem Menschen oder auch von einer beruflichen Stellung bevor. Schwimmt er wie ein Boot auf dem Wasser, wird etwas hinweggeschwemmt, das uns ängstigte. Der Sarg schließt im Traumbild also irgend etwas ab, umschreibt ein Abschiednehmen von Vergangenem; er beseitigt aber auch Vorurteile. Wer eine Leiche (siehe dort) im Sarg sieht, möchte vielleicht in einer Freundschaft oder sogar in der Liebe einen Trennungsstrich ziehen; das kann auch auf eine Ehescheidung hinweisen. Liegen wir selbst in einem Sarg, sollten wir die Vergangenheit vergessen und nur auf die Zukunft bauen. (Siehe auch „Begräbnis", „Grab", „Leiche".)

Sattel Läßt uns bequemer reiten (siehe dort), was auch sexuell gesehen werden kann: Wer sein Pferd (siehe dort) sattelt, freut sich auf ein sinnliches Erlebnis, das gleichzeitig Rasanz verspricht. Das Satteln läßt jedoch ebenso ideellen Gewinn erhoffen. Sattelt ein anderer oder sehen wir nur den Sattel, können wir erwarten, daß unsere Lebenslast von jemand anderem mitgetragen wird.

Säugling Siehe „Baby".

Saurier Siehe „Drache".

Schach Sich als Schachspieler in einer günstigen Position zu sehen bedeutet, daß man zwar mit wachem Verstand arbeitet, aber seine Überlegenheit im allgemeinen viel zuwenig ausnützt. Spielt man schlecht, wird man sich wohl einen Partner suchen müssen, der mehr Glück hat, um von ihm zu profitieren. Werden die Schachfiguren aus lauter Ärger auf den Boden geworfen oder weggepackt, sollte man in nächster Zeit guten Freunden gegenüber zurückhaltender sein, um sie nicht zu vergraulen.

Schaf Sinnbild der Geduld und Duldsamkeit, die man sich im Wachleben zu eigen machen sollte, um Erfolg zu haben. Selbst schwarze Schafe sind nach Artemidoros von guter Vorbedeutung; er glaubte, man werde ein Werk vollenden oder eine wichtige Arbeit vorantreiben können, wenn man diese Tiere sieht. Übrigens: Die sprichwörtlich dummen Schafe kennt der Traum nicht. (Siehe auch „Hund", „Schäfer", „Widder".)

Schäfer Er gibt aus dem Unbewußten heraus die Anregung, sich anzupassen und nicht gegen Gesetzmäßiges zu verstoßen, so wie die Schafe gewissermaßen von den Hunden des Schäfers daran erinnert werden, bei der Herde zu bleiben. (Siehe auch „Hirte".)

Schaffner Übt eine Kontrollfunktion auf unserer Lebensreise aus und achtet darauf, daß wir in die richtige Richtung fahren. Er umschreibt ebenso den Freund, der uns in schwierigen Situationen zur Seite steht. (Siehe auch „Eisenbahn", „Reise".)

Schafott Eine schicksalsträchtige Zeit, in der man sich nicht immer richtig benommen hat, liegt hinter uns. Wer ein Schafott im Traum sieht, kann mit der Möglichkeit rechnen, daß ihn sogenannte gute Freunde von einer für ihn günstigen Veränderung in seinem Leben abhalten wollen. Wer es besteigt, läßt Vergangenes zurück und gewinnt neue Einsichten, die sich im Leben auszahlen werden. (Siehe auch „Henker", „Hinrichtung".)

Schale Das Symbol des Schoßes, übersetzt auch die Opferschale; man opfert sich im Wachleben vielleicht für jemanden auf oder gibt sich (vor allem bei Frauen!) jemandem ganz hin. Zerbricht eine Schale, dann könnte auch die Liebe zerbrechen. (Siehe auch „Gefäß".)

Scharfrichter Er beendet mit einem Streich oder einem Knopfdruck eine Zeit der Bedrückung oder des Sichgehenlassens. Wer also einen Scharfrichter im Traum sieht, kann sich eine glückliche Zukunft ausrechnen, in der er sorgenfrei leben kann, weil er nicht mehr auf Vergangenes Rücksicht zu nehmen braucht. (Siehe auch „Henker".)

Scharte Die durch Schnitt oder Bruch hervorgebrachte Vertiefung oder Öffnung ist ein Hindernis auf dem Lebensweg – eine Scharte, die wir auswetzen müssen. (Siehe auch „Schießscharte".)

Schatten Das, was nicht hell und klar zutage tritt, das Ungewisse, das uns Furcht einjagt. Sehen wir im Traum einen Schatten, und sei es nur unser eigener, bilden wir uns im Wachleben ein, daß wir nicht zurechtkommen, es fehlt uns an Mut, wir fürchten uns vor allem und jedem – eine Angst, die manchmal schon an Verfolgungswahn grenzt. Sitzen wir aber im Schatten, während die Sonne scheint, wird sich bald eine Angelegenheit zu vollster Zufriedenheit klären lassen. (Siehe auch „Sonne".)

Schattenriß Der Schattenriß als solcher ist wie unter Schatten zu deuten. Wer ihn aber ins Positive verkehrt sieht, kann damit rechnen, daß sich eine anstehende, recht ominöse Angelegenheit erhellt und günstig zu Ende gebracht werden kann.

Schatz Die Schatzsuche im Traum eröffnet ungeahnte Möglichkeiten. Findet man den Schatz trotz intensiver Suche nicht, jagt man im Wachleben einem Phantom nach, wird aber keinen allzu großen Schaden erleiden. Gräbt man einen Schatz aus, wird man möglicherweise um eine Hoffnung ärmer; wahrscheinlich spitzt sich unsere (finanzielle?) Lage zu, so daß wir uns an einen Strohhalm klammern. Vergräbt man einen Schatz, will man wohl einen Mitmenschen, der einem bisher freundlich gesonnen war, verprellen, wovor das Unbewußte mit dem Bild vom Schatzgräber warnt. Vergräbt ein anderer den Traumschatz, will uns vielleicht jemand einen üblen Streich spielen.

Schaufel Wer mit einer Schaufel nach Verborgenem gräbt, duckt sich im Wachleben nicht nur bei der Arbeit, sondern auch vor höheren Instanzen, um deren Wohlwollen zu erhalten. Wer die Schaufel trägt, aber nicht mit ihr arbeitet, will wohl aller Welt beweisen, wie tüchtig er ist.

Schaukel Wer im Traum auf einer Schaukel sitzt, dessen Gefühle schwanken hin und her. Vielleicht kann er sich zwischen zwei Menschen nicht so recht entscheiden, unter Umständen sitzt er aber auch augenblicklich im Berufsleben zwischen zwei Stühlen. Wer andere auf der Traumschaukel sieht, ist möglicherweise von unsicheren Kantonisten umgeben, die in ihrer Meinung sehr schwanken. In Frauenträumen soll die Schaukel auch auf erotisches Verlangen schließen lassen, da es ja immer auf und ab geht; wir halten eine solche Deutung nicht unbedingt für stichhaltig, glauben aber, daß Schaukeln im Traum auch eine Gefahr signalisieren oder auf unbedachtes Handeln schließen lassen kann – vor allem, wenn die Schaukel an einem dürren Ast oder in zu luftiger Höhe hängt.

Schaum Der Schaum im Traum weist auf den Schaumschläger im Wachleben hin, der seine Mitmenschen nur blenden will. Wer aus den Schaumkronen des Meeres aufsteigt und an Land geht, wird in einem neuen Lebensabschnitt erfolgreich sein (hier übernimmt der Traum das Bild aus der Mythologie: Aphrodite ist ja die dem Meer entstiegene Schaumgeborene).

Schauspieler Der Schauspieler ist im Traum oft einer, der im Wachleben viel Theater macht. Kreuzt er auf, sollte man sich eventuell vor Leuten hüten, die nur das nachreden, was ihnen andere einsagen. Wer sich selbst als Schauspieler sieht, will sich wohl in den Vordergrund spielen; ob das gelingt, werden weitere Symbole des Traumes erläutern können. (Siehe auch „Oper", „Theater".)

Scheck Mit dem Zahlungsmittel haben Schecks im Traum kaum etwas zu tun, sondern eher mit Versprechungen und Verpflichtungen, die eingelöst werden müssen. Wer also einen Scheck ausschreibt, löst im Wachleben ein Versprechen ein. Werden zu viele Schecks auf einmal im Traum sichtbar, lädt man sich im Alltag vielleicht zuviel auf und kann kaum halten, was man versprochen hat. Wichtig sind natürlich die Zahlen auf den Schecks, manchmal auch der Name, den man darauf liest. (Siehe auch unter einzelnen Zahlen.)

Scheidung Bedeutet nicht tatsächlich den Schlußstrich unter einer Ehe, sondern umschreibt eher, daß man nicht allzuviel Glück mit Intimpartnern hat. Manchmal signalisiert das Bild von der Ehescheidung auch, daß man freundlicher zu seinem Partner sein sollte, um weiter in Eintracht mit ihm leben zu können. (Siehe auch „Ehe", „Ehebruch".)

Scheintod Sieht man sich im Traum scheintot, will man sich im Wachleben dünnmachen, sich vielleicht heimlich aus dem bisherigen Freundeskreis stehlen oder sich vor einer Verantwortung drücken. Wenn man andere scheintot sieht, sollte man sich im Wachleben nicht über Dinge aufregen, die so schlimm nun auch wieder nicht sind. (Siehe auch „Tod".)

Scheinwerfer Wenn ein Scheinwerfer im Traum auf einen bestimmten Punkt oder Gegenstand gerichtet ist, sollte man sich diesen gut merken: Es macht wahrscheinlich auf ein besonders wichtiges Ereignis in unserem Leben aufmerksam. Ist der Scheinwerfer auf uns gerichtet und blendet er uns, dann hat uns jemand durchschaut und glaubt nun, mit uns spielen zu können. (Siehe auch „Licht" und andere Lichtquellen.)

Scheiterhaufen Er wird aus unseren Schuldgefühlen aufgeschichtet, läßt psychische Unsicherheiten erkennen. Brennt der Scheiterhaufen, sollten wir uns im Wachleben zurückhalten und nur auf Sparflamme kochen, um nicht anzuecken. Sieht man sich selbst auf dem Scheiterhaufen, sollte man in sich gehen und sein bisheriges Leben überdenken, um daraus vernünftige Schlüsse für die Zukunft zu ziehen, vielleicht auch noch einmal von vorn beginnen und dabei alte Fehler vermeiden. Aufgeschichtete Scheiterhaufen sind ebenso Warnungen davor, sich fremden Menschen unbedacht anzuvertrauen.

Schemel Die Hilfe im Haus, damit man es bequemer hat. Wer seine Füße auf einen Schemel stellt, ist gut versorgt. Sitzt man aber auf einem Schemel, duckt man sich zu Hause. (Siehe auch „Stuhl".)

Schenken Wer im Traum etwas geschenkt bekommt, kann im Alltagsleben mit Entgegenkommen rechnen; dabei sollte man darauf achten, was geschenkt wurde, und daraus weiteres deuten. (Siehe auch „Geschenk".)

Scherben Sie bringen im Traum nicht immer Glück. (Siehe auch „Glas", „Porzellan" und andere zerbrechliche Materialien und Gefäße.)

Schere Sie umschreibt die Angst, daß man etwas verkehrt machen könnte; denn ihr Schnitt ist endgültig. Will man also mit der Schere im Traum etwas zurechtschneiden oder korrigieren, sollte man im Wachleben einen Schritt genau überdenken und gut überlegen, ehe man ihn tut. Auch auf Streitigkeiten und Ärger weisen die Scheren hin. Wer eine geschenkt bekommt, will vielleicht das Band zerschneiden, das ihn bisher mit dem Schenkenden verbunden hat, was dann wohl ein unwiederbringlicher Verlust sein könte; denn schneidet man mit einer Schere, will man eine saubere Trennung haben. Sieht man einen anderen schneiden, möchte der uns eventuell, wie man so sagt, die Klamotten hinschmeißen und nichts mehr mit uns zu tun haben. (Siehe auch „Schneiden".)

Scherenschleifer Übersetzt der Mann, der in ein enges Verhältnis Zwietracht säen möchte. Wo er im Traum auftaucht, wird ein trübes Süppchen gekocht, steht möglicherweise ein Nebenbuhler vor der Tür oder gar schon mitten im Zimmer. Er macht die Schere und das Messer (siehe dort) scharf, damit sie besser zerschneiden können, was im Wachleben auf Trennung vom Altgewohnten oder von etwas, das einem lange Zeit lieb und wert war, hinweisen könnte.

Scheune Das Haus (siehe dort), in dem für Vorrat gesorgt wird, steht für triebhafte, aber auch geistige Energie. Ist die Scheune leer, haben wir zur Zeit nicht viel im Alltagsleben zu erwarten. Ist sie gefüllt, ist auch unsere Kasse voll, so daß wir uns ein fröhliches Leben gönnen können.

Schienen Siehe „Geleise".

Schießen Siehe „Schuß", „Pistole" und andere Waffen, mit denen man schießen kann.

Schießscharte Bei dieser Öffnung kommt der Schuß von innen, was wohl eher darauf hinweisen könnte, daß man im Wachleben gezielt vorgehen möchte, ohne sich selbst dabei etwas zu vergeben (weil man sich ja hinter der Schießscharte in Sicherheit wähnt). Das Traumbild könnte auch sexuell gedeutet werden.

Schiff Das Schiff im Traum übersetzt meist unser Lebensschiff, die auf schaukelnden Wellen getragene Persönlichkeit, die sich immer wieder zu neuen Ufern aufmacht, wobei sie nie auslernt. Schon das chinesische Weisheitsbuch „I Ging" hebt den psychischen Wert einer Schiffsreise (im Traum) hervor; es sei „gut, das Wasser zu überqueren". Aus dem Traum heraus kann jeder selbst leicht deuten, ob die Lebensreise einen guten oder einen schlechten Aspekt enthält, wenn er weitere Symbole zur Erklärung heranzieht. Oftmals ist schon der Rauch (siehe dort) eines Dampfschiffes symbolträchtig, ebenso ob die Maschine (siehe dort) volle Fahrt voraus macht oder ob sie das Schiff nicht vorwärtsbringt. (Siehe auch „Boot“ und andere Wasserfahrzeuge, „Einschiffen“, „Hafen“, „Reise“, „Ufer“, „Wasser“ und andere Begriffe, die mit der Seefahrt zu tun haben.)

Schiffbruch Unsere Lebensreise wird jäh angehalten, Seelisches ist bedroht. Entgehen wir im Traum dem drohenden Untergang, wird eine vorübergehende Schlechtwetterlage in einem bestimmten Lebensbereich angezeigt; gehen wir unter oder sehen wir andere untergehen, bekommen wir einen seelischen Knacks, wobei nicht nur wir selbst leiden müssen. Können wir uns jedoch im Traum an Land retten, nimmt eine unübersichtliche Angelegenheit, in die wir verwickelt sind, eine glückliche Wende.

Schild Archetypisch ist der Schild, den unsere Urahnen bei ihren kriegerischen Unternehmungen zum eigenen Schutz mit sich trugen; übersetzt: Man kann im Wachleben gar nicht vorsichtig genug sein und sollte vorsorgen, damit einem nichts geschieht. Das Verkehrsschild läßt die Richtung erkennen, in die wir uns im Alltag bewegen sollten. Beispiel: Ein Stoppschild mahnt, nicht im alten Trott weiterzumachen, sondern erst zu überdenken, wohin wir steuern müssen, damit es uns gutgeht. (Siehe auch „Einbahnstraße“, „Straße“.)

Schildkröte Sie symbolisiert den schützenden Panzer, den wir um unser oft angefeindetes Ich legen, die Einkehr, die wir in uns selbst halten. Als Traumsymbol mahnt sie zur Zurückhaltung, weil uns dann nichts geschehen kann.

Schildwache Mit der anachronistischen Schildwache erinnert uns das Unbewußte daran, mit wachen Augen durchs Leben zu gehen und Vorsicht walten zu lassen, weil viele Gefahren im Hinterhalt lauern.

Schilf Vorsicht ist angebracht, wenn wir mitten im Schilf stehen; zwar ist dann im Wachleben das rettende Ufer nah, aber wir stehen auch im Morast oder Sumpf (siehe dort), der uns zu verschlingen droht. Das Traumbild appelliert an unsere Entschlossenheit zum sofortigen Handeln. Schneidet man dagegen im Traum das Schilfrohr und bringt es an Land, ist die Situation günstiger, denn man ist dabei, sich mit beiden Händen aus dem Dreck zu ziehen, so daß man bald wieder auf der Straße des Erfolges weitergehen kann. (Siehe auch „Schlamm“.)

Schirm Grundsätzlich wie Regenschirm zu deuten. Ein Sonnenschirm signalisiert Schutzbedürfnis vor allzu aufdringlichen Menschen, die sich in unserem Glanze sonnen möchten.

Schlachten Ein Begriff, der negatives Tun umschreibt. Wenn wir davon träumen, sollten wir überlegen, ob wir uns etwas vorgenommen haben, bei dem möglicherweise unser guter Ruf auf dem Spiel stehen könnte. Der Schlachter ist also der Mensch, der uns rechtzeitig vor solch rufschädigendem Verhalten warnt.

Schlafanzug Siehe „Pyjama“.

Schlafen Übersetzt man gern mit der volkstümlichen Redensart „Da haben wir aber mal wieder ganz schön geschlafen"; mit anderen Worten: Man sollte wach werden, um endlich seine Probleme zu lösen. Vielleicht aber stehen wir auch im Begriff, im Wachleben etwas Wichtiges zu verpassen, das uns unwiederbringlich verlorengehen könnte. Der Schlaf im Traum kann ebenso das eigene Gewissen umschreiben („Ein gutes Gewissen ist ein sanftes Ruhekissen"). Das Unbewußte sieht jedoch manchmal im Traumschlaf eine Überbetonung des eigenen Anstands und möchte einen mahnen, durchsetzungskräftiger zu werden. Sehen wir andere schlafen, können wir damit rechnen, daß sie auch nicht gerade wach durchs Leben gehen, so daß wir sie (im Beruf?) überholen können. Schlafen wir mit einem Partner im Traum, kann das auf gute Freundschaft hinweisen. (Siehe auch „Erwachen".)

Schlafwagen Wer sich in einem fahrenden Schlafwagen sieht, möchte die eigene Bequemlichkeit nicht missen. Sie läßt ihn allerdings manches im Leben verpassen – weil er wichtige Stationen verschläft. Nach einem solchen Traum sollten wir uns buchstäblich selbst wachrütteln und mit mehr Elan an die Dinge herangehen, damit wir nichts Wichtiges versäumen. (Siehe auch „Eisenbahn".)

Schlafzimmer Der Raum, in dem sich unser Intimleben abspielt, in dem unser Ich (im Traum) in ein anderes Ich schlüpfen kann. Oft deutet dieses Zimmer Liebesleid an – vor allem, wenn man mit einer Person zusammen schläft, die man eigentlich nicht leiden kann. Ist das Schlafzimmer rot (siehe dort) ausgelegt, deutet das auf sexuelle Sehnsüchte hin, die bisher nicht erfüllt wurden. Betritt man ein fremdes Schlafzimmer, könnte man im Wachleben zu jemandem in intime Beziehungen treten, der sich bisher zurückgehalten hat. Steigt ein Fremder in unseren Schlafraum ein, werden wir im Lebensalltag vielleicht beleidigt oder in eine peinliche Verlegenheit gestürzt werden. Betreten wir selbst ein fremdes Schlafzimmer, so hegen wir den Gedanken an einen Seitensprung. (Siehe auch „Bett".)

Schlagbaum Der Schlagbaum an einer Grenze (siehe dort) läßt das gehemmte Fortkommen im Wachleben erkennen. Manchmal deutet er sexuelle Hemmungen an, ein Nicht-mehr-Weiterkommen in einer Beziehung. Öffnet sich der Schlagbaum zur Weiterfahrt, läßt das die vage Hoffnung zu, daß sich einiges in unserem Leben zum Guten wenden könnte.

Schläge Bekommen wir im Traum Schläge, ist das häufig der Nachschlag, den wir im Wachleben erwarten dürfen, die Extrazuteilungen an (geschäftlichem?) Erfolg. Teilen wir selbst Schläge aus, umschreibt das den unbedingten Willen zum Durchsetzen der eigenen Meinung. (Siehe auch „Prügel").

Schlamm Wer im Traum durch Schlamm watet, pflegt im Wachleben vielleicht nicht den besten Umgang; es könnte da Leute geben, die ihn gern zu sich in den „Sumpf" ihres ausschweifenden Lebens herabziehen möchten. (Siehe auch „Moor", „Schilf", „Sumpf").

Schlange Dieses archetypische Zeichen weist nach C. G. Jung auf etwas Bedeutsames im Unbewußten hin; es kann gefährdend und heilbringend sein. Seit der Vertreibung aus dem Paradies wird der

Schlange mit Furcht begegnet. Als ein auf rätselhafte Weise Feindschaft setzendes Wesen wird sie zum Träger tiefster energievoller Seelenkräfte, die sich allerdings nur zu oft im Widerstreit befinden, also in gute oder schlechte Richtung aus dem Unbewußten aufbrechen. Eine Schlange, die aus dem Dunkel auftaucht, bedeutet die Furcht, ein sorgsam gehütetes Geheimnis könne uns entrissen werden. In Frauenträumen ist eine gelbe Schlange die Angst vor der Begegnung mit männlicher Sexualität; die rote geht oft in die Gestalt des Phallus (siehe dort) über, die weiße deutet Seelentiefe an. Dunkle Schlangen können den Träumenden auf eine Umstellung seiner bisherigen Lebensführung hinweisen, grüne auf Energien im Körperhaushalt, die man noch einsetzen könnte. Das sprichwörtliche „Schlange-am-Busen-Nähren" kann auch auf die Traumdeutung angewendet werden: Wer mit Schlangen freundschaftlichen Kontakt pflegt, ist eventuell Verrat und Betrug ausgesetzt. Mit anderen Symbolen zusammen kann dieses Tier jedoch sehr positiv gedeutet werden, nämlich als etwas Heilendes; nicht umsonst windet sich um den Stab des griechischen Traum- und Heilgottes Asklepios (Äskulap) eine Schlange. Häutet sie sich im Traumgeschehen, wird das seit alters her als Befreiung von einer Krankheit oder einem Leiden gedeutet.

Schlangenbiß Der Biß in die Ferse des Träumers könnte übersetzt das Fersengeld bedeuten, das man bei drohender Gefahr geben muß, könnte aber auch einen nötigen Wechsel im Beruf oder in einem anderen Lebensbereich ankündigen. Erotische Version des Schlangenbisses: Jemand vergiftet oder stört unser Liebesleben.

Schleier Er deutet Geheimnisse, oft auch Jungfräulichkeit an. Wer sich im Traum mit einem Schleier verhüllt, will im Wachleben etwas verbergen, will sich nicht so zeigen, wie er eigentlich ist. Tragen andere einen Schleier, sollen wir getäuscht werden. Ein zerrissener Brautschleier steht oft für die Gefühle, die uns für das, was wir zu lieben glaubten, abhanden gekommen sind. Ein Trauerschleier dagegen ist nur Staffage, Ausstellungsstück; denn in diesem Fall brauchen wir niemanden zu beweinen, den wir lieben.

Schleifen Mit diesem Bild will das Unbewußte meist auf Umgangsformen im täglichen Leben aufmerksam machen. Schleifen wir also selbst etwas, ist irgend etwas in uns nicht geschliffen genug. Sieht man anderen beim Schleifen zu, wetzen gewisse Leute die Messer gegen uns, um uns Schaden zuzufügen. Es kommt bei der Deutung auch darauf an, was im Traum geschliffen wurde. (Siehe auch „Messer", „Schere".)

Schleifstein Bei Artemidoros ein Zeichen der Ermunterung, sich eines geschliffeneren Umgangs mit anderen Menschen zu befleißigen – eine Deutung, die auch heute durchaus noch gültig sein könnte.

Schleppe Wer sich als Schleppenträger sieht, möchte im Privatleben von jemandem ins Schlepptau genommen werden, will für sich selbst nicht unbedingt Verantwortung tragen. Die Schleppe kann natürlich auch auf das Schleppende in einer Beziehung hinweisen.

Schleuder David tötete mit seiner Schleuder den Riesen Goliath. Wer also von einer Schleuder träumt, möchte gegen einen Stärkeren mit Mitteln des Verstandes ankämpfen. Die Wäscheschleuder, die im Traum auftaucht, verursacht wahrscheinlich Wirbel im Alltagsleben. (Siehe auch „Wäschewaschen".)

Schlinge Sie ist etwas Umschlingendes. Macht oder sieht man im Traum eine Schlinge, baut man im Beruf und in anderen Lebensbereichen auf das, was man hat, und nicht auf etwas, das man eventuell erst bekommen könnte. Legt man jemandem eine Schlinge, ist das gewissermaßen der Fallstrick, über den unsere Konkurrenten purzeln sollen. Umgekehrt kann man freilich in der Schlinge eines anderen gefangen werden; dann wurde man in eine Falle gelockt, die natürlich auch eine Liebesfalle sein kann.

Schlitten Wer im Traum mit dem Schlitten gut vorwärtskommt, hat möglicherweise Erfolg auf glattem Parkett. Bleibt das Gefährt stehen, wird man sich vielleicht im Wachleben eine Blöße geben, die auch auf ein Erkalten von Gefühlen hinweisen kann. Fährt ein anderer auf unserem Schlitten mit, können wir leicht mit ihm oder er kann mit uns „Schlitten fahren", das heißt, man bekommt gehörig die Meinung gesagt. (Siehe auch „Eis", „Rutschen", „Schnee".)

Schlittschuhe Das Hilfsmittel, mit dem man sich auf dem Eis bewegt, deutet die Überwindung eines Problems, das Weiterkommen in einer persönlichen Angelegenheit an. (Siehe auch „Eis".)

Schloß Derjenige, der von einem Schloß träumt, lebt ein wenig im Wolkenkuckucksheim, schwebt über den Realitäten. Der Prunkbau umschreibt auch manchmal den Hochmut, der vor dem Fall kommt. Wer das Schloß auf einem hohen Berg liegen sieht, hat ein Ziel, das er nur nach vielen Mühsalen erreichen wird. (Siehe auch „Türschloß".)

Schlosser Eine Tür wird aufgetan, die bisher verschlossen war; das kann auch ein Herz sein, das wir für uns erschließen. Wer selbst im Traum als Schlosser auftritt, fühlt sich im Wachleben als (oft unerwünschter) Vermittler oder fällt mit der Tür ins Haus, ist also im Umgang mit seinen Mitmenschen recht plump. (Siehe auch „Tür", „Türschloß".)

Schlucht Der Weg, der zwischen zwei Bergen hindurchführt, hat etwas Drohendes an sich. Übersetzen könnte man ihn mit einer seelischen Bedrängnis, aus der es nur den einen Ausweg gibt, der in unserem eigenen charakterlichen Verhalten beschlossen liegt. Sehen wir jemanden anderen in einer Schlucht, werden wir vielleicht einen nahestehenden Menschen aus einer Zwangslage befreien. (Siehe auch „Berg", „Enge", „Gebirge".)

Schlüssel Oft umschreibt das Traumbild eine rätselhafte Angelegenheit oder ein Geheimnis, zu dem wir den Schlüssel suchen; wer ihn verliert, wird niemals dahinterkommen. Geht uns im Traum ein Schlüssel verloren, gilt das auch als Hinweis, endlich mit der eigenen Geheimniskrämerei Schluß zu machen. Nach Artemidoros bedeutet er, daß man den Schlüssel zum Herzen eines Menschen gefunden hat, der unserer Liebe wert ist. In anderem Zusammenhang gilt der Schlüssel auch als Warnung vor einer geplanten Reise oder Umstellung, da im Augenblick alles gegen eine Ortsveränderung oder eine Änderung unseres bisherigen Lebensstils spricht. (Siehe auch „Schlosser", „Türschloß".)

Schlüsselblume Sie kündigt den Frühling an, läßt sich also mit einem neuen Lebensgefühl oder mit neuerblühender Liebe umschreiben.

Schlüsselbund Hält man ihn im Traum in der Hand, ohne einen Schlüssel hervorzuziehen, so heißt das, man verzettelt sich und kann sich nur schwer entscheiden – der Schlüssel zu dauerhaftem Glück ist noch nicht gefunden.

Schmerzen Deuten im allgemeinen auf Überempfindlichkeit hin. Hat man sie in der Zwerchfell- oder der Lendengegend, stehen Probleme in der Liebe an, die aus der Welt geschafft werden sollten; möglicherweise gibt das Traumbild den Rat zur Amputation (siehe dort), das heißt zum Partnerwechsel. Schmerzen im Traum weisen meist nicht auf körperliche Beschwerden im Wachleben hin. (Siehe auch „Arzt", „Krankenhaus".)

Schmetterling Nach Aeppli Gleichnis einer eigenen seelischen Wandlung, die sich folgerichtig aus der Entwicklung eines Schmetterlings (Ei, Raupe, Puppe) ergibt. Die Griechen stellten die Psyche, den Lebenshauch oder die Seele, als zartes Mädchen mit Schmetterlingsflügeln dar (sie galt übrigens als Geliebte des Eros). Die alten Ägypter übersetzten den Traumschmetterling mit dem unbeständigen Glück des Menschen, was aus dem ständigen Hin- und Herflattern erhellen sollte. Sieht man sich selbst als Schmetterling, verflattert das Leben gedankenlos und unbewußt. Fängt man einen Schmetterling, spricht Treulosigkeit in den zwischenmenschlichen Beziehungen aus diesem Bild. Sieht man nur einen Schmetterling, ist Leichtsinn im Spiel. Die drei letzten Deutungen sind nicht allgemein anerkannt. Moderne Psychologen lassen das Bild des Schmetterlings vielfach nur als Umschreibung der eigenen Seele, sein Flattern als ein Suchen der Seele nach einer Überzeugung gelten.

Schmied Der Mann mit dem Schmiedehammer deutet auf einen harten Schicksalsschlag hin, der unser Leben jedoch im positiven Sinn umkrempelt. Über seinem Feuer wird gewissermaßen unsere innere Persönlichkeit, also unser Charakter geschmiedet. (Siehe auch „Hammer".)

Schminke Die im Traum aufgetragene Schminke ist wie Puder (siehe dort) ein Tarnmittel; vielleicht halten wir im Wachleben mit irgend etwas hinterm Berg, verstecken unsere Unsicherheit hinter scheinbarer Arroganz. Sehen wir im Traum geschminkte Menschen, sollten wir bei der Wahl neuer Bekanntschaften vorsichtig sein. (Siehe auch „Wangen".)

Schmuck Wer im Traum Schmuck anlegt, will sich auch im bewußten Leben schmücken, um andere von eigenen Fehlern abzulenken. Verschenken wir Schmuck, wollen wir ein herzliches Verhältnis mit unserer Umwelt erzwingen, weil wir vielleicht von uns selbst und von unseren Fähigkeiten nicht allzusehr überzeugt sind. (Siehe auch „Perlen".)

Schmutz Siehe „Dreck".

Schnalle Wenn man an einem Schuh oder an einem Kleidungsstück eine Schnalle schließt, will man etwas in Ordnung bringen, was einen ärgert, Kleinigkeiten nur, die aber die eigene Persönlichkeit abwerten. Öffnet man die Schnalle, steht eine Veränderung ins Haus, die negative Folgen nach sich ziehen könnte.

Schnaps Siehe „Alkohol“.

Schnecke Die sprichwörtliche Langsamkeit der Schnecke übersetzt sich auch aus dem Traumbild. Wer sie sieht, möchte in einer bestimmten Angelegenheit den langsamen Gang einlegen, wird aber möglicherweise von den Ereignissen überrollt. Zertreten wir im Traum eine Schnecke, dann ist im Wachleben unsere Geduld zu Ende; wir wollen handeln, könnten dabei aber eine Unvorsichtigkeit begehen. Holen wir das Tierchen aus seinem Haus, möchten wir uns von einem überempfindlichen Mitmenschen trennen. Geduld ist vonnöten, wenn wir sehen, daß sich eine Schnecke in ihr Haus verkriecht. Übrigens kann das Schnekkenhaus wie die Muschel (siehe dort) spröde Jungfräulichkeit umschreiben.

Schnee Das Leichentuch der Natur, übersetzt die Gefühlskälte, die Angst vor Impotenz und Einsamkeit. Nur wenige Schneeträume haben Positives zu berichten (siehe Schneeballschlacht). Versinken wir zum Beispiel im Schnee, ist das Gefühl für jemanden erkaltet, den wir zu lieben glaubten. Schon die altägyptischen Traumforscher behaupteten, wer Schnee sieht, dem stehe eine Veränderung seiner persönlichen Verhältnisse bevor, und wenn man mühsam durch Schnee watet, werde man in absehbarer Zeit in Bedrängnis kommen. (Siehe auch „Eis“, „Gletscher“, „Lawine“.)

Schneeballschlacht Die fröhliche Schneeballschlacht gilt als Hinweis des Unbewußten, wir sollten uns einmal aus unserer Einsamkeit herausreißen und unter nette Leute gehen, um uns zu entspannen. Sie kann aber auch auf eine gewisse Rivalität im eigenen Umkreis hindeuten.

Schneemann Wir selbst sind der Schneemann, den wir im Traum bauen, übersetzt: Wir sollten mit etwas mehr Wärme und Herzlichkeit unserem Partner gegenübertreten. Steht der Schneemann schon fix und fertig im Traumbild, machen wir die umgekehrte Erfahrung, nämlich daß sich unser Partner augenblicklich nicht allzu heftig um uns bemüht, sondern uns die kalte Schulter zeigt.

Schneiden Steht immer für ein Wagnis – egal, was geschnitten wird. Dieses Wagnis kann möglicherweise zu unseren Gunsten verlaufen, in den meisten Fällen stellen wir jedoch fest, daß wir uns „in den Finger geschnitten haben“, wenn wir glaubten, auf abenteuerliche Weise oder mit Brachialgewalt durchsetzen zu können, was sich mit Köpfchen wahrscheinlich viel leichter hätte erreichen lassen. (Siehe auch „Messer“, „Nagel“, „Schere“.)

Schneider Das sind Menschen, die für uns etwas tun sollen, was wir uns selbst nicht zutrauen, was uns aber zupaß kommt. Der Schneider im Traum zeigt unseren mangelnden Mut im Wachleben auf, die fehlende Entschlußkraft, eigenschöpferisch tätig zu sein, manchmal auch das Nichtmehr-Weiterkönnen aus eigener Kraft. Sind wir selbst im Traum der Schneider, müssen wir in einer bestimmten Angelegenheit etwas wagen, um zum Ziel zu kommen. (Siehe auch „Kleid“.)

Schnepfe Steht sie im Traumbild, erinnert das Unbewußte an unsere etwas leichtsinnige Ader, was wohl daraus resultiert, daß eine Straßendirne in manchen Sprachgebieten „Schnepfe“ genannt wird. (Siehe auch „Vogel“.)

Schnupfen Umschreibt die „Erkältung“ des eigenen Charakters, der nicht besonders kontaktfreudig zu sein scheint. Wer im Traum zum Schnupftuch greift, dem bleiben die Leute im Alltagsleben drei Schritt vom Leibe.

Schokolade Siehe „Süßigkeit“.

Schornstein Dieses Traumbild symbolisiert das Gefühl, daß man mal Dampf ablassen, sich von Bedrückendem frei machen sollte. (Siehe auch „Esse“, „Kamin“.)

Schornsteinfeger Siehe „Kaminkehrer“.

Schrank In ihm will man etwas verschließen, das einem wertvoll erscheint. Das kann jemand sein, den man ins Herz schließen möchte; das kann aber auch eine liebgewordene Angewohnheit sein, die man ängstlich hüten will. Öffnen wir einen Schrank und sehen darin alles wohlgeordnet, dann sind unsere Verhältnisse im Wachleben ebenfalls vortrefflich geordnet, und unser Herz läuft über vor lauter Liebe und Kontaktfreudigkeit. Ist im Schrank aber alles in Unordnung, wissen wir unsere Gefühle nicht einzuordnen, tändeln wir zwischen gut und böse. (Siehe auch „Schlüssel“.)

Schranke Die geschlossene Schranke – etwa am Eisenbahnübergang – deutet an, daß wir auf unserer Lebensreise augenblicklich nicht vorwärtskommen, daß unsere Gefühle auf dem Nullpunkt angelangt sind. Öffnet sich die Schranke, schauen wir vielleicht anderen hinterher, die mehr erreicht haben als wir. (Siehe auch „Barriere“, „Eisenbahn“, „Grenze“, „Schlagbaum“.)

Schraube Wer den Haltestift im Traum eindreht, will vielleicht eine Verbindung fester gestalten, an der ihm sehr gelegen ist. Findet die Schraube keinen Halt, ist ein Liebesverhältnis, manchmal auch eine berufliche Bindung, nicht sehr sicher. Eine rostige Schraube zeigt an, daß sich ein Verhältnis im Laufe der Zeit verschlissen hat.

Schraubstock Arbeiten wir im Traum an einem Schraubstock, sollten wir im Wachleben an dem festhalten, was wir zur Zeit haben oder bekommen können. Sehen wir andere sich am Schraubstock betätigen, geraten wir wohl in eine Klemme, aus der wir uns nur durch raschen Meinungswechsel befreien können.

Schreiben Deutet darauf hin, daß wir uns an mündliche Verabredungen nicht unbedingt halten sollten, weil sie von uns oder von anderen leicht umgestoßen werden könnten.

Schublade In ihr wollen wir wie im Schrank (siehe dort) etwas vor anderen sicher verwahren, was uns aber als verschlossenen Menschen kennzeichnen könnte. Steht die Schublade offen, sind wir gegenüber unseren Mitmenschen ein wenig zu vertrauensselig. Ist sie verschlossen, sollten wir in unserem Charakter nachforschen, ob wir uns nicht zu sehr den Ratschlägen anderer verschließen.

Schuh Nach Auffassung von Freudianern ist mit dem Hineinschlüpfen in den Schuh der sexuelle Akt gemeint, der Wunsch, mit einem Menschen intim zu werden. Tatsächlich weisen viele Träume von Schuhen auf ein kommendes Liebeserlebnis hin. Meistens aber umschreiben Schuhe den geistigen oder seelischen

Standort des Träumers im Wachleben. Wenn ihn der Schuh drückt, weil er nicht paßt, liegt ihm etwas Bedrückendes auf der Seele, möchte er unter Umständen in eine andere Haut schlüpfen. In diesem Fall sollte man im Wachleben versuchen, sich besser anzupassen; denn was wir ersehnen, scheint für uns eine Nummer zu groß (oder zu klein) zu sein. Sitzen die Schuhe bequem, können wir mit uns und unserem Tun sehr zufrieden sein, und es wird alles fast von allein laufen. Reparaturbedürftige Schuhe weisen auf eine Charakterschwäche hin, die wir seit langem kennen und gegen die wir nur noch nicht genügend vorgegangen sind. (Siehe auch „Pantoffeln", „Schuster", „Stiefel".)

Schule Erinnerung des Unbewußten, daß man niemals auslernt. Der Traum weist auf die Schule des Lebens hin, auf das Arbeitspensum, das uns zugewiesen wird, auf Prüfungen, die in seelischer Beziehung anstehen. Ein Ein- oder Vorsagen ist in dieser Schule nicht möglich, Schwänzen erst recht nicht. Hier ist unser Ich zur Leistung aufgerufen. (Siehe auch „Lehrer", „Reifeprüfung" und Teil 3 dieses Buches: „Prüfungsträume".)

Schüler Wer sich im Traum als Schüler sieht, obwohl er längst aus dem Schulalter heraus ist, für den beginnt vielleicht ein neuer Lernprozeß, ein Lebensabschnitt, in dem er genau aufpassen muß, damit er alles mitbekommt, was für ihn in Zukunft wichtig ist. (Siehe auch „Schule".)

Schuleschwänzen Signalisiert eine seelische Konfliktsituation, ein Sichsträuben gegen notwendige Veränderungen im Alltagsleben, das unbewußte Übersehen einer prekären Lage, in die man durch eigene Schuld oder durch Nichtstun hineinrasseln kann. Noch Greise träumen vom Schuleschwänzen, was man hier wohl als seelische Angst vor der Zukunft deuten kann.

Schuppen Der Schuppen im Traum ist ein schlecht gebautes Haus (siehe dort), weist also auf unsere schlechte innere und äußere Verfassung hin, mit anderen Worten: Wir kommen uns jämmerlich vor. Schuppen von Fischen sollen neben ideellen auch materiellen Gewinn bringen. Kopfschuppen, die von uns selbst abfallen, öffnen uns im Wachleben die Augen; da fällt es uns wie Schuppen von den Augen, daß wir in der Vergangenheit manchmal gerade gegenüber Menschen verschlossen reagierten, die uns wohlgesinnt waren. (Siehe auch „Auge", „Fisch".)

Schürze Die Schürze, die wir im Traum tragen, bedeutet im Wachleben mühselige Arbeit, die wir aber unbedingt erledigen müssen. Sehen Männer im Traum eine hübsche Frau, die eine Schürze trägt, kann sie das als Schürzenjäger verraten, vielleicht hängen sie aber auch zu sehr am Schürzenbändel.

Schuß Versinnbildlicht anstehende Entscheidungen, die rasch getroffen werden müßten. Manchmal kann dabei der Schuß allerdings nach hinten losgehen, was unsere mangelnde Energie aufzeigt, Ordnung in eine bestimmte Angelegenheit zu bringen. Hören wir einzelne Schüsse, kündigt sich vielleicht ein umwälzendes Ereignis an; ist eine regelrechte Schießerei im Gange, werden wir in eine verzwickte Lage kommen. (Siehe auch „Pistole", „Revolver" und andere Schußwaffen.)

Schüssel Siehe „Schale“.

Schuster Er erneuert abgelaufene Sohlen, ein Unbekannter, der in Träumen von Kranken und Genesenden auftritt und mahnt, der Träumer müsse auch selbst etwas tun, damit es ihm wieder bessergeht. Manchmal will der Schuster im Traum auch auf eine Charakterschwäche hinweisen, die durchaus zu flicken ist. Sind wir selbst der Schuster, bemühen wir uns vielleicht im Wachleben, unseren Mitmenschen gegenüber entgegenkommend und freundlich zu sein und ihnen zu helfen, daß sie weiterkommen, was sie uns freilich oft nicht mit gleicher Münze zurückzahlen. (Siehe auch „Schuh“.)

Schutt Gleichbedeutend mit dem Schutt, den wir von unserer Seele abladen sollten. Wer im Schutt eines Hauses nach etwas sucht, hat eine schwere Zeit hinter sich und sucht nun aus den Trümmern Neues erstehen zu lassen.

Schwager/Schwägerin Auch wenn er der Mann der eigenen Schwester oder sie die Frau des eigenen Bruders ist, handelt es sich keinesfalls um den Anverwandten, den er oder sie in Wirklichkeit darstellen. Im Unbewußten spielt hier die Rivalität mit, daß er/sie uns die Schwester respektive den Bruder genommen hat. Übersetzen können wir also den Traum von Schwager oder Schwägerin mit Ärger in der Familie, der durch eigenes Zutun entsteht. Manchmal kündigt dieses Traumbild auch unangenehmen Besuch an.

Schwalben Wer Schwalben ein Nest bauen sieht, will sich verändern, um im neuen Lebensbereich glücklicher zu werden. Einem Unverheirateten verspricht das möglicherweise, daß er einen Partner gefunden hat oder finden wird, mit dem er einen Hausstand gründen kann. Hier ist an die uralte Weisheit erinnert, daß ein Schwalbenpaar, das sich bei uns einnistet, Glück ins Haus bringt. (Siehe auch „Nest“, „Vogel“.)

Schwamm Der Schwamm im Traum läßt erahnen, daß wir im Wachleben irgendwie ausgepreßt werden sollen; das kann durch Worte geschehen, manchmal wird es auch auf Finanzielles hinweisen, vielleicht sogar auf den Verlust des letzten Pfennigs. Wer sich im Traum mit einem Schwamm wäscht, wird möglicherweise ein ungutes Gefühl los, das ihn vor einem Menschen oder einer kritischen Angelegenheit warnte.

Schwan Lohengrins Schwan taucht auch im Traum auf; er steht für die Heimlichkeit, mit der man sich einem möglichen Liebespartner nähert, der einen aber nie (nach dem Hochzeitstermin) fragen darf. Geht der Schwan in Angriffsstellung auf uns los, schwant uns im Wachleben vielleicht in einer bestimmten Sache nichts Gutes. Der Schwanengesang (nach einem aus der Antike stammenden Irrtum singt der Schwan, bevor er stirbt) deutet auf eine abgelaufene Zeitspanne hin, die von einer besseren abgelöst werden wird.

Schwangerschaft Nach Artemidoros kann sie bei der Frau Wunscherfüllung bedeuten, natürlich auch ein Wunschkind; einem Mann, der etwas „gebiert“, bringt das Geld und Gut, vielleicht sogar eine liebende Frau ein. Die Schwangerschaft weist im allgemeinen auf eine seelische Wiedergeburt hin, die uns im Alltag Glück verschafft. (Siehe auch „Geburt“ und in Teil 3 dieses Buches: „Geburts- und Schwangerschaftsträume“.)

Schwarz Die Farbe der Trauer, der Finsternis. Sie ist allgemein negativ zu werten und gilt als Mahnung, sein Leben umzustellen.

Schwein Fast immer ein glückbringendes Zeichen; man kommt in eine günstige Lage, hat buchstäblich „Schwein". Wühlt es im Dreck (siehe dort), kann das auch auf materielle Gewinne hinweisen. Das männliche Schwein (Eber, Keiler) hat dagegen meist die gleiche oder eine ähnliche Bedeutung wie der Stier (siehe dort).

Schwert Eine symbolische Waffe, die die Abwehrbereitschaft der Seele kennzeichnet, das Sich-wehren-Wollen gegen innere Schwierigkeiten. Auch Sinnbild des Willens zur Macht, zum Herrschen; als Schwert der Justitia steht es ebenso für die Gerechtigkeit, die allerdings mit großer Schärfe urteilt. Manchmal auch wie der Degen (siehe dort) zu deuten.

Schwester Meist nicht die eigene Schwester, eher eine fürsorgliche Person, die Krankenschwester. Auch die religiöse Schwester, also Nonne oder Diakonisse. Oft tritt sie als hilfreiche Freundin oder als Fürsorgeschwester ins Traumbild, bei der man Hilfe und Rat sucht. Wer im Traum mit ihr streitet, ist unzufrieden mit sich selbst und jammert, man möge sich mehr um ihn kümmern, ihm sein Los erleichtern. (Siehe auch „Geschwister", „Krankenschwester".)

Schwiegermutter Wer von einer bösen Schwiegermutter träumt, hat vielleicht Kummer in der eigenen Familie. Das Unbewußte suggeriert uns das Bild von der Schwiegermutter, hinter der aber wahrscheinlich die eigene Mutter (siehe dort) steckt, bei der man Rat sucht.

Schwimmen Es kommt bei der Deutung darauf an, ob man im Traum in klarem oder trübem Wasser (siehe dort) schwimmt. Klares Wasser bedeutet Erfolge auf dem Lebensweg durch Eigeninitiative oder das Schwimmen im Glück, trübes die Ziellosigkeit, mit der man durchs Leben geht. Das Schwimmen, das mit der Angst vor dem Untergehen einhergeht, umschreibt die Furcht, daß man im Wachleben bei der Arbeit „ins Schwimmen" geraten könnte.

Sechs Diese Zahl drückt das Gleichgewicht der Kräfte aus: die sechs Quadrate eines Würfels oder die zwei gleichseitigen, ineinandergeschobenen Dreiecke eines sechsstrahligen Sterns, bei dem das Dreieck mit der Spitze nach unten nach Meinung vieler Psychoanalytiker das weibliche, das mit der Spitze nach oben das männliche Geschlechtsorgan symbolisiert. Die Sechs, die in der Multiplikation zwei (weiblich) mal drei (männlich) Ähnliches umschreibt, schildert auch den ständigen inneren Kampf der gefühlsmäßigen Anlagen gegen die allzu realistischen Kräfte, die jegliches Gefühl ausschalten wollen, dabei aber den Versuchen des Alltags nicht widerstehen können.

See Wie das Meer (siehe dort) ist der See Teil des kollektiven Unbewußten in ständiger Hinwendung zum persönlichen Unbewußten, nur daß hier das Ufer ein stilleres Gewässer umschließt, das nicht die Weite (des Meeres) kennt und auch nicht stets stürmisch aufgerührt wird. In der Traumübersetzung kann der See also das stille Wasser (siehe dort) umreißen, das tief gründet. Wer von einem See träumt, kommt vielleicht in eine ruhigere Zeit; wahrscheinlich kann er auf einen

Lebensabschnitt zurückblicken, der ihn so angespannt hat, daß er sich nun mehr Beschaulichkeit ins Dasein wünscht. Trotzdem vermag er sich nie ganz der Ruhe hinzugeben, denn plötzliche Stürme können im Traum seinen See aufpeitschen und den Träumer im Wachleben gewissermaßen im Regen stehen lassen.

Segelboot Es wird vom Wind (siehe dort), also gewissermaßen vom Geistigen getrieben. Wo es im Traum aufkreuzt, sollte man das bewußte Geschehen auf geistige Inhalte prüfen (sonst im allgemeinen wie unter „Schiff").

Seide Weist auf die zarten Gefühle hin, die man gegenüber anderen hegt. Wer im Traum Seide trägt, kann sich zeitweilig auf einen fröhlichen Lebenswandel, auf verläßliche Partner und Freunde freuen. Aber auch Negatives kann diese Seide aussagen; denn nicht umsonst lautet ein Sprichwort „Manch Seidenkleid ist gefüttert mit Herzeleid", übersetzt: Das schöne Äußere kann nicht über jeden Kummer hinwegtäuschen. (Siehe auch „Samt".)

Seife Mit der Seife soll der Träumer nicht etwa an größere Reinlichkeit im Alltagsleben erinnert werden. Aus bewußter Erfahrung wissen wir, daß sie leicht aus den Händen gleiten kann, was – übersetzt – die Unmöglichkeit umschreibt, eine Angelegenheit ins reine zu bringen, weil wir ihre Tragweite noch nicht erfassen können. Werden wir im Traum von jemandem eingeseift, will uns im Wachleben ein Mitmensch wohl übervorteilen; umgekehrt kann das genauso sein, wenn wir jemanden einseifen.

Seifenblase Sie läßt im Wachleben unsere Hoffnungen und Illusionen nur zu leicht zerplatzen. Bei diesem Traumbild sollten wir darauf achten, ob wir selbst oder andere die Seifenblasen herstellen, um daraus und aus anderen Symbolen mehr zu erfahren.

Seil Das Seil, das im Traumbild etwas umspannt oder bindet, ist für das Wachleben ähnlich zu werten: als alles umspannende Gedanken oder als Wunsch nach einer festen Bindung. Werden wir von anderen mit dem Seil festgebunden, kann das auf Hörigkeit in einer bestehenden Verbindung hindeuten. Und wer im Traum beim Tauziehen zuschaut oder mitmacht, möchte im Wachleben gern mit dem Partner am selben Strang ziehen. Wenn man sich aber auf einem Seil tanzen sieht, hat man sich wohl etwas vorgenommen, was nicht leicht zu bewältigen ist. Stürzt man beim Seiltanz ab, sollte man lieber von einem Plan die Finger lassen, der einen nur in unlösbare Konflikte stürzen würde. (Siehe auch „Draht".)

Sekt Siehe „Champagner".

Selbstmord Keine Angst vor dem Selbstmord im Traum! Mit diesem Bild will uns das Unbewußte nur mahnen, mit unseren Kräften keinen Raubbau zu treiben, unsere Lebensweise zu ändern. (Siehe auch „Tod".)

Sense Wer im Traum mit der Sense hantiert, will etwas bereinigen, das schon lange ansteht. Wenn andere mit ihr arbeiten, besagt das, daß uns unsere Mitmenschen am liebsten einen Kopf kürzer machen möchten, weil wir ihn einfach zu hoch tragen, das heißt, daß wir zu arrogant auftreten. (Siehe auch „Schneiden".)

Sessel Wenn man sich im Traum in einem bequemen Sessel sitzen sieht, gilt das als Hinweis darauf, sich im Alltag mehr Ruhe und Entspannung zu gönnen. Sieht man andere darin sitzen, kann man sich im Wachleben von seinen Mitmenschen kaum viel Hilfsbereitschaft erwarten, so daß man sich lieber auf sich selbst verlassen sollte. (Siehe auch „Lehnstuhl", „Stuhl".)

Sezieren Wenn man selbst im Traum seziert oder wenn es ein Chirurg tut, sollte man einschneidende Veränderungen in seiner Ichwelt vornehmen und üble Angewohnheiten ablegen. (Siehe auch „Amputation", „Arzt",)

Sichel Ähnlich wie das zum Stichwort „Sense" Gesagte, wobei es sich bei einem Traum von der Sichel manchmal nur um Kleinigkeiten handelt, die man rasch bereinigen kann.

Sicherheit Der Wunsch nach Sicherheit kommt oft in Träumen von unsicheren Kantonisten vor, die – weil sie selbst nur zu unzuverlässig sind – nach ihr wie nach einem rettenden Strohhalm verlangen.

Sieb Der Traum vom Sieb kann bedeuten, daß uns etwas durch die Lappen gehen könnte, dessen wir uns schon sicher waren. Das Sieben signalisiert auch das Aussieben im Beruf, das gleichzeitig ein Durchfallen beinhalten kann. Das wird sich dann bestätigen, wenn man im Traum mit einem Sieb Wasser oder eine andere Flüssigkeit schöpfen will; zumindest weist diese Handlung auf unser vergebliches Bemühen in einer ganz bestimmten Angelegenheit hin. Versuchen andere, Wasser mit einem Sieb zu schöpfen, kann damit unsere Schadenfreude im Wachleben gemeint sein, weil sich andere im alltäglichen Trott dümmer anstellen als wir selbst.

Sieben Nach uralter Geheimlehre hat die Zahl Sieben höchste magische Gewalt. Sie symbolisiert die Vollendung einer Arbeit (der siebte Tag der Schöpfung!), aber sie kann ebenso auf die wunderbare Wandlung des eigenen Ich hinweisen. Die Zahl gibt allerdings manchmal auch den Hinweis, man möge seine „sieben Sachen", seinen Besitz, besser zusammenhalten. Hier und da macht das Unbewußte ebenso darauf aufmerksam, daß die Woche nur sieben Tage hat, übersetzt: Man sollte stets die Zeit nützen und jede Woche sich wenigstens einen Ruhetag gönnen.

Siegel Wer auf einem Brief oder einem Schreiben ein Siegel sieht, wird im Wachleben möglicherweise vor vollendete Tatsachen gestellt und kann kaum etwas dagegen tun. Wer selbst etwas versiegelt, schließt eine Arbeit glücklich ab, hat unter Umständen auch einen erfolgreichen Lebensabschnitt hinter sich gebracht. (Siehe auch „Urkunde".)

Silber Die silberne Scheibe des Mondes steht als weibliches Symbol im Gegensatz zum Gold der männlichen Sonne. Das Silber, das – in welcher Form auch immer – im Traum auftaucht, weist auf positive weibliche Werte hin, wobei weitere Symbole Genaueres aussagen können. (Siehe auch „Mond".)

Singen Wenn man im Traum singt, kann das eigentlich nur positiv ausgelegt werden, falls man musikalisch ist. Wer in einem Chor mitwirkt, findet einen Kreis fröhlicher Menschen, die miteinander harmonieren. Zur Deutung kann auch das herangezogen werden, was man singt. (Siehe auch „Lied“.)

Sinken Das Sinken im Traum heißt für das Wachleben, daß man leicht den Mut verliert. Manchmal möchte man sogar vor Scham im Boden versinken. Das Unbewußte versucht mit dem Traum vom Sinken, diese Schwäche bewußt zu machen, damit man gegen sie ankämpfen kann.

Sirenengeheul Siehe „Fliegeralarm“.

Skelett Symbol des Vergänglichen, vor dem man sich fürchtet. Das Knochengerüst taucht in Alpträumen auf und erschreckt den Träumer; meist ist es ein Erschrecken vor sich selbst, vor seinen Fehlern und Launen. Das Skelett ist gewissermaßen das bloßgelegte Ich. (Siehe auch „Knochen“, „Röntgenbild“).

Skifahren Kommt man mit den Brettln gut den Hang hinunter, geht im Wachleben alles glatt, und man kann es sich bequem machen, weil man auch ohne übermäßig viel Arbeit auskommen kann. Manchmal wird man beim Skifahren feststellen, wie leicht es hinunter (übersetzt: in eine Talsohle) geht, wie schwierig es aber ist, wieder hinaufzugelangen (übersetzt: in die obere Etage des Lebens zu kommen). Man beachte darum weitere Zeichen in einem solchen Traum. (Siehe auch „Schnee“.)

Sklave Das archetypische Bild des Sklaven taucht auch heute noch im Traum auf, wenn wir uns im Wachleben verraten und verkauft fühlen. Meist sind wir aber selbst an diesem Sklavendasein schuld, weil wir zu allem ja und amen sagen und niemals mit unserem Wissen glänzen.

Skorpion Das krebsähnliche Spinnentier fährt auch im Traum seinen Giftstachel gegen uns aus. Mit diesem Bild will uns das Unbewußte wohl vor einem heimlichen Gegner warnen, der uns Schaden zufügen könnte. Meist ist der Skorpion gar nicht zu sehen, man hört nur von ihm und fürchtet trotzdem seinen Stachel.

Smaragd Bekommen wir im Traum einen Smaragdschmuck geschenkt, wird eine herzliche Beziehung geknüpft, die zu seelischer Übereinstimmung führen kann. Neben dem Diamanten (siehe dort) ist der Smaragd einer der härtesten Edelsteine. Er verspricht Erfolg bei geistiger Betätigung. (Siehe auch „Schmuck“.)

Smoking Siehe „Abendkleidung“.

Sofa Deutet meist auf Erinnerungen hin, die sich auf die Gegenwart oder die Zukunft ummünzen lassen. Mit dem Sofa aus Großmutters guter Stube taucht vielleicht ein fast vergessener Jugendfreund auf, vielleicht auch ein Gegenstand, den man verloren zu haben glaubte.

Sohn Eltern können durchaus auf Probleme ihres eigenen Sohnes hingewiesen werden, wobei sie vielleicht sogar an eigenes schuldhaftes Verhalten gemahnt werden. Männer erinnert der Traum vom oft sogar unbekannten Sohn daran, daß mit dem persönlichen Innenleben irgend etwas nicht stimmen kann. (Siehe auch „Kind“, „Tochter“.)

Soldat Selbst Kriegsdienstverweigerer werden mit diesem archetypischen Bild an Disziplin und Gehorsam gemahnt, falls sich der Soldat im Traum nicht als schießwütiger Tollkopf zeigt, der – ins Wachleben umgesetzt – alles durcheinanderbringt, was bisher in schönster Ordnung war. Unruhe kommt im Alltag auf, wenn wir im Traum einen ganzen Trupp Soldaten sehen. Nach Meinung einiger Psychoanalytiker soll dieses Traumbild besonders bei alleinstehenden Frauen vorkommen. (Siehe auch „Kampf“, „Krieg“.)

Sommer Die Jahreszeit, die die besten Jahre des Lebens umreißt. Mit dem Sommerbild wird für das Wachleben angezeigt, daß etwas reif wurde, vielleicht umschreibt das die weise Zurückhaltung der Umwelt gegenüber, möglicherweise ist aber auch eine Angelegenheit reif, geklärt zu werden.

Sommersprossen Die kleinen Hautflekken übersetzt man am besten als neue Gesichtspunkte, Ansichten, die wir uns zu eigen machen sollten. Nur wer selbst Sommersprossen hat, der sollte dieses Traumbild als Warnung davor nehmen, den eigenen Minderwertigkeitskomplexen nachzugeben.

Sonne Die positive (männliche) Kraft der Seele, Energiesymbol des Lebens, des Schöpferischen, des Befruchtenden, denn in den meisten Kulturen wird die Sonne als männlich angesehen. Wo sie im Traum aufgeht, da ist Erfolg in allen Lebensbereichen zu erwarten. Wo sie untergeht, mündet eine Glücksphase ins Alltägliche. Die leuchtende Kraft der Sonne erhellt unser Bewußtsein und macht uns für neue und gute Taten bereit. Nur die sengende Sonne der Wüste kann verbrennen, kündet von Leiden und dem Ende aller Dinge. Einen schönen Lebensabend, heißt es, könne erwarten, wer die Sonne im Traum besonders schön und blutrot untergehen sehe. (Siehe auch „Gold“, „Mond“, „Wüste“.)

Sonnenblume Die Pflanze, die sich nach der Sonne reckt. Von daher kommt die hübsche Deutung, man habe großes Vertrauen, vielleicht sei man aber auch hoffnungslos verliebt. Die Blume kann jedoch auch den Erfolg umschreiben, der uns dann auf andere hinabblicken läßt.

Sonnenfinsternis Wenn sich im Traum die Sonne verdunkelt, zeigt uns das eine Zeit an, in der für uns nicht alles zum besten steht.

Sonnenuhr Sie richtet sich auch im Traum nach der Sonne, verspricht also alles Günstige, was wir unter dem Symbol „Sonne“ nachlesen können.

Spalte Wer sich im Traum in diese Risse in der Erdrinde wagt, die durch tektonische Kräfte entstanden sind, hat nichts zu fürchten; das klare Wasser, das dort meist fließt, umschreibt den wachen Geist eines kämpferischen Menschen, der stets das Gute will. Die Zeitungsspalte deutet auf Wißbegier hin oder darauf, daß man im Wachleben alles schwarz auf weiß gedruckt sehen will, daß man nur dem glaubt, der Beweise für bestimmte Angelegenheiten vorlegen kann. Freudianer deuten jedwede Spalte sexuell. (Siehe auch „Zeitung“.)

Spardose Wirft man Geldstücke hinein, übersetzt das wohl unsere guten Vorsätze. Zerbricht die Spardose im Traum, können wir vielleicht auf materiellen Zuwachs hoffen.

Spargel Wo der Spargel wächst, blüht die Liebe – besonders in Frauenträumen; denn schon in alten Zeiten galt die zartweiße Sprosse des Liliengewächses als Urbild des männlichen Gliedes.

Sparkasse Im allgemeinen wie unter „Bank“ (siehe dort) zu deuten. Wer im Traum Geld in rauhen Mengen auf die Sparkasse trägt, läßt im Wachleben manches verkümmern, für das er etwas mehr ausgeben sollte.

Spatzen Die Sperlinge im Traum können als die Spatzen übersetzt werden, die „es von allen Dächern pfeifen“, wodurch selbst das bestgehütete Geheimnis bald stadtbekannt ist. Wer Spatzen in einem Netz oder unter seinem Hut gefangenhält, ist wohl im Wachleben manchmal ein wenig unhöflich (denn er hat ja „Spatzen unter der Mütze“).

Spaziergang Der Spaziergang im Traum läßt erkennen, daß man gemächlich durchs Leben gehen möchte und daran guttut; denn wer spazierengeht, nützt ja seiner Gesundheit. Der Träumer wird vom Unbewußten ausdrücklich daran erinnert, daß jedes Zuviel in der Arbeit und in der Liebe zum eigenen Schaden gereichen kann. (Siehe auch „Weg“.)

Speise Siehe „Essen“.

Speisewagen Oft mahnt der Speisewagen den Träumer, er solle auf seiner Lebensreise des Guten nicht zuviel tun. Vor allem wer hier beim Essen eine Menge zu sich nimmt, wird zu einer gesünderen Lebensweise aufgefordert. (Siehe auch „Eisenbahn“, „Reise“.)

Spiegel Er kommt nicht allzu häufig im Traumbild vor, weil dieses selbst ja oft ein Spiegelbild des bewußten Lebens und Erlebens ist. Wo er dennoch erscheint, ist er meistens von ernster Bedeutung. Die Ägypter schrieben Träumen, in denen ein Spiegel vorkam, Tod oder Unheil zu, weil man im widergespiegelten Bild „außer sich“ sei, die Seele also in das nicht faßbare Gegenüber geschlüpft sei. Moderne Traumdeuter lesen etwas anderes heraus: Der in den Spiegel schauende Träumer sieht sich seitenverkehrt und findet damit zu sich selbst zurück; aber er bringt wie bei der Fotografie Retuschen an, die notwendig sind, um sein inneres und äußeres Erscheinungsbild für die Umwelt zum Besseren zu korrigieren. (Siehe auch „Bild“, „Fotografieren“.)

Spiegelbild Wenn man im Traum sein eigenes Spiegelbild oder das eines anderen sieht, macht man nach Artemidoros eine Bekanntschaft, die zu einem innigen Verhältnis werden könnte.

Spielzeug Sieht man im Traum viel Spielzeug herumliegen, deutet das bei älteren Menschen in die Vergangenheit, wobei der Wunsch, noch einmal so jung wie früher zu sein, durchaus verständlich erscheint. Wer sich mit Spielzeug beschäftigt, möchte unbeschwert wie ein Kind in den Tag hinein leben. Ob ihm das gelingt, werden andere Symbole erkennen lassen.

Spießrutenlaufen Diese Strafe für Deserteure, die übrigens erst Scharnhorst Anfang des vorigen Jahrhunderts abschaffte, umschreibt als Traumbild sozusagen die Angst vor der eigenen Courage, die Furcht also, etwas falsch zu machen und deshalb vor der Umwelt nicht bestehen zu können.

Spinne Symbol der Verführung, der überall lauernden Gefahren, der Vernichtung. Wenn die anderen Symbole des Traumes günstig sind, kann die Traumspinne jedoch ein richtiges Glückstier sein, das unseren Lebensfaden spinnt, unsere Gedanken auf das Wichtige, das Machbare konzentriert, was mit der kunstvoll gesponnenen Mitte des Spinnennetzes umschrieben ist. Sieht man aber eine Spinne an einem einzigen Faden, hängt das Glück des Träumers im Wachleben an dem berühmten seidenen Fädchen.

Spinnrad Wenn es im Traum behende schnurrt, möchte man auf die schnelle etwas zuwege bringen, das der eigenen Familie oder auch einem selbst nützt. Wer sich am Spinnrad arbeiten sieht, bei dem spinnt sich wohl etwas an, das ihn im Wachleben noch stark beschäftigen wird.

Spinnweben Manchmal weisen sie auf ein Verhältnis hin, das man keiner großen Zerreißprobe aussetzen sollte. Wer im Traum Spinnweben streift, gibt sich im Wachleben gedankenlos und hält sich mit Kleinigkeiten auf.

Springen Wer im Traum über ein Hindernis springt, der wird im Wachleben eine wichtige Angelegenheit meistern, die ihn gerade beschäftigt. Wer aber in etwas hineinspringt (ins Wasser oder in eine Grube), wird in eine Gefahrensituation geraten, aus der er sich nur mühselig befreien kann.

Sprosse Wenn die Sprosse einer Leiter bricht, wird man den Boden unter den Füßen verlieren oder den Halt, den man bei einem geliebten Menschen gefunden zu haben glaubte. (Siehe auch „Leiter".)

Sprudeln Das Sprudeln einer Quelle oder eines Springbrunnens gibt einen Hinweis auf den sprudelnden Redefluß und übersetzt damit, daß der Träumer im Wachleben erst mit möglichen Gegnern reden sollte, bevor er zur Tat schreitet. Auch der „Sprudelkopf" kann gemeint sein, ein allzu leicht aufbrausender Menschentyp, der sich zügeln sollte, damit er sich keine Chancen kaputtmacht. (Siehe auch „Brunnen", „Quelle".)

Spucken Zwar spucken wir – toi, toi, toi – dreimal auf den Lottozettel, um das Glück magisch anzuziehen; doch trotzdem ist die Traumfigur, die jemanden anspuckt, auch im Wachleben kein feiner Mensch. Sie ist eher jederzeit bereit, mit Beleidigungen und Verleumdungen andere in ein schlechtes Licht zu setzen. Ist der Träumer selbst derjenige, der spuckt, sollte er in sich gehen und seinen Charakter schleunigst auf ein anderes Gleis bringen, sonst wird er im täglichen Miteinander bestimmt entgleisen.

Spülen Siehe „Abwaschen".

Spur Siehe „Fährte".

Stadt Ein Symbol der Mutter (siehe dort) in ihrer alles umfassenden, schützenden Macht. In Alpträumen (siehe Teil 3 dieses Buches) übersetzt man dieses Traumbild als die Angst, gewohnten Schutz vor Unbill zu verlieren. In vielen solcher Träume spiegeln sich die angespannten Nerven des Träumenden wider, die im Wachleben zu zerreißen drohen, wenn er nicht rechtzeitig etwas gegen diesen Zustand der Besorgnis und der inneren Unruhe unternimmt.

Stall Ein Haus, in dem Tiere wohnen; übersetzt: Die unersättlichen Triebe werden hier gezähmt; der Träumer gewinnt im Wachleben gewissermaßen Oberhand über seine sexuellen Gelüste. (Siehe auch „Brand", „Haus", „Tiere".)

Sterben Der Sterbefall im Traum ist nach Meinung mancher Psychoanalytiker der Wunsch, sich an jemandem zu rächen, den man haßt und deshalb aus seinem Leben streichen möchte. Bei Nahestehenden kann dieser Haß auch Eifersucht bedeuten, weil sich darin für Freudianer der Sexualwunsch verbirgt, es dem Nebenbuhler mal zu zeigen. Viele Psychologen deuten das Sterben im Traum so, daß man im Wachleben vergessen will (oder sollte), was ein nahestehender Mensch einem angetan hat – „Schwamm drüber!" sagt das Unbewußte. Wir sind der Meinung, daß mit dem Sterben auch ein seelischer Reifungsprozeß stattfindet, der sich günstig auf den Charakter des Träumers und sein Verhältnis zu seiner Umwelt auswirken wird. (Siehe auch „Leiche", „Tod" und andere Symbole, die mit dem Sterben zusammenhängen.)

Sterne Sie erhellen die Nacht des Unbewußten und geben damit den Blick auf das nächste Lebensziel frei. Wer einen sternenklaren Himmel (siehe dort) im Traumbild sieht, dem stehen die Sterne günstig. Fallen Sterne vom Himmel herab, deutet das nach der indischen Traumschrift „Jagaddeva" auf eine Krankheit hin, die bald zum Ausbruch kommen wird. (Siehe auch „Meteor".)

Sternschnuppe Siehe „Meteor".

Sticken Geht man dieser geruhsamen Beschäftigung, die den Nerven wohltut, auch im Traum nach, läßt das den Schluß zu, daß man im Alltag mit Arbeiten befaßt ist, die nicht allzusehr die Nerven strapazieren. Wer anderen beim Sticken zusieht, kann damit rechnen, daß er eine ermüdende Arbeit zu erledigen haben wird. In einigen Träumen kann dieses Bild mit den Sticheleien übersetzt werden, die „liebe" Mitmenschen für uns parat halten. (Siehe auch „Nähen".)

Stiefel Im allgemeinen sind Stiefel wie Schuhe (siehe dort) zu deuten. Besonders klobige „Knobelbecher" weisen auf einen recht brutalen Menschen hin, der gewaltige Tritte austeilt, um sich rücksichtslos durchzusetzen.

Stier Wo er auftritt, ist von ungebändigter Triebhaftigkeit die Rede. Der Stier gilt als Symbol der Wollust. Wen er auf die Hörner nimmt, der kann das als Warnung auffassen: Seine Vitalität ist in Gefahr, oder sein unterdrücktes Triebleben scheint die Grenzen des Erlaubten überschreiten zu wollen. Wer vor einem wütenden Stier ausreißt, hat im Wachleben vielleicht Angst vor dem Verlust seiner Lebenskraft. Kann der Träumer den Stier bezwingen, wird er im Leben „seinen Mann" stehen (das kann ja im Sprachgebrauch auch die Frau sein), weil er seine überschüssige Kraft sinnvoll im Arbeitsleben umsetzt. In Frauenträumen kann der Stier nach Meinung vieler Psychoanalytiker als ein sexueller Wunsch gedeutet werden. Da aber der Stier seit alters her auch schöpferische, göttliche Kraft symbolisiert, sollte man in seinem Auftreten im Traum auch geniale Kräfte sehen.

Stockwerk Als Teil des Hauses, das den Körper des Träumers symbolisiert, stellt es eine bestimmte Körperregion dar, wobei sich zum Beispiel das Erdgeschoß auf den Bereich der Lenden und das Dachgeschoß auf den oberen Teil des Kopfes bezieht. Man achte bei der Deutung vor allem auf das, was in den Etagen geschieht. (Siehe auch „Dach", „Haus", „Keller", „Parterre".)

Stolpern Eine Kleinigkeit in unserem Charakter scheint nicht in Ordnung zu sein, denn wenn wir im Traum straucheln, dann fallen wir im Wachleben gewissermaßen über unsere eigenen Füße. Das Stolpern kann auch auf einen Irrtum hinweisen, den man nicht eingestehen möchte. Der Träumer, der sich stolpern, aber nicht fallen sieht, hat wahrscheinlich nach dem Sprichwort: „Ein guter Stolperer fällt nicht" das Glück auf seiner Seite.

Stopfen Wer im Traum seine Socken oder ein anderes Kleidungsstück stopft, hat im Wachleben wohl Mühe, Löcher (sprich: Fehler), die störend sind, zu beseitigen. Der Träumer, der genüßlich seine Pfeife stopft, wird wohl im Wachleben von einer Arbeit durch einen Partner abgelenkt, der nur „das Eine" will. (Siehe auch „Nähen", „Pfeife".)

Storch Wer einen Storch fliegen sieht, hat hochfliegende Pläne, wie er seine Familie auf einen grünen Zweig bringen könnte. Sehen wir sein Nest mit oder ohne Nachwuchs, deutet das weniger auf eigenen Kindersegen als auf Kinder überhaupt hin, mit denen wir im Alltag zu tun haben oder zu tun bekommen.

Stottern Bei Nichtstotterern der Hinweis auf ein kleines Unwohlsein des Körpers; meist wacht man nach diesem Traum mit einem Schmerzgefühl (Kopfschmerzen?) auf. Begegnen wird im Traum einem Stotterer, macht sich jemand um unsere Gesundheit Sorgen. Übrigens träumt der, der im Wachleben stottert, eher davon, daß er fließend spricht.

Straße Ein Weg im Unbewußten, der für unseren Lebensweg steht. Die Straße, an der man selbst baut, weist zum Beispiel einen guten Weg in die fernere Zukunft; schlängelt sie sich kurvenreich durchs Gebirge (siehe dort), gibt sie Auskunft über die Schwierigkeiten, die sich uns auf dem Weg nach oben, zum Erfolg, entgegenstellen. Straßen, die innere Komplexe des Träumers freilegen, führen meist durch einen Wald (siehe dort). Lauern im Traum Gefahren, Räuber, Wegelagerer oder wilde Tiere am Straßenrand, meint dieses Bild, wir müssen die Menschen, die unserem Fortkommen im Wege stehen und die uns der Traum in vielerlei Gestalt vorgaukelt, erkennen lernen, um uns vor ihnen im Alltag schützen zu können. Wir sollten auf Wegweiser und Straßenschilder achten, um daraus mehr zu ersehen. Schlechte Wege und enge Pfade behindern unser Fortkommen ebenfalls. (Siehe auch „Einbahnstraße", „Mauer", „Pfad", „Schild", „Wegweiser".)

Strauß Bindet, sieht oder schenkt man einen Strauß leuchtend bunter Blumen, kündet das von innerer Ausgeglichenheit, aber auch von inniger Liebe. Der langbeinige Vogel Strauß kommt zwar in unseren Breiten nur selten im Traum vor, wo es aber doch geschieht, übersetzt sich damit die Volksweisheit, daß man wie der Strauß den Kopf in den Sand stecken möchte, daß man sich am liebsten nicht mit einer traurigen Nachricht oder anderen Widrigkeiten konfrontiert sehen will. (Siehe auch „Blumen", „Vogel".)

Straßenbahn Siehe „Eisenbahn".

Streichinstrumente Siehe „Saiteninstrumente".

Stroh Nicht immer macht das Stroh im Traum froh. Sieht man es zu Garben gebündelt oder in Ballen liegen, deutet das auf eine mühselige Arbeit hin, deren Früchte andere ernten werden. Liegt man auf Stroh, hat man kaum Gewinne zu erwarten, sondern muß sich eher einschränken.

Strom Wo er durch die Traumlandschaft fließt, wird unser Lebensschiff in neues Fahrwasser getrieben, werden neue Kräfte freigelegt (siehe auch „Fluß"). Elektrischer Strom symbolisiert die Gefahr, daß man den Anschluß an einen Menschen oder auf dem eigenen Lebensweg verpassen könnte.

Strümpfe Man bekleidet damit den Fuß (siehe dort). Für manche Psychoanalytiker gilt das Überziehen der Strümpfe als Umschreibung einer sexuellen Handlung, als ein Wunschbild, das Neurotiker im Wachleben verdrängen. Nach unserer Meinung sollen Strümpfe wie Schuhe (siehe dort) das Fortschreiten auf dem Lebensweg erleichtern. Wer also neue Strümpfe trägt, kann unbelastet auf die Zukunft vertrauen. Haben die Strümpfe ein Loch, sollten wir es schnell stopfen (siehe dort); es ist gleichbedeutend mit einer Charakterschwäche oder einer Fehlentscheidung, die wir treffen könnten, also eine Mahnung aus dem Unbewußten, rechtzeitig falsches Tun zu erkennen. Tanzt jemand auf Strümpfen, will er uns vielleicht auf der Nase herumtanzen oder uns ideellen Schaden zufügen.

Stuhl Das Sitzmöbel umschreibt – wenn wir im Traum darauf sitzen – die nur kurzen Erholungspausen, die wir uns bei unserer Arbeit gönnen können. Die Ruhepause auf einem Stuhl ist eben nicht so bequem wie die auf einem Sessel. (Siehe auch „Schemel", „Sessel".)

Sturm Wie der Wind (siehe dort) geistig zu verstehen. Er reißt uns wirbelnd mit zum Erfolg, der aus der Kraft des Geistes entsteht. Daß es dabei manche Aufregung geben wird, liegt auf der Hand. (Siehe auch „Orkan".)

Stürzen Weist auf eine Wendung hin, die wir im Wachleben durchführen müssen. Der Sturz hemmt unser Vorwärtskommen, was auch Verluste mit sich bringen könnte. (Siehe auch „Fallen".)

Süden Siehe „Himmelsrichtungen".

Sumpf Wer im Traum in einen Sumpf gerät, sollte eben Begonnenes besser abbrechen oder neu überdenken; denn man wird sonst nicht recht weiterkommen. Bleibt man im Sumpf stecken, deutet das auf Ratlosigkeit in einer unüberschaubaren Lage hin. (Siehe auch „Moor".)

Suppe Ein Kraftpaket für den Träumer, wenn er sie mit Appetit auslöffelt. Ißt er sie nur mit Überwindung, muß er im Wachleben wahrscheinlich die Suppe auslöffeln, die er sich selbst eingebrockt hat. Danach ist er kaum noch auf der Höhe, weshalb er am besten mal ausspannen, Urlaub machen sollte. Kocht man seinem Partner ein Süppchen, will man ihn wohl von den eigenen Liebeskünsten überzeugen. (Siehe auch „Kochen").

Süßigkeit Wer Süßes ißt, sehnt sich nach Liebe, nach Vereinigung. Aber manchmal schmecken Süßigkeiten auch bitter, was auf Störendes in unseren Liebesbeziehungen hinweisen könnte. Gelegentlich läßt dieses Traumbild auch auf ein süßes Geheimnis schließen. Für eine solche Deutung sind weitere Symbole heranzuziehen. (Siehe auch „Zucker".)

T

Tafel Schreibt man im Traum auf eine Schultafel und sehen andere einem dabei zu (häufig geschieht das in Erinnerungsträumen), ist man im Wachleben drauf und dran, einen alten Fehler zu wiederholen. Sieht man andere auf die Tafel kritzeln, sollte man seine Spottlust im Alltag etwas zügeln. Wischt man eine Tafel ab, will man Vergangenes aus seiner Erinnerung wegwischen oder einen Fehler nicht noch einmal machen. (Siehe auch „Lehrer“, „Schule“, „Tisch“.)

Tag Wird es im Traum Tag, will das Unbewußte uns daran erinnern, daß wir bewußter leben, den Tag nutzen sollten, der unsere Denkfähigkeit ins rechte Licht rückt.

Tageszeiten Siehe „Morgen“, „Mittag“, „Abend“, „Nacht“.

Tal Gehen wir in einem Tal, haben wir eine verhältnismäßig ruhige Wegstrecke auf unserem Lebensweg vor uns; das Tal im Traum kündet aber auch an, daß es in Zukunft bald wieder mal aufwärtsgehen wird. Nur ein von hohen Bergen umschlossenes, enges Tal, in das kein Sonnenstrahl zu dringen vermag, ist negativ zu werten; es läßt sogar Krankheitskeime oder herbe Verluste vermuten. (Siehe auch „Berg“, „Enge“.)

Tankstelle Wer dort im Traum anhält, sollte auch im Wachleben eine Pause einlegen, um für den weiteren Lebenskampf aufzutanken.

Tanz Übersetzt den Wirbel des Lebens, der Leidenschaft und Begierde, Gefühle und Sexualität beinhalten kann. Oft ist es der Tanz auf dem Vulkan (siehe dort), der an die Hetze des Alltags erinnert, manchmal auch das innige Erlebnis eines Balles (siehe dort), das uns ans Ziel unserer sexuellen Wünsche bringen soll. Hier und da ist es aber auch der Tanz im Nebel (siehe dort), der unsere unsicheren Gefühle preisgibt. (Siehe auch „Walzer“.)

Tapezieren Wer im Traum tapeziert, der wünscht im Wachleben einen Tapetenwechsel, eine einschneidende Veränderung in seinem Lebensbereich.

Tasche Es kommt sehr auf ihren Inhalt an, denn daran läßt sich Genaueres ablesen. Nach Meinung ägyptischer Traumforscher sollte man sich übrigens vor Verschwendung hüten, wenn man im Traum etwas aus einer Tasche hervorzieht. (Siehe auch „Handtasche“.)

Taschenlampe Die Lichtquelle, die trügerisch einzelne Punkte beleuchtet und dadurch dem Träumer nur wenig erhellen kann. Sie bringt nur in Kleinigkeiten Licht, läßt uns sonst aber in der Dunkelheit (übersetzt: völlig im unklaren). Brennt die Taschenlampe nicht, obwohl wir sie anknipsen, werden wir möglicherweise bald um eine Hoffnung ärmer sein. (Siehe auch „Lampe“, „Licht“).

Taschenuhr Die Uhr, die man auch im Traum in die Tasche steckt, signalisiert, daß wir im Wachleben zeitweise im dunkeln tappen. (Siehe auch „Uhr“.)

Tasse Die Tasse ist, wie alle anderen Gefäße (siehe dort), psychoanalytisch mit weiblichem Vorzeichen zu versehen.

Trinken wir daraus, hoffen wir wohl auf ein erotisches Erlebnis; zerbrechen wir eine Tasse, werden wir vielleicht ein Herz knicken. Die kaputte Tasse kann freilich auch umschreiben, daß wir (nun) nicht mehr alle Tassen im Schrank haben, uns augenblicklich also etwas verrückt benehmen. (Siehe auch „Zerbrechen".)

Taube Das Sinnbild des Friedens ist als erotisches Symbol das Sanfte, Weiche, das sich schnäbelnd Vereinigende. Die Zartheit der Taube, die schöpferischen Gedanken freien Lauf läßt. Fliegende Tauben stehen für erfreuliche Botschaften, die uns erreichen. Fangen wir eine Taube, werden wir uns gegenüber einem Nahestehenden ins Unrecht setzen; töten wir sie, verscherzen wir uns die Freundschaft eines wohlgesinnten Menschen. Ein gut besetzter Taubenschlag beweist einen gastfreundlichen Hausstand, ein leerer unsere innere Einsamkeit. Das Gurren der Tauben deutet, falls es nicht auf tatsächlich vorhandene äußere Einflüsse zurückzuführen ist, auf ein gestörtes Verhältnis zur Umwelt hin.

Tauchen Wer ins Meer taucht, sucht im Alltag nach geistigen Werten, die ihm das Leben verschönen können; nur ein wenig Einfallsreichtum gehört dazu, sie sich zu sichern. Sehen wir Taucher im Traum, sollten wir unser Innerstes durchforschen, ob wir nicht irgend jemandem im Wachleben den Erfolg neiden.

Taufe Symbol des Lebenswassers, der geistigen Erneuerung, der seelischen Wiedergeburt. Sieht man im Traum eine Taufe oder wird man selbst getauft, plant man eine Neuorientierung, eine Umstellung in seinem Leben, die sich heilsam auswirken wird. Die Taufe in klarem, geweihtem Quellwasser bringt Klarheit in geistiger Beziehung und läßt uns Fehler anderer milde beurteilen. (Siehe auch „Quelle", „Wasser".)

Teer Die ölig-klebrige, braunschwarze Masse hemmt – übersetzt – manchmal unseren Lebensweg. Denn wenn wir auf einer frisch geteerten Straße gehen und mit dem Schuh (siehe dort) klebenbleiben, lösen wir vielleicht eine Bindung, die für uns nichts mehr hergibt. Sind wir im Traum teerverspritzt, sollten wir uns im Wachleben vor Menschen in unserer Umgebung in acht nehmen, die unser Fortkommen behindern und uns sogar Knüppel zwischen die Beine werfen wollen. (Siehe auch „Straße".)

Teich Der kleine See (siehe dort) deutet auf Gedankentiefe hin, um so mehr wenn sein Wasser klar ist. Handelt es sich bei dem Teich im Traum aber eher um einen trüben Tümpel, besagt das wohl, daß wir im Wachleben im trüben fischen wollen, also etwas abseits der Legalität handeln.

Telefon Oft handelt es sich bei einem Anruf im Traum um einen Aufruf des Unbewußten zu erhöhter Wachsamkeit gegenüber schädlichen Umwelteinflüssen. Falls sich aus dem Wachleben keine entsprechenden Anhaltspunkte ergeben, kann das Telefon auch einfach als „Verbindung" (im guten wie im schlechten Sinne) ausgelegt werden. Werden wir angerufen, wird das im Wachleben mit einer Absage oder auch einer Zusage zu tun haben, die wir im Berufs- oder im Privatleben erhalten. Rufen wir selbst an, müssen wir uns die Nummer merken, die wir wählen und dann anhand der einzelnen Zahlen (siehe dort) einen Deutungsversuch unternehmen.

Telegramm Wer den Text darauf nicht lesen kann, stürzt sich im Wachleben vielleicht in ein recht undurchsichtiges Abenteuer. Lesen wir den Text genau, können wir daraus weitere Anhaltspunkte für die Analyse entnehmen. Schicken wir ein Telegramm weg, weist das auf überstürztes Handeln hin.

Teller Der Teller im Traum deutet auf einen Kreis netter Menschen hin, die sich in froher Runde treffen (wobei der Teller auch für leibliche Genüsse stehen kann). Ist der Teller leer, wird uns durch eigene Schuld manches Beisammensein vergällt. Ist er zerbrochen, sind die Scherben (wie die beim Polterabend) ein Zeichen für Glück in der Liebe. (Siehe auch „Kreis", „Scherben").

Tempel Wer im Traum einen Tempel oder seine Ruine sieht oder besucht, freut sich nach altägyptischer Deutung des Lebens (sonst wie „Kirche").

Teppich Wird er im Traum ausgerollt, will man im Wachleben „auf dem Teppich bleiben", nichts verändern, sondern die augenblickliche Lebenslage genießen. Wer einen Teppich reinigt, sollte eine Schwachstelle in seinem Privatleben ausfindig machen und dagegen angehen.

Testament Kann als der Abschluß eines erfolgreichen Bemühens in unserem Leben gewertet werden. Wer im Traum sein Testament macht, bereitet sich vielleicht auf einen ruhigeren Lebensabschnitt oder – besonders bei älteren Menschen – auf einen langen und geruhsamen Lebensabend vor, weil man alles zur rechten Zeit geordnet hat.

Teufel Der Teufel ist ein gefallener Engel. Taucht er in unseren Träumen auf, deckt er schonungslos Charakterschwächen oder schwache Stellen in unserem Seelenleben auf. Sieht man einen und spricht man mit ihm, sollte man sich vor einem Menschen in seinem Umkreis hüten, der einem nicht wohlwill. Werden wir von einem Teufel angegriffen, handeln wir im Wachleben leicht unbeherrscht oder ungalant. Er kann aber auch auf einseitiges, nur auf Profit gerichtetes Denken hinweisen.

Theater Übersetzt: das Leben, das auf der Bühne oft in abstrakten und bizarren Formen dargestellt wird. Wer hier den Einsatz verpaßt, wird auch im Leben zu handeln vergessen. Im Traum werden viele Wunschvorstellungen dargestellt, die im Alltagsleben in Erfüllung gehen können. Spielen wir selbst mit, wird unser Auftritt dem Bewußtsein zur Kritik vorgelegt, ob wir die richtige oder die falsche Rolle haben. Sehen wir als Zuschauer eine Tragödie oder eine Komödie, spricht daraus unsere Grundeinstellung; denn mancher dramatisiert, was er eigentlich belächeln sollte, und umgekehrt lacht ein anderer über etwas, das sehr ernst ist. Wir sollten auf den Text und den Titel des Traumstückes achten, um daraus Deutungshinweise zu entnehmen. (Siehe auch „Oper", „Schauspieler".)

Thermometer Hat nichts mit einer Krankheit im wirklichen Leben zu tun. Die Temperatur, die wir auf dem Thermometer im Traum ablesen können, deutet auf ein Auf oder Ab in einer Freundschaft oder Lebensgemeinschaft hin oder darauf, ob wir nach etwas heftig verlangen oder unterkühlt reagieren. (Siehe auch „Fieber".)

Tier Meist ein Gleichnis unseres Tuns oder unserer inneren Beweggründe, unserer Triebe, unserer Lüste, unserer Verklemungen. Das Symbol kennzeichnet den Urtrieb in uns, das Wilde, aber auch das Gezähmte und darüber hinaus das Menschlich-Allzumenschliche. Im Traum kann der Mensch instinktsicher in die Ordnung der Schöpfung zurückfinden. Tiere in einer Herde oder Meute deuten übrigens an, daß der Träumer nahe daran ist, ein Opfer seiner Triebe zu werden. (Siehe auch einzelne Tierarten.)

Tiermaul Bildhaft spiegelt sich unsere Lebensangst wider, wenn uns im Traum ein weit aufgerissenes Tiermaul zu verschlingen droht. Schnappt irgendein Tier nach uns, soll das – nach altertümlicher Meingung – einen Hinweis auf ein Herzleiden oder auf Bronchialasthma geben.

Tiger Er schildert, wie andere Raubtiere auch, das übermächtig Triebhafte in uns, ähnlich dem Stier (siehe dort), doch er verhält sich weniger unbesonnen, vielmehr bewußt zielgerichtet. Wer vom Tiger träumt, ist vital, ein Triebmensch, der oft übers Ziel hinausschießt. Ist der Traumtiger in einem Käfig eingesperrt oder kämpft man erfolgreich gegen ihn, deutet das an, daß man seiner Triebe Herr wird.

Tinte Wer mit ihr schreibt, bekommt den Hinweis, sich im Wachleben lieber an Schriftliches zu halten, weil mündliche Abmachungen falsch ausgelegt werden könnten. Wer Tinte verschüttet, setzt unbewußt einen großen Punkt hinter eine Abmachung, die zu seinen Gunsten ausschlägt. Der Tintenklecks ist also positiver auszulegen als andere Kleckse. (Siehe auch „Fleck", „Klecks".)

Tisch Eine gedeckte Tafel bedeutete schon für die alten Ägypter, daß sich Gäste einstellen werden, die man gut bewirten sollte, denn wäre der Tisch leer, würden sie sich langweilen. Nach heutiger Deutung ist das uns Aufgetischte Lebensenergie, die uns Seelisches wie Geistiges verarbeiten läßt. Wer im Traum einen Tisch abräumt, hält wohl nicht viel von dem ganzen „Seelenkram", ist im Wachleben ein Realist, der „reinen Tisch" machen möchte. Durchaus ernst zu nehmen ist auch die mittelalterliche Auslegung, daß der einen guten Hausstand führe, der im Traum eine reine, weiße Tischdecke auflegt, ein schmutziges Tuch hingegen beweise das Gegenteil.

Tochter Träumen Eltern von ihrer Tochter, können sie auf Probleme ihres Kindes aufmerksam gemacht werden, die sie bewußt nicht wahrnehmen, aber auch auf eigenes schuldhaftes Verhalten gegenüber ihrem Kind. Frauen deutet der Traum von der – oft sogar unbekannten oder gar nicht vorhandenen – Tochter an, daß mit dem persönlichen Innenleben irgend etwas nicht stimmen kann. (Siehe auch „Kind", „Sohn".)

Tod Träume vom Tod kündigen nur in den allerwenigsten Fällen das leibliche Sterben an. Sie sagen meist nur, daß in unserem Inneren etwas am Leben gehalten wird, das eigentlich verkümmern sollte; sie sind also die Hilfestellung des Unbewußten, dem Lebensweg eine andere Richtung zu geben, der Gefahr auszuweichen, die sich vor einem aufbaut. Wenn wir vom Tod eines nahestehenden Menschen träumen, bedeutet das nach C. G. Jung die Ablösung aus einer Verschmelzung mit ihm. Verstorbene noch einmal sterben zu sehen, läßt darauf schließen, daß sie auch heute noch untrennbar mit einem verbunden sind, daß man ihnen im Leben vielleicht nacheifern möchte, um es so zu etwas zu bringen. Der Tod kann auch der Abschluß einer Lebensphase sein. Sterben wir selbst im Traum, ist das eine Art Reinigungsprozeß unserer Seele, die Wiedergeburt unseres besseren Ich, das sich zum Guten hin ändern muß, um den Lebenskampf zu bestehen. (Siehe auch „Sterben“ und andere Symbole, die mit dem Tod zusammenhängen.)

Todesnachricht Das Unbewußte will uns damit auf etwas hinweisen, oft auf die Person, von der die Nachricht handelt. Sie kann, wenn sie von einem längst Verstorbenen berichtet, eine Hilfestellung bedeuten, die uns unbewußt von dem Toten zuteil wird. Das kann ein guter Ratschlag sein, den er uns, lebte er noch, bestimmt gegeben hätte. Die Todesnachricht ist also im Grunde genommen ein heilsames Erschrecken.

Todesurteil Wird es über uns verhängt, gilt es, unsere Lebenseinstellung bewußt zu ändern. Ergeht es gegen uns Nahestehende, sollten wir unsere Haltung gegenüber diesen Menschen überdenken. (Siehe auch „Gericht“, „Richter“, „Schafott“).

Toilette Von einem WC oder Abort zu träumen hat nichts Unanständiges an sich: Man will sich entlasten, etwas abstreifen, das einen bedrückt. Der Traum, man befinde sich in einer Toilette, schafft also Ordnung in unserem Seelenhaushalt. Leider verdrängt der Träumer Toilettenträume gern aus seinem Bewußtsein, so daß die Schlüsse, die man daraus auf den Gesamtzustand des Betroffenen ziehen könnte, verlorengehen. (Siehe auch „Darmentleerung“, „Verstopfung“.)

Tomate Die saftige rote Gartenfrucht gilt als Liebes- und Paradiesapfel. Essen wir sie im Traum, weist das auf ein gutes Verhältnis zu einer bestimmten Person hin. (Siehe auch „Gemüse“, „Rot“.)

Topf Das Gefäß (siehe dort), auf den meist auch ein Deckel paßt, kann natürlich wie andere Gefäße sexuell gedeutet werden. Manchmal verweist uns das Unbewußte aber auch auf das Sprichwort „Jeder Topf findet seinen Deckel“, was übersetzt heißen soll, wir müßten im täglichen Leben schlagfertiger sein, um uns durchzusetzen. Läuft der Topf über, sollten wir im Wachleben nicht zu überschäumend reagieren. Wird in dem Traumtopf alles mögliche durcheinandergemengt, weist das wohl auf die Tatsache hin, daß wir im Wachleben gern alles in einen Topf werfen, keinen Unterschied zwischen Gut und Böse machen. (Siehe auch Bezeichnungen anderer Gefäße.)

Töpfer Er bringt gewissermaßen eine andere Form in unser Leben. Sind wir selbst der Töpfer, müssen wir aus eigener Kraft eine andere Lebensform finden. (Siehe auch „Topf“.)

Tor Siehe „Tür“.

Tornister Der Tornister des Soldaten (siehe dort) ist sicherlich kämpferischer zu deuten als der Ranzen eines Schülers (siehe dort). Immer aber beinhaltet er das Päckchen, das wir auf unserem Lebensweg zu tragen haben. (Siehe auch „Rucksack“.)

Torte Siehe „Kuchen“.

Totengräber Er gibt jenem Unbewußten Gestalt, das uns psychische Unstimmigkeiten bereitet, die wir begraben sollten. Der Totengräber weist manchmal auch darauf hin, daß wir eine Verbindung, die morsch geworden ist, lösen sollten, um endlich einen Neubeginn starten zu können. Wenn diese Figur in Angstträumen (siehe Teil 3 dieses Buches) auftritt, ist psychisch mit uns irgend etwas nicht in Ordnung.

Toter Ähnlich zu deuten wie „Tod" (siehe dort). Ein Toter im Traum steht oft als Symbolfigur am Ende eines Lebensabschnitts, der dem Träumer einige Sorgen bescherte, die er aber mit der Unterstützung anderer überwinden konnte. (Siehe auch „Leiche".)

Tragbahre Umschreibt meist die Hilflosigkeit im Wachleben. Liegt man selbst darauf, braucht man Hilfe – das kann im Beruf oder in den zwischenmenschlichen Beziehungen sein; jedenfalls wird man augenblicklich Anstehendes ohne fremde Unterstützung nicht bewältigen. Liegt ein anderer auf der Tragbahre, sollten wir einem nahestehenden Menschen helfen, über etwas hinwegzukommen, das ihn bedrückt. (Siehe auch „Bahre".)

Traube Die Weintraube galt schon in der Antike als Symbol der unvergänglichen Lebenskraft, als das Element, das sich zum Geistigen wandelt. Süße Trauben, die man im Traum genießt, bedeuten von jeher zärtliche Stunden im Wachleben, saure dagegen versinnbildlichen die Eifersucht. (Siehe auch „Wein".)

Trauring Seine allgemeine Bedeutung wird unter Ring (siehe dort) beschrieben, jedoch spielt hier noch herein, daß man sich seines Partners nie hundertprozentig sicher sein kann, die Angst also, ihn eventuell zu verlieren. Damit setzt das Unbewußte ein Warnsignal: Man muß sich immer wieder neu um den (Ehe-)Partner bemühen, um ihn so unverlierbar an sich binden zu können. (Siehe auch „Ehe".)

Treppe Sie verbindet als Symbol die verschiedenen Etagen unserer Persönlichkeit miteinander. Wenn eine Stufe oder ein Teil des Geländers fehlt, zeigt das eine innere Unsicherheit an, die es zu beseitigen gilt. Wendeltreppen lassen erkennen, wie schwer es ist, im Leben nach oben zu kommen. Freud deutete übrigens das Treppensteigen als geschlechtliche Vereinigung („Der Penis steigt und fällt"), wir aber schließen uns der Ansicht an, daß es das Streben nach einer höheren Bewußtseinsstufe ist, das Höherwollen in geistiger, sozialer und materieller Hinsicht. Wenn es also im Traum auf der Treppe aufwärts geht, wird sich im Wachleben unsere Position vielleicht verbessern, sie kann eventuell sogar angehoben werden; geht es abwärts, warnt das Unbewußte vor einem möglichen Abgleiten. (Siehe auch „Haus", „Hintertreppe", „Leiter", „Stockwerk".)

Trinken Scharfe alkoholische Getränke stellt das Unbewußte als Rauschgifte dar, die dem Körper schaden können. Dagegen umschreibt das Trinken von klarem Wasser einen Gewinn oder eine gute Erkenntnis, nach denen man dürstete. Trinken wir mit jemandem aus einem Becher, müssen wir den Gewinn wohl teilen; ist der Mittrinkende ein unsympathischer Mensch, droht uns im Wachleben von Verleumdern Gefahr. Wird aus einer klaren Quelle getrunken, verspricht uns das Glück und Gesundheit oder baldige

Genesung, wenn wir uns krank fühlen. (Siehe auch „Alkohol“, „Quelle“, „Wasser“ und andere Getränke.)

Trommel Sie hämmert durch unseren Schlaf, ist Teil von Angstträumen (siehe Teil 3 dieses Buches), nach denen wir völlig zerschlagen aufwachen. Wenn wir den Grund angeben sollen, warum wir uns vor den Trommelschlägen gefürchtet haben, werden wir keinen finden – es war nun mal so. Nur wenigen Menschen gibt der Klang eine wichtige Nachricht ins Bewußte mit, die meisten kostet er ganz einfach Nerven. Nach neuesten amerikanischen Forschungen weisen Trommelträume, wenn sie in mehreren Nächten hintereinander geträumt werden, auf Störungen des Nervensystems hin.

Trompete Gilt als die fordernde männliche Sexualkraft. Seltsamerweise ist ihr Klang im Traum oft nicht zu hören, was auf die Heimlichkeit in einer Liebesbeziehung hinweisen könnte. (Siehe auch „Blasinstrumente“.)

Truppe Siehe „Soldat“.

Tuch Es bedeckt uns als Kleidung. Dieses Bedeckende, Zudeckende läßt Heimlichkeiten erahnen, das Zum-Ziel-kommen-Wollen ohne viele Worte. Man sollte immer auch die Farbe des Tuches zur Deutung heranziehen. Wenn man mit jemand anderem im Traum unter einem Tuch liegt, läßt das darauf schließen, daß jemand mit uns unter einer Decke stecken möchte, also gegen andere vorgehen will, wobei er uns als Deckmantel zu benutzen beabsichtigt. (Siehe auch „Kleid“.)

Tulpen Sich öffnende Blüten des Zwiebelgewächses umschreiben die Zuneigung, die wir im Wachleben für einen bestimmten Menschen hegen; von daher künden sie auch von der guten Form unseres Ehelebens, von Freundschaften, die sich noch weiter entfalten können. Sind die Tulpen verblüht oder welken sie dahin, verwelken auch unsere schönsten Gefühle. (Siehe auch „Blumen“.)

Tümpel Siehe „Teich“.

Tunnel Wer in einen Tunnel hineinfährt, den erschreckt auch im Traum die plötzliche Dunkelheit (siehe dort), die ihn umgibt – er wird im Wachleben möglicherweise eine Schwächeperiode durchmachen, die aber schon bald überwunden sein wird.

Tür Als Haussymbol kann sie eine Öffnung im Körper bezeichnen, aber ebenso Ausblicke und Möglichkeiten, wie man aus einer mehr oder weniger prekären Lage herauskommen kann, je nachdem, ob die Tür offen oder geschlossen ist. Sie ist auch ein Zugang zu dem Menschen, den man liebt. Wer im Traum eilenden Schrittes durch eine Tür stürmt, rennt wohl im Wachleben offene Türen ein. Ägyptische Traumforscher sahen in einer offenstehenden Tür das Zeichen, daß bald willkommener Besuch erwartet werde könne. (Siehe auch „Haus“.)

Turm Das hohe Haus (siehe dort) umschreibt die Festigkeit, mit der wir Versuchungen vor allem in seelisch-geistiger Beziehung trotzen. Ist der Turm eine Ruine, kann das auf unsere Nachgiebigkeit trotz besseren Wissens hinweisen. Wer von der Spitze des Turmes hinunterschaut, für den können möglicherweise himmelstürmende Pläne in Erfüllung gehen; doch auch hier setzt das Unbewußte ein Warnzeichen: Wer hoch gestiegen ist, kann um so tiefer fallen, wenn ihn der böse Nachbar etwa hinterrücks schubst. Ein Sturz von der Höhe des Turmes kündet manchmal von der Gefahr, eine Prüfung nicht zu bestehen oder ganz einfach in verantwortungsvoller Tätigkeit im Beruf zu versagen. Wenn Freudianer den Turm als riesengroßes Phallussymbol sehen, ist das sicher ebenso riesig übertrieben; wir halten diese Deutung sogar für ausgesprochen falsch.

Türschloß Es läßt für die Zukunft – vor allem für den intimen Bereich – hoffen, wenn wir es im Traum wie selbstverständlich öffnen können. Wird es vom Träumer selbst aber gewaltsam geöffnet, wirft das auf seinen Charakter nicht unbedingt das allerbeste Licht; denn seine Rücksichtslosigkeit wird ihm nicht allzu viele Freunde machen. Schließt er das Schloß hinter sich, wird er um eine Aussicht ärmer, die sich ihm für die Zukunft eröffnen könnte. Bekommt der Träumende das Türschloß trotz heftiger Anstrengung nicht auf, sollte er auf jeden Fall versuchen, aus der augenblicklichen Lebenslage das Beste herauszuholen; ein Wechsel wird sich jedenfalls momentan wohl kaum lohnen.

Tuschkasten Siehe „Palette“.

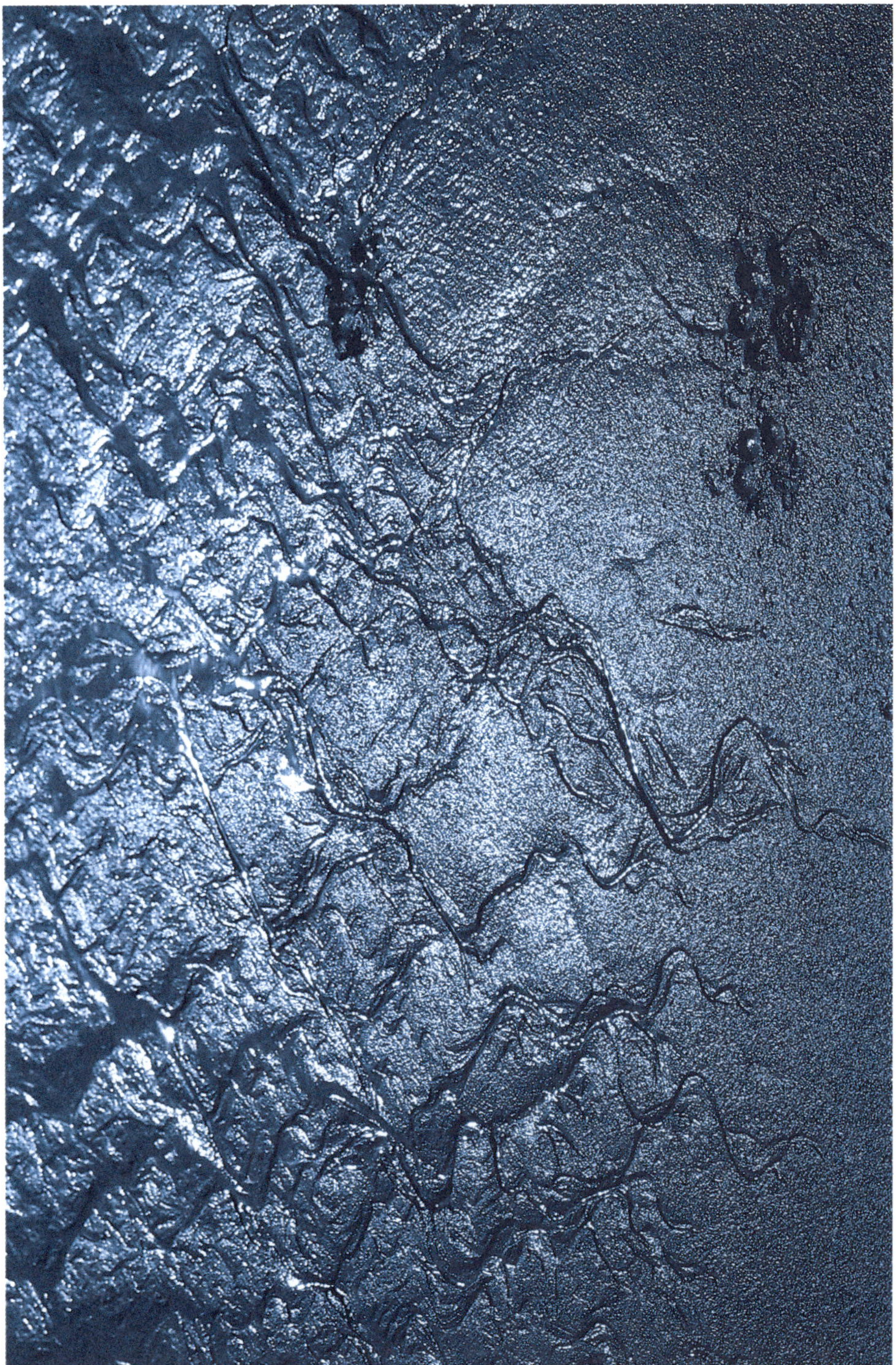

U

Übelkeit Siehe „Ekel", „Erbrechen".

Überfahrenwerden Wer im Traum überfahren wird, erleidet höchstens psychische Verletzungen im Wachleben; manchmal aber fühlt man sich auch regelrecht überfahren von Menschen, die einen unter Kuratel stellen möchten.

Überfahrt Die Überfahrt über einen Fluß oder einen See beschreibt das unbewußte Gleiten zu anderen Ufern; übersetzt: Man sucht einen neuen Standpunkt im bewußten Leben, wobei andere Symbole etwas darüber aussagen, ob wir uns verbessern können.

Überfall Bei einem Überfall in der Traumlandschaft nehmen meist unsere Nerven im Wachleben Schaden. Oft haben wir dann den Streß des Alltags nicht richtig verkraften können und sind auf dem besten Wege, durchzudrehen.

Überschwemmung Sie deutet die Gefahr an, daß man von falschen Gefühlen überwältigt wird, daß der Charakter Bocksprünge vollführt, daß man sich maßlos überschätzt. Eine Überflutung durch die Gewalt des Meeres kann manchmal darauf hinweisen, daß der Träumer völlig aus dem Gleichgewicht gebracht ist, wobei psychische Schäden nicht auszuschließen sind, die nach einer ärztlichen Behandlung verlangen. (Siehe auch „Fluß", „Meer", „Strom", „Wasser".)

Ufer Im Traum ist es oft das rettende Ufer, an dem man sich von seinen Strapazen ausruhen und mit frohen Menschen zusammentreffen kann. Sind die Ufer überschwemmt, wird man im Wachleben in eine fatale Lage gestürzt. (Siehe auch unter den Bezeichnungen für Gewässer, die ein Ufer haben).

Uhr Oft ist sie im Traumbild die Lebensuhr und übersetzt die Angst, daß das Leben zu schnell vergehen könnte: Man achte auf die Zeiger, welche Tageszeit sie anzeigen, um Genaueres zu erfahren. Ist es kurz vor zwölf, kündigt das Unbewußte zum Beispiel an, daß eine Angelegenheit, die vielleicht gerade ansteht, schleunigst erledigt werden muß. Es kann sich natürlich ebenso um Lebensabschnitte handeln, die von der Uhr im Traum angezeigt werden. (Siehe auch „Morgen", „Mittag", „Abend", „Nacht" und unter einzelnen Zahlen.)

Umarmung Freud deutete sie als Wunsch nach geschlechtlicher Vereinigung. Wir sollten darauf achten, wen wir umarmen; ist es jemand, den wir lieben oder von dem der weitere Traumverlauf als von einem liebenswerten Menschen berichtet, dürfen wir uns getrost auf Glück in der Liebe einstellen. Ist es aber ein Mensch, den wir im Traum nicht so sehr sympathisch finden, sollten wir im Wachleben um falsche Freunde einen weiten Bogen machen.

Umdrehen Meist sitzt uns da jemand (oder die Angst!) im Nacken, der uns übel mitspielen will – eine Mahnung des Unbewußten, stets den Blick geradeaus auf das Ziel zu richten.

Umherirren Vor allem in Angstträumen (siehe Teil 3 dieses Buches) irrt man oft kopflos umher, was anzeigt, daß der Träumer in großer seelischer Not ist, vor allem dann, wenn er schweißgebadet aufwacht und eine Zeitlang nicht weiß, wo er sich befindet. (Siehe auch „Verirren".)

Umweg Der Umweg ist die Abweichung auf dem Lebensweg, die uns Zeit kostet – Lebenszeit! Wer im Traum einen Umweg macht, sollte sich nach Meinung der alten Ägypter vor schlechten Beratern hüten. (Siehe auch „Straße", „Weg".)

Umzug Der Umzug im Traum, der nicht auf ein tatsächliches Umziehen im Wachleben hinweist, schildert unser Gefühl, daß wir uns in unserem augenblicklichen Wirkungskreis nicht mehr so recht wohl fühlen. Wir sollten überlegen, wie wir etwas dagegen unternehmen können. Der Umzug aus einer engen Wohnung in eine größere oder in ein Haus bedeutet, daß wir uns aus unserer momentanen Enge herausflüchten möchten, wobei diese Enge besonders auch auf Psychisches oder Geistiges hinweisen kann. (Siehe auch „Enge", „Haus".)

Unfall Wenn der Unfall nicht als Erinnerung an ein tatsächliches Geschehen zu verstehen ist, läßt er sich in seiner Tragweite meist nur aus weiteren Traumsymbolen deuten. Oft weist er lediglich auf eine Nachlässigkeit im Wachleben hin, die das Unbewußte als Unfall bezeichnet, den man nicht so wichtig zu nehmen braucht.

Ungeheuer Es deutet auf übersteigerte Lustgefühle hin, auf das Unbezähmbare sexueller Triebe, aber auch auf einen seelischen Zustand, auf die Aufspeicherung psychischer Energie. Wer im Traum mit einem Ungeheuer kämpft, ist mit seinen Gefühlen im Widerstreit oder kämpft vielleicht auch gegen einen Krankheitsherd an. Heilung steht in Aussicht, wenn das Ungeheuer unterliegt oder urplötzlich aus dem Traumbild verschwindet. Fürchtet man sich vor dem Monstrum, sollte man sich im Wachleben nicht zuviel von Menschen erwarten, die sich einem überlegen fühlen. (Siehe auch „Drache", „Krokodil".)

Ungeziefer Meistens wie Insekten (siehe dort) zu deuten. In der Antike war man der Meinung, daß Ungeziefer auf Leichtsinn im Glücksspiel hinweise, auf Geld, das schnell gewonnen und ebenso schnell verloren werde. In Kombination mit anderen Symbolen könnte es aber für falsche Menschen stehen, die uns in ihr intrigantes Spiel einbeziehen wollen.

Uniform Dieses Kleidungsstück kann auf eine gewisse Eintönigkeit hinweisen, auch auf die ewige Gleichmacherei, aus der wir uns absondern möchten. Wenn die Traumuniform schlecht sitzt, hat man im Wachleben vielleicht Angst, sich gehenzulassen; sitzt sie gut, ist das der Beweis für ein übersteigertes Selbstbewußtsein des Träumers. (Siehe auch „Kleid", „Soldat".)

Unkraut Wenn es in der Traumlandschaft wuchert, läßt es uns verzagen: Es zeigt auf, daß wir unseren Wert leicht überschätzen, daß wir erst das Unkraut im eigenen Garten jäten müssen, bevor wir an anderen Kritik üben. (Siehe auch „Moos".)

Unrat Siehe „Abfall".

Unsichtbarwerden Die Tarnkappe, die uns das Unbewußte im Traum verpaßt, ist praktisch die Aufforderung, uns nicht zu sehr in den Vordergrund zu drängen.

Nach altägyptischer Meinung entgeht übler Nachrede, wer sich im Traum unsichtbar macht.

Unterhose Die „Unaussprechlichen" sind die Angst in Männerträumen, sich in der Gesellschaft nicht vornehm genug geben zu können, sich vielleicht sogar lächerlich zu machen. (Siehe auch „Kleid", „Nacktheit".)

Unterrock Wie Unterhose (siehe dort), nur auf Frauenträume bezogen.

Urin Wie der Kot (siehe dort) ist der Urin kaum ein negatives Traumbild, vielmehr steht das Urinieren im allgemeinen – sofern es nicht mit Bettnässen im Schlaf einhergeht – für einen sexuellen Spannungszustand im Wachleben. Es kann dabei durchaus von einer seelischen oder geistigen Befruchtung einer Anregung zu fruchtbarer Tätigkeit die Rede sein.

Urkunde Die Urkunde im Traum läßt erhoffen, daß man im Wachleben etwas Wichtiges schwarz auf weiß bekommt, daß man gefördert wird. Das kann finanzielle Zuwendungen, Lob oder eine berufliche Beförderung bedeuten. (Siehe auch „Siegel".)

Urne Das Gefäß, das die Asche eines Verstorbenen (siehe dort) aufnimmt, weist auf keinen Trauerfall hin, könnte aber die Stimmungslage, in der wir uns augenblicklich befinden, sowie unser launisches Wesen umschreiben.

V

Vagabund Der Landstreicher, der verwegen durch die Traumlandschaft zieht, verkörpert meist den Träumer selbst in seinem Drang nach Freiheit und Unabhängigkeit. Es ist das Vagabundieren der Seele, das hier geschildert wird, das Sich-Anstemmen gegen die verlogene Moral im Wachleben.

Vagina Bei Naturvölkern ist das weibliche Geschlechtsorgan Symbol der Weiblichkeit, die zugleich Mutterschaft bedeutet. Freud sah sie in der Traumanalyse durch alle möglichen runden und hohlen Gegenstände dargestellt. Moderne Psychologen deuten sie als die weibliche Kraft schlechthin, die auch im Manne wirkt, also nicht als reines Sexualsymbol. (Siehe auch „Phallus").

Vampir Das blutsaugende Gespenst der slawischen Volkssage geht als Ungeheuer (siehe dort) durch unsere Träume. Wo der Vampir, der übrigens auch einer blutsaugenden Fledermaus (siehe dort) seinen Namen gab, ins Traumgeschehen kommt, steht er für einen Menschen, der uns bis aufs Blut aussagen will; oder anders: Wer den Vampir im Traum sieht, läßt sich im Alltagsleben ausnutzen, ohne es recht zu merken.

Vase In dieses Gefäß (siehe dort) stellt man Blumen; übersetzt: seine besten Gefühle, weshalb es oft mit sexuellen Wünschen in Verbindung gebracht wird. Ist die Vase leer, findet man keine Gegenliebe; stellen wir im Traum Blumen hinein, kann sich ein bisher loses Verhältnis festigen. Sehen wir eine mit Blumen gefüllte Vase vor uns stehen, soll das ein gesundes Intimleben bedeuten; wenn sie hingegen zerbricht, trennt man sich möglicherweise von jemandem, den man zu lieben glaubte.

Vater Der archetypische Vertreter des Rationalen, Funktion des tätigen Bewußtseins und des Willens. Der Vater im Traum ist meist der Vermittler der an den Verstand gebundenen Lebensinhalte, aber auch Element des Traditionellen. Hat oder hatte der Träumer ein gutes Verhältnis zum eigenen Vater, baut dieser durch das Unbewußte Konflikte ab und führt uns gewissermaßen an seiner Hand sicher auf den richtigen Weg. Bei Töchtern übersetzt er oft den ersten Geliebten, bei Frauen allgemein auch den Gatten oder – in schlecht verlaufenden Ehen – die Sehnsucht nach einer neuen Lebensgemeinschaft. Bei Söhnen ist er mehr die Autoritätsfigur, das Vorbild, aber auch der Rivale, der Gatte der geliebten Mutter. (Was Freud auf den Ödipuskomplex schließen ließ, denn Ödipus hat bekanntlich seinen Vater getötet und seine Mutter geheiratet.) Wer vom verstorbenen Vater träumt, mit dem ihn zu dessen Lebzeiten ein Vertrauensverhältnis verband, erhält Rat und Hilfe in einer verzwickten Lage. Wer selbst im Traum zum Vater wird, auch wenn das im Wachleben gar nicht zutreffen sollte, hat im Lebensalltag vielleicht eine zündende Idee, für die es sich lohnt, sich mit tatkräftigem Bemühen einzusetzen. (Siehe auch „Chef", „Lehrer", „König" und andere Personen, die in der Traumsymbolik als Vaterfiguren gelten können.)

Veilchen Das zierliche Blümchen am kriechenden Wurzelstock kündet von Zurückhaltung und Bescheidenheit, von Liebe, die im Verborgenen blüht. (Siehe auch „Blumen".)

Verband Der Wundverband, der im Traum angelegt wird, umschreibt ein Verwundetsein im Wachleben; das kann von einer Beleidigung herrühren, die uns ein anderer zugefügt hat, oft drückt sich darin aber auch das eigene Fehlverhalten gegenüber anderen Menschen aus. (Siehe auch „Arzt", „Krankenhaus", „Narbe", „Schmerzen", „Wunde".)

Verbrennen Was im Traum verbrannt wird (man beachte die entsprechenden Symbole), will man aus seinem bewußten Leben tilgen. Das Verbrennen, das sich zum lodernden Brand (siehe dort) ausweitet, ist freilich etwas, das zu einer völligen Umstellung unseres Lebens führen sollte. Verbrennt man sich nur ein wenig an einem Körperteil, wird man darauf hingewiesen, man möge sich im Wachleben nicht den Mund verbrennen, also lieber schweigen, als eventuell mit Worten anderen weh zu tun.

Verfolgung Verfolgungen im Traum (siehe auch in Teil 3 dieses Buches) sind in den mannigfaltigsten Variationen überaus häufig, wobei die unbewußten Inhalte als eine Lehre ins Bewußtsein drängen, die der Träumer beherzigen sollte. Wer zum Beispiel von einem Menschen des anderen Geschlechts verfolgt wird, sollte versuchen, seine Angst im erotischen Bereich abzubauen, weil er sonst zum rechten Einzelgänger werden könnte. Die alten Ägypter behaupteten, wer im Traum verfolgt wird, dem werde Böses nachgesagt.

Vergraben Was im Traum vergraben wird, sind übersetzt die Schatten auf der Seele, die Laster oder die falsche Einstellung im Wachleben, die man vergessen machen oder auch nur vor der Umwelt verheimlichen möchte, weil man sich ihrer schämt. (Siehe auch „Grab".)

Verhaftung Wer verhaftet wird oder sieht, wie man einen anderen festnimmt, sollte sich bemühen, nicht über Mitmenschen zu lästern, weil auf ihn selbst zurückfallen könnte, was er anderen zugedacht hat. Oft handelt es sich bei diesem Traumbild auch um das Verhaftetsein in einer Umwelt, aus der man ausbrechen möchte.

Verirren Meist übersetzt mit dem seelischen oder geistigen Sich-nicht-Zurechtfinden im Wachleben. Verirrt man sich zum Beispiel in einem Wald (siehe dort) oder in unüberschaubarem Gelände, liegt wohl ein Schatten über der Zukunft; vielleicht weiß man augenblicklich nicht, was man mit seinem Können anfangen soll. (Siehe auch „Umherirren".)

Verkäufer Siehe „Kaufmann".

Verkehrsschild Siehe „Schild".

Verkleidung Siehe „Fasching", „Maske".

Verkleinerung Im Traum werden Menschen oder Dinge manchmal verkleinert dargestellt, womit das Unbewußte darauf hinweisen will, daß man sie nicht geringschätzen sollte. Erscheinen wir selbst im Traum als Zwerg (siehe dort), obwohl wir von großer Statur sind, müssen wir uns im Wachleben vielleicht über eine Geringschätzung unserer Person ärgern.

Verletzung Die Verletzung im Traum, bei der man oft nicht den geringsten Schmerz verspürt, zeigt ein Verletztsein im Wachleben an, einen seelischen Schmerz, der uns von anderen zugefügt wird oder den wir selbst verursachen. (Siehe auch „Blut“, „Narbe“, „Wunde“.)

Verlust Wenn man im Traum etwas verliert, sollte man auf den Gegenstand achten, der in Verlust gerät, und daraus weiteres deuten. Meist impliziert das Verlieren den Hinweis auf eine seelische Schwäche.

Versammlung Wer sich in einer Versammlung reden hört, sollte im Alltagsleben nicht zu viele Worte machen, weil man ihn sonst als Schwätzer einschätzen könnte, auf jeden Fall als einen nicht sehr vertrauenswürdigen Menschen. (Siehe auch „Rede“.)

Verspätung Verspätet man sich bei der Abfahrt eines Zuges, hat man kaum die Absicht, sein Leben zu ändern. Hat aber ein Zug Verspätung, umschreibt das den Ärger, daß man auf irgend etwas warten muß, das man gerne erreichen oder haben möchte. Manchmal wird durch dieses Traumbild auch auf einen Einschnitt in dem Lebensverlauf hingewiesen. Verspätet man sich bei einem Rendezvous, kann die Liebe im Wachleben nicht allzu groß sein. (Siehe auch „Zuspätkommen“.)

Verstopfung Sie übersetzt die psychische Selbstvergiftung, das Beharren auf einem falschen Standpunkt. Bei Freud als Geiz, als Nicht-hergeben-Können gedeutet. (Siehe auch „Darmentleerung“, „Kot“, „Toilette“.)

Verstorbener Wer einen Verstorbenen im Traum sieht, erwartet oder sucht im Wachleben Rat, der hilfreich sein könnte. Oft kündigt ein solcher Traum auch Heilung von Krankheit oder Rettung aus einer Gefahr an. (Siehe auch „Leiche“, „Urne“.)

Verwundung Siehe „Narbe“, „Schmerzen“, „Verletzung“, „Wunde“.

Vier Diese Zahl hat fast immer positive Bedeutung; sie ist der gute Halt, die Stabilität, die Macht, die Erhaltung des bereits Erworbenen, aber auch das Ordnende in der Natur mit ihren vier Jahreszeiten, den vier Himmelsrichtungen und den vier Mondphasen. (Siehe auch „Quadrat“.)

Violett Die Farbe der Einkehr, der Besinnlichkeit. Bei der Deutung können Bezüge zu den Symbolfarben Blau und Rot hergestellt werden. (Siehe auch „Blau“, „Rot“.)

Violine Siehe „Geige“, „Saiteninstrumente“.

Visitenkarte Die Visitenkarte im Traum läßt auf einen heimlichen Verehrer im Alltagsleben oder auf eine neue Bekanntschaft schließen. Sieht man den Namen, sollte man daraus weitere Schlüsse zu ziehen versuchen.

Vogel Der Vogel ist ein Luftwesen, also geistig-seelisch zu deuten, den Gedanken zugeordnet, die unseren Alltag bewegen. Der Vogel kann die Seele schlechthin verkörpern, besondere Exemplare, wie zum Beispiel die Eule, auch die verborgene Weisheit oder der Rabe das Dunkle und Unglückliche („Unglücksrabe“). Flattern

Vögel hilflos in einem Raum oder einem Käfig herum, übersetzt das den etwas wirren Seelenzustand, aus dem man einen Ausweg sucht. Fliegen sie frei und ungehindert durch unsere Traumlandschaft, läßt das auf die Freiheit unserer Gedanken, auf unsere unbelastete Seele schließen. Vögel im Traum sind gattungsmäßig oft nicht zu bestimmen, am leichtesten sind Adler, Eulen, Hühner, Pfauen, Raben oder Tauben zu erkennen (siehe dort).

Vogelkäfig Das Gefängnis des Vogels steht für unsere innere Unfreiheit, den seelisch bedingten Minderwertigkeitskomplex. Machen wir im Traum die Tür zum Käfig auf, um dem Vogel die Freiheit zu schenken, können wir im Wachleben befreit aufatmen, weil eine Last von unserem Inneren genommen wurde.

Vogelnest Siehe „Nest“.

Vogelscheuche Sie ist ein Schreckgespenst des Unbewußten, das uns auf übelwollende Menschen aufmerksam machen will. Manchmal personifiziert die Vogelscheuche einen Menschen, der sich in unser Leben drängen will, um hier Unordnung zu schaffen.

Vorhang Hinter einem Vorhang verbergen sich Geheimnisse, die wir gerne kennen möchten, aber auch – man denke an das Theater (siehe dort) – unsere Handlungsfähigkeit in naher Zukunft. Vorhänge an den Fenstern eines Hauses sollte man genau nach dem Stockwerk (siehe dort) analysieren; vor allem wenn sie geschlossen sind, können sie auf ein Unwohlsein in bestimmten Körperbereichen hinweisen. (Siehe auch „Fenster“, „Haus“.)

Vorsagen Siehe „Einsagen“.

Vulkan Der feuerspeiende Berg weist auf Charakterzüge hin, die wir ablegen sollten, um vor uns bestehen zu können. Die alles niederbrennende Lava steht für rasende Eifersucht, Jähzorn und unüberlegtes Handeln. (Siehe auch „Berg“, „Brand“, „Feuer“, „Tanz“.)

W

Waage Wenn die Waagschalen im Traum ausgependelt sind, wird man sich im Wachleben wohl gerecht verhalten und überlegt handeln. Steht eine Waagschale tiefer, sollte man aus anderen Symbolen deuten, ob sie sich zu unserem Vor- oder Nachteil gesenkt hat.

Wabe Eine mit viel Honig gefüllte Wabe läßt auf ein Leben in Liebe und Wohlstand hoffen. (Siehe auch „Biene".)

Waffen Tauchen sie im Traumbild auf, will man mit ihnen etwas abwehren, das die psychischen Kräfte beeinträchtigen könnte. Zum Teil gelten Waffen als Sexualsymbole. (Siehe auch unter den Bezeichnungen einzelner Waffen.)

Wagen Lasten befördernde Wagen lassen auf erfolgreiche und gewinnbringende Tätigkeiten schließen, wenn sie leer sind, auf Verluste und vergebliche Arbeitsmühe. Wer vom Wagen etwas verliert, dessen finanzielle Möglichkeiten werden bald erschöpft oder zumindest sehr viel geringer einzuschätzen sein. Ein Möbelwagen hängt mit einer Standortveränderung unseres Ich zusammen, mit einer Charakterumstellung, die uns im allgemeinen zu unseren Gunsten verändert. (Siehe auch „Automobil", „Lastwagen", „Umzug".)

Wald Symbol für das Geheimnisvolle, das unser Ich von einem Abenteuer in das andere stürzt. Für ältere Menschen ist der Weg durch den Wald ein Suchen nach verlorenen Werten. Für junge Menschen ist es ein Weg ins Dickicht des Lebens, der zum Erfolg führen kann, wenn sich ihnen nicht reißende Ungeheuer (siehe dort), wilde Tiere oder andere Hindernisse entgegenstellen, die ein Weiterkommen erschweren.

Waldhorn Wie alle Blasinstrumente (siehe dort) meist männlich-sexuell zu deuten. Wer zum Beispiel ein Waldhorn spielt oder hört, hat Sehnsucht nach einem Menschen, dessen Lockungen er nicht standhalten kann.

Wallfahrt Nimmt man im Traum an einer Wallfahrt teil, ist man im Wachleben gewillt, mit anderen ein Ziel zu erreichen, das seelisch alle einander näherbringt.

Walzer Beim Traumwalzer sieht man im Wachzustand den Himmel voller Geigen, aber möglicherweise tritt man auch jemandem beim Tanzen auf die Füße. Wer anderen im Traum beim Walzertanzen zuschaut, fühlt sich im Alltagsleben nicht wohl in seiner Haut, weil er andere für glücklicher hält. (Siehe auch „Tanz".)

Wandern Wer durch die Traumlandschaft wandert, hat im Wachleben den Willen, Schritt für Schritt vorwärtszukommen, dabei aber nichts zu übertreiben. Ist der Weg beschwerlich, trägt der Wanderer einen Rucksack (siehe dort) oder mutet er sich zuviel zu, kann er das Ziel nur unter größten Schwierigkeiten erreichen. (Siehe auch „Spazierengehen".)

Wangen Traumforscher im alten Griechenland glaubten, daß rote, runde Wangen volle Kassen anzeigen, bleiche und hohle dagegen finanzielle Schwierigkeiten. Wer sich die Wangen im Traum schminkt, mag im Wachleben etwas zu verbergen haben. (Siehe auch „Puder", „Schminke".)

Warenhaus Wer in einem Warenhaus umhergeht und unschlüssig nach einem Artikel sucht, weiß im Wachleben nicht so recht, was er will, weshalb seine Unschlüssigkeit von anderen weidlich ausgenutzt werden könnte. Kauft er dagegen kurz entschlossen und zielstrebig ein, wird er um seine Entschlußkraft beneidet. Man sollte auch auf die Zahlen (siehe dort) auf den Preisschildern und auf das, was man einkauft, achten, um daraus weitere Schlüsse zu ziehen.

Wartezimmer Die Station auf der Lebensreise, die wegen eines bestimmten Prozesses oder einer Krankheit unterbrochen werden muß, wobei man ergründen sollte, in wessen Wartezimmer man sitzt, ob in dem eines Arztes oder Rechtsanwaltes (siehe dort) oder im Wartesaal eines Bahnhofs (siehe dort).

Warzen An sich oder an seinen Mitmenschen sichtbare Warzen deuten auf nachteilige Eigenschaften hin. Den eigenen Schwächen kann man widerstehen, bei denen der geträumten Mitmenschen sollte man im Wachleben überlegen, um wen es sich gehandelt hat, um sich auf ihn besser einstellen zu können.

Waschen Wäscht man sich selbst im Traum, muß man sich im Wachleben von irgendeinem Vorwurf reinwaschen.

Wäschewaschen Unsaubere Wäsche wird in der modernen Traumforschung mit der inneren „Unreinheit" übersetzt, die sich in Schuldgefühlen dokumentiert. Nach Artemidoros besagt dieses Traumbild, daß man irgendwelche Mißliebigkeiten abschütteln möchte (denn man wäscht ja nur „schmutzige Wäsche".) (Siehe auch „Schleuder".)

Waschküche Da braut sich im Traum allerhand für das Wachleben zusammen, denn die Waschküche liegt im Keller, dem Bereich des Unbewußten. Wer dort hinabsteigt, will vielleicht Seelisches bereinigen, das ihm Ärger machte. Legt er Feuer unter den Waschkessel, will er mit der Glut (der Leidenschaft) für reinliche Verhältnisse sorgen, selbst wenn andere schmutzige Wäsche waschen wollen. (Siehe auch „Feuer", „Keller", „Lauge".)

Wasser Das Symbol des Unbewußten ist Lebensspender und Lebenserhalter, es reinigt uns von dem, was uns beschmutzte. Wenn das Wasser ruht oder strömt, ist die Traumauflösung stets positiv. Sobald es aber seine Grenzen überschreitet, die Umgebung überschwemmt oder überflutet, zeigt es Gefahr an, die aus weiteren Symbolen zu deuten ist. Klares Wasser weist auf Glück, trübes auf eine unglückliche Wendung im Leben hin. (Siehe auch „Fluß", „Meer", „Moor", „Überschwemmung" und andere mit dem Wasser zusammenhängende Begriffe und in Teil 3 dieses Buches: „Träume vom Wasser und vom Feuer".)

Wasserfall Das herabstürzende Wasser läßt Erfolge erhoffen, eine rasche Entwicklung guter Anlagen, Förderung von oben.

Webstuhl Übersetzt die mit Arbeit ausgefüllte Zeit, die nur langsam vorwärts schreitet und daher auch erst spät Erfolge nach sich zieht.

Wecker Das schrille Läuten des Weckers hat meist nichts mit dem Traumbild vor dem Aufwachen zu tun, fügt sich aber manchmal in dieses ein und ist dann wie unter „Uhr" beschrieben zu erklären.

Weg Wege sind kleine Straßen (siehe dort), auf denen die Fahrgäste in einem Wagen durcheinandergeschüttelt werden können; sie sind aber auch die geruhsamen Spazierwege, auf denen man sich innerlich sammeln kann. (Siehe auch „Pfad", „Spaziergang" und unter den Bezeichnungen für Fahrzeuge.)

Wegweiser Sie zeigen den Weg an, den das Unbewußte uns zu gehen rät. Manchmal führen sie trügerisch in die Irre. Man beachte daher, was sie als Ziel angeben, um daraus weiteres zu erfahren. Können wir auf dem Wegweiser nichts lesen, sind wir wahrscheinlich im Wachleben in einer gerade anstehenden Angelegenheit auf einem falschen Weg.

Weide Der Futterplatz des Viehs weist auf die Weite unserer Gedanken hin, auf eine durch nichts gestörte Triebwelt. Treiben wir oder andere die Tiere von der Weide herunter, müssen wir uns im Wachleben dem Willen anderer unterwerfen, das bedeutet, wir stehen unter seelischem Zwang. (Siehe auch „Kuh", „Ochse", „Stier", „Tier", „Wiese".)

Wein Im Traum Wein trinken bedeutet eine Begegnung mit geistig-seelischen Inhalten; man wird Positives erleben, vielleicht das Wunder der Liebe. Wer vom Wein berauscht wird, soll sich Zuwachs an Materiellem ausrechnen können; wer ihn verschüttet, hat ganz einfach Pech im Wachleben und wird eine Zeche begleichen müssen, ohne von dem Bezahlten etwas gehabt zu haben. Wer im Traum klaren, also reinen Wein einschenkt, muß im Wachleben, auch wenn ihm das noch so schwerfällt, die Wahrheit bekennen. (Siehe auch „Alkohol", „Traube", „Weinlese".)

Weinen Hier werden meist die Freudentränen umschrieben, die den Alltag erhellen. Nur wenn man im Traum grundlos weint, läßt das auf Kummer und Sorgen im Wachleben schließen. Wer übrigens – und das wußten schon die Assyrer – um einen Toten weint, wird genesen, falls er sich gerade krank fühlt; mit anderen Worten: Er wird einen neuen Anfang wagen können, weil das Schlimmste hinter ihm liegt. (Siehe auch „Lachen".)

Weinlese Führt uns der Traum auf eine Weinlese, die ja im Herbst (siehe dort) stattfindet, stehen wir am Beginn eines Lebensabschnitts, der uns viel Angenehmes verspricht. Ältere Menschen können sich mit diesem Traumbild auf einen Lebensabend freuen, der manchen ihrer Wünsche erfüllen wird.

Weiß Da es sich in die Spektralfarben auflöst, ist das Weiß im eigentlichen Sinne farblos. Es bedeutet Reinheit, weshalb in vielen Ländern die Braut weißgekleidet vor den Altar tritt, aber auch Enthaltsamkeit, Kühle und Unfruchtbarkeit (in manchen Kulturen gilt weiß als Farbe der Trauer).

Weltuntergang Dieses Traumbild kennzeichnet unsere Weltuntergangsstimmung, die Angst vor dem Leben, das uns zuviel abverlangen könnte.

Wespe Sie beunruhigt auch im Traum allein schon durch ihr summendes Fluggeräusch und durch ihre tigerhafte gelbschwarze Färbung. Wespen umschreiben daher, daß unser Nervenkostüm augenblicklich nicht gerade übermäßig stark ist, daß in ihm die Angst vor dem Alltag und seinen Anforderungen nistet. Manchmal können Wespen auch personifiziert werden als die lästigen Schmarotzer, die unseren Lebensweg kreuzen. (Siehe auch „Biene", „Insekt".)

Westen Siehe „Himmelsrichtungen".

Wetterfahne Die Wetterfahne im Traum dreht sich wie jene im bewußten Leben nach dem Wind. Können wir die Himmelsrichtung (siehe dort) feststellen, aus der der Wind weht, läßt sie sich zur Deutung heranziehen. Im allgemeinen aber beschreibt die Wetterfahne das Wetterwendische unseres Charakters, unsere Launen, die uns kaum Freunde schaffen werden. (Siehe auch „Fahne".)

Wetterleuchten Kündet auch im Traum eine trübe Wetterlage an, nämlich Mißstimmung und Mißhelligkeiten im privaten Bereich. (Siehe auch „Blitz".)

Wettrennen Deutet auf die schnell verrinnende Zeit hin, auf den ständigen Wettlauf nach Erfolg und Anerkennung, bei dem nur wenige den großen Preis erringen können.

Widder Das Symbol der schöpferischen Naturkräfte tritt nicht allzuoft in unseren Träumen auf. Werden wir von diesem männlichen Schaf (siehe dort) angegriffen, leiden wir im Wachleben möglicherweise unter einem Menschen, der sich mit Gewalt unsere Zuneigung sichern, uns aber gleichzeitig auch in ein totales Abhängigkeitsverhältnis bringen will. Packen wir den Widder im Traum bei den Hörnern, werden wir anstehende Probleme mit viel Verstand lösen können.

Wiege Dieses Traumbild deutet manchmal an, daß für uns eine recht fröhliche Zeit beginnt, in der wir uns durch eventuelle Schwierigkeiten regelrecht durchschaukeln können. Liegt ein Baby (siehe dort) in der Wiege, sollten wir die Geborgenheit schätzen, die uns augenblicklich das Leben verschönt.

Wiese Wer im Traum über eine blühende Wiese schreitet, dem zeigt sich das Leben momentan von seiner heiteren Seite. Schon babylonische Traumforscher behaupteten, daß ein Mensch, der im Traum über eine Wiese geht, stets den kürzesten Weg zum Erfolg nehme. (Siehe auch „Grün, „Rasen".)

Wildschwein Wer im Traum von einem Wildschwein angegriffen wird, sollte sich vor einem rücksichtslosen Menschen in seiner Umgebung vorsehen. Natürlich verweist dieses Tier auch auf die eigenen ungebändigten Triebkräfte und Energien, die uns in den zwischenmenschlichen Beziehungen gelegentlich Kummer bereiten können.

Wind Der Traumwind bringt meist frischen Wind in unsere persönlichen Angelegenheiten und Beziehungen. Er treibt unser Lebensschiff an, ist der geistige Motor, der uns zum Handeln bewegt, der zusätzlich Energien freisetzt, damit wir ein gestecktes Ziel bald erreichen können; das ist um so leichter, wenn es sich um Rückenwind handelt. Leise säuselnder Wind läßt uns in ein ruhigeres Fahrwasser gelangen. (Siehe auch „Orkan", „Sturm".)

Windeln Babywindeln haben eine gute Bedeutung, jedenfalls soll ihr Inhalt, im Traum gesehen, Glück bringen. (Siehe auch „Kot".)

Windmühle Siehe „Mühle".

Winter Die Jahreszeit, die auf unseren Lebensabend hinweist. Wenn der Winter im Traum als besonders hart geschildert wird, fühlen wir uns, auch wenn wir noch jung sind, vielleicht einsam, weil die Liebe zu einem Mitmenschen erkaltet ist; wir müßten in diesem Fall unseren Seelenhaushalt völlig umstellen, um durch neue Kontakte eine Änderung unserer realen Lage zu bewirken. Der Winter im Traum rät manchmal dazu, geduldig auf bessere Tage zu warten. (Siehe auch die anderen Jahreszeiten.)

Wintersport Das ruhige Gleiten auf verschneiten Hängen ist als positiv verlaufender Lebensweg zu deuten, auf dem wir zwar manchmal ins Rutschen kommen, letztlich aber immer das Gleichgewicht behalten. Hindernisse, die sich vor einem auftürmen, oder Stürze sind Bruchstellen, die ein Seelenarzt flicken müßte. (Siehe auch „Eis", „Schnee" und weitere Wintersymbole.)

Wirbelsäule Siehe „Rückgrat".

Wirt/Wirtin Gesunde, nährende Kräfte, die uns aber auch zu Völlerei und ungesittetem Lebenswandel verführen können. (Siehe auch „Gasthaus".)

Wirtshaus Siehe „Gasthaus", „Restaurant".

Witwe/Witwer Sehen wir uns selbst so im Traumbild, hat das nichts mit dem Verlust unseres Lebensgefährten zu tun, sondern mit neuen, freudvollen Eindrücken, die uns das Leben beschert. Begegnen wir im Traum einem oder einer Verwitweten, haben wir viel Glück in der Familie, die zusammengehalten wird und eine Gemeinschaft bildet. Nur in Traumbildern, die viele negative Symbole enthalten, können Witwe oder Witwer unsere große Einsamkeit umschreiben, das Alleingelassensein zu einem Zeitpunkt, wo wir gerade jemanden an unserer Seite bräuchten.

Wohnung Wer im Traum eine schöne neue Wohnung bezieht, kann mit einer erfreulichen Veränderung seiner Lebensverhältnisse rechnen. Ist die Wohnung aber eine jämmerliche Bruchbude, so leiden wir im Wachleben möglicherweise an einer Krankheit oder sind in unseren zwischenmenschlichen Beziehungen auf dem Nullpunkt angelangt. (Siehe auch „Haus", „Umzug", „Zimmer".)

Wolf Der Wolf im Traum deutet auf das Unbezähmbare in uns hin, auf das zweite Ich, mit dem wir in ständigem Kampf liegen, auf den Spannungszustand der Seele. Träume von Wölfen sollten uns veranlassen, mit uns selbst ins reine zu kommen. Personifiziert könnte dieses Tier ein Mann sein, der uns nur nützt, wenn wir ihn uns nicht zum Feinde machen. Nach Artemidoros stellt man uns nach, wenn wir Wölfe im Traum sehen; aber der griechische Traumforscher wiegelte gleich wieder ab: Man könne diese Gefahr leicht erkennen und sich darum vor ihr schützen. (Siehe auch „Tier".)

Wolken Sie verhängen uns den Erfolgshimmel. Vor allem Gewitterwolken lassen Rückschläge erwarten, die Existenzen zerstören können. Schäfchenwolken versprechen dagegen Freude. (Siehe auch „Blitz", „Gewitter", „Himmel".)

Wolle Wolle wärmt, sie fördert die Durchblutung, und von daher ist die Deutung zu verstehen, Wolle versinnbildliche die Herzenswärme, die auf den Träumer im

Alltagsleben einströmen werde. Andere Version: Wer ein Kleidungsstück aus Wolle fertigt, kann sich auf einen Gewinn freuen, der ihm durch die eigene Arbeit zuteil wird. (Siehe auch „Kleid".)

Wort Die Traumworte sind enorm wichtig, weil es sich um sehr bedeutungsvolle Symbole handeln kann. Kommen wir im Traum nicht zu Wort, sollten wir uns im Wachleben bemühen, in einer bestimmten Angelegenheit das richtige Wort zu finden. Fällt uns jemand ins Wort, haben wir vielleicht nicht genug zu sagen oder können uns nicht richtig ausdrücken.

Wrack Wer im Traum ein verunglücktes Schiff oder Fahrzeug sieht, kann das am besten mit einem scheiternden Unternehmen übersetzen. (Siehe auch „Automobil", „Schiff".)

Wunde Die Wunde im Traum schmerzt nicht, sie ist nur ein Gleichnis dafür, daß unser Seelenhaushalt in Unordnung geraten ist, daß wir unseren Lebensrhythmus ändern müßten, um eine seelische Misere zu überwinden. (Siehe auch „Blut", „Narbe", „Öl", „Verband".)

Würfel Entspricht in etwa dem Quadrat (siehe dort), ist nur noch dynamischer, denn er hat auch mit dem Spiel zu tun, mit der Unsicherheit, wie der Würfel (des Schicksals) fallen wird. In diesem Fall ist wichtig, welche Zahl geworfen wurde. (Siehe dann unter der betreffenden Zahl.)

Wurm Das wirbellose Kriechtier, das wir im Traumbild sehen, kann auf unsere Hilflosigkeit in einem bestimmten Fall im Wachleben hinweisen; denn dann sind wir ja ein hilfloser Wurm. Oder der Wurm frißt im Traum irgend etwas auf, was auf den „Gewissenswurm" hinweisen könnte, der an uns nagt. Vielleicht „wurmt" uns auch nur etwas, wenn Würmer ins Zerrbild der Nacht treten.

Wurzel Ihre Triebe drängen immer nach oben, ans Licht der Erkenntnis. Sie umschreiben unsere Hoffnung, daß wir uns im Wachleben durchsetzen werden. Wer eine Wurzel im Traum ausgräbt, will wohl einer Sache auf den Grund gehen oder die Wurzel allen Übels suchen. Bleibt sie hartnäckig im Boden stecken, werden wir kaum ergründen können, was uns neugierig machte.

Wüste Symbol der Einsamkeit, die uns trotz aller Kontakte zu unserer Umwelt innerlich quält. Der Ritt oder Marsch durch die Wüste im Traum ist der Hinweis darauf, daß man ein Ziel nur nach unsäglichen Entbehrungen oder Kraftanstrengungen erreichen kann.

X Y

X Sieht man im Traum diesen Buchstaben, will man uns im Wachleben vielleicht ein X für ein U vormachen, also uns von etwas überzeugen, das den Realitäten widerspricht. Manchmal deutet das X auch auf die römische Zehn (siehe dort) hin.

Xanthippe Die (angeblich) zänkische Frau des weisen Sokrates taucht gelegentlich in unseren Täumen auf, wenn uns das Unbewußte raten will, uns nicht auf kleinlichen Streit einzulassen.

Yogi Siehe „Fakir".

Ypsilon Der vorletzte Buchstabe des Alphabets ist Symbol der Vereinigung des Männlichen und des Weiblichen in unserer Seele (des Yang und Yin der chinesischen Mythologie), das eine Last leichter werden läßt. Ein ypsilonförmiges Stück Holz (etwas eine Astgabel), unter eine Last gelegt, bedeutet zum Beispiel, daß eine bestimmte Bürde, die uns das Leben auferlegt, leicht zu tragen ist oder sogar von uns genommen wird. Ypsilonförmig ist auch die Wünschelrute, so daß man den Buchstaben oder Gegenstände in seiner Form manchmal mit einem Finden neuer Möglichkeiten übersetzen kann.

Z

Zahl Zahlen weisen in kaum einem Fall auf Glückszahlen in Lotto oder Lotterie hin. Aber die Zahlensymbolik ist fast so alt wie die Menschheit selbst. (Siehe auch die Zahlen „Eins“ bis „Dreizehn“ und in Teil 3 dieses Buches: „Zahlenträume“.)

Zähne Sie zermalmen unsere Speise, die wir als Energiespender zu uns nehmen. Diesem Bild liegt Aggressives zugrunde. Zahnverlust im Traum deutet also auf einen besonderen Energieverlust hin, in einigen Fällen ist sogar die Potenz gefährdet, was Zähne auch sexuell bedeutsam erscheinen läßt. So können Beißgelüste im Traum darauf schließen lassen, daß man den Partner vor Liebe auffressen möchte. Verlieren junge Mädchen im Traum ihre Zähne, verweist das möglicherweise auf den Verlust der Jungfernschaft oder auf Hemmungen im zwischenmenschlichen Bereich. Zähne, die im Traum ausfallen, können auch auf Schuldgefühle in der Liebe hindeuten. Nach den neuesten amerikanischen Forschungen haben sie auch etwas mit den Wechseljahren bei Frau und Mann zu tun, vor allem wenn sie in mehreren Träumen einer Person in den Wechseljahren hintereinander gesehen werden. Dieser modernen Auffassung fügen wir noch hinzu, was altägyptische Traumforscher – aber auch Artemidoros – zum Bild der ausfallenden Zähne angemerkt haben: Unglück stelle sich ein, ein Angehöriger könne sterben. (Siehe auch in Teil 3 dieses Buches: „Zahnträume“.)

Zahnschmerzen Selten träumt man davon, wenn man wirklich welche hat. Möglicherweise sehen wir uns bei geträumten Zahnschmerzen im Wachleben auf den Zahn gefühlt und stellen mit Schrecken fest, daß wir etwas falsch gemacht haben. Oder irgend etwas, das wir mit unserem Gewissen nicht vereinbaren können, tut uns leid. Manchmal sind die Zahnschmerzen nichts anderes als Liebeskummer. (Siehe auch „Schmerzen“.)

Zange Wer mit ihr im Traum hantiert, möchte wohl im Alltagsleben einen Gegner in die Zange nehmen. (Siehe auch „Klempner“.)

Zapfenstreich Wer dieses militärische Signal im Traum erlebt, hat im Alltag etwas abgeschlossen, das ihn zum Feiern veranlassen könnte. Zumindest steht er kurz davor, vor dem Bestehen einer Prüfung, dem Abschluß eines guten Geschäfts oder vor einem preisgünstigen Einkauf. Der Zapfenstreich erinnert aber auch an eine zu Ende gehende Zeit.

Zauberer Es geht ein Zauber von ihm aus, wenn er uns mit seinen Kunststücken im Traum unterhält. Der Zauberer versucht, uns das Lachen wieder zu schenken, das wir in des Alltags Hasten und Mühen schon fast verlernt hatten. Er erinnert uns vielleicht auch an den Zauber schöner Stunden, die sich irgendwann einmal wiederholen werden. Spielen wir selbst den Zauberer, sollten wir uns besser nicht über eine augenblickliche Lage hinwegtäuschen, sonst könnte der „Zauber“ losgehen. (Siehe auch „Clown“, „Zirkus“.)

Zaun Das Hindernis, das sich am Weg aufbaut. Überklettern wir es, werden wir auch im Wachleben das Hindernis auf unserem Weg zum Erfolg beiseite räumen können. Bleiben wir daran hängen oder zerreißen wir uns an einer Zaunlatte die Kleidung, müssen wir in nächster Zeit vorsichtig taktieren, um nicht im Leben hängenzubleiben, das heißt, einen Mißerfolg zu erleiden. (Siehe auch „Mauer“, „Weg“.)

Zehn Diese Zahl mit der Eins und dahinter der „Unzahl“ Null scheint Einsamkeit anzudeuten. Sie hat aber ebenso mit Besitz und Aufstieg zu tun, die man nur durch eigene Kraft erreichen kann. (Siehe auch in Teil 3 dieses Buches: „Zahlenträume“.)

Zeichnen Können wir das, was wir selbst zeichnen oder was von anderen dargestellt wird, erkennen, so sollten wir daraus weitere Schlüsse ziehen. Ist das Gezeichnete zu undeutlich, müssen wir überlegen, ob wir nicht eine Sache im Alltagsleben falsch angepackt haben, die wir schleunigst bereinigen sollten. (Siehe auch „Malen“.)

Zeiger An der Uhr zeigt er die Stunden, Minuten oder Sekunden an. Konnten wir uns merken, was die Stunde geschlagen hat, sollten wir unter den Zahlsymbolen und unter dem Symbol „Uhr“ (siehe dort) nach der möglichen Deutung suchen.

Zeitung Wichtige Informationen werden uns im Privatleben zuteil, wenn wir im Traum eine Zeitung lesen und den Text klar erkennen, aus dem sich weitere Hinweise ergeben können. Ist der Text nicht zu lesen, sitzen wir dementsprechend wohl Fehlinformationen auf. (Siehe auch „Spalte“.)

Zelt Wir bauen es im Traum als unser Haus auf und werden vom Unbewußten damit gemahnt, zukünftig naturbewußter zu leben. Das Zelt ist das Dach über unserem Kopf, das in manchen Träumen zu einfacherem Denken im Wachleben anregen will. (Siehe auch „Dach“, „Haus“.)

Zentimetermaß Siehe „Maß“.

Zeppelin Ein über unserem Kopf schwebender Zeppelin läßt etwas Bedrückendes aus dem Alltag erahnen. Reisen wir in einem Luftschiff, sind wir auf dem besten Wege, mit Hilfe eines alten Gönners oder Freundes ein hochgestecktes Ziel sicher anzusteuern. (Siehe auch „Flugzeug“.)

Zerbrechen Zerbricht Glas im Traum, heißt da, wir sollten ein wenig vorsichtiger mit gewissen Menschen oder Dingen umgehen. Zerbricht Porzellan, sieht das schon ein wenig günstiger aus. (Siehe auch „Glas“, „Porzellan“ und Gefäße, die zerbrechen können.)

Zettel Wenn wir Selbstgeschriebenes darauf nicht lesen können, beweist das unsere Vergeßlichkeit gegenüber einem uns nahestehenden Menschen. (Siehe auch „Notiz“.)

Ziege Sie meckert auch in unseren Träumen. Wo sie auftaucht, haben wir es im Wachleben mit jemandem zu tun, dem man nichts recht machen kann, dessen Kritik allerdings teilweise berechtigt ist. Springen Ziegen lustig durch unser Traumbild, packt uns möglicherweise der Übermut oder der Leichtsinn.

Ziegelstein Mit Ziegeln wird ein Haus gebaut, ein Dach gedeckt. Sie übersetzen die Aufbaukräfte unseres Körpers. Wer mit ihnen baut, sorgt im Wachleben für das persönliche Wohlergehen; es kann sich dabei auch um den Aufbau einer neuen Existenz handeln, in der man noch einmal von vorn beginnt. (Siehe auch „Dach", „Haus".)

Zimmer Das Innerste des Hauses, übersetzt: des eigenen Ich. Das kann auf Verschlossenheit gegenüber anderen hinweisen, denen man sich und seine Pläne nicht offenbaren will. Wer ruhelos von einem Zimmer ins andere geht, dessen Standpunkt verändert sich von einem Augenblick zum anderen, wobei sich meist ein Wechsel in den psychischen Anlagen des Träumers erkennen läßt. Gehen wir im Traum von einem dunklen Raum in einen hell erleuchteten, gelangen wir von einem unbewußten Zustand in einen bewußten oder anders ausgedrückt: Die Lehren, die der Traum uns erteilt, sollten im Wachleben beherzigt werden. Sieht das Zimmer genauso aus, wie es in Wirklichkeit ist, wird uns vielleicht bald Langeweile packen, die zu dem Entschluß führt, unsere jetzige Umgebung bald zu verlassen, um anderswo glücklicher zu werden. (Siehe auch „Haus", „Saal", „Wohnung".)

Zirkel Mit ihm zeichnet man einen Kreis (siehe dort), weshalb die Deutung naheliegt, daß man in einer bestimmten Angelegenheit im Kreise laufen wird, wenn man sich im Traum mit dem Zirkel hantieren sieht.

Zirkus Wer im Manegenrund die Talente der Artisten bewundert, möchte sich im Wachleben jemanden zum Vorbild nehmen, der sein Leben zu meistern versteht. Treten wir selbst im Zirkus auf, wollen wir im Arbeitsalltag unsere Talente beweisen. (Siehe auch unter „Clown", „Kreis", „Zauberer" und unter den Bezeichnungen von Tieren, die in unserem Traumzirkus auftreten.)

Zitrone Die im Traum ausgepreßte Zitrone kann auf den Tatbestand hinweisen, daß man im Wachleben ausgenutzt wird, was einen recht sauer macht.

Zoll Was uns im Traum an der Grenze (siehe dort) abgefordert wird, sind übersetzt die Anforderungen, die das Leben augenblicklich an uns stellt. Wenn wir von Zollbeamten beim Schmuggeln ertappt werden, sind wir im Wachleben wahrscheinlich überfordert, eine ganz bestimmte Sache ehrlich durchzufechten. (Siehe auch „Grenze", „Schlagbaum".)

Zoo Ein zoologischer Garten, in dem es grünt und blüht, ist der Beweis für unser Aufblühen in der Gesellschaft. Aber die dort eingesperrten Tiere mahnen uns, unsere Triebe nicht allzusehr in den Vordergrund zu stellen.

Zopf Wer im Traum einen Zopf flicht, hängt im Wachleben an alten Zöpfen, wehrt sich gegen den Fortschritt, ohne ihn freilich aufhalten zu können. (Siehe auch „Haar".)

Zuchthaus Wer darin eingesperrt ist, startet einen Neubeginn, meist ist es das einfache Leben, nach dem er sich schon lange sehnte. Es müßte aus anderen Symbolen deutlich werden, ob man in diesem neuen Lebensabschnitt glücklicher werden kann. (Siehe auch „Gefängnis".)

Zucker Im Traum ist Zucker nicht süß. Eher deutet er auf einen körperlichen Mangel hin. Vielleicht möchte man sich das Leben besonders schön machen, aber der Alltag spielt nicht mit. (Siehe auch „Süßigkeit".)

Zugbrücke Wenn diese Brücke, die über den Graben (siehe dort) einer Burg (siehe dort) führt, heruntergelassen wird und wir darüber hinwegschreiten, werden wir wohl bei einem anstehenden Projekt offene Ohren finden. Die Zugbrücke, die oben bleibt, deutet Schwierigkeiten an, auf die wir in einem aktuellen Fall stoßen.

Zügel Nehmen wir ein Tier am Zügel, werden wir im Wachleben selbst an die Kandare genommen, das heißt, wir müssen uns in Unabänderliches fügen. (Siehe auch „Leine", „Pferd".)

Zunge Das Werkzeug der Sprache hat geistige Bedeutung. Sieht man die eigene Zunge im Spiegel (siehe dort), gibt uns das Unbewußte den Rat, in einer bestimmten Situation lieber zu schweigen, als unbekümmert draufloszuplappern. Sehen wir die Zunge eines anderen Menschen im Traum, sollten wir an die spitzen Zungen in unserer Umgebung denken, an die Schwätzer, die uns und andere verleumden. Zungenküsse im Traum sind übrigens nicht sexuell zu deuten, sie umschreiben eher, daß wir uns mit dem Partner oder einem anderen uns Nahestehenden einig sein sollten, um ein gemeinsames Problem zu lösen. (Siehe auch „Kuß".)

Zuspätkommen Verspäten wir uns im Traum, mahnt uns das Unbewußte, uns zusammenzunehmen und nicht die große Gelegenheit zu verpassen, die uns das Leben gerade in diesem Augenblick bieten könnte. Das Zuspätkommen ist immer ein Hindernis auf unserem Lebensweg, erinnert aber auch manchmal an die Angst, am anderen Morgen nicht rechtzeitig aufzuwachen und dann vielleicht den Zug zu versäumen oder zu spät ins Büro zu kommen. Schon die alten Ägypter meinten, wer im Traum zu spät kommt, werde im Leben eine große Chance verpassen. (Siehe auch „Verspätung".)

Zwei Sie zeichnet den Gegensatz, das Gute und das Böse, Sein oder Nichtsein – übersetzt: die Widerstände, die sich dem Menschen im Alltag entgegenstellen. Die Zahl ist zugleich das ewig Weibliche, die Frau, die dem Manne zugesellt ist, damit er seine naturgegebene Bestimmung erfüllt. (Siehe auch in Teil 3 dieses Buches: „Zahlenträume".)

Zweig Der dünne Ast (siehe dort) weist auf Wunscherfüllung hin, wenn er grünt und blüht. Sind die Zweige dürr oder ohne Blätter, hofft man vergebens auf eine günstige Änderung des bewußten Lebens. (Siehe auch „Baum", „Blatt".)

Zwerg Die Märchenfigur steht oft für Minderwertigkeitskomplexe. Wer sich selbst im Traum kleiner sieht, als er in Wirklichkeit ist, fühlt sich gegenüber einem Konkurrenten im Nachteil, glaubt, sich mit diesem nicht messen zu können. Manchmal sind die Zwerge im Traum auch Helfer in der Not, also richtige Heinzelmännchen. (Siehe auch „Verkleinerung".)

Zwiebel Man kennt ihre gesundheitsfördernde Wirkung; wer sie also im Traum ißt, kann auf neue Kräfte bauen, die jede Arbeit leichter werden lassen. Weinen wir im Traum beim Zwiebelschälen, so vergießen wir im Wachleben wahrscheinlich falsche Tränen.

Zwillinge Wenn Zwillinge ins Traumbild treten, kann man sich im Wachleben nicht so recht entscheiden, sieht immer die beiden Seiten einer Angelegenheit und weiß nicht, zu welcher Seite man neigen soll. Wer im Traum Zwillinge bekommt, tanzt im Wachleben vielleicht auf zwei Hochzeiten – ein Unterfangen, das die Kräfte der meisten Menschen übersteigt.

Zwirn Siehe „Faden“.

Zwölf Diese Zahl bedeutet die Stunde des Messias; übersetzt: Man kann alles durch das eigene Opfer erreichen. Ist es im Traum fünf vor zwölf, dann ist es höchste Zeit, im Wachleben die Initiative zu ergreifen. (Siehe auch „Mitternacht“ und in Teil 3 dieses Buches: „Zahlenträume“.)

Zylinder Trägt man diesen Hut im Traum, ohne den entsprechenden Anzug anzuhaben, ist man auf dem besten Wege, sich lächerlich zu machen. Sehen wir andere Zylinder tragen, steht uns ein ernstzunehmendes Treffen bevor oder eine Zusammenkunft, die uns traurig stimmen könnte.

Literaturhinweise

Ernst Aeppli: Der Traum und seine Deutung, Zürich 1943 – **Ruth Andreas-Friedrich:** Ursprung und Sinn der Träume, Zürich 1958 – **Aristoteles:** Über Träume und Traumdeutungen, übersetzt von Hermann Bender, Berlin und Stuttgart, 1897 – **Artemidoros von Daldis:** Das Traumbuch, München 1979 – **Maria Bashkirtseff:** Tagebuch, Leipzig 1901 – **Marta Bernstein:** Die Deutung des Traumes, Den Haag 1936 – **Ludwig Binswanger:** Wandlungen in der Auffassung und Deutung des Traumes von den Griechen bis zur Gegenwart, Berlin 1928 – **C. Binz:** Über den Traum, Bonn 1878 – **Paul Bjerre:** Das Träumen als Heilungsweg der Seele, Zürich 1936 – **J. Börner:** Das Alpdrücken, seine Begründung und seine Verhütung, Würzburg 1855 – **Medard Boss:** Der Traum und seine Auslegung, Bern 1953 – **Robert Bossard:** Psychologie des Traumbewußtseins, Zürich 1951 – **William Dement:** The Physiology of Dreaming, 1958; Die Wirkungen des Traumentzugs, übersetzt von Inge Strauch, 1960 – **William Dement** und **Nathaniel Kleitman:** Cyclic variations in EEG during Sleep and their relation to eye movements, body motility and dreaming, 1957 – **Edwin Diamont:** Schlafen wissenschaftlich, Wien 1964 – **Alfred Döblin:** Die beiden Freundinnen und ihr Giftmord (Die Verbrechen der Gegenwart, Band I), Berlin 1924 – **Friedrich Doucet:** So deuten Sie Ihre Träume richtig, Wien 1978 – **Havelock Ellis:** Die Welt der Träume, übersetzt von Hans Kurella, Würzburg 1911 – **Erik H. Erikson:** Das Traummuster der Psychoanalyse, übersetzt von Käthe Hügel, 1954 – **Sigmund Freud:** Die Traumdeutung, Leipzig 1930 – **K. Frobenius:** Zeitliche Orientierung im Schlaf und einige Aufwachprobleme, 1927 – **Erich Fromm:** Märchen, Mythen, Träume, Zürich 1957 – **Herbert Gottschalk:** Reich der Träume, Gütersloh 1963 – Bedeutung und Deutung des Traums in der Psychotherapie, herausgegeben von **Jutta von Graevenitz,** Darmstadt 1968 – **F. W. Hildebrandt:** Der Traum und seine Verwertung fürs Leben, Leipzig 1875 – **Th. Hopfner:** Das Sexualleben der Griechen und Römer, Prag 1938 – **P. Jessen:** Versuch einer wissenschaftlichen Begründung der Psychologie, Berlin 1855 – **Ignaz Jezower:** Das Buch der Träume, Berlin 1928 – **Carl Gustav Jung:** Gesamtwerk in neun Bänden, Olten und Freiburg im Breisgau 1984 – **Werner Kemper:** Der Traum und seine Be-Deutung, Hamburg 1958 – **E. Kretschmer:** Psychotherapeutische Studien, Stuttgart 1949 – **Norman MacKenzie:** Dreams and dreaming, London 1965 – **F. Meier:** Die Welt der Urbilder bei Hamadani, Zürich 1949 – **Wilhelm Moufang** und **W. O. Stevens:** Mysterium der Träume, München 1953 – **Jean Paul:** Kindheitserinnerungen und Selbstbekenntnisse, Dresden 1924 – **Phaldor:** La clef d'or des songes, Paris 1923 – **Platon:** Sämtliche Werke, Berlin 1940 – **Otto Plötzl:** Schlafzentrum und Träume, 1926 – **M. Pongracz/I. Santner:** Das Königreich der Träume, Wien 1965 – **Franziska Gräfin zu Reventlow:** Tagebücher 1897 bis 1910, München 1925 – **H. Schultz-Hencke:** Lehrbuch der Traumanalyse, Stuttgart 1949 – **Gerti Senger:** Frauenträume, Männerträume, Niedernhausen/Ts. 1985 – **Wilhelm von Siebenthal:** Die Wissenschaft vom Traum, Berlin 1953 – **Wilhelm Stekel:** Die Sprache des Traums, Wiesbaden 1911 – **V. Tausk:** Ein Zahlentraum, 1914 – **Ania Teillard:** Traumsymbolik, Zürich 1944 – Reden und Gleichnisse des **Tschuang-tse,** ausgewählt von Martin Buber, Leipzig 1910 – **John M. Vold:** Über den Traum, übersetzt von O. Klemm, Leipzig 1910 – **Hans Winterstein:** Schlaf und Traum, Berlin 1932 – **G. Zenker:** Traumforschung, Leipzig 1928.

Zum Thema Träumen und Traumdeutung sind im FALKEN Verlag bisher folgende Titel erschienen:
„So deutet man Träume" (Nr. 444)
„Kinderträume" (Nr. 4505)

Die Deutsche Bibliothek – CIP-Einheitsaufnahme

Fink Georg:
Traumdeutung : Mit großem Lexikon der Traumsymbole
Georg Fink – Niedernhausen/Ts. : FALKEN 1996
ISBN 3-8068-4856-4

ISBN 3 8068 4856 4

Nachauflagenredaktion: Herbert Habicht
Umschlaggestaltung: Andreas Jacobsen
Titelbild: IFA Bilderteam Jakob, Frankfurt am Main
Fotos: Peter Beckhaus, Mainz-Gonsenheim: S. 24, 82, 110, 112, 113, 129, 131, 153, 158, 159, 160, 162, 165, 175, 375; Barbara-Anett Nieschmidt, Mainz: S. 28, 31, 39, 40, 43, 51, 55, 60/61, 76/77, 86, 91, 95, 174/175, 178, 190, 221, 255, 315, 377, 382; Pinzer, Idstein: S. 8, 12, 17, 19, 34, 37, 48, 49, 62, 65, 72, 78, 98, 99, 102, 106, 117, 121, 127, 138, 139, 176, 204, 206, 212, 233, 245, 259, 275, 284, 295, 301, 305, 324, 350, 359, 363, 368.

Satz: Grunewald Satz & Repro GmbH, Kassel
Druck: Druckerei Parzeller GmbH, Fulda

817 2635 4453 6271